Isam Kamel Salem

Islam und Völkerrecht

Das Völkerrecht in der

islamischen Weltanschauung

EXpress Edition

CIP-Kurztitelaufnahme der Deutschen Bibliothek

Salem, Isam Kamel:
Islam und Völkerrecht: d. Völkerrecht in
d. islam. Weltanschauung / Isam Kamel Salem. –
Berlin: Express-Edition, 1984.
(X-Publikationen)
ISBN 3-88548-079-4

Verlag und Vertrieb EXpress Edition GmbH
Kottbusser Damm 79
1000 Berlin 61
Tel.: 030 - 693 20 64

Satz und Druck Clausen & Bosse, Leck

(3400)

Inhaltsverzeichnis

Einführung in das islamische Recht

Die verfassungsmäßige Organisation Theorie des Kalifats

Das Völkerrecht in der islamischen Weltanschauung

Das islamische Kriegsrecht

Das islamische Friedensrecht

Einführung in das islamische Recht
Kapitel I.
Übersicht über das vorislamische Arabien

A. Politisch-soziale Organisation

Während der ersten Jahrhunderte unserer Zeitrechnung bestand die arabische Gesellschaft im wesentlichen aus nomadisierenden Elementen, Beduinen genannt[1], die in Stämmen organisiert waren und nach ihren Erfordernissen wanderten. Der Stamm, der sich aus mehreren Sippen zusammensetzte, war in jener Gesellschaft die einzige anerkannte gesellschaftliche Grundstruktur, und seine Mitglieder behaupteten, die Nachkommen eines gemeinsamen Vorfahren zu sein. Der Einfluß der natürlichen Umwelt – in diesem Fall die Wüste – machte sich im Charakter ihrer Bewohner und in der Entwicklung ihrer politisch-sozialen Institutionen klar und stark bemerkbar[2].

Diese beduinische arabische Gesellschaft richtete sich vollkommen nach den Grundsätzen des Gemeinschaftsgeistes und der Stammesherrschaft. Der Stamm war das grundlegende Element aller Äußerungen des gesellschaftlichen Lebens und bildete sich als eine selbstgenügsame Einheit im politischen und wirtschaftlichen Bereich heraus. Das Individuum war durch natürliche Bande – des Blutes – oder künstliche – des Bündnisses oder Zusammenschlusses – an seinen Stamm gebunden[3] und bildete einen Teil des Ganzen – des Stammes –, von dem es die Sicherheit und den Schutz seines Lebens und seiner persönlichen Interessen empfing. Das Individuum als solches und außerhalb des Schoßes seines Stammes hatte keinerlei Rechte und ermangelte jeglichen Schutzes, ebenso wie die „Landlosen" im feudalen England schutzlos waren, wie der bekannte Historiker Philip Hitti aufzeigte[4]. In dieser Lage war logischerweise die Treue des Individuums gegenüber seinem Stamm so stark und beherrschend, daß man sie mit der modernen Loyalität zum Nationalstaat vergleichen kann. Der Islam hat den Stammesgeist unter den Arabern nicht vollständig beseitigen können[5], der sich später in verschiedenen Provinzen des islamischen Reiches vom muslimischen Orient bis nach Spanien in andauernden inneren Kämpfen zwischen Stammesgruppen bemerkbar machte, die traditionelle Feinde waren, was zur Auflösung und zum schließlichen Zusammenbruch verschiedener islamischer Staaten führte[6].

Die Erfordernisse, die den nomadisierenden Bewohnern der Wüste die natürliche Umwelt und die ständige Suche nach Wasser und Weiden auferlegten, brachten unter ihnen einen Geist der Freiheit und Unabhängigkeit

hervor. In dieser Umwelt bestand das Naturgesetzt im „bellum ommium contra omnes“ (der Krieg aller gegen alle), und die Stämme stürzten sich aus Gründen der Sicherung der Ernährung oder der Rache ständig in kleine Kriege untereinander – „gazw“ –. Diese Art des Krieges wurde infolge der bestehenden wirtschaftlichen und sozialen Bedingungen in den Rang einer nationalen Institution erhoben und selbst von christlichen Stämmen ohne irgendwelche moralische Vorbehalte praktiziert. Das System des Bodenbesitzes – Weiden, Quellen usw. – war im allgemeinen kollektiv, und nach Luis Bernard gibt es Hinweise, daß sogar die Herden zuweilen Gemeinschaftseigentum der Stämme waren, und daß nur die Gegenstände des Hausrats als persönliches Eigentum anerkannt wurden[7].
Der Stamm hatte eine demokratische und patriarchalische Struktur und richtete sich nach einem ungeschriebenen Gewohnheitsrecht, „sunna“ genannt, d. h. nach den Gebräuchen oder Gewohnheiten der Vorfahren, die ihre einzige Bestätigung in der öffentlichen Meinung fanden. Dieser alte Gedanke der „sunna“ als Tradition oder Vorbild festigte sich im Islam und wurde zu einer der Grundauffassungen des islamischen Rechts, wie wir weiter unten sehen werden[8]. Der oberste Führer eines Stammes war ein „sayyid“ – wovon der Ausdruck „Cid“ oder „šaiḫ“ – Scheich – abgeleitet ist, der vom Stamm aufgrund seines persönlichen Mutes, seiner Weisheit oder seiner vornehmen Herkunft frei gewählt wurde, keinesfalls jedoch durch Erbrecht, was die traditionelle Abneigung der Araber gegenüber dem System der Erbmonarchie erklärt[9]. Das Oberhaupt des Stammes übte große Macht und Einfluß aus, obwohl er keinerlei gesetzgebende Gewalt innehatte, da das Gesetz nur im Laufe der Zeit und mit der stillschweigenden Duldung des Stammes gewandelt werden konnte.
In Wirklichkeit war der Scheich nur „primus inter pares“ – Erster unter Gleichen –, wobei er gleichzeitig im allgemeinen Emir war – vom arabischen Wort „amīr“ – Fürst oder Oberbefehlshaber – oder „qā'id“ – Vorsteher, Doge in Kriegszeiten. Sein Ansehen war in der öffentlichen Meinung gegründet, und er handelte in Übereinstimmung mit der Tradition und der Konvention. Das Oberhaupt wurde von einem Ältestenrat beraten, genannt „maǰlis“, das sich aus den Familienoberhäupten und Sippenvertretern des Stammes zusammensetzte. Der Scheich erfüllte auch diplomatische Aufgaben, da er seinen Stamm gegenüber anderen Stämmen mit allen Vollmachten vertrat[10].
Die arabische Gesellschaft war nomadisierend, und die Araber besaßen keine organisierte Form einer Regierung oder Verwaltung. Die Gebräuche regelten die individuellen Beziehungen und diejenigen zwischen den Stämmen mit der Kraft eines Gesetzes. Nichtsdestoweniger und trotz der Unfähigkeit der Araber, einen größeren oder stabileren Bund als den Stamm zu bilden[11], bestand bei ihnen ein unbestimmtes Gefühl einer arabischen Einheit, das auf dem klaren Bewußtsein ihrer eigenen ethnischen und kulturellen Individualität beruhte. Die sprachliche Einheit war der grundlegende

Faktor, der die Araber zusammenhielt, ebenso wie sie sie von den anderen Völkern unterschied, die sie „ağam“ – wörtlich: die der arabischen Sprache Unkundigen – nannten[12]. Den Gedanken der „ağam“ unter den Arabern kann man mit dem hinsichtlich der „Barbaren“ bei den Griechen vergleichen, da die Araber von ihrer eigenen Überlegenheit über die „ağam“ – Römer und Perser – wenn auch nicht auf kulturellem Gebiet wie die Hellenen, so doch rassisch überzeugt waren. Das beste Mittel des Ausdrucks und der Verbreitung einer solchen Überzeugung war die Poesie, die das wichtigste und kennzeichnendste Zeugnis war, das uns vom materiellen und geistigen Leben der vorislamischen Epoche überliefert wurde[13].
Was das religiöse Leben anbelangt, so waren die Araber Heiden oder Götzenanbeter, die eine sehr ärmliche Religion besaßen, die verschwommene Beziehungen zu den alten semitischen Glaubensbekenntnissen hatte. Im Prinzip waren Quellen, Brunnen, Steine und Bäume die Kultobjekte, obwohl diese Objekte zumeist nicht als Gottheiten an sich angesehen wurden, sondern als deren Häuser und Wohnstätten. Der Kult, der primitiv war, umfaßte Zusammenkünfte in der Nähe dieser Objekte, Pilgerfahrten, die mit Jahrmärkten verbunden sein konnten und andere Zeremonien unterschiedlicher Art[14]. Die von den Arabern angebeteten Gottheiten waren zahllos, und keiner unter ihnen gelang es, eine entwickelte und ausgeprägte Form zu erreichen oder in entscheidendem Maße die anderen zu übertreffen. Das Heidentum der Araber war ziemlich primitiv. Sie besaßen weder rituelle Zeremonien noch eine ausgearbeitete Mythologie, und ihr Kult war von keiner theologischen Lehre begleitet[15].
Aufgrund des ausländischen Einflusses sowie infolge der Errichtung christlicher und jüdischer Kolonien im Inneren Arabiens erfuhr das arabische Heidentum trotzdem zweifellos eine allmähliche Entwicklung. Der Name und zuweilen der Begriff selbst vonAllah – Gott, dem einzigen Gott – scheint in diesem heidnischen Pantheon nicht unbekannt gewesen zu sein, und es fehlten nicht Männer, die sich bemühten, zu einer höheren Auffassung der Göttlichkeit zu gelangen[16]. Zu Zeiten Mohammeds, so schreibt Professor Watt, war der Götzenkult wenig mehr als ein Aberglaube im wörtlichen Sinne des Ausdrucks geworden, der Überrest von etwas, das zu seiner Zeit lebenswichtig gewesen war und aufgehört hatte, dies zu sein. Die gesamte intellektuelle Umwelt war von jüdisch-christlichen Gedanken durchdrungen, und viele unruhige Geister neigten sich einem vagen Monotheismus zu[17].
Auf der anderen Seite lebten die Araber nicht völlig unabhängig und isoliert von der Außenwelt, zumal sie von den Großmächten jener Zeit umgeben waren: dem persischen und dem byzantinischen Reich. Rund um Arabien unterhielten Sassaniden und Byzantiner – traditionelle Rivalen – einen Kampf zu Lande und zu Wasser, um die Beherrschung der Handelswege für Gewürze und Duftstoffe. Diese so knappen und begehrten Erzeugnisse brachten Arabien einen fast legendären Ruf als Land des Wohlstands und

des Überflusses – das „glückliche Arabien" der Klassik – und sein Ruf wird vom Echo bezeugt, das es in der Literatur des Abendlandes fand [18]. Beide Reiche förderten, mit dem Ziel, ihr eigenes Territorium zu schützen und ihren Einfluß auszudehnen, die Herausbildung von arabischen Pufferstaaten an ihren jeweiligen Grenzen: die Ghassaniden im Inneren Syriens im Dienste von Byzanz und die Lahmiden im Westen des Euphrat unter persischem Einfluß. Diese Staaten waren monarchisch, beherbergten halbnomadische Bevölkerung und dienten als Pufferstaaten, die den Persern und Römern die schwierige und kostspielige Aufgabe ersparte, militärische Verteidigungsanlagen an den Wüstengrenzen aufrechtzuerhalten, um die Angriffe der Beduinen abzuwehren. Die Beziehungen zwischen diesen zwei arabischen Staaten, ebenso wie die ihrer jeweiligen Schutzmächte, waren von Rivalität und Feindseligkeit gekennzeichnet. In den Kriegen zwischen Persien und Byzanz dienten die Araber als Hilfstruppen. Die Ghassaniden waren monophysitische Christen, und viele der Lahmiden waren Nestorianer. Beide hatten eine aramäische und hellenische Kulturfärbung, von der ein Teil ins Innere vordrang [19]. In diesem Sinne stellten Ghassaniden und Lahmiden in jenem Gebiet ein Medium der Verständigung zwischen dem reinen Arabertum der Wüste einerseits und dem byzantinischen Syrien und der persischen Zivilisation andererseits dar. Im 7. Jahrhundert wurden beide Völker durch die muslimische Eroberung absorbiert [20].

Im Inneren Arabiens gab es in einigen Städten, wie Mekka und Medina, alteingesessene Gemeinschaften, die sich der Landwirtschaft und dem Handel widmeten. Die Stadt Mekka, wo die „Quraiš", der Stamm des Propheten, angesiedelt waren, bildete sich im Umkreis der Kaaba, des Heiligtums, das von allen Arabern verehrt wurde, ein blühendes Handels- und Finanzzentrum, das die Handelswege zwischen dem Indischen Ozean und dem Mittelmeer kontrollierte. Mekka besaß Ansätze einer Stadtverwaltung, die über einen Senat mit Namen „malá" verfügte, der sich aus den Oberhäuptern der verschiedenen Sippen der Quraischiten zusammensetzte [21].

In dieser Umgebung wurde Mohammed, der Prophet des Islam, geboren. Wie Bernard Lewis zutreffend feststellt, prägten die kommerzielle Erfahrung und die Mentalität der Bürger von Mekka die Fähigkeiten der Zusammenarbeit, Organisation und Selbstbeherrschung unter ihren Mitgliedern, Eigenschaften von erstrangiger Bedeutung für die Verwaltung des riesigen Reiches, das später unter die muslimische Herrschaft fallen sollte [22].

Medina dagegen war ein Agrarzentrum mit einer starken jüdischen Gemeinde. Im Norden und in „Nağrān" im Süden lagen verschiedene christliche Kolonien, Mischungen von arabischer, griechischer und römischer Bevölkerung, was, wie wir aufzeigten, vermuten läßt, daß christlich-jüdische Gedanken und Riten den Arabern der vorislamischen Zeit nicht unbekannt waren [23]. Auf diese Weise befanden sich, wie Professor Cahen sagt, die Araber nicht völlig abseits, sondern auf den Wegen der großen Zivilisationen [24].

B. Das Völkerrecht des vorislamischen Arabien

Wie Professor Truyol feststellt, entsteht das Völkerrecht – in seinen verschiedenen historischen Formen –, sobald sich Beziehungen von gewisser Stabilität und Beständigkeit zwischen Gruppen etablieren, die über die Macht zur Selbstbestimmung verfügen. Normen wie die Unverletztlichkeit der Legate, die Achtung vor dem gegebenen Wort und andere stellen ein uraltes juristisch-natürliches Erbe dar, dessen Existenz vernünftigerweise nicht angezweifelt werden kann[25].

Ebenso wie es in anderen Teilen der Welt bis in die Neuzeit der Fall war, entstand innerhalb der arabischen Halbinsel eine internationale arabische Gemeinschaft. Sie war jedoch von der Außenwelt nicht isoliert wie andere begrenzte internationale Gemeinschaften, die zwar auch nicht immer völlig abgesondert existierten, obwohl sie sich, mehr oder weniger freiwillig, auf sich selbst stellten.

Logischerweise fehlten in dieser internationalen arabischen Gesellschaft, die sich aus einer Vielzahl von politisch unabhängigen Stämmen zusammensetzte, nicht einige juristische Grundsätze, die von ihnen allen als gültig angesehen wurden, um ihre gegenseitige Beziehungen zu regeln. Trotz eines gewissen Bewußtseins, zur gleichen rassischen, kulturellen, sprachlichen und religiösen Gemeinschaften zu gehören, waren die Araber in eine Vielzahl von politisch-sozialen Einheiten gespalten, ebenso wie die Griechen, die nach außen unabhängig waren oder, wie wir heute sagen würden, souverän, d. h. sie anerkannten keine übergeordnete Autorität. Trotzdem war die Unabhängigkeit der arabischen Stämme viel stärker als die der griechischen Städte. Daher bildete sich mit der Zeit ein interarabisches oder panarabisches internationales Gewohnheitsrecht heraus, das im Unterschied zu den von den Völkern des Altertums beobachteten Systemen keinen religiösen Charakter trug, sondern sich auf Praktiken und Gebräuche gründete, die durch die Tradition und die Gebräuche sanktioniert waren.

Zwischen den arabischen Stämmen und dem byzantinischen und dem persischen Reich entwickelten sich internationale Beziehungen verschiedenster Art. Wie gesagt, drangen ihre Rivalitäten nach und nach in Arabien selbst vor, und jede der beiden Großmächte hatte sich einen arabischen Satellitenstaat geschaffen, um ihre Interessen zu schützen und ihren Einfluß auszudehnen. Die Byzantiner versuchten, ihre Positionen mit Hilfe der Äthiopier zu festigen, denen es zeitweise gelungen war, im Jemen einzudringen, in der zweiten Hälfte des 6. Jahrhunderts aber von den Persern vertrieben wurden[27]. So gelang es nach einer langen Periode der Dunkelheit und der Randexistenz den Arabern und ihrer Halbinsel, ein bedeutendes Element der Strategie der beiden Potenzen zu werden. Diese Tatsache verwandelte die arabische Halbinsel in einen Brennpunkt internationaler Intrigen und kommerzieller Interessen und gleichzeitig in einen Schauplatz militärischer, diplomatischer, religiöser und kommerzieller Handlungen. Dadurch wurden solche Umstände bewirkt, daß den Arabern zwei Klauseln des Friedensvertrages zugedacht waren, der im Jahre 561 zwischen Persien und Byzanz im Hinblick auf ihre militärischen und kommerziellen Aktivitäten abgeschlossen wurde[28].

Die auswärtigen Beziehungen mit den Arabern beschränkten sich nicht auf die Perser und Byzantiner, sondern es gab viele Hinweise in der alten arabischen Posie auf die Ankunft von Botschaftern anderer fremder Mächte in Arabien. Wie im größten Teil der Welt des Altertums waren auch bei den Arabern die Botschafter und Gesandten unantastbar. Diese Unantastbarkeit sollte später auch durch den Islam anerkannt werden[29]. Die „Quraiš" von Mekka hatten Beziehungen zu den Nachbarstaaten und schlossen Verträge mit ihnen ab, wobei sie Dokumente der Herrscher von Syrien, Abessinien, Persien und Jemen erhielten, damit Handelskarawanen mit aller Sicherheit durch ihr Territorium geleitet werden konnten. In diesem Sinne schlossen auch die Stämme, die die Handelswege bevölkerten, Verträge ab und boten an, ihre Waren ohne Abgaben zu befördern, oder sie schlossen Freundschaftsverträge mit ihnen, durch die sie das Recht und die Immunität des Transits durch die betreffenden Territorien erhielten. Sie verwirklichten auch ein sehr vervollkommnetes System des Geleits[30].

Im Inneren der Halbinsel entwickelten sich verschiedene zwischen-arabische Methoden und Einrichtungen, die zum Ziel hatten, die Kargheit des Lebens in der Wüste zu mildern, den Handel zu erleichtern und den Transit der Pilger zu den heiligen Stätten von Mekka und der Besucher der gemeinsamen Jahrmärkte, die jährlich abgehalten wurden, zu begünstigen. Verschiedene Einrichtungen, wie die „diyāfa" – Gastfreundschaft –, die „daḫla" – Asyl – und die „naǧda" – Fürsorge – entwickelten sich, um den schutzlos durch die Wüste Reisenden Stütze, Zuflucht und Hilfe zu gewähren[31]. Diese Eigenschaften wurden durch die alte arabische Poesie als die größten und höchsten menschlichen Tugenden gepriesen, die, wie wir bereits feststellten, die beste Widerspiegelung der Gedanken der Araber jener Epoche war. Diese Tugenden wurden als solche durch die arabische öffentliche Meinung weltweit anerkannt, und mit ihrer Einhaltung waren die Würde, die Ehre und die Achtung des Stammes verknüpft.

Die Praxis der Verträge war sehr verbreitet, und die verschiedenen Stämme schlossen miteinander Verträge des Bündnisses, des Friedens und solche anderer Art ab. Im Unterschied zu den Völkern des Altertums war die Grundlage ihres zwingenden Charakters nicht nur die religiöse Kraft des Schwurs, von dem sie begleitet waren, sondern außerdem die Achtung vor dem gegebenen Wort. Diese Achtung und die Erfüllung der Pakte und Versprechen sollten auch zum zwingenden juristisch-religiösen Merkmal sowohl der Verfügungen des öffentlichen Rechts als auch des Privatrechts sowie des späteren islamischen Rechts werden, wie wir weiter unten sehen werden[32]. Als Mittel der Garantie wurde das Dokument des Vertrages zuweilen in zwei Hälften geteilt, wobei jede Partei eine derselben behielt, und

im Falle des Streits über seine Bestimmungen wurden die beiden Hälften wieder zusammengefügt[33].
Die Schlichtung war anerkannt und wurde häufig angewandt. Bei Streitigkeiten zwischen den Stämmen pflegte man auf einen „ad hoc" – Schiedsrichter zurückzugreifen, der vielfach der Wahrsager – „kāhin" – oder irgendeine andere, wegen ihrer Weisheit anerkannte Person war[34]. Die Oberhäupter des Stammes der „Tamīm" z. B. genossen großes Ansehen als Schiedsrichter und waren in dieser Eigenschaft unter allen Arabern während vieler Generationen tätig. Die moralische Unterstützung, die dem Schiedsrichter durch die Gemeinschaft zuteil wurde und die Furcht vor einem Skandal dienten den Schiedssprüchen als Billigung und sicherten ihre Durchführung, da es wegen der herrschenden abergläubischen Auffassungen an einer vollstreckenden Behörde mangelte[35]. Die Schlichtung wurde vom Islam anerkannt und übernommen, und Mohammed selbst war bei einer bestimmten Gelegenheit als Schiedsrichter tätig, bevor er seine prophetische Sendung in Medina antrat, und auch gemäß der arabischen Tradition, nachdem er sie begonnen hatte[36].
Das Kriegsrecht war sehr entwickelt in bezug auf die Kriegserklärung, die Behandlung der Feinde, Gefangenen und Spione, die Verteilung der Beute, die Waffenruhe, den Waffenstillstand und viele andere Gebiete. Obwohl die Situation zwischen den Arabern, wie wir festgestellt hatten, „bellum omnium contra omnes" war, war jede Art von Feindschaft während der sogenannten „vier heiligen Monate" verboten[37]. Diese Einrichtung, die dem „Gottesfrieden" der mittelalterlichen abendländischen Christenheit etwa entspricht, wurde mit dem Ziel der Errichtung friedlicher Beziehungen zwischen den Stämmen vereinbart, und dank derselben konnten während dieser vier Monate die Karawanen unbewaffnet durch das gesamte Territorium der Halbinsel ziehen.
Das vorislamische Recht bildete sich als ein Gewohnheitsrecht heraus, das moralische und rechtliche Grundsätze einschloß, die als „sunna" oder Tradition der Vorfahren bekannt sind. Später schuf der Islam seine eigene „sunna", sein eigenes System von sozialen und rechtlichen Regeln und Bräuchen, aber der Einfluß des arabischen Gewohnheitsrechts auf das islamische Recht war sehr groß. Die vorislamischen arabischen Methoden eröffneten der späteren fortschrittlichen Entwicklung einen breiten Weg und hatten großen Einfluß.

Anmerkungen

[1] Der beduinisch-arabische Ausdruck „badawī" bedeutet Mensch der Wüste – arabisch „bādīa" –. Über das Leben und die Institutionen der Beduinen vgl. Brockelmann, C., Art. „Arabia" in „Encyclopedia of Islam", 4 Bde. und ein Nachtrag (Leiden, 1913–1942). Dieses Werk wurde auch in französischer und deutscher Sprache veröffentlicht, Bd. I., S. 367–416.

[2] Über das Leben und die politisch-sozialen Einrichtungen der vorislamischen Araber vgl. Hitti, Philip, „History of the Arabs", 5. Ed. (London, 1951), S. 95–96; Nicholson, R. A., „Literary History of the Arabs". 2. Ed. (Cambridge, 1953), S. 30ff; Levi della Vida, G., „Pre Islamic Arabia", in Faris, N. A., „The Arab Heritage", (Princeton, 1944); Lewis, Bernard, „Los Arabes en la Historia", Übersetzung aus dem Englischen von Guillermo Sans Huelin, (Madrid, 1956), S. 27–44.

[3] Die mit dem Stamm durch Zusammenschluß – „hilf" – oder durch eine Schutzgarantie – „ğiwār" – Verbundenen wurden bezüglich ihrer Rechte und Pflichten wie Mitglieder des Stammes oder der Sippe behandelt.

[4] Vgl. Hitti, Philip, „History of the Arabs", a. a. O., S. 27

[5] Der Begriff des Stammes-Gemeinschaftsgefühls wurde im Islam durch das Zusammengehörigkeitsgefühl der gesamten muslimischen Gemeinschaft ersetzt. Andererseits behauptet Professor Watt in „Islamic Political Thought" (Edinburgh, 1968), S. 6, daß dieser Begriff der Ursprung des Gedankens ist, der später von der Sekte der Charadschiten verfochten wurde – vgl. diese Arbeit S. 66–69 – die jeden aus der Gemeinschaft ausschlossen, der eine schwere Sünde beging und auf diese Weise schutzlos blieb.

[6] Vgl. Hitti, Philip, „History ...", a. a. O., S. 27–28. Über die Stammeskämpfe der Araber im muslimischen Spanien vgl. Levi-Provençal, Evariste, "Historia de España", herausgegeben von Menendez Pidal. Spanische Übersetzung von Emilio Garcia Gómoz, 3. Bd. und 2. Ed. (Madrid 1965–1967), Bd. IV., S. 22–24.

[7] Vgl. Hitti, Ph., „History ...", a. a. O., S. 25 und die Art. „gazw" und „ṯa'r" in der Erncyclopedia of Islam".

[8] Vgl. diese Arbeit s. 36–39; Schacht, J., „Pre-Islamic Background" in „Law in the Middle East" (Washington 1955), Bd. I., S. 28–56.

[9] Nach Hitti – a. a. O., S. 28 – wurde der Titel „König" – „malik" – von den Arabern niemals verwendet außer bei der Bezugnahme auf die ausländischen Herrscher und insbesondere die Dynastien der Ghassaniden und Lachmiden, die sich unter römischem und persischem Einfluß befanden. Die Könige von Banu Kinda bildeten die einzige Ausnahme von dieser Regel.

[10] Vgl. Bockelmann, Art. „Arabia" in „Encyclopedia ...", a. a. O., Bd. I, S. 367ff.: Lewis, Bernard, „Los Arabes en la Historia", a. a.O., S. 36–37

[11] Trotzdem gab es einige Jahrhunderte vor Christus in den Küstenstreifen Arabiens höher entwickelte Gesellschafts- und Herrschaftsformen wie das Königreich Saba aus der Bibel im Jemen, das Fürstentum der Nabatäer von Petra östlich des Toten Meeres (im 2. Jahrhundert vor Christus), das von Palmira westlich des Euphrat (im 3. Jahrhundert vor Christus) und das Königreich von Kinds, das seine Blütezeit gegen Ende des 5. und zu Beginn des 4. Jahrhunderts vor Christus in Nordarabien erlebte. Vgl. Hitti, Ph., „History ...", a. a. O., S. 49ff.: Lewis, Bernard, „Los Arabes ...", a. a. O., S. 31–35

[12] Vgl. Goldziher, I., Art. „aᶜğam" in „Encyclopedia ...", a. a. O., Bd. I., S. 140.

[13] Zur arabischen Poesie der heidnischen Epoche vgl. Anna und Wilfred S. Blunt, „The Seven Golden Odes of Pagan Arabia", (London, 1903); Hill, Charles, „Mufaddaliyat Anthology of Ancient Arabian Odes", (Oxford, 1918); Lyall, Charles, „Translations of Ancient Arabien Poetry", (New York, 1930); Hitti, PH., a. a. O., S. 90–92.

[14] Der heiligste Ort für die Araber war die Kaaba, ein kleines Heiligtum in Form eines Wür-

fels, das Gegenstand eines stetigen Kultes von allen Stämmen war. Die Anbetung der Kaaba wurde vom Islam aufrechterhalten, und dorthin wenden sich die Muslime in ihren täglichen Gebeten.

[15] Über die alte arabische Religion vgl. Watt, M., „Muhammed at Mecca", (Oxford, 1953), S. 23–29; Hitti, Ph., „History ...", a. a. O., S. 96–102; Lewis, Bernard, „Los Arabes on la Historia", a. a. O., S. 37–38; Massé, Henri, „Islam", englische Übersetzung aus dem Französischen von Halid Edib, (Beirut, 1966), S. 23–27.

[16] Vgl. Buhl, Fr., Art. „hanifs" in „Encyclopedia ...", a. a. .O., Bd. II, S. 258–260.

[17] Vgl. Watt, M., „Economic and Social Aspects if the Origin on Islam", in „Islamic Quarterly", Bd. I., No. 2, (Juli 1954), S. 94–98.

[18] Vgl. Lewis, Bernard, a. a. O., S. 32.

[19] Vgl. Ebenda, S. 40.

[20] Über die Geschichte der Ghassaniden und Lachmiden vgl. Hitti, Ph., „History ...", a. a. O., S. 78–84.

[21] Vgl. Wensinck, A. J., Art. Mecca in „Encoclopedia ...", a. a. O., Bd: III, S. 437–439.

[22] Vgl. Lewis, Bernard, a. a. O., S. 44.

[23] Vgl. Bell, Richard, „The Origin of Islam in its Christian Environment", (London, 1926); Massé, Henri, „Islam", a. a. O., S. 27–31; Gabrieli, Francisco, „Muhammad and the Conquest of Islam", Übersetzung ins Englische von Virginia Luling und Rosamund Linell, (London, 1968), S. 39–44.

[24] Cahen, Claude, „El Islam", Bd. I., „Vom Ursprung bis zu den Anfängen des Ottomanischen Reiches", Bd. 14, der „Historia Universal, Siglo XXI", Übersetzung von José Maria Palau, (Madrid, 1970), S. 6.

[25] Vgl. Truyol y Serra, Antonio, „Fundamentos des Derecho Internacional Público", 3. Bd., (Madrid, 1970), S. 128.

[26] Über den Begriff der internationalen regionalen Gesellschaften vgl. Truyol y Serra, Antonio, „Genése et Structure de la Société International", in R. D. C., No. 95 (1959-I), S. 557–641.

[27] Über die Rivalitäten von Byzantinern und Persern bezüglich Arabiens vgl. außer der schon erwähnten Bibliographie über das vorislamische Arabien im allgemeinen, Watt, M., „Muhammad Prophet and Statesman", (Oxford, 1961), S. 3–7.

[28] Vgl. Kawar, Irfan, „The Arabs in the Peace Treaty of A. D. 561", in „Arabica", (Mai 1956), Bd. III., Abschnitt 3, S. 181–213; vom gleichen Autor, „Events in Arabia in the VI. Century", in „Bulletin if the School of Oriental ans African Studies", XVI., 1954.

[29] Vgl. Sarahsī, „Kitāb al-Mabsūt", 30 Bde. (Kairo, 1324 d. H.), Bd. X., S. 193; vgl. auch diese Arbeit S. 337 ff.

[30] Hamidullah, M., „Muslim Conduct of State", in „Islamic Culture", (Januar 1941), S. 57; Lewis, Bernard, „Los Arabes en la Historia", a. a. O., S. 43.

[31] Über diese Institutionen vgl. Khadduri, M., „War and Peace in the Law of Islam", (Baltimore, 1955), S. 19–22; Hitti, Ph., „History ...", a. a. O., S. 95–96" Matt, M., „Muhammad al Mecca", a. a. O., S. 16–23.

[32] Vgl. diese Arbeit S. 219, 313, 317.

[33] Vgl. Hamidullah, M., a. a.O., S. 37.

[34] Der „kāhin" war ein Priester des heidnischen Kultes, der versicherte, einige übernatürliche Kräfte der Weissagung zu besitzen. Darüber vgl. Fischer, A., Art. „kāhin" in „Encyclopdia of Islam", a. a. O., Bd. II. S. 624–626.

[35] Vgl. Hamidullah, M. „Administration of Justice in Early Islam", in „Islamic Culture", (April 1937, S. 146.)

[36] Vgl. Ibn Hišām, „Sirāt rasūl allah", 4 Bde., Göttingen 1858, Bd. I., S. 156.

[37] Zu Beginn wurde dieses Verbot auch vom Islam aufrechterhalten, bis es später abgeschafft wurde. Vgl. diese Arbeit S. 177.

Kapitel II.
Das Islamische Recht

A. Einleitung

Der Ausdruck „Islam", der als Bezeichnung der von Mohammed gepredigten Religion angenommen wurde, bedeutet „Unterwerfung", d. h. Unterwerfung unter den Willen Gottes. Man kann vom Islam in dreifacher Bedeutung sprechen: als Religion, als Kultur und als politisches System bzw. als Staat. Diese drei Aspekte sind jedoch untrennbar miteinander verbunden, da der Islam nicht einfach eine Ansammlung bestimmter religiöser Glaubenssätze darstellt, sondern eine Gesamtheit von Gedanken, die die Schaffung einer unabhängigen Gemeinschaft mit einem System von Gesetzen und eigenen Institutionen in sich einschließt. Mit anderen Worten: Der Islam ist ein Lebensmuster, das – alles in einem – eine Religion, eine Sittenlehre und ein Rechtssystem umfaßt.

Das islamsiche System bedeutet eine Einheit, die alle Gesichtspunkte des menschlichen Lebens umfaßt, von der das Recht ein wesentlicher und untrennbarer Bestandteil ist. Dieser Teil ist in Anbetracht seines Umfangs und seiner engen Beziehungen zur Religion der wichtigste des Systems, da er alle Pflichten des Kultes sowie die gesellschaftlichen und politischen Vorschriften einschließt. So können wir sagen, daß der Islam einerseits aus einer Theologie besteht, die die Dogmen aufstellt und die Glaubenssätze des Muslim festlegt, und andererseits aus dem Recht – „šarīᶜa" – das ihm angibt, wie er sich gegenüber Gott und gegenüber seinen Mitmenschen verhalten muß. Nach Professor Santillana ist das islamische Recht eine Gesamtheit von Regeln, die alle Seiten des Lebens der Muslime umfaßt, angefangen von den unbedeutendsten Einzelheiten bis zu den Grundsätzen der Moral und der Existenz der Gesellschaft[1].

Auf diese Weise und in Anbetracht der engen Beziehung des islamischen Rechts mit der Religion kann das erstgenannte nur von dem verstanden werden, der auch gewisse Kenntnisse des Islam in seinen rein religiösen Aspekten besitzt. Das Studium desselben besteht aus zwei Teilen: den religiösen Glaubensbekenntnissen und den religiösen Handlungen.

B. Religiöse Aspekte des Islam

1. Die religiösen Glaubensbekenntnisse

Die Verse des Koran zählen die grundlegenden Glaubenssätze des islamischen Glaubens auf:

> „O ihr, die ihr glaubt, glaubet an Allah und seinen Gesandten und an das Buch, das er auf seinen Gesandten herabgesandt hat, und die Schrift, die er zuvor herabkommen ließ. Wer nicht glaubt an Allah und seine Engel und die Schriften und seine Gesandten und an den Jüngsten Tag, der ist weit abgeirrt“[2].

Eine kurze Darlegung erläutert die Bedeutung jedes einzelnen dieser Verse.

a) Der Glaube an Gott

Der Glaube an den einzigen Gott – Allah – ist der erste Artikel des Glaubens und gleichzeitig der grundlegende religiöse Glaubenssatz. Dieser Glaube an Gott schließt den Glauben an seine Attribute ein, wie sie im Koran zum Ausdruck gebracht wurden[3]. Allah existiert seit der Gesamtheit der Ewigkeit bis zur gesamten Ewigkeit. Er ist der Schöpfer und Erhalter des Universums, allwissender und allmächtiger Gebieter über das Gute und das Böse, letzter Richter aller Menschen. Der wesentliche Glaubenssatz des Islam ist sein unnachgiebiger Monotheismus: „Sprich! Er ist der eine Gott, Allah der Alleinige, er zeugt nicht und wird nicht gezeugt, und keiner ist ihm gleich“, sagt der Koran[4]. Dieser Monotheismus, wie Professor Gibb aufzeigte, ebenso wie der der hebräischen Propheten, ist absolut und bedingungslos, aber diesen Charakteristika fügt der Islam die Universalität des Christentums hinzu[5].

b) Der Glaube an die Engel

Der Glaube an die Engel ist der zweite Artikel des islamischen Glaubens. Diese sind nach dem Koran, ebenso wie die Menschen, Geschöpfe und Diener Gottes, und sie ehren ihn unablässig[6]. Sie sind auch Boten Gottes, die die Menschen beobachten und ihre Handlungen anmerken, ihre Seelen empfangen, wenn sie sterben und am Tage des Jüngsten Gerichts zu ihren Gunsten oder gegen sie aussagen[7].

c) Der Glaube an die Propheten

Nach der islamischen Lehre wurden zu allen Zeiten und zu allen Völkern eine Anzahl von Gesandten oder Propheten geschickt, um die Religion zu verkünden, die Einheit Gottes zu predigen und die Menschen das Gute und das Böse zu lehren, um sie auf diese Weise auf den Tag des Jüngsten Gerichts vorzubereiten. Aus ihrer Mitte erwähnt der Koran Abraham, Noah, Zacharias, Moses, Jesus Christus und Mohammed[8]. Die Muslime müssen ohne Unterschied an sie alle glauben. Der einzige Unterschied besteht darin, daß Mohammed der letzte der Propheten oder deren „Siegel" war, der nicht zu einem bestimmten Volk gesandt wurde wie die übrigen Propheten, sondern zur gesamten Menschheit[9]. Der Islam verleiht seinem Propheten keinerlei übermenschliche Eigenschaften, sondern betrachtet ihn als sterblichen Menschen, der damit beauftragt ist, den Menschen die Nachricht und das Wort Gottes zu überbringen[10]. Der Glaube an seine Sendung und der Gehorsam ihm gegenüber sind notwendig für die Erlösung.

d) Der Glaube an die von Gott verkündeten Bücher

Nach der islamischen Lehre wurden den Propheten in verschiedenen Epochen „Bücher" oder Schriften verkündet, die von den Muslimen auch als heilig angesehen werden. Der Koran erwähnt unter ihnen „al-Tawrāh", die Thora der Juden, die Moses verkündet wurde, „al-Inyil", das Evangelium, das Jesus Christus verkündet wurde und den Koran selbst – wörtlich: Rezitation –, der Mohammed verkündet wurde[11].
Alle diese Verkündigungen müssen von den Muslimen geglaubt und akzeptiert werden, wobei der Koran die endgültige, alle Zweifel beseitigende Verkündigung und Träger der vollkommenen Wahrheit ist. Für die Muslimen ist der Koran das ewige Wort Gottes und stellt die erste Quelle der Religion und des Rechts dar[2].

e) Der Glaube an den Tag des Jüngsten Gerichts

Der Koran verweist in zahlreichen Versen auf den Tag des Jüngsten Gerichts, an dem alle Menschen mit Gerechtigkeit gerichtet werden, jeder Mensch nach seiner Führung im irdischen Leben. Die Guten und Tugendhaften werden die Wonnen des Paradieses genießen, und die Bösen und Sündhaften werden die Qualen der Hölle erleiden. Den Märtyrern des Glaubens, d. h. denen,die im Heiligen Krieg sterben, wird der Eingang ins Paradies verheißen, zusammen mit jenen, die bereuen und glauben, und die tugendhaft leben[13].

2. Die religiösen Handlungen

Außer den zuvor erwähnten religiösen Glaubensbekenntnissen schließt der religiöse Aspekt des Islam einen zweiten Teil ein, der die religiösen Pflichten oder Handlungen, „ᶜibādāt" genannt, umfaßt. Die islamische Orthodoxie hat stets den Glauben mit den persönlichen Handlungen und mit der Erfüllung der im Koran für die Muslimen vorgeschriebenen religiösen Pflichten in Verbindung gebracht. Der islamische Kult stützt sich auf fünf grundlegende Pflichten „'arkān al islām" genannt, d. h. die Säulen des Islam, welche sind:

a) Das Glaubensbekenntnis

Dieser Akt der Andacht ist als „aš-šahāda" bekannt, was wörtlich Zeugnis ablegen und praktisch die feierliche Versicherung der Einheit Gottes und der prophetischen Sendung Mohammeds bedeutet. Diese Versicherung besteht in der Deklamation der folgenden Formel: „Ich bezeuge, daß es keinen anderen Gott gibt als Allah, und ich bezeuge, daß Mohammed der Prophet Allahs ist".

b) Das Gebet

Die Übung des Gebets – „ṣalāt" – auf spanisch „azala" – ist die zweite grundlegende Pflicht des Muslimen. Sie muß jeden Tag auf rituelle Weise zu fünf festgelegten Gelegenheiten erfüllt werden[14]. Um die Gebete zu sprechen, muß der Muslim sauber sein, was auf eine rituelle Weise erfolgt[15] und sich in Richtung der „qibla" – der Heiligen Moschee in Mekka – wenden wo immer er sich befinden mag. Die Gebete können individuell oder gemeinsam verrichtet werden, in der Moschee oder an irgendeinem anderen Ort. Dem gemeinsamen Gebet zum Freitag Mittag – dem Feiertag der Muslimen – wird große Bedeutung beigemessen. Es muß gemeinschaftlich hinter einem Imam in der Moschee geschehen[16].

c) Aš-Zakāt

Zusammen mit der Befolgung des Gebets schreibt der Koran die Zahlung des „aš-zakāt" vor, ein Begriff, der wörtlich Reinigung des Reichtums und praktisch die dem Anteil des Eigentums entsprechende festgelegte Gebühr bedeutet, die als Almosen für die Bedürftigen zu betrachten ist[17]. Der Koran zählt die Begünstigung des „aš-zakāt" auf: die Armen, die Bedürftigen, die mit der Sammlung Beauftragten, diejenigen, die versöhnt werden

müssen, die Sklaven und die Gefangenen, die zahlungsunfähigen Schuldner, die Wanderer und der „Heilige Krieg“ [18].
Die Zahlung des „aš-zakāt“ bedeutet eine wesentliche religiöse Handlung der Andacht, ein äußeres Zeichen des Erbarmens und ein Mittel zur Erlösung. Obwohl es eine obligatorische Zuwendung ist, besteht unter den Rechtsgelehrten keine Übereinstimmung über die Art der Sammlung und Verteilung des „aš-zakāt“. Einige meinen, daß die Festlegung eine Pflicht des Staates sei, während andere sie dem eigenen Ermessen überlassen.

d) Das Fasten

Die vierte Säule oder religiöse Pflicht des Islam ist das Fasten während des Monats Ramadan, dem neunten des Mondjahres. Es wird als völlige Enthaltsamkeit bezüglich des Essens, Trinkens und der sexuellen Beziehungen während der Stunden des Tages, von Sonnenaufgang bis Sonnenuntergang, definiert. In bestimmten Fällen wie Krankheit und weiten Reisen wird eine Befreiung unter der Bedingung gewährt, daß ein Ersatz dadurch geleistet wird, daß später eine gleiche Anzahl von Tagen gefastet wird [19].

e) Die Pilgerfahrt

Der „ḥaǧǧ“ oder die Pilgerfahrt zum „Heiligen Haus“ in Mekka bedeutet den fünften grundlegenden Akt des islamischen Glaubens. Im Unterschied zu den vorher genannten Handlungen ist der „ḥaǧǧ“ keine absolute Verpflichtung, sondern wenigstens einmal während des Lebens für jeden erwachsenen und körperlich und finanziell dazu fähigen Muslim obligatorisch. Die Pilgerfahrt besteht aus bestimmten traditionellen Zeremonien und muß während des zwölften Mondmonats geschehen [20].
Außer diesen Verpflichtungen fordert der Koran die Gläubigen dazu auf, sich im „Heiligen Krieg“ – dem „ǧihād“ – einzusetzen. Einige Rechtsgelehrte, insbesondere die der Charidschiten-Sekte sind der Meinung, daß der „ǧihād“ eine sechste Säule des Islams darstellt, zusätzlich zu den fünf oben erwähnten [21].
Andererseits, wie auch Professor Mahmasani aufgezeigt hat, erschöpft sich der Islam nicht darin, ein Glaubensbekenntnis zu sein und einige religiöse Handlungen zu fordern, sondern er ist auch ein Moralkodex, der die Beziehungen der Menschen zu sich selbst und zu ihresgleichen regelt. Die Sittenlehre ist eine notwendige Vervollständigung der islamischen Religion, und der wahre Muslim muß sich bei jeder Handlung entsprechend dem islamischen Kodex der Sittenlehre verhalten [22].
Aber außer einer Religion und einem Moralkodex ist der Islam auch ein juristisches System. Deshalb stellt das islamische Recht, im Unterschied zu

anderen Rechtssystemen, keinen selbständigen Zweig der Erkenntnis dar, sondern ist einer der Gesichtspunkte der muslimischen Religion. Deshalb ist es notwendig, von Anfang an einzuräumen, daß der Rechtsbegriff im Islam aufgrund seiner Quellen, Zwecke und Ziele etwas völlig anderes darstellt, als der europäische Begriff, und daß er demzufolge einen spezifischen Charakter und spezifische Merkmale besitzt, die im folgenden untersucht werden sollen.

C. Charakter und Merkmale des islamischen Rechts

Das islamische Recht, das „šarīᶜa“ genannt wird – wörtlich übersetzt: der zu befolgende gerade Weg – oder das Gesetz Gottes, wurde von den muslimischen Theologen und Rechtsgelehrten auf der Grundlage der im Koran enthaltenen göttlichen Verkündigung und der „sunna“ oder Tradition des Propheten ausgearbeitet [23]. Die Wissenschaft des islamischen Rechts trägt den Namen „fiqh“, was wörtlich übersetzt: Wissen, Verständnis, Verstand heißt und praktisch der der islamischen Rechtswissenschaft verliehene Name wurde. Im Prinzip besteht ein gewisser Unterschied zwischen den Begriffen „šarīᶜa“ und „fiqh“, obwohl die Linie, die beide trennt, nicht klar gezogen ist. In der Praxis werden beide Ausdrücke vielfach als Synonyme verwendet [24]. Mit anderen Worten: der „fiqh“ ist die Wissenschaft der „šarīᶜa“ oder der praktische Aspekt der religiösen und sozialen Lehre des Islam und umfaßt demzufolge die religiösen Handlungen und das Recht in engerem Sinne. Man kann den „fiqh“ definieren als Methode der Erkenntnis der im Koran und in der „sunna“ des Propheten enthaltenen „šarīᶜa“, die durch eine vernünftige Methode abgestimmt und erklärt wird. [25]
Für die muslimischen Rechtsgelehrten ist das Recht nicht als Produkt des menschlichen Verstandes zu betrachten, das den Entwicklungsveränderungen in den sozialen Erfordernissen und Gedanken angepaßt ist, sondern als Produkt der göttlichen Offenbarung, wobei es folglich ein System ist, das Regeln von absoluter und ewiger Gültigkeit besitzt, die von keiner gesetzgebenden Behörde ersetzt oder verändert werden kann, da dem islamischen Verständnis zufolge Gott selbst der einzige Gesetzgeber der Gemeinschaft der Gläubigen ist. So ist die „šarī'a“, wie es traditionsgemäß ausgedrückt wird, das vollkommene, ewige und universelle Recht, das für alle Menschen und für alle Zeiten angemssen ist. Das vollkommene Leben ist demzufolge das Leben in strenger Übereinstummung mit diesem Recht [26].
Während nach europäischer Auffassung das Ziel des Rechts darin besteht, Lösungen für die sozialen Probleme zu finden, bezweckt also das islamische Recht die Regelung der Beziehungen des Gläubigen zu Gott und mit seinesgleichen, damit er sein Leben auf dieser Welt ordnen und die Erlösung im anderen Leben erlangen kann [27]. Deshalb ist im Islam die Unterwerfung unter das Recht nicht nur eine soziale Pflicht, sondern gleichzeitig ein Ge-

bot des Glaubens, und wer gegen eine gesetzliche Regel verstößt, ist auch vor Gott schuldig. Dies erfordert, daß das Recht aufrichtig und guten Glaubens erfüllt und befolgt wird, weil Gott die menschlichen Absichten genau kennt.

Hinsichtlich seiner Ziele ist das islamische Recht viel weitgehender als das europäische, denn, wie wir sagten, es enthält die Gesamtheit des religiösen, politischen und sozialen Lebens jener, die sich zum Islam bekennen. So umfaßt die „šarīᶜa“ alle Gebiete des öffentlichen und Privatrechts, des inneren und des internationalen Rechts, einschließlich einer ungeheuren Zahl von Gebieten, die im Westen eindeutig nicht als zum Recht gehörig bezeichnet werden können.

Während andererseits, wie Anderson schreibt, das Recht nach der modernen Auffassung das ist, was durch die Gerichte auferlegt werden kann, hängt die Gültigkeit des Rechts im Islam aufgrund seines religiösen Wesens nicht von einer Behörde ab, die es verhängt. Es ist sogar vom Wesen der Dinge her selbst offensichtlich, daß ein großer Teil dieses Rechts nicht durch die menschlichen Gerichte durchgesetzt werden kann[28]. Das islamische Recht war nicht die Schöpfung eines Staates, sondern wurde von den Rechtsgelehrten auf eine von den weltlichen Machthabern vollkommen unabhängigen Weise ausgearbeitet. Im Islam ist das Recht sowohl der Gesellschaft als auch dem Staat übergeordnet, wobei letzterer die Hauptaufgabe hat, das Recht – die „šarīᶜa“– durchzusetzen, so wie es ausgearbeitet wurde. Wir müssen jedoch darauf hinweisen, daß das islamische Recht trotz seines religiösen Charakters nicht notwendigerweise außerhalb des Rationalen steht, da es nicht durch einen Prozeß andauernder Offenbarung geschaffen wurde, sondern durch eine rationale Methode der Auslegung der durch Gott und seinen Propheten offenbarten und inspirierten Texte. Mit den Worten eines berühmten Professors und Spezialisten auf diesem Gebiet, des Professors Gibb, bedeutet die Ausarbeitung dieses Rechts vom Standpunkt der logischen Vervollkommnung „eine der glänzendsten Errungenschaften der menschlichen Vernunft“[29]. René David studiert es als eines der großen zeitgenössischen juristischen Systeme und erklärt, daß trotz der scheinbaren Starrheit des islamischen Rechts dieses zur Anpassung an die Bedingungen der modernen Welt fähig ist[30].

Andererseits hatte das Recht im islamischen Leben eine große Bedeutung, weil es unabhängig von seiner intellektuellen Vorherrschaft und seiner erzieherischen Funktion das Mittel mit dem größten Wirkungsbereich und der größten Wirksamkeit bei der Herausbildung der sozialen Ordnung und im Leben der Gemeinschaft der muslimischen Völker war. Dieses Recht ist nach Bergstrasser „der Extrakt des wahren muslimischen Geistes, der bedeutsamste Ausdruck des islamischen Denkens, der Wesenskern des Islam“[31].

Den „fiqh“ oder das islamische Recht können wir – seinem Wesen nach und nicht entsprechend der bekannten klassischen Form – in verschiedene Bestandteile unterteilen: das Strafrecht, das Familienrecht, das Transaktionsrecht (Verträge und Verpflichtungen), das Prozeßrecht, das Verfassungsrecht – „al-aḥkām aṣ-sulṭānīya – und das internationale Recht oder – „al-siyar“ [32].

Die muslimischen Rechtsgelehrten kannten nicht die moderne Unterscheidung zwischen öffentlichem und Privatrecht [33], und so sprachen sie von den Quellen oder Wurzeln des Rechts in seiner Gesamtheit, was logisch ist in einem System, das von Gott herrührt, und bei dem Gott im Mittelpunkt steht. Demzufolge bildet unser eigentliches Thema, das Völkerrecht des Islam, kein selbständiges und unabhängiges Thema, sondern ist ein untrennbarer Bestandteil des gesamten juristischen Systems des Islam und basiert auf denselben gemeinsamen Quellen. Deshalb ist es für uns unerläßlich, im nächstfolgenden Kapitel das Problem der Quellen des islamischen Rechts zu untersuchen, die gleichzeitig die Quellen des Völkerrechts sind.

Anmerkungen

[1] Vgl. Santillana, David, „Law and Society“ in „The Legacy of Islam“, herausgegeben von Thomas Arnold und Alfred Guillaume, (London, 1931), S. 292–294.

[2] Vgl. Koran, IV, 136.

[3] Vgl. Koran, II, 255; XXVIII, 88; CXII, 1–4.

[4] Vgl. Koran, CXII, 1–4.

[5] Vgl. Gibb, Hamilton, „El Mahomatismos“, spanische Übersetzung von M. Villegas de Robles, 2. Ed. (Mexico und Buenos Aires, 1966), S. 67.

[6] Vgl. Koran, XXI, 26–27; XXII, 74; XXXV, 1.

[7] Vgl. Koran, VI, 61; XXXII, 11; Massé, Henri, „Islam“, englische Übersetzung von Halide Edib, (Beirut, 1960), S. 131–133; Gibb. H., „El Mahomatismos“ a. a. O., S. 57–58.

[8] Vgl. Koran, II, 136; III, 84; VI, 93; IXX, 54–57.

[9] Gibb, H., „El Mahomatismo“, a. a.O., S. 58–60; Koran, VII, 158.

[10] Vgl. Koran, III, 144, CXI, 6, VII, 158.

[11] Vgl. Koran, III, 3–4, 65–84; V, 44–48. In Übereinstimmung hiermit gelten die Juden und Christen in der islamischen Gesetzesterminologie als „'ahl al-kitāb“ – wörtlich übersetzt: die Besitzer der Schrift – d. h. die Besitzer Heiliger Schriften. Nichtsdestoweniger werden sie im Koran – II, 39–42; III, 64–71; V, 13–16; usw. – beschuldigt, ihre Schriften verfälscht und verdreht zu haben. Hierzu vgl. diese Arbeit S. 54–55.

[12] Vgl. diese Arbeit S. 34–36.

[13] Vgl. Koran, XXII, 103–105; XLIV, 9; CI, 3; usw.; Gibb, H., „El Mahomatismo“, a. a. O., S. 60–61.

[14] Zu diesem Ritus vgl. Galwas, Ahmed, „The Religion of the Islam“, 2. Ed., (El Cairo, 1961), S. 3–27; Gibb, H., a. a.O., S. 61–63, Massé, H., a. a. O., S. 144–151.

[15] Vgl. Koran, V. 6; Galvas, A., a. a. O., S. 11–13.

[16] Vgl. Massé, H., a. a. O., S. 150; Gibb, H., a. a. O., S. 62; Galwas, A., a. a. O., S. 23

[17] Vgl. Koran, IX, 60; LI, 19.

[18] Vgl. Koran, II, 215; Galwas, A., a. a. O., 28–36; Massé, H., a. a. O., S. 154–156; Gibb, H., a. a. O., S. 63.

[19] Vgl. Koran, II, 183–187; Galwas, A., a. a. O., S. 37–39.

[20] Vgl. Koran, II, 158; 196–197; III, 97; V, 2; Galwas, A., a. a O., S. 40–49; Massé, H. a. a. O., S. 156–164.

[21] Vgl. diese Arbeit S. 149–150.

[22] Vgl. Mahmasani, S., „The Principle ...“, a. a. O., S. 210.

[23] Über die Bedingungen, unter denen das islamische Recht ausgearbeitet wurde, vgl. Schacht, J., „An Introduction of Islamic Law“, (Oxford, 1946), teilweise auf französisch zusammengefaßt, „Esquise d'une histoire du Droit Musulman“, (Paris, 1954); Über den Begriff der „sunna“ vgl. diese Arbeit S. 36–39.

[24] Vgl. Fayzee, A., A. Asaf, „Outlines of Muhamadan Law“, 2. Ed. (Oxford, 1955), S. 21ff.

[25] Vgl. Gandefry, Demombines, M., „Muslim Institutions“, übersetzt von J. Macgregor, (London, 1951), S. 68.

[26] Vgl. Hitti, Ph., „Islam a way of Life“, (Princeton, 1969), S. 42.

[27] Die Schule der Hanafiten, die bedeutendste islamische juristische Schule, definiert den „fiqh“ als „die Kenntnis der Reche und Pflichten dadurch, daß der Mensch sich befähigt, in diesem Leben einen geraden Weg zu beschreiten und sich selbst auf die künftige Welt vorzubereiten“.

[28] Vgl. Anderson, J., „Islamic Law in the Modern World“, (New York, 1959), S. 5.

[29] Gibb, H., „El Mahomatismos ...“, a. a. O., S. 84.

[30] David, René, „Los Grandes Sistemas Juridicos Contemporáneos", spanische Edition von Pedro Bravo Sala, (Madrid, 1969), S. 356.

[31] Vgl. Bergstrasser, „Grundzüge des Islamischen Rechts", zitiert von René David, a. a. O., S. 356.

[32] Über den Begriff des „al-aḥkām aš-sulṭānīya" und die „siyar", vgl. diese Arbeit S. 134–136.

[33] Dies war jedoch keine Besonderheit des islamischen Rechts, zumal, wie Radbruch feststellt, die Unterscheidung zwischen öffentlichem und privatem Recht nicht zu allen Zeiten bestanden hatte. Im Mittelalter kannte man sie nicht und wußte auch nicht, daß in jedem Rechtssystem das öffentliche Recht und das Privatrecht nebeneinander bestehen müssen. Vgl. Radbruch, Gustav, „Introducción a la Filosofía del Derecho", übersetzt von Wenceslao Roces (Mexico, 1965), S. 90.

Kapitel III.
Quellen des islamischen Rechts

A. Allgemeine Begriffe

Während des Lebens Mohammeds waren der islamischen Gesellschaft die konkreten Antworten auf alle religiösen oder rechtlichen Fragen, die auftreten konnten, gesichert. Diese Antworten konnten entweder aus der göttlichen Offenbarung, geäußert durch den Propheten, oder aber vom Propheten selbst erfolgen. Aber mit seinem Tode im Jahre 622 nach Christus endete seine prophetische Tätigkeit und damit die göttliche Offenbarung, da diese auf die Nachfolger des Propheten in der Führung des Staates, angesichts des Charakters Mohammeds als dem letzten der Propheten, nicht übertragen werden konnten[1].

Beim Tode des Propheten war der in Entstehung begriffene islamische Staat nicht auf Arabien beschränkt, sondern dehnte sich nach allen Seiten aus und verwandelte sich infolge der militärischen Eroberungen in weniger als einem Jahrhundert in ein weiträumiges Reich, das über viele Völker verschiedener Rassen und Kulturen herrschte. Dieser so große Wechsel in den Lebensbedingungen der islamischen Gemeinschaft brachte logischerweise neue administrative, ökonomische, juristische und politische Probleme mit sich, die durch das bestehende Rechtssystem nicht gelöst werden konnten, und für die dringend konkrete Lösungen gefunden werden mußten.

Die ersten Muslime hielten sich an den Koran und an die „sunna“ oder an Ausführungen des Propheten, um daraus gesetzliche Lösungen für die Probleme abzuleiten, die sich ihnen stellten. Dies war jedoch nicht immer möglich, weil die Regeln des Koran von allgemeiner Art sind und in vielen Fällen nicht die Besonderheiten und Einzelheiten darlegten. Auch konnten, wenn die Probleme während seines Lebens nicht aufgetreten waren, deren Lösungen nicht in der „sunna“ des Propheten gefunden werden. Trotzdem wurde der Grundsatz klar festgelegt, daß Gott der einzige Gesetzgeber ist, und daß seine Gebote alle Aspekte des Lebens der Muslime anzeigen müssen.

Folglich mußten die Kalifen und ihre Rechtsberater zwangsläufig auf andere Quellen und Methoden zurückgreifen, um die bestehende Gesetzgebung, die im Koran und in der „sunna“ des Propheten gestaltet war, mit dem Ziel auszulegen und zu vervollständigen, für die neuen Probleme gesetzliche Lösungen zu finden. Auf diese Weise entstand die islamische Rechtswis-

senschaft, der „fiqh", aus der Notwendigkeit, den persönlichen Verstand anzuwenden, um die religiösen Regeln und Gebote auszulegen, und um die Probleme zu lösen, die in Ermangelung oder Unkenntnis einer durch den Koran oder den Propheten erteilten Antwort aufgeworfen würden.
Die islamische Rechtswissenschaft legte vier Quellen für die Ableitung der Rechtsnormen fest, die in der islamischen juristischen Terminologie als Wurzeln des „fiqh" – „uṣūl al-fiqh" – bekannt sind und in der Reihenfolge ihrer Gesetzeskraft aufgezählt werden. Es sind dies: der Koran, das Wort Gottes; die „sunna" des Propheten; der „iǧmāᶜ" oder Konsens der Rechtsgelehrten; und der „qiyās" oder die gesetzliche Ableitung durch Analogie. Es gibt jedoch auch andere zweitrangige Quellen, über die keine völlige Übereinstimmung unter den Rechtsgelehrten besteht. Wir werden, wenn auch nur kurz, jede einzelne dieser Quellen sowie außerdem die zweitrangigen Quellen untersuchen[2].

1. Der Koran

Er ist das Heilige Buch der Muslime und bildet die Grundlage allen religiösen und demzufolge gesetzlichen islamischen Denkens, wodurch er die erste Quelle des muslimischen Rechts ist[3]. Der Koran setzt sich aus einer Gesamtheit von Offenbarungen Allahs und seines Propheten Mohammed im Verlauf der zwanzig Jahre seiner prophetischen Sendung durch den Engel Gabriel zusammen[4].
In seiner äußeren Form ist der Koran in 14 Kapitel – Suren genannt – eingeteilt, von denen jedes eine andere Anzahl von Versen – „āyāt" genannt – enthält[5]. Der Koran wurde nach dem Tode des Propheten unverzüglich auf Befehl des ersten Kalifen Abū Bakr (638–640) in einer authentischen Sammlung zusammengestellt. Zu Zeiten des dritten Kalifen ᶜUtmān im Jahre 650 erfolgte die endgültige Zusammenstellung des Koran, und sein Wortlaut wurde so festgelegt, wie wir ihn gegenwärtig kennen[6].
Der Koran ist kein Gesetzeskodex, nicht einmal eine juristische Abhandlung, und die Bestimmungen juristischen Charakters, die er enthält, sind geringfügig – nicht mehr als ein Zehntel – im Vergleich mit den religiösen und moralischen Vorschriften. Trotzdem hatte er einen entscheidenden Einfluß auf die Schaffung der islamischen Gesetzgebung und ihres Systems. Dieser Einfluß wurde auf unterschiedliche Weise ausgeübt, teils durch konkrete Antworten auf bestimmte Rechtsprobleme, teils durch seine moralischen Ermahnungen und sogar durch die göttlichen Verheißungen, die dazu dienten, Rechtsnormen durch die Methode der Analogie zu erlangen[7]. Alle muslimischen Rechtsgelehrten stimmen hinsichtlich des göttlichen Charakters des Koran sowie seiner Bedeutung als erstrangige Quelle der islamischen Rechtswissenschaft überein. Nichtsdestoweniger bestanden bei dem einen oder anderen Meinungsverschiedenheiten bezüglich der

Auslegung und der Exegese einiger seiner Verse. Die exegetischen Studien des Koran waren zahlreich. Die älteste stammt von dem Theologen und Historiker Aṭ-Ṭabarī – gestorben 923–, die von anderen spezialisierteren Untersuchungen gefolgt wurde [8].

2. Die „Sunna"

Dieser Ausdruck bedeutet wörtlich: Brauch, Tradition und praktisch „alle Aussprüche und Handlungen des Propheten und die ausdrücklich und stillschweigend von ihm gebilligten Akte" [9]. Es wird auch der Ausdruck „ḥadīṯ" – Erzählung– verwandt, um die „sunna" des Propheten zu bezeichnen. Theoretisch sind die Begriffe „sunna" und „ḥadīṯ" unterschiedlich, wenn sie auch in der Praxis übereinstimmen [10].

Wie wir aufgezeigt haben, ist der Begriff der „sunna" im Sinne der Gebräuche der Vorfahren, die zum Vobild genommen werden sollen, ein vorislamischer Ausdruck, der im gesellschaftlichen Leben der Araber eine große Rolle gespielt hatte und zu einem der Grundbegriffe des islamischen Rechts wurde [11]. Die „sunna" im Sinne des durch Gott und Mohammed inspirierten Verhaltens stellt eine grundlegende Quelle des muslimischen Rechts dar.

Diese „sunna", als Quelle des Rechts, empfängt ihre Kraft zwangsläufig aus dem Koran selbst, der in vielen Versen den Gehorsam gegenüber dem Propheten befiehlt, wobei er dies als Gehorsam gegenüber Gott selbst betrachtet [12]. Wie Professor Gibb aufzeigt, ist das Argument der Unfehlbarkeit der „sunna" eher konsequent und logisch als metaphysisch, da der natürliche Fürsprecher des Koran und der einzige, in dessen Urteil man Vertrauen setzen kann, der Prophet ist, durch dessen Vermittlung seine Texte offenbart wurden, und der durch göttliche Inspiration handelte [13].

Der Koran und die „sunna" werden als unfehlbare Quellen angesehen und stellen die grundlegenden Wurzeln des gesamten islamichen Systems dar, wobei die anderen Quellen ihnen untergeordnet und von ihnen abhängig sind.

Andererseits hatte die „sunna" große Bedeutung bei der Ausarbeitung des islamischen Rechts, und einige Autoren betrachten sie als das „Common Law" (Gewohnheitsrecht) des Islams [14]. Tatsächlich wurde die „sunna" zu einer Art von Kommentar und Ergänzung des Koran, und seine Hauptrolle ihm gegenüber bestand darin, ihn zu deuten und seine allgemeinen Regeln zu bestimmen. Außerdem hatte Mohammed viele juristisch-religiöse Regeln durch die Lösungen aufgestellt, die er den Problemen gab, die in der Praxis auftraten, durch die göttliche Offenbarung aber nicht bekanntgegeben worden waren [15].

Die „ḥadīṯe" oder „sunna" des Propheten wurden zunächst mündlich überliefert, bis im zweiten Jahrhundert der Hedschra [16] der Kalif ᶜUmar II.

(717–720) ihre Sammlung anordnete. Diese Arbeit der Suche und des Zusammentragens der „Tradition" des Propheten führte zur Begründung einer neuen islamischen Wissenschaft, bekannt als „die Wissenschaft des ḥadīṯ" – „ᶜilm al-ḥadīṯ" –. Die Aufgabe war keineswegs leicht, da während dieser Jahrhunderte des Islam viele, dem Propheten zugeschriebene „ḥadīṯe" zur Unterstützung der Thesen und Schriftsätze der verschiedenen im Streit befindlichen Gruppen und Parteien sowie auch zur Rechtfertigung verschiedener Tendenzen und Neuerungen erfunden wurden[17].

Angesichts dieser Lage und um die Glaubwürdigkeit der „Tradition" des Propheten zu gewährleisten, wurde ein System von Garantien eingeführt: Von jedem Erzähler eines „ḥadīṯ" wurde verlangt, daß er die Namen jener nenne, die es ihm übermittelt hatten, bis man zu dem ursprünglichen Erzähler gelangte, der ein Begleiter der Propheten hätte sein müssen. Diesem System der Zitate wurde der Name „silsilat al-isnād" gegeben, d. h. die Kette der Garantie. Während des 2. und 3. Jahrhunderts der Hedschra wurde auf dieser Grundlage allmählich eine kritische Wissenschaft des „ḥadīṯ" geschaffen, die die Einordnung der „ḥadīṯe" nach dem Grad ihrer Glaubwürdigkeit in drei Hauptkategorien gestattete: „ṣaḥīḥ" oder zweifelsfrei; „ḥasan" oder annehmbar gut und „ḍaᶜif" oder unbedeutend schwach.

Im dritten Jahrhundert wurde eine große Arbeit der Sammlung von „ḥadīṯen" geleistet, und es wurden von den orthodoxen Muslimen sechs Sammlungen als autorisierte Texte zugelassen. Die erste und wichtigste dieser Sammlungen, die den Namen „ṣaḥīḥ" – authentisch, garantiert – annahm, ist die von „al-Buḫārī"[18], die von den orthodoxen Rechtsgelehrten als das nach dem Koran korrekteste Buch angesehen wird[19]. Die Sammlung von „al-Buḫārī" – gestorben 870 –, gefolgt von der von Muslim – gestorben 875 –[20], erlangten schnell eine beinahe kanonische Autorität, insbesondere die erstgenannte. Die vier verbleibenden Sammlungen, die den Namen „sunnan", den Plural von „sunna" trugen, sind die des Al-Tirmīdī – gestorben 892 –, des „Ibn-Māǧa – gestorben 896 –, des Abū Dawūd – gestorben 890 –, und letztlich des an-Nasāli – gestorben 951[21]. Trotzdem fuhr man fort, während mehrerer Jahrhunderte Sammlungen von „ḥadīṯen" für verschiedene Zwecke und nach verschiedenen Arbeitsmethoden anzulegen, ohne jedoch den gleichen Rang und die Achtung zu erreichen wie die der sechs ersten.

Schließlich muß darauf hingewiesen werden, daß diese Sammlungen nicht vollständig untereinander übereinstimmen, was Anlaß zu zahlreichen Auseinandersetzungen und verschiedenen Deutungen war, da jeder Rechtsgelehrte einige „ḥadīṯe" akzeptierte und andere ablehnte und sie als mißtrauenerweckend betrachtete[22].

3. Der iǧmāᶜ

Die dritte Quelle des muslimischen Rechts ist der „iǧmāᶜ", der als der einmütige Konsens der muslimischen Rechtsgelehrten – „muǧtahidūn" –[23] einer bestimmten Epoche über eine Regel definiert wurde, die zuvor nicht durch den Koran oder die „sunna" festgelegt worden war[24]. Diese Übereinkunft der angesehenen Rechtsgelehrten über jede beliebige Frage verwandelte sich in eine gesetzliche Regel, die für alle Muslime verbindlich ist.

Nach Ansicht der muslimischen Rechtsgelehrten finden sich die gesetzlichen Grundlagen der Akzeptierung des „iǧmāᶜ" als dritte Quelle des Rechts im Koran und in der „sunna" des Propheten. Der Koran klagt diejenigen an, die einem anderen Weg als die Gläubigen folgen[25], und ein „ḥadīṯ" des Propheten lautet: „Meine Gemeinschaft wird niemals einmütig im Irrtum sein"[26]. Mit den Worten von Santillana ausgedrückt, bedeutet das, wenn eine muslimische Gemeinschaft eine religiöse Übung oder eine Glaubensregel vereinbart, so ist das gewissermaßen durch Gott gelenkt und inspiriert, abgewandt vom Irrtum und unfehlbar zur Wahrheit geleitet, dank einer speziellen Gnade, die Gott den Gläubigen gewährt[27].

Wahrscheinlich war es der Rechtsgelehrte Malik, Gründer einer Schule von Rechtsgelehrten, die seinen Namen trägt[28], der den Begriff des „iǧmāᶜ" in das islamische System einführte. Für ihn bedeutete der Konsens der Rechtsgelehrten von Medina – als der Stadt der authentischen Tradition des Propheten – über eine juristische Regel, die auf einem „ḥadīṯ" beruht, einen Teil der „šarīᶜa". Es war jedoch aš-Šāfiᶜi, ebenfalls Begründer einer anderen Schule von Rechtsgelehrten[29], der den Grundsatz des „iǧmāᶜ" als andere Quelle des Rechts nach dem Koran und der „sunna" entwickelte. Dieser Rechtsgelehrte, der wegen der Einförmigkeit des Rechts besorgt war, bestritt, daß die Übereinkunft der Rechtsgelehrten von Medina oder eines besonderen Ortes irgendeine Machtvollkommenheit besitze und bestand darauf, daß der einzig gültige Konsens derjenige der gesamten muslimischen Gemeinschaft sei[30].

Diese Argumentation von aš-Šāfiᶜi wurde von zahlreichen Rechtsgelehrten kritisiert, welche sie als unrealisierbar betrachteten[31], und al-Ġazzālī – spanisch Algacel –einer seiner Anhänger, beschränkte den „iǧmāᶜ" auf den Konsens aller muslimischen Rechtsgelehrten, die zu einem bestimmten Zeitpunkt existierten, womit er den Konsens der gesamten Gemeinschaft gleichsetzte[32]. Obwohl das der Begriff des „iǧmāᶜ" ist, der durch die klassische Theorie akzeptiert ist, wurde er trotzdem seinerseits durch viele Rechtsgelehrte wegen der praktischen Unmöglichkeit kritisiert, einen Konsens aller Rechtsgelehrten zu erreichen, die über die gesamte arabische Welt zerstreut waren.

Der Hauptmangel der Theorie des „iǧmāᶜ" besteht im Verfahren, da es an einer festgelegten Methode und einem bevollmächtigten Organ mangelt[33].

So war es notwendig, um die Existenz eines „iǧmāᶜ" über irgendeine Rechtsfrage zu entscheiden, in die Vergangenheit zu schauen, um festzustellen, ob ein solcher Konsens erreicht worden war. Auf diese Weise wurde eine Regel, wenn sie so festgelegt worden war, zu einem wesentlichen Bestandteil des Glaubens[34].
Trotz seiner begrifflichen und praktischen Mängel hatte der „iǧmāᶜ" jedoch große Bedeutung für spätere Ausarbeitungen der islamischen Lehre[35]. Wie Professor Coulson zutreffend bemerkt, wirkte der „iǧmāᶜ" auf zwei Weisen: erstens einfach als Ausdruck einer gemeinsamen religiösen Überzeugung, daß es der „iǧmāᶜ" ist, der auf die universelle Akzeptierung der grundlegenden Glaubenssätze durch alle Muslime schließen läßt, wie es der Glaube an die Sendung Mohammeds, der göttliche Charakter des Koran, die Gültigkeit des „ḥadīṯ" und die Institution des Kalifats sind[36]. Zweitens handelte der „iǧmāᶜ" als ein praktischer gesetzlicher Grundsatz, der innerhalb der durch den grundlegenden religiösen Glaubenssatz gesetzten Grenzen wirkte, um den genauen Sinn des göttlichen Willens zu bestimmen[37]. Zusammengefaßt, so sagt der Autor, genießt dieser „iǧmāᶜ" eine außerordentliche praktische Bedeutung, da die reale Durchführbarkeit aller Regeln des „fiqh" – des muslimischen Rechts –, ungeachtet ihres Ursprungs, darauf beruht, daß sie durch den „iǧmāᶜ" sanktioniert worden sind[38]. Andererseits wurde der „iǧmāᶜ" als volkstümlicher Bestandteil der Schöpfung des Rechts von zahlreichen Autoren als ein mögliches und mächtiges Instrument der Reformen angesehen[39]. Trotzdem erlaubte der „iǧmāᶜ" aufgrund des Mangels, den wir aufzeigten, und wie Professor Gibb klarstellte, anfangs einen gewissen Grad der Entwicklung der Lehre; aber seine Tätigkeit blieb im weiteren Verlauf auf die Aufgabe beschränkt, die von Rechtsgelehrten und Theologen ausgearbeiteten Lehrmeinungen abzusegnen, um ihnen auf der Grundlage eines angeblichen „iǧmāᶜ" die Eigenschaft des Unabänderlichen zu verleihen. Obwohl er zu Anfang positiv und schöpferisch war, kam es schließlich dazu, ihn in negativer und repressiver Weise anzuwenden[40]. So wurde in einer späteren Epoche, im IV. Jahrhundert der Hedschra, das Bestehen eines allgemeinen „iǧmāᶜ" über die islamische Glaubenslehre angeführt, die in ihren kleinsten Einzelheiten bereits ausgearbeitet war. Infolgedessen wurde der „īǧtihād" – die selbständige Deutung der Quellen – verboten, und die Rechtsgelehrten beschränkten sich seither darauf, die gesetzlichen Lösungen, so wie sie von den großen Rechtsgelehrten der Vergangenheit vorgeschlagen worden waren, nachzuahmen, aufzuhellen und zu erklären. In dieser Situation, bekannt als „Schließung der Tür des „īǧtihād", bestand die ganze Aufgabe der Rechtsgelehrten darin, die klassischen Werke auszulegen, und jedweder Versuch einer Neuerung wurde als Ketzerei betrachtet, um dem „iǧmāᶜ" der islamischen Gemeinschaft zu entkommen[41].

4. Der qiyās

Die vierte Quelle des islamischen Rechts ist der „qiyās" oder die Beweisführung durch Analogie. Dieser Ausdruck wurde zunächst in verschiedenem Sinn angewendet, aber grundsätzlich bezeichnete er die Methode, die die Anwendung der analogen Beweisführung nutzt, um Gesetzesregeln des Koran und der „sunna" abzuleiten[42]. Die klassischen Rechtsgelehrten definieren den „qiyās" als die Anwendung der im Koran oder durch die „sunna" festgelegten Regel auf einen anderen, in seinem Wesen vergleichbaren neuen Fall[43]. In Wirklichkeit bedeutet der „qiyās", wie auch René David aufgezeigt hat, nichts anderes als ein einfaches Analogieverfahren, das von der muslimischen Rechtswissenschaft in den Rang einer Quelle des Rechts erhoben wurde[44].
Andererseits, und wie wir bereits bemerkten, wurden mit der Verbreitung des Islam und mit den Veränderungen in der islamischen Gesellschaft in ihren materiellen und intellektuellen Aspekten zuvor unbekannte rechtliche Probleme auf die Tagesordnung gesetzt. Deshalb, und um auf die Fragen Antworten zu finden, die aufgeworfen werden könnten, wurde es notwendig, ein Verfahren vorzusehen, das in der Lage war, alle jene Hypothesen ins rechte Licht zu rücken, die im Koran und in der „sunna" nicht erfaßt waren. Die Rechtsgelehrten mußten zwangsläufig auf die juristische Spekulation und die persönliche Meinung zurückgreifen – „ra'y" –[45], um gesetzliche Regeln abzuleiten. Dieses Verfahren wurde vom Propheten selbst anerkannt und gutgeheißen, wie aus dem folgenden „ḥadīṯ" zu entnehmen ist:

> „Als Muᶜād ibn Ǧabal zum Richter im Jemen ernannt wurde, fragte ihn der Prophet, auf welche Quellen er seine Urteile stütze.
> Auf den Koran, antwortete Muᶜād.
> Wenn dieser aber dazu nichts enthält?
> Dann auf Deine Tradition.
> Aber wenn diese auch versagt?
> Dann folge ich meiner persönlichen Meinung"[46].

Dieser „hadith" und andere Koranverse sind als die gesetzliche Grundlage der Anwendung des „qiyās" als weitere Quelle des islamischen Rechts angesehen worden[47]. Trotzdem verursachte das Zurückgreifen auf die persönliche Meinung zur Ableitung gesetzlicher Regeln zahlreiche Meinungsverschiedenheiten und wurde seitens der konservativen Rechtsgelehrten kritisiert, weil sie annahmen, daß dies die Einführung eines menschlichen Bestandteils in die Ausarbeitung des göttlichen Rechts bedeuten würde.

B. Andere Quellen des Rechts

Die oben erwähnten vier Quellen des islamischen Rechts genießen die universelle Anerkennung der orthodoxen Rechtsgelehrten und sind in der klassischen juristischen Theorie als die vier „usūl“ oder Wurzeln der Rechtswissenschaft – „fiqh“ – bekannt.
Die muslimischen Rechtsgelehrten hatten jedoch in der Praxis andere Quellen als rechtmäßig anerkannt und angewandt. Diese zusätzlichen Quellen werden von der klassischen Theorie nicht als „usūl“ – Wurzeln – angesehen, und es besteht auch keine völlige Übereinstimmung unter den Rechtsgelehrten über ihre Gesetzeskraft, trotz der großen Bedeutung, die sie bei der Ausarbeitung des islamischen Rechts gehabt haben. Im folgenden werden wir kurz über die wichtigsten darunter sprechen, welche sind: das Gewohnheitsrecht, „al-ᶜurf wa al-ᶜāda“ genannt, und die Handlungen der vier „orthodoxen Kalifen“.

1. Das Gewohnheitsrecht

Wie wir bereits zuvor aufgezeigt hatten, hat das Gewohnheitsrecht des vorislamischen Arabien in bedeutendem Maße zur Herausbildung des islamischen Rechts beigetragen. Der Islam anerkannte und übernahm zahlreiche arabische Sitten und Gebräuche, während er gleichzeitig andere abschaffte und veränderte. Der Prophet selbst gestattete die Fortführung der alten Gebräuche, solange sie den Grundsätzen des Islam nicht zuwiderlaufen[48]. Dieses Tatsache bedeutet die Grundlage der Anerkennung der Sitten und Gebräuche vonseiten einiger Rechtsgelehrten als gesetzliche Quelle des Rechts bei Nichtvorhandensein eines Textes des Koran oder der „sunna“. Diese Rechtsgelehrten führen zur Stützung ihrer These außerdem einen „ḥadīṯ“ des Propheten an, der besagt: „Was den Muslimen gut erscheint, erscheint Allah ebenso“[49].
Trotz dieser Argumente und der von einigen Rechtsgelehrten realiesierten Absichten, den „ᶜurf“ als fünfte Quelle des Rechts neben den vier universell anerkannten einzustufen, weigerte sich die klassische Theorie jedoch, demselben eine allgemeine und direkte Anerkennung zu gewähren und ließ es nur zu, solange es mit einem Gesetzestext nicht in Widerspruch stand[50].
Trotz der Nichtanerkennung des „ᶜurf“ als Quelle des Rechts seitens der islamischen Lehrmeinung hatte und hat dieser in der Praxis eine große Bedeutung im täglichen Leben der Muslime[51]. Es ist eine Tatsache, wie ein Autor bemerkt, daß die Regeln, die das Leben der Muslime beherrschen, niemals in gleichem Maße ausgedehnt waren wie das reine islamische Recht, eine Lage, die von den Rechtsgelehrten stets bedauert wurde[52]. Aber auch die „šarīᶜa“, obwohl sie sich gegenüber dem Gewohnheitsrecht

nicht vollständig durchsetzen konnte, hatte einen großen Einfluß auf die Gebräuche und die Handlungen der verschiedenen muslimischen Gemeinschaften, nicht ohne von ihnen beeinflußt zu werden. In seiner wertvollen Abhandlung über das islamische Recht in Afrika machte Professor Anderson klar, daß die Urteile der islamischen Gerichte einen Kompromiß zwischen dem örtlichen Gewohnheitsrecht und dem islamischen Recht darstellten, obwohl dieser Kompromiß je nach den Fällen unterschiedliche Formen annahm. In gleicher Weise gibt es verschiedene Regionen, in denen die Justizverwaltung sich unter der Aufsicht der einheimischen Gerichte befindet und das angewandte Recht sich in unterschiedlichem Maße einen Teil des islamischen Rechts angeeignet hat[53].
Unter den großen muslimischen Rechtsgelehrten, die juristische Schulen gründeten, räumen Abū Hanīfa und Malik innerhalb gewisser Grenzen die gesetzliche Gültigkeit des „ᶜurf" als Quelle des Rechts ein. Die Schule der Hanafiten z. B. läßt einige Grundsätze zu, die die Anerkennung der Gültigkeit der Sitten und Gebräuche als Quellen des Rechts widerspiegeln, wie: „die Gewohnheit ist Schiedsrichter"; „die Sitten und Gebräuche sind gültig, um eine allgemeine Regel zu präzisieren"; „die Augenscheinlichkeit der Gewohnheit ist ebenso anzusehen wie die des Textes – in den Verträgen –"; „die Gewohnheit ist entscheidend bei Abwesenheit eines gegenteiligen Textes" usw. ...[54]. Die Malikiten – Rechtsgelehrte der Schule von Malik – bemühten sich, sich den geltenden Gewohnheiten anzupassen und beabsichtigten, sie mit der „šarīᶜa" in Einklang zu bringen.
Trotz des Auftretens – in verschiedenen historischen Epochen – mehrerer reformistischer religiöser Bewegungen, die zum Ziel hatten, ausschließlich die „šarīᶜa" durchzusetzen, und trotz der Bemühungen, die die religiösen Führer unternahmen, damit die örtlichen Gewohnheiten sich den Regeln der „šarīᶜa" anglichen, finden wir noch in zahlreichen islamischen Ländern eine Kluft zwischen dem religiösen Recht und dem geltenden Gewohnheitsrecht. Das Recht der „adat" – der lokalen Gewohnheiten – in Indonesien, das matriarchalische System in Teilen des malaiischen Archipels und bestimmte beduinische Bräuche sind Beispiele dafür[55]. In Britisch-Indien fuhren die verschiedenen muslimischen Gemeinschaften fort, ihr eigenes Gewohnheitsrecht in bestimmten Grenzen zu befolgen, das – im Gegensatz zur „šărīᶜa" – die Frauen vom Recht der Nachfolge ausschloß[56]. So schreibt Professor Gibb, daß die „„šarīᶜa" trotz dieser Beeinträchtigung ihrer Autorität stets als Ideal und endgültiges Berufungsgericht erhalten blieb und wegen ihrer Einheit und ihres Verständnisses die einigende Hauptkraft der islamischen Kultur darstellte[57].

2. Die Methoden der orthodoxen Kalifen

Was die Methoden und Ansichten der vier „orthodoxen Kalifen" und der Gefährten des Propheten im allgemeinen[58] angeht, so macht ihnen der größte Teil der Rechtsgelehrten den Begriff der Quelle des Rechts streitig, und demzufolge ermangeln sie der zwingenden Kraft. Abū Hanīfa z. B. erklärt, daß es ihm freisteht, ihre Meinungen anzunehmen oder abzulehnen, ohne jedoch von einem „iğmāᶜ" unter allen abzuweichen[59]. Die Anhänger der Erwägung dieser Methoden als weiterer Quelle des Rechts führen zur Unterstützung ihrer These mehrere „ḥadīṯe" des Propheten an, deren Unechtheit und Fälschung nicht schwer nachzuweisen sei[60].
Trotzdem genießen in der islamischen Rechtswissenschaft die Gefährten des Propheten und insbesondere die ersten vier Kalifen, bekannt als die „recht geleiteten" – wenn auch weit entfernt davon, als unfehlbar betrachtet zu werden –, eine beträchtliche Verehrung. In der Praxis, und fern jeder theoretischen Diskussion, gründet sich die Verfassungstheorie des Islam zu einem großen Teil auf den von diesen Kalifen angewandten Methoden, wie wir weiter unten sehen werden[61]. Andererseits wurden von ihnen infolge der großen Verbreitung des Islam während seiner Herrschaft mehrere Institutionen des islamischen Völkerrechts etabliert und dem islamischen Rechtssystem eingegliedert. Diese Methoden haben gesetzliche Autorität, während die der nachfolgenden muslimischen Herrscher dieser entbehren.

Anmerkungen

[1] Vgl. diese Arbeit S. 21.

[2] Für ein detailliertes Studium dieser Quellen vgl.: Mahmasani, S., „Philosophy of Jurisprudence in Islam", (Leiden, 1961), S. 63–102.

[3] Etymologisch ist der Terminus Koran – arabisch „Qor'an" – von dem Verbum „qara" – lesen – abgeleitet und bedeutet einfach Lektüre. Theologen bedeutet es die Verkörperung des Wortes Gottes. Er wird auch als „el-Kitāb" – das Buch – bezeichnet, d. h. die Schrift, und „al-Furgān" oder die Unterscheidung zwischen Gut und Böse; vgl. Koran XXI, 48. Normalerweise wird der Koran mit der Vorbemerkung zitiert: „Gott sagte".

[4] Vgl. Koran XVI, 102.

[5] Der Ausdruck „āya" bedeutet wörtlich: Zeichen, Wunder oder Wunderwerk. Bei den Zitaten des Koran wird zunächst die Nummer der Sure genannt, gefolgt von der Zahl des Verses.

[6] Über die Zusammenstellung des Koran vgl. Vernet, Juán, in der Einführung zu seiner Übersetzung des Koran ins Spanische, (Barcelona, 1967), 2. Ed. S XXLIX ff; Bell, Richard, „Introduccion to the Quran", (Edingburgh, 1953); Jeffry, Arthur, „Materials for the Text of the Quran", (Leiden, 1937). Außerdem wurde der Koran im Laufe der Zeit in alle Sprachen der Welt übersetzt. Auf spanisch sind in letzter Zeit zwei Übersetzungen erschienen: die von Cansino, die sehr ungenau ist, und die von Juán Vernet, die bereits angeführt wurde, und die mit bemerkenswerten Erläuterungen und einer umfangreichen Bibliographie ausgestattet ist. Die besten Übersetzungen ins Englische sind die von A. J. Arberry, „The Koran Interpreted", (London, 1955), und die von Richard Bell, „The Quran" – übersetzt mit einer kritischen Neuordnung der Suren – (Edinburgh, 1937–1939).

[7] Vgl. Vesey-Fitzgerald, S. G., „Nature and Sources of the Sharia", in „Law in the Middle East", a. a. O., S. 87–90.

[8] Vgl. At-Tabarī, Abū Ǧafar Muhammad Ibn Ǧarīr, „Ǧāmiᶜ al-bayān fī Tafsīr al-qur'ān", 30 Bde, (Kairo, 1321 d. H.). Ein liberaler Kommentar ist der von Al-Zamajsari – gestorben 1143 – mit dem Titel „Al-Kaššāf ᶜan Haqā'iq at-tanzīl", 4 Bde. (Kairo, 1325 d. H.). Der berühmteste der Kommentare dieser Art ist der des Philosophen Ar-Rāzī – gestorben 1209 – mit dem Titel „Mafātīh al-Ġaib", bekannt als „Die große Exegese", 8 Bde. (Kairo, 1325 d. H.). Das bekannteste und meistgenutzte Nachschlagewerk der Gegenwart ist das von Ǧalāl ad-Din an-Mahallī – gestorben 1459 – und fortgesetzt von seinem Schüler Ǧalāl ad-Din aš-Suyūṭn" – gestorben 1505 – das als „Tafsir-Exegese al-ǧalāsin" bekannt ist, (Kairo, 1941).

[9] Vgl. Mūsā, M., „Al-Madhal li dirāsat al-fiqh al-islāmi", (Kairo, 1961), S. 187.

[10] Der „ḥadīṯ" im eigentlichen Sinne umfaßt die mündliche und praktische „sunna" – Taten und Worte – des Propheten. Die von anderen durchgeführten und von ihm gebilligten Handlungen bilden die billigende „sunna". Die „sunna" des Propheten wurde in Form von kurzen Erzählungen, den sogenannten „ḥadīṯe", die von seinen Gefährten verfertigt wurden, überliefert. Auf diese Weise ist der „ḥadīṯ" der Träger der „sunna", wenn auch beide Ausdrücke – „ḥadīṯ" und „sunna" – im allgemeinen als Synonyme verwendet werden. Vgl. Wensinck, A. J., Art. „sunna" in „Encyclopedia of Islam", a. a. O.

[11] Vgl. Schacht, J., „Pre-Islamic Background", in „Law in the Middle East", a. a. O., S. 28–56.

[12] Vgl. Koran, III, 32; V, 101; IV, 59, 80.

[13] Vgl. Gibb, H., „El Mahomatismo", a. a. O., S. 85.

[14] Vgl. Vesey-Fitzgerald, S. G., „Nature and Source of the Sharia" in „Law in the Middle East", a. a. O., S. 90.

[15] Vgl. Mitwald Abdul Hamid, „Fuentes del Derecho Constitucional en la Saria" – in arabischer Sprache – in der „Zeitschrift der Juristischen Fakultät von Alexandria", No. 1 und

2. (Alexandria, 1963), S. 51–53; Šafi ᶜī, „Risāla", a. a. O., S. 165; Abū Zahra, Muhammad, „Ibn Ḥazm", (Kairo, 1954), S. 316–332.

16 Dieser Ausdruck ist eine Verzerrung des arabischen Wortes „hiğra", das wörtlich „Emigration" oder „Verlassen" bedeutet. In der Praxis bezieht es sich auf die Übersiedlung des Propheten von Mekka nach Medina im Jahre 622, dem Datum, das später durch den Kalifen ᶜUmar I. als Beginn des muslimischen Zeitalter bestimmt wurde. Gewöhnlich wird die Abkürzung „d. H." – nach der Hedschra – benutzt, um die Daten von diesem Zeitpunkt an zu bezeichnen. Was die Übereinstimmung der muslimischen und christlichen Daten anbelangt, sind die grundlegenden Werke – nach Cahen, „El Islam", a. a. O., S. 325 – die von F. Wüstenfeld, „Vergleichungs-Tabellen zur Muslimischen Zeitrechnung" (Wiesbaden, 1961), und die von Cattenoz, H., Tables de Concordances des Eres Chrétienne et Hégirienne", (Casablanca, 1954)

17 Vgl. Amīn, Aḥmad, „Ḍuḥā al-Islām", a. a. O., S. 106–133.

18 Diese Sammlung umfaßt etwa 7300 „ḥadīṯe". Die spätere islamische Tradition versichert, daß sie von Al-Buḫārī aus 200000 ausgewählt wurden, ohne weitere Zehntausende oder Hunderttausend zu rechnen, die unüberprüft zurückgewiesen wurden. Dieser Kommentar ist, wie Professor Gibb, – „El Mahomatismo", a. a. O., S. 75 – anmerkt, sehr aufschlußreich, auch wenn man eine gewisse Übertreibung bezüglich des Umfangs der falschen „ḥadīṯs" einräumt. Vgl. Buḫārī, Abu ᶜAbd-allah Muhammad Ibn Ismaᶜil, „Kitāb al-ğāmiᶜ aṣ-Ṣaḥīḥ", 4 Bde. (Leiden, 1862–1908).

19 Vgl. Mitwali, A., „Fuentes del Derecho Constitucional en la Saria", a. a. O., S. 161.

20 Vgl. Muslim, Abū al-Ḥusain Muslim Ibn al Ḥağğağ, „Sahīh", mit dem Kommentar von Nawawi, 13 Bde., (El Cairo, 1929–1930).

21 Über diese Sammlungen vgl. Mahmasani, S., „Philosophy of Jurisprudence in Islam, a. a. O., S. 71–72.

22 Vgl. Al-Siba, Muhammad, „Al-ḥadīṯ wa al-muḥaddiṯūn", (Damaskus, 1966); Amin Ahmad, „Duha al-Islam", a. a. O., S. 112–123.

23 Die „muğtahidūn", Mehrzahl von „muğtahid", sind diejenigen, die den „īğtihād" ausüben, was bekanntlich, wörtlich übersetzt, die Anstrengungen von einem selbst und praktisch die Anwendung des gesunden Menschenverstandes bedeutet, um aus dem Koran und der „sunna" die Rechtsnormen abzuleiten. Nach der klassischen Theorie muß der „muğtahid" bestimmte Bedingungen in sich vereinen, um als solcher geeignet zu sein und folglich den „īğtihād" ausüben zu können. Hierüber vgl. Al-Marragi Mustafa, „Al-īğtihād fi l-islām", (Kairo, 1949).

24 Vgl. Mahmasani, S., „The Principles ...", a. a. O., S. 230.

25 Vgl. Koran, VII, 27.

26 Vgl. Buhārī, „Sahih", a. a. O., Bd. IV, S. 385.

27 Zitiert von Gibb, H., „El Mahomatismo", a. a. O., S. 89

28 Vgl. diese Arbeit S. 57–58.

29 Vgl. diese Arbeit S. 58–60.

30 Vgl. Aš-Šāfiᶜī, „Risālah", englische Übersetzung mit dem Titel „Islamic Jurisprudence: Chafi i's Risala" von M. Khadduri, (Baltimore, 1961), S. 285–287.

31 Vgl. z. B. Šalṭūṭ, M., „Al Islam ᶜaqīda wa Šarīᶜa" (Kairo, 1947), S. 47.

32 Vgl. Al-Ġazzālī, „Al-mustasfa", (Kairo, 1937), Bd. I, S. 115.

33 Dies ist darauf zurückzuführen, daß der Islam die Existenz eines Klerus nicht zuläßt. Nichtsdestoweniger handelten die „ᶜulamā'" – auf spanisch „ulemas" – oder Doktoren des Islam in der Praxis als eine klerikale Schicht, die eine große moralische Macht ausübte, ohne jedoch eine institutionalisierte Form oder Aufgaben zu besitzen.

34 Vgl. Macdonald, D. B., Art. „Idjma", in „Encyclopedia of Islam", a. a. O., Bd. II., S. 448.

35 Vgl. Goldziher, Ignaz, „Vorlesungen über den Islam", zitiert in der arabischen Übersetzung von M. Musa, „al-ᶜaqīda wa aš-Šarīᶜa", (Kairo, 1953), S. 52–55.

[36] Die islamische Verfassungstheorie, die sich auf die Frage des Kalifats konzentriert, wie wir weiter unten sehen werden, wurde nicht ausgehend von einem spezifischen Korantext oder der „sunna" des Propheten ausgearbeitet, sondern einfach nach dem praktischen Übereinkommen – des „iğmāᶜ" – der muslimischen Gemeinschaft, einen Kalifen als Nachfolger des Propheten in der Führung der Gemeinschaft zu wählen.

[37] Vgl. Coulson, „A History of Islamic Law", (Edingburgh, 1963), S. 77.

[38] Vgl. David, René, „Los Grandes Sistemas Juridicos Contemporáneos", a. a. O., S. 359.

[39] Vgl. Goldziher, I., „Vorlesungen ...", a. a. O., S. 54.

[40] Über das Problem der Anpassung des muslimischen Rechts an die moderne Welt, vgl. Gibb, H., „El Mahomatismos", a. a. O., S. 148–171; David, René, „Los Grandes Sistemas ...", a. a. O., S. 365 ff.

[41] Über den Begriff des „taqlīd", vgl. David, René, „Los Grandes Sistemas ...", a. a. O., S. 359–360.

[42] Über die Entwicklung des Begriffs des „qiyās", vgl. Art. „Kiyas" in „Encyclopedia of Islam", a. a. O., S. 1051–1052.

[43] Vgl. Ḫalaf, ᶜAbd al-Wahāb, „Usūl Al-tiqh", (Kairo, 1952), S. 55.

[44] Vgl. David, René, „Los Grandes Sistemas ...", a. a. O., S. 360.

[45] „raᶜy" und „qiyās" sind praktisch unterschiedliche Begriffe, obwohl sie in der Praxis als Synonyme verwendet zu werden pflegen.

[46] Vgl. Ibn Saᶜd, „Kitāb aṭ-Ṭabaqāt al-Kabīr", (Leiden, 1971), Teil II, Bd. II, S. 107–108.

[47] Der Koran verweist nicht direkt auf den „qiyās", sondern nach Ansicht der Rechtsgelehrten wird dieselbe Methode von Gott im Koran angewandt, dermehr als vierzig Fälle enthält, die eine Ableitung durch Analogie bedeuten. Vgl. Mitwali, A., a. a. O., S. 82.

[48] Vgl. Ibn Ḥanbal, Ahmad, „Al-Musnad", 15 Bde. (Kairo, 1866), Bd. III., S. 425.

[49] Vgl. Al-Saraḫsī, „al-mabsūd", a. a. O., Bd. XII., S. 138.

[50] Vgl. Schacht, J., Art „Shari'a" und „Usul" in „Encyclopedia of Islam"

[51] Vgl. Levy, Reuben, „Usage, Custom und Secular Law Under Islam", in „The Social Structure of Islam", (Cambridge, 1957), S. 243–270.

[52] Vgl. Schacht, J., „The Schools of Law", in „Law in the Middle East", a. a. O., S. 81.

[53] Vgl. Anderson, J. N. D., „Islamic Law in Africa", (London, 1954), S. VII.

[54] Vgl. Aš-Šaibānī, Muḥammad ibn al-Ḥasan, „Kitāb as Siyar al-Kabir", 3 Bde. (Kairo, 1957–1960), S. 169, 217, 572. Es gibt eine teilweise Übersetzung ins Englische mit Einführung und Anmerkung von M. Khadduri, „The Islamic Law of Nations: Shaybani's Sihar", (Baltimore, 1966).

[55] Vgl. Prins, Jan, „Adat Law and Muslim Religious Law in Modern Indonesia", in „Die Welt des Islam", I. (1951), S. 283 ff; De Moubray, G. A., „Matriarchy in the Malay Peninsula", (London, 1931); Kennett, A., „Beduin Justice" (Cambridge, 1925); Tritton, M., „Islam", a. a. O., S. 66–69.

[56] Vgl. Fyzee, A., „Outlines of Muhamadan Law", (Oxford, 1955), S. 45–51. Das islamische Recht in Britisch Indien, dem heutigen Indien, Pakistan und Bangladesh, so wie es von der britisch-indischen Rechtswissenschaft abgewandelt und ausgelegt wurde, hat sich zu einem unabhängigen Gesetzessystem der „šarīᶜa" entwickelt und ist als anglo-mohammedanisches Recht bekannt. Vgl. Schacht, J., „An Introduction to Islamic Law", (Oxford, 1964), S. 94–99.

[57] Vgl. Gibb., „El Mahomatismo", a. a. O., S. 97.

[58] Über die orthodoxen Kalifen, vgl. diese Arbeit S. 78–96.

[59] Vgl. Ḫalaf, „Usūl al-fiqh", a. a. O., S. 100.

[60] Vgl. Mitwali, a. a. O., S. 115.

[61] Vgl. diese Arbeit, S. 136.

Kapitel IV.
Islamische juristische Schulen und Sekten

A. Juristische Schulen

Obwohl die zuvor erwähnten vier Quellen des islamischen Rechts als solche von allen orthodoxen Rechtsgelehrten anerkannt wurden, entstanden trotzdem schon sehr frühzeitig Schwierigkeiten in ihrer Haltung gegenüber jeder einzelnen dieser Quellen hinsichtlich ihres Umfangs, ihrer Kraft, ihres Inhalts und ihrer Auslegung.

Von Anbeginn bestand zwischen ihnen völlige Übereinstimmung über die Autorität des Koran und der „sunna" als grundlegende und unfehlbare Quellen des gesamten Rechtssystems. Die auftretenden Fragen waren folgende: Wie sollen die im Koran und in der „sunna" enthaltenen Regeln angewandt und ausgelegt werden? Auf welche zusätzlichen Quellen sollte in dem Fall zurückgegriffen werden, daß in diesen grundlegenden Quellen eine auf die neuen Probleme, die täglich stärker aus der Komplexität der islamischen Gesellschaft erwuchsen, anwendbare Rechtsvorschrift nicht zu finden war?

Diese Lage führte zur Einführung und Nutzung anderer, neuer Quellen, die von einigen Rechtsgelehrten als rechtsmäßig anerkannt und von anderen abgelehnt wurden. Die Meinungsverschiedenheiten undAuseinandersetzungen über diese Fragen und die Polemiken über die Rechtmäßigkeit der neuen Quellen des Rechts führten zur Entstehung verschiedener juristischer Schulen –arabisch „madāhib" – in denen, nach den Worten von Professor Truyol, mit Hilfe der Literatur eine Rechtsphilosophie im strengsten Sinne des Wortes entwickelt wurde, deren Wert mit dem der römischen Rechtskunde verglichen wurde[1].

Diese Schulen wurden an verschiedenen Orten der islamischen Welt in der Umgebung einiger berühmter Rechtsgelehrter – muǧtahidūn – gebildet, die zu dem Zweck Schüler um sich sammelten, Rechtsfragen zu studieren. Diese Schüler übernahmen es, die Lehren ihrer jeweiligen Meister überall zu verbreiten. Vom zweiten Jahrhundert der Hedschra an – dem 8. Jahrhundert – hatten eine Reihe von Rechtsgelehrten ein großes Ansehen erworben, was dazu führte, daß man ihre Autorität in Rechtsfragen in bestimmten geographischen Regionen anerkannte, und daß folglich zahlreiche Personen, anstatt unabhänige juristische Lehren selbst auszuarbeiten, dazu übergingen, den allgemeinen Linien der Lehren eines anerkannten Meisters zu folgen. Diese Haltungen führten allmählich zur Herausbildung verschiedener juristischer Schulen, die sich im Laufe der Zeit festigten[2].

Im Prinzip liegen die allgemeinen Trennungslinien, die zwischen den verschiedenen Schulen gezogen werden können, in ihrer unterschiedlichen Haltung zum „ḥadīṯ“, denn während einige Schulen zu seiner strikten und ausschließlichen Anwendung positiv eingestellt waren, neigten andere hingegen zu einer wertenden Auswahl derselben[3]. Die Anhänger der ersten Tendenz widersetzen sich der Anerkennung der zusätzlichen Quellen des Rechts, im wesentlichen dem „qiyās“, die von den Liberalen anerkannt und angewandt wurden und den Gebrauch einer Form menschlicher Überlegungen einschlossen. Ein anderes Unterscheidungsmerkmal der verschiedenen Schulen wurzelt im moralischen oder formalen Herangehen an das Recht. Die „ḥadīṯe“ – so schreibt Professor Coulson – sind oft eher der Ausdruck einiger ethischer Normen, als von strengen Rechtsnormen, und das moralische Herangehen an das Recht wird von jenen vertreten, die die „ḥadīṯe“ zum höchsten Vorbild des Verhaltens erklären. Dies steht im Gegensatz zur formalistischen Haltung der Liberalen zu den Rechtsfragen, da letztere ihre Aufmerksamkeit auf die äußerliche Haltung des Individuums und nicht auf seine Absichten konzentrierten[4].

Zusammenfassend können wir sagen, daß sich die verschiedenen islamischen juristischen Schulen voneinander durch die freie oder begrenzte Nutzung der Hauptquellen des Rechts, durch die wertende Auswahl der „ḥadīṯe“ des Propheten und durch die Anerkennung zusätzlicher Quellen des Rechts unterschieden. Diese Haltungen führten zu unterschiedlichen Schlußfolgerungen in den juristischen und Gesetzesfragen[5].

Die Tatsache, daß sich jede Schule in einem anderen geographischen Gebiet entwickelte, führte andererseits dazu, daß sie durch das in dem betreffenden Gebiet vorherrschende Gewohnheitsrecht in unterschiedlicher Weise beeinflußt wurden. Gleichzeitig mit der Betonung der Besonderheiten jeder Schule kam es dazu, daß zuweilen sogar zwischen den Rechtsgelehrten ein und derselben Schule Meinungsverschiedenheiten entstanden[6].

Die Unterschiede in der islamischen juristischen Lehre kristallisierten sich in vier juristischen Schulen heraus, die von einem „iǧmāᶜ“ als orthodox anerkannt wurden und bis in unsere Tage am Leben blieben. Diese Schulen sind durch die Namen ihrer jeweiligen Begründer bekannt. Es sind: die Schule der Hanafiten, gegründet von Abū Hanīfa (699–767); die Schule der Malikiten, gegründet von Malik Ibn Anas (713–795); die Schule der Schafiiten, gegründet von Muhammad Ibn Idrīs as-Šāfiᶜī (768–820) und letztlich die Schule der Hanbaliten, gegründet von Aḥmad Ibn Ḥanbal (780–855). Anschließend werden wir jede von ihnen kurz abhandeln.

1. Die Schule der Hanafiten

Abū Hanīfa und seine Anhänger im Irak zeichneten sich durch die Anwendung der juristischen Spekulation und der persönlichen Meinung – „ra'y" – sowie durch ihre bevorzugende Auswahl der „ḥadīṯe" aus. Auch waren sie Verfechter der Anwendung des „qiyās" als Quelle des Rechts, was dieser Schule eine liberale Färbung gab und sie zu den am wenigsten starren von allen werden ließ[7].

Die Schule der Hanafiten ist die ausgedehnteste von allen in der islamischen Welt gegenwärtig bestehenden[8], und von Anfang an wurde sie von den Abbasiden gefördert, wodurch die später zur vom türkischen Reich offiziell und ausschließlich anerkannten juristischen Schule wurde.

Dieser Schule gehören Rechtsgelehrte von hohem Ansehen an, die Abhandlungen über öffentliches Recht und insbesondere über Völkerrecht verfaßten. Abū Yūssuf (731–798), der von Hārūn ar-Rašīd zum Großrichter ernannt wurde und Verfasser eines wichtigen Werkes über öffentliche Finanzen mit dem Titel „Kitāb al-ḫarāǧ", d. h. „Buch der Steuern für Liegenschaften", war[9]; und aš-Šaibānī (749–804), der zu Recht als der Hugo Grotius des Islam angesehen wurde[10].

2. Die Schule der Malikiten

Sie wurde in Medina von Malik gegründet, der die spekulativen Tendenzen energisch mißbilligte und zur ausschließlichen Anwendung der „ḥadīṯe" des Propheten neigte. Malik selbst stellte die „ḥadīṯe" in einem Werk mit Namen „al-mawaṭṭa'" – der geebnete Weg – zusammen, auf dem seine Urteile als Richter in Medina fußten.

Das gemeinsame Kennzeichen zwischen den Schulen der Malikiten und der Hanafiten besteht in ihrer Anerkennung anderer Quellen des Rechts außer den von allen Schulen zugelassenen und in ihrer Weigerung gegenüber der Anwendung der strengen Analogie zugunsten einer größeren Gerechtigkeit. Trotzdem gibt es zwischen den beiden Schulen einige wesentliche Unterschiede in ihrer Einstellung zu den jeweiligen Begriffen des „iǧmā^{c}". Während die Schule der Malikiten von einer moralistischen Betrachtungsweise des Rechts ausgeht, versuchte die formalistische Schule der „Hanafi" im Gegensatz dazu die juristischen und moralischen Normen innerhalb der „šarī^{c}a" in Übereinstimmung zu bringen[11].

Gegenwärtig ist die Schule der Malikiten über verschiedene Länder der islamischen Welt und hauptsächlich in den Ländern Nordafrikas verbreitet. Ihre Anhänger umfassen etwa 75 Millionen Muslime[12]. Zu Beginn des 10. Jahrhundert wurde der „Malikismus" im muslimischen Spanien eingeführt, wo er eine fast absolute Vorherrschaft gewann[13].

3. Die Schule der Schafiiten

Diese Schule wurde von Muhammad Ibn Idrīs aš-Šāfiᶜī – im Jahre 768 geboren – gegründet. Šāfiᶜī wurde in der Stadt Gaza in Palestina geboren und von Malik in Medina sowie von aš-Šaibānī, einem berühmten Schüler von Abū Hanīfa, ausgebildet. Deshalb stand er unter dem Einfluß der beiden erstgenannten Schulen und machte einen Versuch, sie zu versöhnen. Dies endet jedoch damit, daß er ein neues orthodoxes System in einer mittleren Stellung zwischen beiden schuf.

Tatsächlich wurde aš-Šāfiᶜī zum Gründer der klassischen Wissenschaft des islamischen Rechts, und seine Rolle bei der systematischen Ausarbeitung der juristischen Theorie des Islam war entscheidend und wurde niemals übertroffen. Es war aš-Šāfiᶜī, der den allgemeinen Grundsatz des „iğmāᶜ" als konkrete Quelle des Rechts aufstellte und sie mit den anderen in Einklang brachte. Da er grundsätzlich um die Einheitlichkeit des Rechts besorgt war, ersann er die „sunna" als exaktes Verhalten des Propheten und nicht als die lokale Tradition oder als von der Gemeinschaft allgemein akzeptierte Praktiken, wie sie vor ihm angesehen worden war.

Aš-Šāfiᶜī schuf die Grundlagen einer Rechtswissenschaft, die sich auf das kritische Studium des „ḥadīṯ" stützt. Er verlangte seine Echtheit, damit er akzeptiert werden könne. Die Rechtslehre von aš-Šāfiᶜī leitete sich vom Koran und der „sunna" ab, jedoch mit Hilfe einer Methode der übereinstimmenden und systematischen Argumentation.

Andererseits versuchte aš-Šāfiᶜī, die Haltung der traditionalistischen Rechtsgelehrten, die den „qiyās" als Quelle des Rechts ablehnten, weil sie ihn als Einmischung menschlicher Elemente in die göttliche Gesetzgebung betrachteten, mit der der liberalen Rechtsgelehrten zu versöhnen, die ihn als eine solche Quelle zuließen und nutzten. In einem Versuch, mit den beiden Tendenzen zu einem Kompromiß zu gelangen, ließ aš-Šāfiᶜī die Verwendung des „qiyās" als ergänzende Quelle des Rechts zu, vorausgesetzt, er ist streng geregelt und dem Koran und der „sunna" untergeordnet, wobei jede willkürliche Form, die er annehmen könnte, abgelehnt wird [14].

Unter den hervorragenden Rechtsgelehrten der Schule der Schafiiten ist der Name des al-Mawardī (974–1058) – Verfasser einer großen Abhandlung über öffentliches Recht mit dem Titel „Kitāb al-aḥkam as-sulṭānīya" – Regierungsverordnungen – recht bekannt, der nach den Worten von Cahen nicht seinesgleichen in der gesamten muslimischen Literatur hat [15] und auf den einzugehen, wir in den nachfolgenden Kapiteln noch viele Gelegenheiten haben werden [16].

Die Schule der Schafiiten herrscht gegenwärtig in Teilen Ägyptens, Arabiens und Syriens und in einigen Gebieten Afrikas sowie unter den Muslimen Indonesiens und in anderen Regionen Asiens vor. Die Zahl der Anhänger dieser Schule beläuft sich auf etwa 120 Millionen Muslims, von denen 85 Millionen in Indonesien leben.

4. Die Schule der Hanbaliten

Die Haltung von aš-Šāfiᶜī stellte die unduldsamen Rechtsgelehrten nicht zufrieden, die den Eindruck hatten, daß aš-Šāfiᶜī der einen oder anderen Form menschlicher Argumentation noch eine beträchtliche Rolle überlassen würde. Es entstand eine starke traditionalistische Reaktion gegen die juristische Spekulation der anderen Schulen, die zur Gründung einer neuen sehr starren Schule führte, die von Ahmad Ibn Ḥanbal (780–855) geleitet wurde. Dieser Rechtsgelehrte und seine Anhänger – die Hanbaliten – wiesen den „qiyās" und alle Verfahren zurück, die menschliche Überlegungen in die Ableitung von Rechtsnormen einbeziehen würden. Was den „iǧmāᶜ" angeht, so beschränkten ihn einige Rechtsgelehrte dieser Schule nur auf die Übereinstimmung zwischen den Gefährten des Propheten. Die gesamte Lehre der Hanbaliten stützte sich auf den Koran und die „ḥadīṯe" des Propheten, ohne sich von ihrem wörtlichen Sinn zu entfernen. Ibn Hanbal stand auf dem Standpunkt, daß es notwendig sei, jede Entscheidung von Rechtsfragen zu vermeiden, die sich nicht direkt aus den heiligen Texten ergeben, und sowohl er als auch seine Anhänger räumten einem schwachen „ḥadīṯ" gegenüber einer offensichtlichen Analogie den Vorrang ein[17].

Die Schule der Hanbaliten genoß im Grunde genommen nicht die Aufnahme und den Erfolg, die die anderen drei Schulen hatten. Ihre Gegner kritisierten ihre Anhänger und beschuldigten sie, mehr Sammler von „ḥadīṯen" als echte Rechtsgelehrte zu sein[18]. Später wurde sie jedoch, ebenso wie die anderen drei bestehenden als unabhängige Schule anerkannt. Der „Hanbalismus" gewann erneute Bedeutung zu Beginn des 13. Jahrhunderts dank einem großen Rechtsgelehrten namens Ibn Taimīyya (1263–1328), der eine wichtige innere Reform durchführte. Seine Gedanken trugen Früchte mehr als vier Jahrhunderte nach seinem Tode in der reformistischen Theorie des Muhammad ibn Abdul-Wahhāb (1703–1787), dem Begründer der Bewegung der Wahhabiten, deren Lehre die offizielle des gegenwärtigen Königsreichs von Saudi Arabien ist[20].

Vom 4. Jahrhundert der muslimischen Zeitrechnung an – dem 11. Jahrhundert nach Christus – wurden nur diese vier Schulen, die bis in unsere Tage überlebt haben, als orthodoxe Schulen anerkannt. Zu bestimmten Zeiten wurden unter der Schirmherrschaft einiger bedeutender Rechtsgelehrten andere Schulen gegründet, ohne daß sie jedoch überlebten[21]. Unter diesen befand sich die Schule der „Ẓāhirī", gegründet von Dāwūd ibn Ḥalaf (gestorben 884), die bis gegen Ende des 15. Jahrhunderts bestand. Die Gedanken dieser Schule sind durch die Werke des Ibn Ḥazm – spanisch Abenhazm – aus Cordoba (gestorben 1063) bekannt[22].

Zunächst und während langer Zeit nahmen die verschiedenen Schulen zueinander eine polemische und intolerante Haltung ein. Später verschwand die Feindseligkeit – möglicherweise infolge des Auftretens von irrgläubigen Sekten –, und die Schulen bezogen eine tolerante Haltung der gegenseitigen

Anerkennung. Um die Existenz der verschiedenen Schulen zu rechtfertigen, gelangte man sogar – unter Hinweis auf einen „ḥadīṯ" dazu, in Betracht zu ziehen, daß die Unterschiedlichkeit von Meinungen – „iḫtilaf" – innerhalb der muslimischen Gemeinschaft eine Offenbarung der Gnade Gottes bedeutet[23]. So werden die vier Schulen als gleichermaßen gültig und orthodox angesehen, und jeder Muslim kann sich an jede von ihnen halten und zu einer anderen überwechseln, ohne irgendwelche speziellen Formen oder Vorschriften beachten zu müssen[24].
Tatsächlich beziehen sich die bestehenden Meinungsverschiedenheiten zwischen der einen und anderen Schule auf zahlreiche Einzelheiten, vor allem praktischer Art, infolge historischer, politischer oder kultureller Gründe[25]. Der Hauptgrund, der diese Übereinstimmung ermöglichte, liegt, wie zutreffenderweise Professor Gibb aufzeigte, darin, daß die Grundfragen des Glaubenssatzes, wie die Einheit Gottes oder die Gültigkeit des Koran, niemals bestritten wurden. In der Praxis anerkannten außerdem alle den Koran, die „sunna" und den „iğmā^{c}" als die grundlegenden Quellen des Rechts sowie als Richtlinie oder „qiyās". Folglich unterscheiden sich diese Schulen nicht wie verschiedene Sekten innerhalb des orthodoxen Islam, sondern nur als Riten oder gemäß dem arabischen Begriff – „madāhib" –, d. h. Arten oder Wege[26].
Mit der endgültigen Etablierung der vier orthodoxen Schulen gelangte man zu der Schlußfolgerung, daß das göttliche Gesetz, die „šarī^{c}a", in allen Einzelheiten formuliert und ausgearbeitet ist, wobei auf den „īgtihād" – d. h. die selbständige Auslegung der Quellen – zugunsten des „taqlīd" – Nachahmung – verzichtet wird, die nur die Befolgung und Auslegung der Lehren zuläßt, so wie sie sich in den Werken der großen Rechtsgelehrten der Vergangenheit ausgearbeitet befanden[27]. Diese Abhandlungen, die von den Meister-Rechtsgelehrten der verschiedenen Schulen und ihren hervorragenden Schülern dargestellt wurden, stellen die grundlegenden Quellen zum Kennenlernen des islamischen Rechts dar.

B. Die islamischen Sekten

Im Islam bestehen auch heterodoxe Sekten, die ihre Gesetzessysteme in parallelen Linien zum „fiqh" der Orthodoxen oder „Sunniten" entwickelt haben[27]. Die wichtigsten heterodoxen Sekten sind zwei: die Schiiten, die in unseren Tagen zahlenmäßig bedeutendsten und die Charidschiten, deren gegenwärtige Bedeutung minimal ist. Diese zwei Sekten haben einen politischen Ursprung, und ihre wesentlichen Unterschiede gegenüber den Orthodoxen und untereinander liegen hauptsächlich in ihren verschiedenen Lehren über die Verfassungstheorie, wie wir weiter unten sehen werden[28]. Im folgenden werden wir einen kurzen Hinweis auf diese beiden Sekten geben.

1. Die Schiiten

Der Ausdruck „šiᶜa“ bedeutet wörtlich Partei und wird im besonderen auf die Anhänger ᶜAlīs, dem vierten Kalifen (656–661), dem Vetter und Gatten der einzigen Tochter des Propheten, angewandt[29]. Die schiitische Bewegung entstand als unmittelbare Folge des Kampfes um die Macht, die von 656 an zwischen ᶜAlī, der nach der Ermordung seines Vorgängers zum Kalifen gewählt wurde, und Muᶜāwīya, dem Herrscher von Syrien, entfesselt wurde, der sich weigerte, das Kalifat des ᶜAlī anzuerkennen[30]. Dieser wurde im offenen Kampf im Jahre 661 getötet, ohne seinen Rivalen besiegt zu haben, und sein Sohn al-Husain kämpfte weiter um seine beanspruchten Rechte, wurde jedoch besiegt und in der Schlacht von Kerbela im Jahre 680 grausam ermordet[31].

Diese Ereignisse bildeten die Grundlage einer politisch-religiösen Bewegung, des Schiismus, der als legitimistische Bewegung entstand mit dem Ziel, das Kalifat des Hauses ᶜAlī wiederherzustellen. Die Schiiten trennten sich von der muslimischen Mehrheit, die die vollendeten Tatsachen akzeptierte und die Rechtmäßigkeit der Kalifen anerkannte, die nach dem Tode ᶜAlīs die Würde de facto innehatten. Für die Schiiten war ᶜAlī der erste und der letzte rechtmäßige Kalif in der Reihe der von den Orthodoxen anerkannten Kalifen. Ihnen zufolge wurde ᶜAlī zum Nachfolger des Propheten von diesem selbst bestimmt. Deshalb betrachteten sie die drei Kalifen vor ihm als Usurpatoren. Allmählich erarbeiteten die Schiiten ihre eigene Theologie und ihr eigenes Recht, womit sie ihre Trennung betonten[32].

Die grundlegenden Unterschiede zwischen den Sunniten – den Orthodoxen – und den Schiiten, beruht auf ihren jeweiligen politischen Theorien, die sich um die Fragen des Kalifats drehen. Während für die Sunniten das Kalifat ein Wahlamt innerhalb bestimmter Grenzen darstellt, ist das Imamat – die schiitische Version des Kalifats – ein erblicher Posten des Hauses ᶜAlīs[33], da dieser von Mohammed selbst als Nachfolger und Erbe in seinen Funktionen, sowohl den weltlichen als auch den religiösen, ernannt worden war. Außerdem vermittelte er ihm eine spezielle und geheime Macht und machte ihm zum Träger einer göttlichen Gewalt und eines gemeinverständlichen Wissens, das er seinen Erben von Generation zu Generation weitergab[34]. Dieser Glaube an das Recht ᶜAlīs auf das „Imamat“ ist für die Schiiten ein Glaubenssatz[35].

Deshalb besitzen die schiitischen Imame, im Gegensatz zu den sunnitischen Kalifen, übersinnliche Kräfte, die diese letzteren niemals besaßen. Auch werden sie als unfehlbar und werden ihres besonderen Charakters als der Sünde unfähig angesehen. Nach und nach bildete sich diese Lehre des Imamats in theoretischer und bestimmter Form heraus und verwandelte sich in den Mittelpunkt des gesamten schiitischen Systems. Die schiitischen Imame nahmen infolge der übernatürlichen Eigenschaften, die sie besaßen, einen übermenschlichen Charakter an[36]. Mehr noch, einige

Extremisten trieben die Lehre der geistlichen Autorität der Imame derart auf die Spitze, daß sie ᶜAlī und seine Nachfolger als Verkörperung der Göttlichkeit selbst ansahen[37].

Die schiitische Bewegung hatte große Bedeutung in der politischen Geschichte des Islam. In verschiedenen Epochen und an verschiedenen Orten der islamischen Welt bestanden Staaten, die von schiitischen Herrschern regiert wurden, die für sich in Anspruch nahmen, Nachkommen ᶜAlīs zu sein. Unter diesen erwähnen wir die Idrisiden von Marokko (768–922, die Fatimiden in Nordafrika, Ägypten und Syrien (909–1171), die Zaiditen im Jemen (873–939). In Persien ist gegenwärtig der Schiismus die offizielle Staatsreligion, wenn auch die bis vor wenigen Jahren regierende Dynastie nicht beanspruchte, dem Hause ᶜAlī anzugehören[38].

Die schiitische Rechtslehre läßt den Koran als erste Quelle des Rechts gelten, aber trotzdem ist die einzige Autorität für seine Auslegung der Imam[39]. Was den „ḥadīṯ" angeht, so lassen die Schiiten seine Gültigkeit nicht zu, es sei denn, er wird durch einen der Imame übermittelt. Späterhin stellten auch sie ihre eigenen Sammlungen von „ḥaden" auf, wobei sie alles zurückwiesen, was sich mit ihren Thesen nicht in Einklang befand.

Andererseits bestehen einige Unterschiede gegenüber den Sunniten in Einzelheiten hinsichtlich der fünf Pfeiler des Islam, die an sich unbedeutend sind, aber nach zehn Jahrhunderten der Trennung und der Auseinandersetzungen eine übertriebene Bedeutung erlangt haben. Es bestehen auch verschiedene Meinungsunterschiede in Fragen des Rechts, insbesondere bezüglich des Familienrechts der Ehe, der Testamente und der Nachfolgeschaft[40].

Die schiitische Bewegung erfuhr ihrerseits die Spaltung, die der Islam im allgemeinen erlitt: über die Frage des Kalifats. Der Gegensatz der Meinungen darüber, wer der rechtmäßige Erbe ᶜAlīs sei, führte zur Herausbildung verschiedener schiitischer Gruppen, von denen folgende die wichtigsten sind: die „Itnaᶜārīyas" – die Zwölfer-Schᶜa –, die Zaididiten und die Ismaeliten[41].

2. Die Charidschiten

Die Sekte der Charidschiten erlangte in der politischen Geschichte des Islam nicht die Bedeutung der Schiiten. Trotzdem bilden sie, was die islamische Verfassungstheorie angeht, eine sehr wichtige ideologische Strömung. Ihre Theorie ist die Antithese der Schiiten, und bezüglich der übrigen kann ihre Stellung als die von extremen Linken gekennzeichnet werden.

Wie alle politischen Bewegungen des Islam hatte die Charidschiten-Bewegung zwei Aspekte: den politischen und den religiösen. Die Gründe ihrer Entstehung waren religiös, um sich später – angesichts der untrennbaren Verbindung zwischen Religion und Politk im Islam – in eine politisch-religiöse Bewegung zu verwandeln. Demgegenüber begann die schiitische Bewegung als politische, die im Laufe der Zeit zu einer eigenen religiösen Lehre wurde.

Das Aufkommen dieser Sekte war ebenfalls eine direkte Folge des Kampfes um die Macht zwischen ᴬliī und Muᶜāwīya. Indem der Erstgenannte akzeptierte, seinen Konflikt mit Muᶜāwīya einem Schiedsspruch zu unterwerfen, forderte er die Abspaltung einer Gruppe seines Heeres – der Charidschiten, d. h.: Ausscheidenden – heraus, weil sie denjenigen als außerhalb des Gesetzes Gottes befindlich ansahen, der zwischen der gerechten, rechtmäßigen Sache und der ungerechten, gesetzwidrigen schlichten möchte. Die Charidschiten behaupteten, daß das Schiedsverfahren nicht auf dem Koran beruhe, zumal es die stillschweigende Duldung der Gültigkeit der Ansprüche der Omaijaden – Sippe des Muᶜāwīya – durch ᶜAlī und seine Anhänger bedeutete. Diese erachteten es als ihr Recht, das Erbe des Kalifen zu beanspruchen und als ihre Pflicht, nach vorislamischem arabischem Brauch Rache zu nehmen für die Ermordung ᶜUtmāns – des dritten Kalifen – der ihrer Sippe angehörte, was der Islam nicht zuläßt[42].

Andererseits argumentierten die Charidschiten, daß die Einwilligung ᶜAlīs in das Schiedsverfahren bedeutete, daß er selbst seine Rechtmäßigkeit in Zweifel ziehen lasse, während sie sie nicht in Frage stellten, denn das war der Grund, weswegen sie an seiner Seite kämpften. Sie forderten von ihm, auf das Schiedsverfahren zu verzichten, und als er ihrem Verlangen nicht entsprach, trennten sie sich von seinem Heer und kämpften sowohl gegen ihn als auch gegen Muᶜāwīya. Später, im Jahre 661, wurde ᶜAlī von einem Charidschiten zur gleichen Zeit ermordet, als ein ähnlicher Anschlag auf Muᶜāwīya, der von den Charidschiten vorbereitet worden war, scheiterte, ein Anschlag, dessen Ziel darin bestanden hatte, den Bürgerkrieg zwischen den Muslimen zu beenden.

Seit dem Zeitpunkt ihrer Entstehung ist die Geschichte der Charidschiten durch eine Reihe von andauernden Aufständen gegen die zentralen Regierungen gekennzeichnet, während derer sie großen Mut und bewunderungswürdigen Glauben bewiesen, ohne jedoch viel Erfolg zu haben. Sie konnten nur während eines Jahrhunderts (791–893) einen unabhängigen Staat in Oman errichten. Gegenwärtig sind sie eine unbedeutende Minderheit, die zwischen Oman, Sansibar und Algerien verteilt ist.

Hinsichtlich der Quellen des Rechts beschränkten sich die Charidschiten darauf, den Koran und die „sunna“ des Propheten sowie die aus diesen Quellen durch ihre frommen Imame herausgezogenen Vorschriften zu akzeptieren. Ebenso wie die Schiiten akzeptierten die Charidschiten nur die Gültigkeit ihres eigenen Rechts und entwickelten ihre eigenen Sammlungen von „ḥadīṯhen“, parallel zu denen der Orthodoxen. Sie waren sehr konsequent mit ihrer Rechtslehre, die sie als die einzig gültige ansahen. Sie selbst betrachteten sich als die einzig wahren Muslime, während sie die anderen als Ungläubige betrachteten[43].

Tatsächlich wurzelt die Bedeutung der Lehre der Charidschiten in zwei grundlegenden Fragen: die Erlösung durch den Glauben oder durch die Handlungen und die Theorie des Kalifats. Während für die Orthodoxen der Glaube für die Erlösung ausreichend ist, und man Gläubiger bleibt trotz der Vernachlässigung in den Handlungen, weisen die Charidschiten diese These zurück und bestehen auf den Handlungen als grundlegende Merkmale des Glaubens. In Übereinstimmung damit und wie wir aufzeigten, wird von ihnen der „ǧihād", als praktischer Ausdruck des Glaubens, als eine der ersten Pflichten des Muslimen angesehen, die individuell jedem Gläubigen obliegt, womit er ein „sechster Pfeiler des Islam" ist. Es wurde zutreffend bemerkt, daß das Beharren der Charidschiten auf der absoluten Einheit von Theorie und Praxis zweifellos ihr großer Beitrag zur islamischen Theologie ist. Ihre gesamte Geschichte ist von der andauernden Absicht gekennzeichnet, diesen Grundsatz in die Tat umzusetzen[44].

Ihre Theorie des Kalifats enthielt demokratische Grundsätze, wobei zugegeben werden muß, daß jeder Muslim Kalif werden konnte, Freier oder Sklave, Araber oder nicht[45]. Dies befindet sich, wie wir weiter unten sehen werden, im Gegensatz zur orthodoxen Theorie, die das Recht auf das Kalifat auf die Araber beschränkt, die Angehörige des Stammes des Propheten sein mußten und im Gegensatz zur schiitischen Theorie, die es auf das Haus ᶜAlīs beschränkt. Sie lehnten auch die schiitische Lehre der Unfehlbarkeit des Kalifen ab und verneinten die ausschließliche Verantwortlichkeit des Kalifen vor Gott, wobei sie ihn als verantwortlich auch vor dem Volk betrachteten und er folglich abgesetzt oder ermordet werden durfte, wenn er das Gesetz Gottes nicht erfüllte[46]. Eine ihrer Gruppen bestritt sogar die Notwendigkeit, ein Kalifat zu haben, solange die Glaubensgesetze eingehalten würden, was der Leugnung der Notwendigkeit der Regierung gleichkommt[47].

Die Theorien der verschiedenen islamischen Sekten in bezug auf das Kalifat werden Gegenstand unserer eingehenden Untersuchungen auf den folgenden Seiten sein.

Anmerkungen

[1] Vgl. Truyol y Serra, A., „Historia de la Filosofía, del Derecho y del Estado“, 4. Ed. (Madrid, 1970), S. 298.

[2] Über die islamischen juristischen Schulen im allgemeinen, vgl. Mahmasani, S., „Philosophy of Jurisprudence in Islam“, a. a. O., S. 15–39; Amīn, Aḥmad, „Ḍuḥā al-Islām“, (Kairo, 1952), Bd. II., S. 176–242; Schacht, J., „The Schools of Law“, in „Law in the Middle East“, a. a. O., S. 57–84.

[3] Über diesen Aspekt, vgl. Amīn, Aḥmad, „Ḍuḥā al-Islām“, a. a. O., Bd. II., S. 249–270.

[4] Vgl. Coulson, N. J., „A History of Islamic Law“, a. a. O., S. 100–101.

[5] Wie wir schon bemerkten, wurde die höchste Machtvollkommenheit des Koran und der „sunna“ nicht bestritten. Die Auseinandersetzungen konzentrierten sich einzig auf die Annahme oder Ablehnung gewisser „ḥadīṯe“ mit den rechtlichen Konsequenzen, die sich daraus ergaben.

[6] Vgl. ᶜUmar, Abdullah, „La Costumbre en el Derecho Islámico“ – auf arabisch – in der Zeitschrift der Juristischen Fakultät von Alexandria, (Januar–März, 1951), S. 31–35.

[7] Über Leben und Werk von Abū Hanīfa, vgl. Abu Zahra, Muhammad, „Abū ’Hanīfa: Hayātuhu wa ᶜasruhu, ara’uhu wa fiqhuhu“, 2. Ed. (Kairo, 1947).

[8] Gegenwärtig beträgt die Zahl der Anhänger der Schule der Hanafiten Hundertachtzig Millionen Muslime.

[9] Vgl. Abū Yūssuf, Yaᶜqūb Ibn Ibrāhīm, „Kitāb al-Ḫarāǧ“, (Kairo, 1936). Es gibt eine französische Übersetzung von S. Fanagan mit dem Titel „Le livre d’Impôt Foncier“ (Algier, 1915).

[10] Der Vergleich mit Grotius stammt von Joseph Hammer von Purgstall in „Jahrbücher der Literatur“, 40, (Wien, 1827), zitierter Art. von Kruse, H., „The Foundation of Islamic International Jurisprudence, in „Journal of Pakistan Historical Society“, Bd. III., Teil IV., (Oktober 1955), S. 238. Über aš-Šaibānī und sein Werk, vgl. diese Arbeit, S. 138.

[11] Die Frage des Leihvertrages mit Zinsen, verboten im Islam – Koran, II, 276 –, wurde entsprechend ihrer Betrachtungsweise des Rechts von beiden Schulen auf verschiedene Weise behandelt, was uns als klärendes Beispiel dienen kann. Während also die Malikiten diesen Vertrag von selbst als nichtig ansahen, erachteten die Hanafiten nur die Bedingungen bezüglich der Zinsen als nichtig, wobei der Vertrag gültig war, allerdings mit kostenloser Anleihe.

[12] Vgl. Mahmasani, „International Law ...“, a. a. O., S. 225.

[13] Über die Verbreitung des „Malikismus“ in Spanien, Vgl. López Ortiz, J., „La Recepción de la Escuela de Malekí en España“ in „Anuario de Historia del Derecho Español“, VII, (1930), S. 1–167; vom gleichen Verfasser: „Derecho Musulman“, (Barcelona, 1932).; Levi-Provençal, Evariste, Bd. IV und V. der „Historia de España“, herausgegeben von Menendez Pidal, Übersetzung von Emilio Carcía Gómez mit dem Titel: „La España Musulmana hasta la Caida del Califato de Córdoba (711–1031“), Bd. IV, S. 96–98. Über das Recht der Malikiten, Vgl. Saḥnūn, „Al Mudawwana al-Kubrā“, (Kairo, 1905).

[14] Zur Kenntnis der Lehre der Schafiiten, vgl. aš-Šafiᶜī, Abū Abd-Allah Muḥammad Ibn Idrīs, „Kitāb al-Risāla“, (Kairo, 1938). Es gibt eine englische Übersetzung von M. Khadduri, „Islamic Jurisprudence: Shafiis Risala“, (Baltimore, 1961). Auch von aš-Šafiᶜī selbst, „Kitāb al Umm“ – die „sunna“ – 7 Bde. (Kairo, 1904–1908). Über Leben und Werk des aš-ŠafiᶜĪ, Vgl. Amīn, Aḥmad, „Ḍuḥā al-Islām, a. a. O., S. 218–234.

[15] Vgl. Cahen, C., „El Islam“, a. a. O., S. 76.

[16] Vgl. Al-Mawardiī, Abū al-Ḥasan ᶜAli Ibn Muḥammad Ibn Ḥabīb, „Al-Aḥkām as Sultānīya“, 2. Ed. (Kairo, 1960). Es gibt eine französische Übersetzung von E. Fagman mit dem Titel: „Les Statuts Gouvernamentaux“, (Algier, 1915).

[17] Über Leben und Werk des Ibn Ḥanbal, vgl. Sayyid al-Ahl Abdul Azīz, „Saij al-Umma, Aḥmad B. Ḥanbal", (Beirut, 1972).

[18] Amīn, Aḥmad, „Ḍuḥā al-Islām", a. a. O., S. 235.

[19] Zum Kennenlernen des Rechts der Hanbaliten, vgl. Ibn Qudāma, „Al-Muġnī", 9 Bde., (Kairo, 1367 d. H.). Zum Kennenlernen der Gedanken von Ibn Taimīyya, vgl. Laoust, Henri, „Doctrines sociales et politiques d'Ibn Taimiya", (Kairo, 1939); Rosenthal, E., „El Pensamiento Político en el Islam Medieval", Übersetzung von Carmen de Castro, (Madrid, 1967), S. 66–75.

[20] Muḥammad Ibn Abdul Wahhāb begann seine Bewegung mit Hilfe der Dynastie der Sa^c^ūd, örtliche Emire von Naǧd in Zentralarabien. Seine Gedanken, gestützt auf die puritanische Schule des Ibn Ḥanbal und des Ibn Taimīyya, konzentrierten sich auf die Notwendigkeit, den Islam von allem zu säubern, was nach seiner Ansicht mit der „sunna" des Propheten und der Reinheit des Glaubens unvereinbar war. Die saudischen Fürsten erhoben die Waffen gegen ihre Nachbarn, um die „sunna" wiederherzustellen. Im Jahre 1806 eroberten sie Mekka und griffen die ottomanischen Provinzen Nordarabiens an, wurden jedoch zeitweilig – 1818 – besiegt, bis die Bewegung im gegenwärtigen Jahrhundert, unter der Führung von Abdul ^c^Azīz ibn Sa^c^ūd, dem authentischen Begründer der gegenwärtigen saudischen Dynastie und des Staates, wiedererstand. Über die wahhabische Bewegung, vgl. Margoliouth, D. S., Art. „Wahhabiya", in „Encyclopedia of Islam", a. a. O., Bd. IV, S. 1086–1090; Burckhardt, J. L., „Notes on the Bedouins und Wahabys", (Londen, 1831); Bayly, Winder, „Saudi Arabia in the Ninteenth Century", (New York and London, 1965).

[21] In Spanien beispielsweise herrschte die syrische Schule des al-Awazq^c^i – gestorben 774 – vor, die vom „Malikismus" verdrängt wurde. Vgl. López Ortiz, L., „Derecho Musulman", a. a. O., S. 36–41; Castejón Calderón, Rafael, „Los Juristas Hispano-Musulmanes", (Madrid, 1948), S. 32–33.

[22] Diese Schule wird als „ẓāhirī" bezeichnet – vom arabischen Wort „ẓāhir", was „offenkundiger Sinn" bedeutet – wegen ihrer Stellungsnahme zugunsten der streng wörtlichen Auslegung der Rechtstexte. Über Ibn Ḥazm, vgl. Asin Palacios, Miguel, „Aben Hazam de Córdoba y su Historia de las Ideas Religiosas", (Madrid, 1927).

[23] Der Wortlaut des „ḥadīṯ" ist folgender: „Die Meinungsverschiedenheiten, die in meiner Gemeinschaft bestehen, sind eine Äußerung der Gnade Gottes."

[24] Vgl. Goldziher, I., „Vorlesungen ...", a. a. O., S. 50ff.

[25] Vgl. Schacht, J., „The Schools of Law", in „Law in the Middle East", a. a. O., S. 6–10.

[26] Vgl. Gibb, H., „El Mahomatismo", a. a. O., S. 95.

[27] Die orthodoxen Muslime, die einer diese Schulen folgen, sind als „Sunniten" bekannt, d. h. Anhänger der „sunna" des Propheten, um sie von den Angehörigen der heterodoxen Sekten zu unterscheiden.

[28] Über die verschiedenen islamischen Sekten, vgl. Tritton, A. S., „Islam", S. 72–88; Goldziher, I., „Vorlesungen ...", a. a. O., S. 167–264.

[29] Der Prophet hatte Nachkommenschaft nur über diese Tochter, Fatima, Gattin des ^c^Alī.

[30] Mu^c^āwīya war Herrscher von Syrien und Verwandter des dritten Kalifen, ^c^Utmān, der ermordet wurde. Er weigerte sich, das Kalifat des ^c^Alī anzuerkennen, forderte Rache für das Blut des ermordeten Kalifen und gab an, sein Erbe zu sein. Unterstützt durch die Syrier konnte Mu^c^āwīya seine Rivalen besiegen und das Kalifat sowie die Dynastie der Omaijaden in Damaskus (660–750) und später in Spanien errichten.

[31] Gegenwärtig ehren die Schiiten in aller Welt, insbesondere im Irak und im Iran – in diesem letzteren Land ist der Schiismus die offizielle Lehre –, jedes Jahr das Andenken des al-Ḥusain und von Kerbela mit Volksdramen, die Cahen – „El Islam", a. a. O., S. 30 – mit den Mysterienspielen des christlichen Mittelalters vergleicht.

[32] Vgl. Gibb, H., „El Mahomatismo", a. a. O., S. 110–113.

[33] Vgl. diese Arbeit, S. 113.

[34] Vgl. Fyzee, A., „Shi'i Legal Theories", in „Law in the Middle East", a. a. O., S. 113–131; Goldziher, I., a. a. O., S. 181–182.

[35] Vgl. Hilli, „Al-Bab al-Hadi Asar", (London, 1928), S. 62–81.

[36] Vgl. Goldziher, I., a. a. O., S. 184–185; Gibb, H., „El Mahomatismo", a. a. O., S. 112.

[37] Unter diesen Extremisten befinden sich die Drusen in Syrien und die Khojas, Anhänger von Agha Khan in Indien; für weitere Einzelheiten, vgl. Fyzee, A., „Shi'i ...", a. a. O., S. 114–121; sowie den Artikel von Cl. Haurt, „Isma'iliya" in „Encyclopedia ...", a. a. O., Bd. II, S. 549–552; und den Artikel von V. Minorsky, „Ahl-L-Hakk", in „Supplement of the Encyclopedia of Islam", a. a. O., S. 9–13.

[38] Vgl. Arnold Thomas, „The Caliphates", a. a. O., S. 184–185.

[39] Vgl. Fyzee, A., „Shi'i ...", a. a. O., S. 127; Gibb, H., „El Mahomatismo", a. a. O., S. 112.

[40] Vgl. Goldziher, I., a. a. O., S. 200–204; Fyzee, A., „Shi'i ..." a. a. O., S. 122–127.

[41] Über den Schiismus im allgemeinen, vgl. Fyzee, A., „A Shiite Creed", (Oxford, 1942); W. Ivanow, „Creed of the Fatimids", (Bombay, 1936); derselbe Verfasser, „Brief Survey of Evolution of Ismailism", (Bombay, 1952); Donaldson, D. M., „The Shiite Religion", (London, 1933); Hollister, John Norman, „The Shi'a of India", (London, 1953). Für eine genealogische Übersicht der schiitischen Imame und der verschiedenen Gruppen, vgl. Cahen, „El Islam", a. a. O., S. 199ff.

[42] Über die Rechtslehre der Charidschiten, vgl. Salēm, Adib, „Political Theory and Instruction of the Khawarij", (Baltimore, 1956).

[43] Vgl. ebenda S. 77–78.

[44] Vgl. ebenda S. 33.

[45] Vgl. aš-Šahrastānī, „Kitāb al-Milal wa an-nihal", (Kairo, 1317), S. 208–209.

[46] Vgl. Salīm, A., a. a. O., S. 60; sowie diese Arbeit, S. 122.

[47] Vgl. Ibn-Ḫaldūn, „ʿIbar", 7 Bde., (Kairo, 1867), Bd. I., S. 160; Salīm, A., a. a. O., S. 51–52; Macdonald, D. B., „Development of Muslim Theology, Jurisprudence and Constitutional Theory", (New York, 1926), S. 23ff.

Verfassungsmäßige Organisation
Theorie des Kalifats
Kapitel V.

Ursprung, Grundlagen und Wesen des islamischen Staates

A. Gründung des islamischen Staates

Die neue, von Mohammed gepredigte Religion, die die Verkündigung der Einheit Gottes einschloß, beunruhigte die regierende Oligarchie in Mekka, die von Anfang an ihr gegenüber eine offen feindselige Haltung einnahm. Diese war darin begründet, daß die neue Lehre Mohammeds gegen die Lebensinteressen von Mekka gerichtet war, weil ihr Sieg wegen der dortigen Anwesenheit von Tempeln und Kultstätten, die panarabisches Ansehen genossen, den Niedergang der von dort angezogenen Pilgerfahrten mit dem daraus folgenden Verlust an Reichtum und Macht bedeutete[1].
Die Verfolgung nahm in dem Maße zu, wie die neue Religion an Boden gewann und wurde derart unnachsichtig, daß sie eine gewisse Anzahl von Gläubigen zwang, im Jahre 615 nach Christus in Abessinien Zuflucht zu suchen. Jahre später, im Jahre 622 mußte der Prophet selbst, der dank des Schutzes seiner Sippe gerettet wurde, nach Medina emigrieren[2]. Die Hedschra (hiğra) – wörtlich, die Emigration von Mohammed in diese Stadt – war möglich, dank der während der arabischen Pilgerfahrten hergestellten Verbindungen mit einigen Mitgliedern der großen Stämme dieser Stadt, die den Islam angenommen, Mohammed eingeladen hatten, bei ihnen zu leben und sich verpflichteten, ihm zu gehorchen und Schutz zu bieten[3]. Diese Übersiedlung Mohammeds von Mekka nach Medina leitete einen Wechsel von weltgeschichtlicher Bedeutung ein, da bekanntlich einige Jahre später seine Anhänger das Antlitz der Welt verändert hatten.
Mit dem Aufenthalt des Propheten in Medina begann eine neue Etappe seines Wirkens von politisch-religiöser Art. Die erste derartige Handlung Mohammeds war der Abschluß eines Vertrages, bekannt unter dem Namen „Vertrag von Medina“[4] – etwa im Jahre 623 – mit dem Ziel der Versöhnung der rivalisierenden Stämme und der Aufstellung der neuen Regeln, die das Leben der neuen Gemeinschaft der Muslime leiten sollten. Anschließend wurden die jüdischen Stämme von Medina aufgefordert, sich dem Vertrag anzuschließen. Ihnen wurde die Ausübung ihrer Religion gestattet, womit für die Muslime der Grundsatz der religiösen Toleranz festgelegt wurde[5].
Dieser Vertrag stellt das erste schriftliche Dokument in der politischen Ge-

schichte des Islam dar und besitzt einzigartige Bedeutung, da er als eine Verfassungscharta angesehen wird, die die Keime des islamischen Staates enthält[6]. Nach Rosenthal ist diese Verfassung Mohammeds in Medina in völlig realem Sinn das Muster der Verfassung des islamischen Reiches (7).

In dieser Verfassungscharta befindet sich die Wurzel eines Grundbegriffs der politischen Theorie des Islam, der Begriff der „'umma" oder der muslimischen Nation. Nach diesem Begriff der „'umma", der von Mohammed eingeführt wurde, bilden alle Muslime eine „einzige gegenüber der ganzen übrigen Welt unterschiedliche Nation"[8]. Die Mitglieder dieser neuen Gemeinschaft sind an sie und untereinander nicht durch verwandtschaftliche oder rassische Bande geknüpft, sondern durch ihren gemeinsamen Glauben an den einzigen Gott und an die Sendung seines Propheten. Auf diese Weise wurden die alten Bindungen, die im politischen Denken der Araber wirkten und auf der Familie, der Sippe und dem Stamm beruhten, überwunden und durch eine neue gemeinsame Bindung ersetzt: die Religion. Nicholson hält das zu Recht für eine wahre Revolution. Nach diesem Verfasser wagte Mohammed nicht, offen gegen die Unabhängigkeit der Stämme vorzugehen, aber in der Praxis zerstörte er sie, indem er das Machtzentrum vom Stamm auf die Gemeinschaft übertrug[9]. Der Gedanke der „'umma" wirkte als einigender Faktor zwischen den rassischen und kulturellen Unterschieden der muslimischen Völker.

Außerdem beinhaltete der Begriff der „'umma" zwei grundlegende Vorstellungen. An erster Stelle steht die vollkommene Gleichheit aller ihrer Glieder vor Gott und vor Seinem Gesetz, ohne jeden Unterschied. Der Koran bestätigt die Gleichheit aller Muslime, zwischen denen die Eintracht erhalten werden muß[10]. Die Anerkennung vor Gott erwirbt man nur durch die strengste Befolgung Seiner Vorschriften: „Der am höchsten Geehrte unter euch vor Allah ist der Gottesfürchtigste unter euch", sagt der Koran[11]. Der Vertrag von Medina erklärt, „der Schutz Allahs ist einzig und erstreckt sich gleichmäßig bis zum geringsten der Gläubigen"[12].

An zweiter Stelle bedeutet der Begriff der „'umma" den vollkommenen Gemeinschaftsgeist ihrer Mitglieder gegenüber allen anderen Gemeinschaften. Der Vertrag von Medina errichtet die Grundlagen dieses absoluten Gemeinschaftsgeistes in sehr klaren Ausdrücken:

> „Kein Gläubiger darf einen anderen wegen eines Ungläubigen töten; auch darf er einem Ungläubigen keine Hilfe gegen einen Gläubigen leisten".
>
> „Die Gläubigen helfen sich untereinander".
>
> „Die Gläubigen schließen gemeinsam Frieden"[13].

Dieser Gemeinschaftsgeist wird außerdem in unmißverständlicher Weise in einem „ḥadīṯ" des Propheten zum Ausdruck gebracht, welcher lautet:

> „Die Muslime sind wie eine einzige Hand, ebenso wie in der festen Mauer jeder einzelne Ziegelsteine die anderen trägt"[14].

Diese Verfassungscharta von Medina enthält auch den Ursprung einer islamischen Institution von großer Bedeutung: den Begriff des „ǧihād" oder des „Heiligen Krieges"[15]. Hier hat der Kampf der Gläubigen gegen die Ungläubigen ein spezifisches und anderes Ziel als die Stammeskriege der vorislamischen Epoche. Der „ǧihād" ist somit ein Kampf auf dem Pfad Allahs, d. h. mit den Worten von Professor Gibb: Die „sunna" des Islam besteht aus einer einzigen, unteilbaren Organisation mit der Aufgabe, den wahren Glauben zu verbreiten und die Menschen auf dem Pfad Gottes zu unterweisen, und sie durch Taten und Worte zum Guten zu überzeugen und vom Bösen abzubringen[16]. Auf diese Weise und auf der Grundlage eines Zusammenschlusses zwischen politischen und religiösen Bestandteilen, bildete sich in Medina eine politische Organisation heraus, ein theokratischer Staat mit Mohammed an der Spitze in seiner Eigenschaft als Statthalter Allahs. Der Vertrag hatte die Form einer von Mohammed in seiner Eigenschaft als Abgesandter Gottes ausgefertigten Charta. Der Vertrag anerkannte den Propheten als die oberste Autorität, indem er verfügte, daß „im Falle einer Meinungsverschiedenheit über irgendeine Frage, diese Allah und Mohammed dargelegt wird", und daß „alle, die den Vertrag erfüllen, sich unter dem Schutz Gottes und seines Propheten Mohammed befinden"[17].

Der Vertrag von Medina bestätigt zugleich mit der Einheit und Einmaligkeit der muslimischen Gemeinschaft die Einheit des Stadt-Staates von Medina an sich. Die jüdischen Stämme wurden mit den Muslimen in einer gewissen föderativen Form der Verteidigung und des gegenseitigen Schutzes verbunden[18]. Außerdem und zusammenfassend legte dieser Vertrag, während er die Einheit der „'umma" auf der Grundlage der islamischen Bruderschaft errichtet, auch verschiedene grundlegende Prinzipien fest, wie die Freiheit des Kultes, die Toleranz und die Zusammenarbeit, die persönliche Freiheit, den Schutz des privaten Eigentums und das Verbot der Verbrechen[19]. Gleichzeitig erhob er den Propheten zum Obersten Befehlshaber der Nation, sowohl aufgrund seiner prophetischen Sendung als auch wegen des Vertrages zwischen ihm und dem Volk. Tatsächlich und wie Khadduri aufgezeigt hat, setzt die bloße Anerkennung des Islam durch jeden einzelnen, den Abschluß einer stillschweigenden Übereinkunft voraus, die die freiwillige Bereitschaft einschließt, sich dem Willen Gottes zu unterwerfen, so wie sie seinem inspirierten Propheten Mohammed mit dem Ziel offenbart wurde, das Gute in dieser Welt und die Erlösung in der anderen zu garantieren[20].

B. Grundlagen und Wesen des islamischen Staates

Aus diesem Keim des islamischen Staates, der durch den Propheten geschaffen und aufrechterhaltenen Institutionen und Handlungen und aus dem eigenen Wesen des islamischen Rechts, können wir die grundlegenden Prinzipien und das Wesen des islamischen Staates in den allgemeinen Linien skizzieren.

Der islamische Staat ist erstens auf dem Prinzip der Oberhoheit Gottes gegründet, da nach der muslimischen Theorie das Oberhaupt der „'umma" Allah selbst ist, oberster Herrscher und Gesetzgeber Seiner Gemeinschaft. Das Recht und die Verfassung der „'umma" können nichts anderes sein als Seine Befehle und Sein Wille, so wie sie Seinem Propheten Mohammed offenbart und eingegeben wurden. Als das Oberhaupt eines Stammes, der kurze Zeit zuvor den Islam angenommen hatte, zum Propheten sagte: „Du bist unser Fürst", antwortete der Prophet in diesem Sinne sogleich: „Der Fürst ist Allah, nicht ich"[21].

Während die Herrschaft so in Allah gegründet ist, wurde ihre Ausübung auf Mohammed in dessen Eigenschaft als Abgesandter Gottes übertragen, der unterwiesen wurde, um mit Gerechtigkeit zu herrschen. Nach dem berühmten muslimischen Rechtsgelehrten Ibn Taimīyya ist der Prophet des Islam der oberste geistliche Führer in direkter Gemeinsamkeit mit Gott. Er ist ein unabhängiger und schöpferischer Gesetzgeber, dessen Entscheidungen mit göttlicher Autorität und unfehlbarer Gültigkeit ausgestattet ist. Mohammed ist als Abgesandter Allahs mit göttlicher Autorität versehen, um die Gemeinschaft der Muslime als geistlicher und zeitweiliger Führer entsprechend dem Gesetz zu regieren, das ihm verkündet wurde, und das er als die Verfassung und das Gesetz der „'umma" des Islam verbreitete[23]. Der Gehorsam gegenüber dem Propheten wurde durch den Koran angeordnet und als Gehorsam gegenüber Gott selbst betrachtet[24]. Tatsächlich handelte der Prophet während seines Aufenthalts in Medina als höchstes Oberhaupt der muslimischen Gemeinschaft und übte sowohl die politische als auch die religiöse Macht in ihrer Gesamtheit aus. Bekanntlich bilden die Methoden und Handlungen des Propheten auf allen Gebieten Bestandteile der „sunna", der grundlegenden Quelle des gesamten islamischen Systems, von welchem politische Theorie ein untrennbarer Bestandteil ist. Die Aufgaben des Propheten in seiner Eigenschaft als Oberhaupt der Regierung, die nicht seine Aufgaben als Prophet einschließen, wurden seinen Nachfolgern, den Kalifen, übertragen. Diese besaßen die gesamte zeitweilige Gewalt mit der einzigen Einschränkung, daß sie sich der „šarī^ca" unterzuordnen hatten.

Der islamsiche Staat wurde zweitens aufgrund seines eigenen Charakters und seiner Gedanken auf religiöser Grundlage errichtet, d. h., es handelt sich um einen theokratischen Staat, wo Politik und Religion niemals voneinander getrennt werden können. Das Recht dieses Staates ist ein göttli-

ches Recht, das, wie wir an anderer Stelle aufzeigten, das gesamte Leben der Muslime, das öffentliche wie das private, umfaßt und das politische Leben nicht weniger beherrscht als das soziale, ökonomische und kulturelle Leben. Deshalb, und wie der berühmte Historiker Arnold Toynbee aufzeigt, harmonieren im Islam die politischen und religiösen Bestandteile in einer ursprünglichen und organischen Einheit, so daß Zweiteilungen wie „religiös" und „weltlich", „kirchlich" und „zivil", „klerikal" und „weltlich" in der islamischen Soziologie keine Anwendung finden. In der islamischen Gesellschaft sind Kirche und Staat identisch[20].
Wie das christliche Gemeinwesen im Abendland ging der Islam von der Annahme aus, daß die gesamte Menschheit über die rassischen und kulturellen Verschiedenheiten hinweg, dem Gesetz Gottes unterworfen, eine einzige Gemeinschaft bilden würde.
Die Existenz eines einzigen Gottes bedeutet, daß es eine einzige Religion geben muß, der anzugehören alle Menschen aufgefordert werden müssen. Der Koran besteht wiederholt auf der Universalität des Islam und der Sendung Mohammeds. Dieser wurde nach dem Koran zu allen Menschen gesandt, im Unterschied zu anderen Propheten, die ausschließlich zu ihren jeweiligen Völkern gesandt wurden[26]. Mohammed selbst schickte im Bewußtsein der Universalität seiner Sendung im Jahre 628 Sendboten zum byzantinischen Kaiser, dem König von Persien, zum Herrscher Ägyptens und anderen regierenden Fürsten und forderte sie auf, dem Islam beizutreten[27]. Angesichts des theokratischen Begriffs der Macht bedeutet die religiöse Einheit der Welt, die der Islam verfolgt, die politische Einheit oder einen weltweiten Kirchenstaat.

C. Die Nachfolge Mohammeds

Mohammed starb im Jahre 632, ohne die Frage seiner Nachfolge in der Führung des entstehenden islamischen Staates gelöst zu haben. Weder der Koran noch die „sunna" enthielten spezifische Regeln bezüglich der Formen und Institutionen, durch die die Einheit der „'umma" als politische Organisation ausgeprägt und erhalten werden sollte.
Nach Bekanntwerden des Todes Mohammeds rebellierten die nomadischen Elemente, die an die traditionelle Treue gegenüber der Person des Oberhauptes gewöhnt waren, gegen die Autorität von Medina, wobei sie anführten, daß der Gehorsam, den sie der Person Mohammeds schuldeten, mit seinem Tode zu Ende gegangen war. Diese Argumente und die Haltung der Rebellion, die einige Stämme annahmen, bedrohten sowohl das gesamte politische als auch das religiöse Werk des Propheten und brachten die Einheit der „'umma" in Gefahr[28].
Ein anderer mehrheitlicher Sektor machte geltend, daß die „'umma" grundsätzlich Gehorsam gegenüber Allah fordere, eine Pflicht, die für je-

des seiner Mitglieder geltend blieb. Diese Haltung widerspiegelte sich in den Worten des Abū Bakr, der danach als erster Nachfolger des Propheten gewählt wurde und erklärte, daß die Muslime nicht den Propheten Mohammed anbeteten, sondern Gott, der ewig ist und nicht stirbt, und daß folglich der Islam nicht mit dem Tode des Propheten enden würde.

Unverzüglich und wahrscheinlich entsprechend dem alten arabischen Brauch, einen Nachfolger für ein verstorbenes Oberhaupt zu wählen, erfolgte die Wahl eines Nachfolgers – wörtlich Kalif – des Propheten. Nach einer kurzen Beratung zwischen den Gruppen von Mekka und Medina wurde derselbe Abū Bakr, einer der engsten und ältesten Freunde des Propheten, von den übrigen Gefährten Mohammeds, die auf der Zusammenkunft anwesend waren, zum ersten Kalifen (632–634) gewählt. Am Tage danach nahm Abū Bakr den gewohnten Platz des Propheten in der Mochee von Medina ein und erklärte, daß er lediglich ein Verwalter und Vollstrekker des göttlichen Gesetzes wäre, der zu diesem Ergebnis durch den Tod Mohammeds gelangt sei. Daraufhin empfing er die Huldigung des Gehorsams-„bai^c^a“ – der übrigen Muslime, wodurch die erste Wahl bekräftigt wurde. Auf diese Weise und durch den ersten und entscheidenden „iğmā“ der muslimischen Gemeinschaft wurde das System des Kalifats als die politische Organisationsform des Islam eingeführt.

Diese Tatsache der Wahl Abū Bakrs zum Nachfolger des Propheten und die Übernahme aller seine Aufgaben außer denen, die ihm in seiner prophetischen Sendung oblagen, war von großer Bedeutung in der politischen Geschichte des Islam. Einerseits war der Streit um die Frage der Nachfolgeschaft der Ursprung der Spaltungsbewegungen innerhalb des Islam, d. h. zwischen den Charidschiten und den Schiiten, mit dem daraus folgenden Kampf um die Macht, der die Ursache endloser Bürgerkriege war[30].

Andererseits war dieselbe Tatsache der Wahl eines Kalifen und der nachfolgende historische Prozeß die reale Grundlage für die Ausarbeitung der Verfassungstheorie des Islam. Diese von der muslimischen Gemeinschaft getroffene Maßnahme mußte mit den Grundsätzen der „šarī^c^a“ in Einklang gebracht und gerechtfertigt werden. Dieser Umstand, zusammen mit der historischen Entwicklung des Kalifats, führte zur Konzentration der gesamten, von den Rechtsgelehrten postulierten Theorie auf die Person des Kalifen[31].

Nach dem islamischen Recht stellt die Theorie des Kalifats keine selbständige Disziplin dar, sondern ist ein untrennbarer Bestandteil der „šarī^c^a“ in ihrer Gesamtheit. Deshalb widmen alle muslimischen Rechtsgelehrten in ihren Abhandlungen des fiqh“ ein Kapitel der Frage des Kalifats. Das geschieht, weil die Designierung eines Kalifen durch die muslimische Gemeinschaft als religiöse Pflicht betrachtet wird[32]. Für diese Rechtsgelehrten gilt, wie Rosendahl zutreffend bemerkt, die Existenz des Staates als der politischen Organisation der „'umma“ als selbstverständlich. Sie untersuchen nicht, ob und warum es einen Staat geben muß und befassen sich nur mit der Anwendung der „šarīᶜa“ auf die politische Körperschaft[33]. Später jedoch, infolge des Zusammentreffens des Islam mit der griechischen Philosophie Platos und Aristoteles' im Mittelalter, kamen juristisch-politische Verträge und andere von mehr moralisierendem Charakter der Art der „Fürstenspiegel“ auf, und am Rande der eigentlich religiösen und politischen Diskussionen entstand, wie Professor Truyol feststellt, unter den Arabern ein kraftvoller Gedanke, der dazu berufen war, die christliche Spekulation zu beeinflussen, die ihre historische Blüte in Persien und Spanien erreichte[34]. Es muß jedoch unterstrichen werden, daß unsere Untersuchung sich nur mit der Verfassungstheorie des Kalifats beschäftigt, wie sie die „šarīᶜa“ postuliert, und nicht mit den politischen Gedankengängen des Islam in ihrer Gesamtheit[35].

Auf die gleiche Weise, wie die Theologen und politischen Autoren des Mittelalters in der Bibel nach Texten suchten, um sowohl die Thesen des Papstes als auch des Kaisers zu stützen, suchten auch die muslimischen Rechtsgelehrten aller Sekten im Koran und in der „sunna“ des Propheten nach Grundlagen, um ihre jeweiligen Lehren zu verteidigen. Die orthodoxen Rechtsgelehrten, mit denen wir uns hier beschäftigen, mußten den historischen Prozeß, den bis dahin das Kalifat durchmessen hatte, mit den Grundsätzen der „šarīᶜa“ in Einklang bringen und diesen selben Prozeß, der von ihnen als rechtmäßig anerkannt wurde,vor den Schiiten und Charidschiten rechtfertigen, die sich weigerten, ihn als solchen anzuerkennen und die Orthodoxen beschuldigten – die Sunniten –, sich vom Glauben entfernt zu haben und in Irrtum verfallen zu sein, natürlich von einem für jede Sekte unterschiedlichen Standpunkt aus.

Weder im Koran noch in der „sunna“ gibt es jedoch konkrete Regeln und Instruktionen hinsichtlich des zu befolgenden politischen Systems. Im Koran finden wir einige allgemeine und abstrakte Grundsätze, von denen man unterschiedliche politische Systeme, sowohl anarchische als auch republikanische, und mehrere Regierungsmechanismen ableiten kann, mit dem einzigen Vorbehalt, daß die šarīᶜa“ als das oberste Gesetz des Staates respektiert wird[36]. Aus diesem Grund haben wir es mit drei Lehren zu tun, die untereinander so verschieden sind, daß sie sich gegenseitig ausschließen, obwohl sie sich selbst in gleichem Maße als von den gleichen Quellen abgeleitet betrachten: dem Koran und der „sunna“. Gleichzeitig bestehen, wie wir weiter unten sehen werden, unterschiedliche Meinungen zwischen den orthodoxen Rechtsgelehrten selbst über verschiedene Aspekte der Theorie, obwohl sie hinsichtlich ihrer wesentlichen Linien übereinstimmen.

Tatsächlich, und wie wir bereits aufgezeigt haben, ist dies zum großen Teil darauf zurückzuführen, daß das System des Kalifats als politische Organisationsform des Islam nicht einer vorherigen Vorstellung entsprach und auch keine willkürliche Nachahmung einer zuvor bestehenden politischen Zivilisations- oder Organisationsform war, wie zum Beispiel das Heilige

Römische Reich[37]. Im Falle des Kalifats war die Praxis vor der Theorie da, die von den Rechtsgelehrten/Theologen lange Zeit danach ausgearbeitet wurde, als der historische Prozeß dieser Institution seinen Verlauf genommen hatte, und als das islamische Reich schon eine vollendete Tatsache war. Die Aufgabe der muslimischen Rechtsgelehrten bestand in der Einbeziehung des politischen, sozialen und wirtschaftlichen Lebens ihrer Zeit in das religiöse Gesetz des Islam. Sie mußten nicht nur die unantastbare Autorität der „šarīᶜa"hüten, sondern es war auch ihre Aufgabe, die Verfassungstheorie mit der politischen Realität in Einklang zu bringen und beide dem islamischen Gesetz anzupassen.

Die muslimischen Rechtsgelehrten/Theologen wurden in ihren späteren Arbeiten über die Verfassungstheorie vom historischen Prozeß der Institution des Kalifats selbst in zweifacher Hinsicht beeinflußt. Einerseits ließen sie sich in ihren theoretischen Schlußfolgerungen von den Handlungen leiten, die zuvor aufrechterhalten worden waren, insbesondere von denen der vier Kalifen – „den recht geleiteten" –, die als Vorbilder betrachtet wurden, die zwingende Gesetzeskraft haben. Andererseits war die politische Realität der islamischen Welt zu Beginn des 9. Jahrhunderts, als die Theorie des Kalifats sich zu formen begann, völlig anders und vom Ideal, das sie darlegten, entfernt, was nicht ohne theoretische Rückwirkungen auf die Absicht blieb, den Vorrang der „šarīᶜa" zu retten.

Deshalb halten wir es für unerläßlich, die historische Entwicklung des islamischen Kalifats von seinen Anfängen im Jahre 632 nach Christus bis zu seiner Abschaffung und seinem endgültigen Verschwinden im Jahre 1924 zu beschreiben, was uns helfen wird, die theoretische Darlegung der Rechtsgelehrten zu verstehen.

Schließlich möchten wir bemerken, daß auf den folgenden Seiten unsere Aufmerksamkeit auf das orthodoxe Kalifat oder die „sunna" konzentriert wird, das die bedeutendste Rolle in der politischen Geschichte des Islam gespielt hat, wobei es zugleich größere Ausdehnung, sowohl territorial als auch zeitlich,als die Kalifate der anderen Sekten hatte. Trotzdem, und um eine breitere Übersicht zu bekommen, werden wir immer, wenn auch kurz, die Thesen der übrigen Sekten darlegen.

Anmerkungen

[1] Vgl. Toynbee, Arnold, „Estudios de la Historia", spanische Übersetzung von Vincente Fatone, (Buenos Aires, 1966), 2. Ed., Bd. III., S. 471.

[2] Diese Stadt war unter dem Namen „Yaṯrib" bekannt, aber seither wurde sie vorwiegend als „madīnat an-nabī" – die Stadt des Propheten – oder einfach als Medina bekannt. Dieser Tatsache wurde, wie wir sagten, eine solche Bedeutung in der Geschichte des Islam beigemessen, daß das Datum als Beginn der muslimischen Ära ausgewählt wurde, und zwar das Jahr 622 nach Christus.

[3] Über die Verträge Mohammeds mit den Stämmen von Medina, vgl. Arnold, Thomas, „Preaching of Islam", (Lahore, 1956), S. 20–26; Watt, M., „Muhammad Prophet and Statesman", (Oxford, 1969), S. 83–93; Gabrieli, Francisco, „Muhammad and the Conquest of Islam", englische Übersetzung aus dem Italienischen von Virginia Luling und Rosamund Linell, (London, 1968), S. 45–62.

[4] Eine sehr ausführliche Untersuchung dieses Vertrages befindet sich bei Watt, M., „Muhammad in Medina", Oxford, 1965). S. 221–250; ursprünglich wird der Text dieses Vertrages aufbewahrt bei Ibn Hišām, „Kitāb Sīrat Rasūl Allāh, 4 Bde., (Göttingen, 1858), Bd. I., S. 341–344; englischer Text des Vertrages bei Khadduri, M., „War and Peace ...", a. a. O., S. 206–209; französisch bei Hamidullah, M., „Documents sur la Diplomatie Musulmane à l'époque du Prophet et des Khalifes Orthodoxes", (Paris, 1935), S. 9–14; Vgl. auch Vernet, Juán, „El Corán", a. a. O., S. XXII–XXVII.

[5] Nach dem Vertrag von Medina „behalten die Juden ihre Religion und die Muslime die ihre".

[6] Vgl. Levy, R., „The Social Structure of Islam", (Cambridge, 1957), S. 271–276.

[7] Vgl. Rosenthal, Erwin, „El Pensamiento Político en el Islam Medieval", spanische Übersetzung von Carmen Castro, (Madrid, 1967), S. 43.

[8] Nach Professor Watt, „Muhammad at Medina", a. a. O., S. 10, wurde der Ausdruck „'umma", der im Koran bei zahlreichen Gelegenheiten erwähnt wird, von einem modernen Forscher sorgfältig untersucht, der zu dem Schluß gelangte, daß er immer auf gewisse ethnische, sprachliche oder konfessionelle Gemeinschaften angewandt wird, die Gegenstand des Vorhabens der göttlichen Rettung sind. Rosenthal, (a. a. O., S. 43) meint, daß der Ausdruck „'umma" von Mohammed hier in einem religiösen, sozialen und politischen Sinn verwendet wird.

[9] Vgl. Nicholson, R. A., „A Literary History of the Arabs", (Cambridge, 1953), S. 173.

[10] Vgl. Koran, XLIX, 10.

[11] Vgl. Koran, XLIX, 13.

[12] Vgl. Khadduri, M., „War and Peace ..." a. a. O., S. 207.

[13] Vgl. Vernet, Juán, a. a. O., S. XXIII–XXIV.

[14] Vgl. Aš-Šaibānī, „Siyar", a. a. O., Bd. I., S. 20.

[15] Über den Begriff des „ǧihād", vgl. diese Arbeit, S. 145ff.

[16] Vgl. Gibb, H., „Constitutional Organisation", in „Law in the Middle East", a. a. O., S. 3.

[17] Vgl. Khadduri, M., „War and Peace ...", a. a. O., S. 209.

[18] Vgl. Aḥmād, Ilyās, „The Social Contract and the Islamic State", (Allahabad, 1944), S. 107ff.

[19] Vgl. Mahmasani, S., „The Principles of International Law in the Light of Islamic Doctrine", a. a. O., S. 269.

[20] Vgl. Khadduri, M., „War and Peace ...", a. a. O., S. 9.

[21] Vgl. Santillana, „Law and Society" in „The Legacy of Islam", (Oxford, 1931), S. 286.

[22] Vgl. Koran, XXXVIII, 26.

[23] Vgl. Rosenthal, E., „El Pensamiento Polítoco ...", a. a. O., S. 72.

[24] Vgl. Koran, IV, 59, II, 13–14.

[25] Vgl. Toynbee, A., „Estudios de la Historia ..." a. a. O., Bd. III, S. 470.

[26] Vgl. Koran, XXI, 107; VI, 158.

[27] Über diese Botschaften, vgl. diese Arbeit, S. 338.

[28] Die erste Handlung des Kalifen Abū Bakr bestand im Kampf gegen die abtrünnigen Stämme, die in wenigen Monaten besiegt und unterjocht wurden. Über diese Kriege vgl. Al-Balādūrī, „Futūḥ al-Buldān", zitiert in der englischen Übersetzung von Philip Hitti mit dem Titel: „The Origins of the Islamic State", (London, 1916; Beirut, 1966), S. 143–162.

[29] Allgemein sind die Bewohner als „al-anṣār" – die Helfer bekannt, ein Name, der ihnen vom Propheten gegeben wurde, und die von Mekka als „al-muhāğirūn" – die Emigranten – d. h. die dort Verfolgungen ausgesetzt und an der Seite des Propheten nach Medina emigriert waren. Diese letzteren beriefen sich, gestützt auf ihre These, auf einen „ḥadīṯ", welcher lautet: „Das Kalifat gehört den Quraischiten, d h. denen aus Mekka, Mitgliedern des Stammes der Quraiš"; Vgl. diese Arbeit, S. 116–117.

[30] Aš-Šahrastānī faßt dies in einem Satz zusammen, der ihn berühmt machte: „Das Schwert wurde im Islam niemals wegen einer religiösen Frage wie der des Kalifats gezogen"; vgl. Al-milal wa n-niḥal", (Kairo, 1317 d. H.), S. 22.

[31] Vgl. Gibb, H., „Constitutional Organisation", in „Law in the Middle East", a. a. O., S. 5.

[32] Vgl. diese Arbeit, S. 109–112.

[33] Vgl. Rosenthal, E., „El Pensamiento Político ...", a. a. O., S. 42.

[34] Vgl. Truyol y Serra, A., „Historía de la Filosofía del Derecho y del Estado", a. a. O., S. 300–301.

[35] Über die politischen muslimischen Gedanken im allgemeinen, vgl. Rosenthal, E., „El Pensamiento Político en el Islam Medieval", a. a. O.,; Cruz Hernández, Miguel, „La Filosofía Arabe", (Madrid, 1963).

[36] Vgl. Gibb, H., „Constitutional Organisation", a. a. O., S. 6.

[37] Vgl. Arnold, Thomas, „The Caliphates", a. a. O., S. 9–18.

Kapitel VI.
Historische Entwicklung des Kalifats

A. Das Kalifat von Medina (632–661)

In dieser Epoche herrschten vier Kalifen von ihrer Hauptstadt Medina aus. Der erste war, wie wir bereits sagten, Abū Bakr (632–634), der ᶜUmar Ibn al-Ḫaṭṭāb (634–644) zu seinem Nachfolger bestimmte. Dieser wurde von einem persischen Sklaven ermordet, aber er hatte vor seinem Tode bereits ein Wahlgremium von sechs Mitgliedern bestimmt, damit aus deren Mitte ein Kalif gewählt würde. ᶜUṯmān Ibn ᶜAffān (644–565), der zum Kalifen gewählt wurde, sah sich ernsten Problemen gegenübergestellt. Während seiner Regierungszeit brachen die Spannungen, die während der großen Ausbreitung des Islam nicht verschwunden waren, hervor und mündeten in eine offene Revolution. ᶜUṯmān wurde beschuldigt, seine Sippe – die Omaijaden – dadurch zu begünstigen, daß er ihnen wichtige Posten in der Regierung überließ. Gegen seine Politik erhob sich Widerstand im Irak und in Ägypten, und eine große Zahl Unzufriedener begab sich nach Medina, um vom Kalifen Rechenschaft zu fordern und ihn schließlich zu ermorden. ᶜAlī, Vetter und Schwiegersohn des Propheten wurde unter sehr schwierigen Umständen zum neuen Kalifen ausgerufen. Er mußte sich mit Muᶜāwīya, dem Herrscher von Syrien und Oberhaupt der Familie der Omaijaden, auseinandersetzen, der sich weigerte, ᶜAlī's Kalifat anzuerkennen, wobei er ihn beschuldigte, für die Ermordung von ᶜUṯmān verantwortlich zu sein. Das war in Wirklichkeit nichts weiter als ein Vorwand seitens Muᶜāwīyas, der große politische Ambitionen hatte und danach strebte, das Amt des Kalifen einzunehmen. Der Kampf endete mit dem vollständigen Sieg des Muᶜāwīya, dem es gelang, zum Kalifen ausgerufen zu werden, zunächst in Jerusalem, später in Damaskus, der neuen Hauptstadt der Omaijaden. Dort wurde er im Jahre 661 ermordet, und damit endete das Kalifat von Medina, und es wurde eine neue Epoche in der Geschichte des islamischen Kalifats eingeleitet.

Die Epoche des patriarchalischen Kalifats von Medina ist die wichtigste in bezug auf die späteren theoretischen Ausarbeitungen. Die Kalifen von Medina waren Gefährten und enge Mitarbeiter des Propheten gewesen und genossen aufgrund ihres Wirkens bei der Verteidigung der Sache des Islam seit seinen Anfängen großes Ansehen. Später wurden sie von den Rechtsgelehrten, Theologen und Historikern idealisiert und als Vorbilder eines idealen muslimischen Herrschers angesehen. Darüber hinaus wurde die

Theorie weit verbreitet, daß sich das Kalifat, so wie es von der „šarīᶜa" angeordnet wurde, auf diese ersten vier Kalifen beschränkte, die weltweit als die „recht geleiteten" – al-Hulafà'ar-Rāšidūn – bekannt waren. Die späteren Herrscher wurden als weltliche Könige betrachtet, als Begründer des „mulk", d. h. der auf der Macht begründeten politischen Autorität, im Gegensatz zum Kalifat als der Regierung der „šarīᶜa", so wie es während der Regierung der Kalifen von Medina zum Ausdruck kam[1]. Die Rechtsgelehrten und Theologen ließen sich in ihren Ausarbeitungen der Verfassungstheorie von den Handlungen leiten, die die Kalifen praktizierten.
Während dieser Epoche fanden die großen Eroberungen des Islam – Syrien, Irak und Ägypten – statt, und die Kalifen standen vor der Aufgabe, diese neuen, unter die Herrschaft des Islam gestellten Territorien zu organisieren. Die Kalifen von Medina handelten in ihrer Eigenschaft als Herrscher und oberste Verwalter großenteils als Gesetzgeber der Gemeinschaft, und viele ihrer Praktiken, insbesondere auf dem Gebiet des Völkerrechts des Islam, wurden in das Rechtssystem eingegliedert.
Am Ende der Epoche der Kalifen von Medina war die islamische Gemeinschaft von einer Spaltung beherrscht, und die beiden heterodoxen Bewegungen der Charidschiten und der Schiiten entstanden als Folge des Kampfes um das Kalifat neben der orthodoxen Mehrheit.

B. Das Kalifat der Omaijaden (661–750)

Im Jahre 661 wurde eine neue Epoche der politischen Geschichte des Islam mit der Errichtung des omaijadischen Kalifats von Damaskus eingeleitet. Muᶜāwīya war der erste, der für das Kalifat das Erbrecht einführte, als er im Jahre 676 seinen Sohn Yazīd zu seinem Nachfolger bestimmte. Es wurde die Vorspiegelung einer Wahl aufrechterhalten, und die Würdenträger wurden gezwungen, dem Erben Treue und Gehorsam zu schwören. Dieses Beispiel der Bestimmung eines Erbprinzen wurde in späteren Epochen beibehalten, wenn es auch nicht zur allgemeinen Regel wurde, daß dieses Recht immer dem Erstgeborenen zufiel[2]. Muᶜāwīya wurde von vielen Rechtsgelehrten beschuldigt, diese Neuerung entgegen den Praktiken der Kalifen von Medina eingeführt zu haben, wo immer die Form einer bestimmten Wahl beachtet wurde, die nichts mit dem Einfluß der Verwandtschaft zu tun hatte.
In den frommen Kreisen von Medina, die sich am Rande des praktischen Lebens befanden, bewahrte man eine gewisse Sehnsucht nach der Epoche der „ràšidūn". Die Rechtsgelehrten hoben das fromme und nüchterne Wesen dieser Kalifen von Medina im Gegensatz zum Prunk, der weltlichen und selbstgefälligen Atmosphäre der Omaijaden hervor. Diese gestatteten, anstelle der durch die Kalifen von Medina aufrechterhaltenen theoretischen Gleichheit der Muslime, daß die Araber sich als eine herrschende

Aristokratie über die anderen muslimischen Völker gebärdeten. Die Omaijaden wurden von den Rechtsgelehrten beschuldigt, das auf der „šarīᶜa" fußende Kalifat in eine absolute Monarchie verwandelt zu haben[3]. Wie Thomas Arnold aufzeigte, trifft es zu, daß die Hauptsorge der Omaijaden nicht in der Religion bestand, sondern in der Herausbildung einer zentralisierten und bürokratisierten Verwaltung als Garantie für die Stabilität des Reiches und seiner Regierung. Trotzdem rechtfertigt das nicht das negative Urteil späterer Historiker und Rechtsgelehrten über sie. Diese sahen nicht, daß das Leben einer einfachen, patriarchalischen und religiösen Gemeinschaft wie die der Gefährten des Mohammed in Medina in einem ausgedehnten Reich nicht aufrechterhalten werden konnte, das neue und andere Verwaltungs- und Organisationsmethoden erforderte[4]. Muᶜāwīya mit seinem anerkannten Talent für die Verwaltung und seinem politischen Geschick und Taktgefühl – Eigenschaften eines großen Staatsmanns – schuf die Grundlagen eines großen Reiches. Seine Nachfolger und Erben folgten seiner Politik, und vor dem Zusammenbruch der Omaijaden-Dynastie beherrschte das Kalifat von Damaskus ein ausgedehntes Reich, das sich von Indien bis zum Atlantik, Nordafrika und Spanien im Westen erstreckte.
Die fortdauernden inneren Aufstände der Charidschiten und die nicht weniger bedeutenden der Schiiten verursachten, außer der wegen der erniedrigenden Situation allgemeinen Unzufriedenheit der bekehrten Elemente, den Zusammenbruch des Kalifats der Omaijaden. Die Schlacht von Zāb im Jahre 750 brachte den Sieg den Abbasiden, die insbesondere von den Persern unterstützt wurden[5].

C. Das Kalifat der Abbasiden von Bagdad (750–1258)

Die Abbasiden waren Verwandte des Propheten[6], und ihr Aufstieg zum Kalifat wurde durch ihren Anspruch, Verteidiger des Glaubens zu sein, gerechtfertigt. Trotzdem übten auch sie, ebenso wie die Omaijaden, eine autokratische Macht aus. Außerdem erhielten die Abbasiden ein dynastisch-erbliches Prinzip aufrecht, und während fünf Jahrhunderten waren alle Kalifen von Bagdad Angehörige derselben Familie. Mit ihnen begann jedoch das Kalifat einen anderen Charakter anzunehmen, und der Kalif wurde als Schutzherr der islamischen Religion verherrlicht. Die „'ulamā" – die Rechtsgelehrten des Islam – wurden am Hof der Abbasiden aufgenommen wie niemals zuvor zu Zeiten der Omaijaden. Die Abbasiden zeigten einen Geist der Orthodoxie, und ihre Herrschaft wurde, im Vergleich zu der der Omaijaden, als Stellvertreter einer arabischen Monarchie durch eine islamische Regierung angesehen[7].
Das abbasidische Kalifat erreichte die Epoche seiner größten Pracht und Blüte zu Zeiten des Kalifen Hārūn ar-Rašīd (786–808), Zeitgenosse Karls des Großen, mit dem er diplomatische Beziehungen unterhielt[8]. Im 10.

Jahrhundert begann der Verfall des Kalifats von Bagdad als Folge der Lostrennung mehrerer Provinzen des Reiches unter unabhängigen Dynastien und durch die Entstehung zweier anderer rivalisierender Kalifate. Im Jahre 909 wurde ein schiitisches Kalifat von den Fatimiden in Nordafrika errichtet, das bis zum Jahre 1171 bestand. Einige Jahre später, im Jahre 928, nahm in Spanien Abd ar-Raḥmān III, der Große, den Titel eines Kalifen an, wodurch das omaijadische Kalifat al-Andalus errichtet wurde, das bis zum Jahre 1013 bestand.

In dieser Epoche hingen die Kalifen von Bagdad von ihren Söldnertruppen und einigen türkischen oder persischen Dynastien ab, die die Kalifen willkürlich einsetzten und absetzten. Die Kalifen erlangten keinerlei Macht außerhalb ihrer Hauptstadt und vielfach nicht einmal außerhalb ihrer eigenen Paläste. Die neuen Herrscher dieser Dynastien, die den Titel „Sultan“[9] annahmen, stellten den schutzlosen Kalifen unter ihre Schirmherrschaft, um ihrer realen Macht zusätzliches Ansehen zu verleihen.

Trotz der erniedrigenden Position der Kalifen von Bagdad fuhren die Rechtsgelehrten, die ihren idealisierenden Grundsätzen treu blieben, fort, den Kalifen als die einzige Autorität der muslimischen Gemeinschaft zu betrachten. Es wurden jedoch einige Kompromißtheorien formuliert, um sich der politischen Realität anzupassen. So wurde die Rechtmäßigkeit aller Herrscher anerkannt, unter der einzigen Bedingung, daß diese die Autorität des herrschenden Kalifen anerkannten – eine rein theoretische Autorität – und ihm seine Vorrechte einräumten. Das bedeutete, seinen Namen in die Fürsprache – „ḫuṭba“ – des öffentlichen Gebets am Freitag einzubeziehen und Münzen mit seinem Namen – „ṣikka“ – zu prägen[10].

Einige unabhängige Fürsten der islamischen Welt hielten es aus politischen oder rein religiösen Gründen für angebracht, die oberste Befehlshaberschaft des abbasidischen Kalifen von Bagdad anzuerkennen. Eine solche Anerkennung erfolgte von mächtigen Fürsten sowohl in Indien als auch in Nordafrika, Syrien, Persien und Spanien[11]. Tatsächlich war aber diese Anerkennung rein theoretisch, da der Kalif praktisch über sie keinerlei Macht besaß. Mit dem Ziel, eine fiktive Rechtmäßigkeit aufrechtzuerhalten, forderten die Herrscher vom Kalifen ein Dokument der Investitur, das in der Regel mit Ehrengeschenken gesandt wurde.

Das abbasidische Kalifat von Bagdad wurde von den Mongolen unter Hulagu zerstört, und der letzte Klaif al-Muuctaṣim wurde im Jahre 1258 ermordet.

D. Das Kalifat der Abbasiden von Kairo (1261–1517)

Obwohl das Kalifat auf diese tragische Weise aufhörte zu bestehen, konnten die Politiker nicht die bedeutende Rolle vergessen, die die Kalifen im politischen Leben der islamischen Welt wegen des Schattens der Rechtmä-

ßigkeit gespielt hatten, die einigen Monarchen gegeben war, die sich durch Mord, Amtsanmaßung oder militärische Gewalt auf ihrem Thron etabliert hatten, um danach den Titel des Kalifen zu suchen[12]. Deshalb erachtete es der mamelukkische Sultan Baybars (1261–1277)[13] für angebracht, seiner Regierung eine gesetzliche Funktion zu geben, indem er im Jahre 1261 einen Onkel des letzten ermordeten abbasidischen Kalifen, der das Massaker von Bagdad überlebt hatte, nach Kairo einlud, damit dieser dort als Kalif ausgerufen und auf diese Weise das zweite abbasidische Kalifat, jetzt in Ägypten, begründet werden konnte. Die neuen Kalifen hatten auch keinerlei Macht, und ihre Lage war erniedrigender als die ihrer Vorgänger in Bagdad, weil sie allgemein vom Rest der islamischen Welt außerhalb der Mamelukkenherrschaft ignoriert wurden[14].
Das Kairoer abbasidische Kalifat währte bis zum Jahre 1517, als Salīm I. Ägypten eroberte, der Regierung der Mamelukken ein Ende setzte und den letzten Kalifen, al-Mutawakkil, mit sich nach Istanbul nahm.

E. Das türkische Kalifat (1517–1924)

Von 1258 an wurde der Titel des Kalifen von zahlreichen muslimischen Fürsten angenommen, einschließlich der türkischen Sultane selbst, vor der Eroberung Kairos. Murād I. ließ sich gegen Ende des 14. Jahrhunderts als „den von Gott auserwählten Kalifen" bezeichnen, und dieser Titel wurde unter seinen Nachfolgern üblich[15]. Später wurde behauptet, es habe eine formale Übertragung des Titels durch den letzten abbasidischen Kalifen zugunsten von Salīm I. gegeben, um so das türkische Kalifat zu legalisieren. Diese Behauptung ermangelt nach Thomas Arnold jeglicher Grundlage[16], und im Falle, daß sie zutreffend gewesen wäre, würde die Übertragung völlig nichtig und ohne Wirkung gewesen sein, weil – wie Santillana sagt – das Kalifat kein nach Laune übertragbares Eigentum ist, sondern eine treuhänderische Übereignung zugunsten der ganzen islamischen Gemeinschaft[17].
Während des 16. und 17. Jahrhunderts gab es in der islamischen Welt zwei Großmächte, deren Herrscher den Titel des Kalifen trugen: die ottomanischen Sultane und die mongolischen Kaiser in Indien, und es scheint, daß beide den Titel mit Gleichgültigkeit betrachteten.
Gegen Ende des 18. Jahrhunderts erlangte der Titel des Kalifen wiederum an Bedeutung und begann, sich in einen aktiven Faktor der internationalen Beziehungen zu verwandeln. Infolge eines Irrtums und einer Fehlinterpretation der Geschichte und der Theorie des Kalifats haben westliche Beobachter eine irrtümliche Analogie zwischen dem Kalifat und dem Papsttum hergestellt, mit der Implikation, daß der Kalif geistliche Macht im westlichen Sinne des Begriffs habe, ein Umstand, der dem Kalifen des Islam vollkommen fernliegt. Das Ergebnis dieser Verwechslung führte dazu, daß

seit Ende des 18. Jahrhunderts ein allgemeiner Irrtum in Europa aufkam, und der Kalif als geistliches Oberhaupt aller Muslime betrachtet wurde, genauso wie der Papst das geistliche Oberhaupt der Katholiken war[19]. Dies hätte praktisch bedeutet, daß der türkische Herrscher als Sultan das weltliche Oberhaupt aller ottomanischen Gebiete und als Kalif die geistliche Obrigkeit aller Muslime gewesen wäre, auch wenn diese sich auf fremdem Gebiet befunden hätten.

Diese Vorstellung wurde von den türkischen Sultanen und in ganz bewußter Manier vom Sultan-Kalifen Abdul Ḥamīd (1876–1909) in seinen Beziehungen mit den Westmächten mißbraucht. Ebenso wie Katharina II. von Rußland behauptete, sie sei die Schirmherrin der orthodoxen Kirche in den ottomanischen Gebieten, erhob der türkische Kalif seinerseits den Anspruch, in seiner Eigenschaft als angebliches Oberhaupt der Schirmherr aller Muslime zu sein, unabhängig davon, ob sie sich in seinem Herrschaftsbereich befänden oder nicht. Bereits vor Abdul Ḥamīd hatten sich in den Verhandlungen nach dem russisch-türkischen Krieg von 1768–1774, die 1774 mit der Unterzeichnung des Vertrages von Kuchuk-Kainardji endeten, die Türken des Titels des Kalifen bedient, um in diesem Vertrag die Einfügung einer Klausel zu erreichen, die die religiöse Autorität des Kalifen über die muslimischen Tataren bestätigte, die aufgehört hatten, unter seiner zeitweiligen Herrschaft zu stehen[20].

Bei seinen Versuchen zur Bildung einer anglo-muslimischen Front gegen Rußland verleitete Großbritannien die indischen Muslime – seinerzeit unter seiner Herrschaft –, diese ottomanischen Anmaßungen einer geistlichen Oberhoheit über alle Muslime der Welt zu akzeptieren[21].

Während des Ersten Weltkriegs versuchten die Türken aus dieser Lage den größten Nutzen zu ziehen, indem sie den Alliierten den „Heiligen Krieg" erklärten. Dies bedeutete, daß es Pflicht aller Muslime war, wo immer sie sich auch befinden mochten, an der Seite des ottomanischen Reiches zu den Waffen zu greifen. Bei dieser Absicht hatten sie aber keinen Erfolg, und so wurde der Fehlschlag ihrer pan-islamischen Politik offensichtlich. Die Niederlage der Türken führte zu einer Veränderung des gesamten politischen Panoramas sowohl in der Türkei als auch in ihren ehemaligen Besitzungen.

F. Die Abschaffung des Kalifats

Die Niederlage hatte auf das türkische Volk eine gewaltige Wirkung, das von der Besetzung und Teilung seines eigenen Territoriums bedroht war. Mit der Machtergreifung von Mustafa Kemal und seinen nationalistischen Kampfgefährten wurde die Frage des Kalifats auf eine zweitrangige Ebene geschoben. Die Bemühungen der türkischen Nationalisten konzentrierten sich auf die Befreiung und Modernisierung der Türkei. Aber zu Anfang

bewerteten auch die neuen Führer das Kalifat als ein Instrument ihrer Politik und versuchten, ein konstitutionelles Kalifat mit einer religiösen Macht in Einklang zu bringen[22]. Die Große Türkische Nationalversammlung beschloß im November 1922, dem Kalifen seine zeitweiligen Rechte zu entziehen. Die späteren Ereignisse bewiesen die Undurchführbarkeit dieser Maßnahme, und schließlich beschloß die Nationalversammlung am 3. März 1924 die endgültige Abschaffung des Kalifats.
Die islamische Welt verfolgte mit großem Interesse den inneren Prozeß in der Türkei, der zur Abschaffung des Kalifats geführt hatte. Diese Maßnahme rief lebhafte und breite Diskussionen innerhalb und außerhalb der Türkei hervor und wurde von den nicht-türkischen Muslimen, insbesondere den indischen, mit Bedauern und Unwillen aufgenommen. Gleichzeitig strebten, allerdings vergeblich, einige ehrgeizige Herrscher danach, das freie Amt zu besetzen.
Die Sorge der Muslime um das Kalifat und sein Schicksal gipfelten in der Erklärung seitens der Führer der Al-Azhar-Universität in Kairo, dem anerkannten Zentrum der religiösen Studien der islamischen Welt, daß es unerläßlich sei, einen religiösen Kongreß mit Vertretern aller muslimischen Völker abzuhalten, um darüber zu entscheiden, auf wen das Kalifat zurückfallen müßte[23].
Tatsächlich versammelte sich zwischen dem 13. und 19. Mai 1926 in Kairo ein Kongreß über das Kalifat, der zu dem Schluß gelangte, daß das Kalifat, so wie es durch die „šarīᶜa“ angeordnet worden war, zu jenem Zeitpunkt schwierig, wenn nicht sogar unmöglich zu verwirklichen wäre, angesichts der Lage, in der sich die Muslime befanden, und daß es folglich ratsam sei, den Gedanken der Ernennung eines Kalifen zu verwerfen und die Frage der Zukunft zu überlassen[24].
Es wurden zwei weitere islamische Konferenzen veranstaltet, um die Frage des Kalifats zu erörtern: in Mekka 1926 und in Jerusalem 1931. Aber sie konnten in dieser Hinsicht nicht zu einem Beschluß gelangen[25].
So wurde einer politisch-religiösen Institution, die fast dreizehn Jahrhunderte gewährt hatte, ein Ende bereitet. Mit der Unabhängigkeit und der fortschreitenden Säkularisierung der islamischen Staaten geriet die Frage des Kalifats in Vergessenheit und ist heute eine rein akademische Frage.

Anmerkungen

[1] Vgl. Ibn Ḫaldūn, „Al-Muqaddima", (Kairo 1957–1960) a. a. O., Bd. II., S. 538–548.
[2] Im Islam gibt es kein Recht des Erstgeborenen.
[3] Vgl. Arnold, Thomas, „The Caliphate", a. a. O., S. 24–25.
[4] Vgl. ebenda, S. 26.
[5] Eine klassische Untersuchung des Kalifats der Omaijaden befindet sich bei Wellhausen, J., „The Arab Kingdom and its Fall", Übersetzung aus dem Deutschen von Margaret Graham Weir, (Calcuta, 1927). Über diese Epoche vgl. auch Cahen, C., „El Islam", a. a. O., S. 44–56.
[6] Die Abbasiden sind Nachkommen des al-ᶜAbbās – woher der Name stammt –, Onkel des Propheten. Zu Anfang verbündeten sie sich mit den Schiiten unter dem Vorwand, die Rechte der Familie des Propheten zu schützen, die für die Schiiten die Nachkommen ᶜAlīs bedeuteten, während die Abbasiden für ihren eigenen Aufstieg zur Macht kämpften. Nach dem Sieg über die Omaijaden wurden die Schiiten ebenfalls verfolgt.
[7] Vgl. Arnold, Thomas, „The Caliphates", a. a. O., S. 56.
[8] Über die diplomatischen Beziehungen zwischen Harūn ar-Rašīd und Karl dem Großen vgl. diese Arbeit, S. 345–346.
[9] Der Ausdruck „Sultan" bedeutet wörtlich Macht, Auṭorität. Praktisch ist er der nicht vom Kalifen verliehene, sondern von den unabhängigen muslimischen Herrschern angenommene, Titel.
[10] Vgl. Al-Ġazzālī, „Iḥyā' ᶜulūm ad-dīn", (Kairo, 1933), Bd. II., S. 124; über die Privilegien des Kalifen: „Butba" und „ṣikka", vgl. Levy, R., „The Social Structure of Islam", a. a. O., S. 292–293; Ibn Ḫaldūn, a. a. O., Bd. II., S. 576ff.
[11] Vgl. Arnold, Thomas, „The Caliphates", a. a. O., S. 77–88.
[12] Vgl. ebenda, S. 89.
[13] Mameluk bedeutet wörtlich Besessener. Die Mamelukken waren türkische und kaukasische Sklaven der Wache der Sultane und Emire Ägyptens. Später ergriffen sie dort die politische Macht, dehnten ihre Herrschaft auf Syrien aus und herrschten von 1250 bis 1517, als sie von den Türken unter Salīm I. geschlagen wurden.
[14] Thomas Arnold erwähnt einige Ausnahmefälle, in denen sie von einigen muslimischen Herrschern anerkannt wurden, aber er zeigt auch auf, daß ihre Lage kritisch und demütigend war. Vgl. „The Caliphates", a. a. O., S. 99–106.
[15] Vgl. Arnold, Thomas, Art. „Khalifa" in „Encyclopedia of Islam", a. a. O., Bd. II., S. 881–885; vom gleichen Autor, „The Caliphates", a. a. O., S. 129–138.
[16] Vgl. Arnold, Thomas, „Caliphates", a. a. O., S. 139–158.
[17] Vgl. Santillana, David, „Law and Society", in „The Legacy of Islam", a. a. O., S. 302.
[18] Vgl. Toynbee, Arnold, „Survey of International Affairs, 1925", (London, 1927), Bd. I., S. 33.
[19] Vgl. Arnold, Thomas, „The Caliphates", a. a. O., S. 170ff.
[20] Seit jener Zeit erschienen ähnliche Klauseln in mehreren Verträgen zwischen der Türkei und den europäischen Mächten. Unter anderem im italienisch-türkischen Vertrag von 1912 und dem türkisch-bulgarischen Vertrag von 1913 wurde dem Kalifen eine gewisse Macht (Jurisdiktion) über die Muslime von Libyen bzw. Bulgarien eingeräumt. Es wurden ihnen auch einige andere Vorrechte zuerkannt, wie die Erwähnung ihres Namens bei der öffentlichen Bitte – der „ḫutba" –, dem Gebet des Freitag. Vgl. hierzu die ausgezeichnete Arbeit von Toynbee in „Survey ...", a. a. O., S. 32–43.
[21] Vgl. Toynbee, Arnold, „Survey ...", a. a. O., S. 40–41.
[22] Über diese Tatsachen vgl. die Arbeit von Sylvia Haim, „The Abolition of the Caliphate and its Aftermath", in „The Caliphate", a. a. O., S. 205ff; sowie Toynbee, A., „Survey ...", a. a. O., S. 32–40.

[23] Über die Auswirkungen der Abschaffung des Kalifats in der islamischen Welt, vgl. ᶜAmāra, Muhammad in seiner Vorstudie zu dem berühmten Buch von ᶜAlī Abd ar-Rāziq, „Al-Islām wa usūl al-ḥukm“, (Beirut, 1972), S. 5ff.; Text der Erklärung des Rektors der „al-Azhar“, in Toynbee, „Survey ...“, a. a. O., S. 576–578.

[24] Vgl. Toynbee, Arnold, „Survey ...“, a. a. O., S. 578–581.

[25] Vgl. Gibb, H., „The Islamic Congress at Jerusalem in December 1931“, in Toynbee, A., „Survey of International Affairs, 1934“, (London, 1959), S. 99–109; desgl. Toynbee, A., „Survey ...“, a. a. O., S. 311–319.

Kapitel VII.
Die Auslegung der Rechtsgelehrten

A. Der Titel eines „Kalifen“

Der Ausdruck Kalif – Halīfa – bedeutet wörtlich Nachfolger und ist praktisch der von den Nachfolgern Mohammeds, den Oberhäuptern des islamischen Staates, angenommene Titel. Der erste, der diesen Titel trug, war Abū Bakr (632–634), der erste Nachfolger des Propheten, der anordnete, zum „Ḥalīfat rasūl Allah“ ernannt zu werden, d. h. zum Nachfolger des Propheten Allahs. Der zweite Kalif, ᶜUmar, nahm außerdem den Titel „Āmir al-mu'minīn“ an – des Oberbefehlshabers oder Fürsten der Gläubigen –, der später zum allgemeinen Brauch wurde. Später, während des Kalifats der Abbasiden-Dynastie, wurde die Bezeichnung des Kalifen als „Ḥalīfat Allah“ gebräuchlich, d. h. der Stellvertreter Gottes selbst und nicht nur seines Propheten. Dadurch wollten die Abbasiden den göttlichen Ursprung ihrer Herrschaft hervorheben, indem sie behaupteten, daß sie ihre Machtvollkommenheit direkt von Gott ableiteten und sein Schatten auf Erden seien[1].

Die Kalifen besaßen einen weiteren Titel: „Imam“, d. h. Führer oder Vorbild[2], der sich auf die Funktion des Kalifen als Vorsteher bei den öffentlichen Gebeten bezog. Diese Aufgabe entspricht in Wirklichkeit nicht ausschließlich dem Kalifen, sondern gehört zu den Pflichten jedes Muslimen. Dem Kalifen wurde sie in bildlichem Sinne übertragen, indem seine Stellung als Führer und Leiter aller Gläubigen mit der des Imam bei den gemeinsamen Gebeten verglichen wurde.

Im allgemeinen konnten die Kalife mit einem der folgenden drei Titel bezeichnet werden: Kalif, Imam oder „Āmir al-mu'minīn“. Alle und jeder einzelne bezeichnete dieselbe Person. Aber der Titel des Kalifen unterstrich seine Beziehung als Nachfolger des Propheten. Der Titel „Āmir al-mu'minīn“ bestätigte die Autorität des Kalifen als Oberbefehlshaber auf militärischem und zivilem Gebiet. Der dritte Titel „Imam“ hob die Tätigkeit des Staatschefs bei der Ausübung bestimmter religiöser Aufgaben hervor[3]. Trotzdem wurde bei den Schiiten nur dieser letzte Titel – Imam – benutzt, um ihre Oberhäupter zu bezeichnen, womit ihr sakrosanter Charakter und ihre übernatürliche Macht hervorgehoben werden sollte[4].

Die Rechtsgelehrten versuchten, den Titel des Kalifen auf den Koran zurückzuführen, wo der Ausdruck in mehreren Suren[5] verwendet wird. Trotzdem befindet sich in diesen Koranversen in keinem Fall ein klarer

Hinweis darauf, daß dieser Ausdruck als Titel des Nachfolgers des Propheten dienen kann. Nichtsdestoweniger wurden diese Verse von den Rechtsgelehrten benutzt, um ihre These zu stützen[6].

B. Rechtsgrundlagen des Kalifats

Nach der orthodoxen Theorie ist das Kalifat ein wesentlicher Bestandteil der „šarīᶜa", und die Ernennung eines Kalifen und der Gehorsam ihm gegenüber sind notwendige religiöse Pflichten für das Bestehen der muslimischen Gemeinschaft[7]. Die Notwendigkeit des Kalifats beruht auf denselben grundlegenden Argumenten der Notwendigkeit des Rechts selbst. Dieses ist notwendig, soweit es eine Begrenzung der Grundfreiheiten des Menschen als Folge seiner Schwäche und seiner boshaften Neigungen darstellt. Sagte Gott nicht, daß „der Mensch der Feind seinesgleichen ist"?[8] Deshalb ist ohne das Recht jede soziale Ordnung oder jedes menschliche Zusammenleben unmöglich. Um dies zu sichern und den Glauben selbst zu schützen, ist die Existenz eines Herrschers erforderlich, der die Menschen überwacht und zügelt und sie nötigenfalls zur Befolgung des Gesetzes zwingt. Al-Ǧāḥiẓ erklärt in seiner „Risālah", daß „Regierungen und Regierende immer notwendig sind", und er begründet die Notwendigkeit von Propheten und ihren Stellvertretern – den Kalifen – mit der Behauptung, die Intelligenz des Menschen reiche nicht aus, um sein Wohlergehen zu gewährleisten[9].

Deshalb hat Gott das Gesetz ergänzt und einen Imam über die Gemeinschaft eingesetzt und ihr die Pflicht auferlegt, diesem zu gehorchen. So ist der Imam das Medium, durch das das Recht aus dem Bereich des Möglichen in die Praxis übertragen wird. In der orthodoxen Theorie ist der Imam nicht die Verkörperung des Rechts, sondern der Vertreter und das Symbol der Herrschaft der „šarīᶜa" über die menschlichen Beziehungen[10].

Während es eine fast allgemeine Übereinstimmung unter den islamischen Schulen des Denkens über diese Notwendigkeit und Zwangsläufigkeit des Kalifats gibt, bestehen jedoch Meinungsverschiedenheiten hinsichtlich der Gründe, die diese Notwendigkeit stützen. Al-Baġdādī steht auf dem Standpunkt, daß das Kalifat an sich eine Einrichtung des verkündeten Rechts darstellt, und obwohl es möglich ist, durch die Vernunft nachzuweisen, daß die Unterordnung zulässig ist, ist ihre Notwendigkeit trotzdem nur auf der Autorität der „šarīᶜa" begründet[11]. Auf derselben Linie befindet sich al-Mawardī (991–1031), die höchste Autorität der sunnitischen Theorie des Kalifats. Er erklärte, daß das Kalifat durch die Offenbarung obligatorisch sei und fügte hinzu, daß es errichtet wurde, um die Prophezeiung bei der Verteidigung des Glaubens und bei der Verwaltung der Welt zu ersetzen. Anschließend fragte sich al-Mawardī, ob das Kalifat durch die Forderung der Vernunft oder durch die „šarīᶜa" entstanden sei und behauptet, durch die letztgenannte[12].

Diese Meinung war, wie Rosenthal aufzeigte, gegen die Mutaziliten – die ersten Muslime, die eine spekulative Theologie schufen – und gegen die „falāsifa" – Philosophen, d. h. die muslimischen Denker gerichtet, die durch die griechische Philosophie beeinflußt waren. Diese Denker behaupteten, daß die Notwendigkeit des Kalifats auf rationalen Grundlagen beruhe, weil die Vernunft beweist, daß sie zur Vervollkommnung des menschlichen Zusammenlebens beiträgt[13].

Später bewirkte das Zusammentreffen des Islam mit der griechischen Philosophie, daß die muslimischen Philosophen den in der „šarīᶜa" eingehüllten politischen Charakter und den Gedanken vollständig entwickelten, daß der Mensch gesellschaftlich leben und sich politisch entwickeln muß, indem er sich in Form des Staates organisiert. Für sie war jedoch der „šarīᶜa"-Staat, d. h. das ideale Kalifat, das von der „šarīᶜa" postuliert und ihr untergeordnet ist, der ideale Staat[14].

Für die Sekte der Schiiten ist die Infragestellung einer verstandesmäßigen Grundlage des „Imamats" unzulässig, und ebensowenig ist seine Notwendigkeit umstritten. Der Imam ist der Mittelpunkt des gesamten Lehrsystems. Der schiitische Imam ist der vollkommene Mensch, außerdem ist er Zwischenglied zwischen Gott und den Menschen. Die Existenz eines Imam ist unerläßlich für die Aufrechterhaltung der Religion. Diese ist, ihnen zufolge, notwendig und allgegenwärtig, obwohl sie zeitweilig abwesend oder verborgen sein kann – wie eine ihrer Gruppen glaubt – oder die Form einer Inkarnation mit der Göttlichkeit annehmen kann, wie die Drusen glauben[15].

Was die Charidschiten angeht, so argumentieren sie, daß es nicht nötig sei, eine höchste Autorität – den Kalifen zu haben, solange die Muslime sich aus eigenem Antrieb an die „šarīᶜa" hielten[16]. Ihnen zufolge gibt es weder im Koran noch in der „sunna" etwas über das Kalifat[17]. Auch deuten sie den Ausdruck „Kalif", der im Koran erwähnt wird, nicht in der gleichen Weise wie die Orthodoxen. Sie selbst sahen sich jedoch später vor die Notwendigkeit gestellt, eine höhere Autorität zu haben, wenn diese auch nicht durch Gott befohlen sei, und sie schritten zur Wahl ihrer eigenen Kalifen.

C. Methoden der Ernennung des Kalifen

Die orthodoxe Verfassungstheorie vertritt den Standpunkt, daß das Kalifat eine Wahlfunktion ist. Al-Mawardī besteht darauf, daß der Kalif von qualifizierten Wahlmännern, sogenannten „ahl al-ᶜaqd wa-l-hall", d. h. jenen, die die Macht haben zu verbinden und zu lösen, gewählt werden muß[18]. Die Wahl muß durch einen „baiᶜa"[19] – Amtseinsetzung mit Treuegelöbnis – durch diese Wahlmänner erfolgen, gefolgt von einem öffentlichen „baiᶜa",

Ausdruck des „iǧmāᶜ" der Gemeinschaft. Wenn erst der Kalif durch den „baiᶜa" gewählt und eingesetzt ist, wird von beiden Seiten ein Vertrag darüber abgeschlossen, daß er sich verpflichtet, seine Aufgaben entsprechend der „šarīᶜa" und der „'umma" zu erfüllen, und daß sie Gehorsam geloben.

Die Rechtsgelehrten sind sich über die Zahl der Wahlmänner nicht einig, die erforderlich ist, damit eine Wahl gültig ist. Tatsächlich ist das auf das eigentliche Wesen des islamischen Verfassungsgesetzes zurückzuführen, das sich vollständig auf die geübte Praxis der ersten vier Kalifen stützt. Wie wir gesehen haben, wurde die Wahl jedes einzelnen von ihnen auf unterschiedliche Weise vorgenommen, was zu einer Vielzahl von diesbezüglichen Gesichtspunkten führte. So schwankten die Meinungen der Rechtsgelehrten zwischen jenen, die einem Vertrag Gültigkeit beimessen, der auf einen einzigen Wahlmann zurückgeführt wurde bis zu jenen, die die Notwendigkeit der Teilnahme aller qualifizierten Wahlmänner jedes islamischen Landes verkünden[20].

Wie wir feststellten, wurde der auf der Wahl beruhende Charakter des Kalifats von Muᶜāwīya an zu einer rein theoretischen Angelegenheit reduziert, als das Kalifat sich in ein erbliches Amt verwandelte. Seither war die Nachfolge gesichert, und die Ernennung wurde zu einem Führungsprinzip des öffentlichen Rechts des Islam. Selbst al-Mawardī mußte die Rechtmäßigkeit der Methode der erblichen Ernennung anerkennen, obwohl sie ihren Wahlcharakter zu erhalten versucht, indem sie einige Sicherheitsvorkehrungen trifft, die aber rein theoretisch sind und nur dazu dienen, die Erbfolge mit einem Mantel der Rechtmäßigkeit zu verhüllen[21]. Später, mit der Entartung des Kalifats, gelangten die Rechtsgelehrten, wie al-Ġazzālī, gestorben 1105, dazu, die Rechtmäßigkeit der Ernennung des Kalifen durch den Sultan anzuerkennen, der die tatsächliche Macht besitzt und der faktische Herrscher ist[22]. In Wirklichkeit tat al-Ġazzālī nichts anderes, als eine in jener Epoche vorherrschende Praxis anzuerkennen.

Die Schiiten lehnen das Wahlprinzip für den Imam grundsätzlich ab und stehen auf dem Standpunkt, daß ᶜAlī von Gott selbst durch den Propheten zum Imam bestimmt wurde. Demzufolge wird für sie jeder Imam durch seinen Vorgänger direkt bestimmt.

Für die Charidschiten konnte das Kalifat nur ein Wahlamt sein. Es ist sogar bekannt, daß sie eine Art bedingter Wahl ausübten und sich das Recht ihrer „baiᶜa" vorbehielten, wenn ein qualifizierterer Kandidat als der erste gefunden wurde[23].

D. Einheit oder Spaltung des Kalifats

Die unterschiedlichen Haltungen der muslimischen Rechtsgelehrten bezüglich der Rechtmäßigkeit der gleichzeitigen Existenz mehrerer Kalifen beweist einmal mehr, wie weit sie sich durch die politische Wirklichkeit ihrer Zeit beeinflussen ließen.

Grundsätzlich ging die orthodoxe Theorie davon aus, daß die Führung der „'umma" nur von einem Kalifen während der Zeit seiner Herrschaft ausgeübt werden konnte[24]. Dieser Grundsatz schien eine logische Ableitung von der Einheit des göttlichen Gesetzes zu sein, das die Einheit ihres Werkzeugs, des Kalifen, erforderte, der mit der Aufrechterhaltung und Verteidigung der „šarīᶜa" beauftragt war. Außerdem konnte die Einheit der „'umma" des Islam nicht gesichert werden, wenn die Autorität der Herrschaft durch mehr als einen ausgeübt würde. Die gleichzeitige Existenz von mehr als einem Kalifen würde zur Zwietracht und zum Zerfall führen, so wie Allah sagte: „Gäbe es in Himmel und Erde Götter außer Allah, so würden beide verderben."[25]

Geschichtlich betrachtet wurde die Einheit des Kalifats beinahe drei Jahrhunderte lang aufrechterhalten (632–909), obwohl sich seit frühen Zeiten verschiedene Provinzen unter der Herrschaft einiger unabhängiger Dynastien vom politischen Kern des Reiches trennten, ohne daß ihre Herrscher jedoch den Titel eines Kalifen annahmen[26]. Zu Beginn des 10. Jahrhunderts wurden mit dem Niedergang des Kalifats zwei neue Kalifate neben dem von Bagdad errichtet[27]. Was war nun die Haltung der Rechtsgelehrten angesichts dieser Lage? Al-Mawardī besteht auf der Unrechtmäßigkeit der gleichzeitigen Existenz von zwei Kalifaten, wobei er nur das abbasidische Kalifat von Bagdad anerkennt[28]. Es ist klar, daß diese Haltung von al-Mawardī, wie Professor Gibb bemerkt, wahrscheinlich die Ablehnung Bagdads durch die Abbasiden und ihre Anhänger widerspiegelt, die Anmaßungen ihrer gefährlichen schiitischen Rivalen, der Fatimiden, zuzulassen, wobei gleichzeitig die Omaijaden von al-Andalus ausgeschlossen werden[29].

Die Meinung des al-Mawardī steht im Gegensatz zu der des al-Baġdādī, der, obgleich er die Spaltung des Kalifats nicht billigt, diese trotzdem unter der Bedingung gelten läßt, daß sich die Kalifen in durch das Meer getrennte Regionen etablieren, was den Sieg einer Partei über die andere unmöglich macht[30]. Ibn Ḫaldūn ist der gleichen Meinung und beharrt auch darauf, daß sich die Kalifen weder in demselben Land noch in benachbarten Ländern befinden dürfen, und daß sie sich in ausreichender Entfernung voneinander befinden müssen, um jeden Konflikt zwischen ihnen zu vermeiden[31]. In Wirklichkeit taten die Rechtsgelehrten in diesem Sinne nichts weiter, als die vollendeten Tatsachen anzuerkennen, wobei sie nur versuchten, dafür eine gesetzliche Rechtfertigung zu finden.

Was die anderen Sekten angeht, so lassen die Schiiten nicht die Existenz von mehr als einem Imam zur gleichen Zeit zu, während die Charidschiten sie tolerieren[32].

E. Erforderliche Eigenschaften der Person des Kalifen

Nach der orthodoxen Theorie muß der Kalif mit den physischen und moralischen Qualitäten ausgestattet sein, die erforderlich sind, um sein Amt auszuüben. Die Rechtsgelehrten fordern beim Kalifen, damit er wirkungsvoll herrschen und den Glauben verteidigen kann, eine Reihe von Eigenschaften, die den Aufgaben entsprechen, die ihm zufallen. Wir können sie so zusammenfassen: körperlich und geistig in ausgezeichnetem Zustand zu sein; Sinn für Gerechtigkeit zu besitzen; ein zuverlässiges Urteil zu haben; die traditionellen islamischen Wissenschaften zu kennen in dem Sinne, die Fähigkeit zu besitzen, um den „īǧtihād" auszuüben; Mut und Energie zu besitzen, um das Territorium des Islam zu verteidigen und den „Heiligen Krieg" zu führen; und schließlich männlich, volljährig und der Herkunft nach Angehöriger des Stammes des Propheten, der Quraischiten zu sein[33].

Der größte Teil der orthodoxen Rechtsgelehrten ist sich über diese erforderlichen Eigenschaften in ihren allgemeinen Zügen einig, obwohl man zuweilen auch teilweise Veränderungen findet, um der politischen Lage der Zeit gerecht zu werden[34].

In diesem Sinne ist es offensichtlich, daß die Theoretiker einem System gegenüberstanden, in dem alle politische Macht in der Person des Kalifen konzentriert war. Das Ausmaß dieser Gewalt brachte die Notwendigkeit mit sich, eine für deren Ausübung in idealer Weise geeignete und befähigte Person zu beschreiben. In der Praxis gab es jedoch nur wenige Kalifen, die diese gewünschten Eigenschaften auf sich vereinigten.

Was die Schiiten angeht, so ist es klar, daß sie diese Frage überhaupt nicht stellten, da der Imam das Amt nach dem Erbrecht und der göttlichen Bestimmung erhält. Aus demselben Grund lassen die Schiiten das „Imamat" von Kindern zu.

Demgegenüber bestehen die Charidschiten auf der Frömmigkeit und Bescheidenheit als notwendige Eigenschaften für den Kalifen[35], und eine Gruppe von ihnen läßt das Kalifat der Frau zu[36].

Die Frage, welche zwischen den drei islamischen Sekten die meisten Diskussionen und Meinungsverschiedenheiten auslöste, war die Zugehörigkeit des Kalifen zum Stamm der Quraischiten. Die Orthodoxen beharren auf dieser These ohne Diskussion und berufen sich zu ihrer Stützung auf einen „ḥadīṯ" des Propheten, der besagt: Das Kalifat gehört den Quraischiten[37]. Wie wir bereits feststellten, beschränken die Schiiten dieses Recht auf das Haus ᶜAlī's, während die Charidschiten, in Übereinstimmung mit ihren demokratischen Grundsätzen, dieses Prinzip energisch ablehnen.

Die einzigen Eigenschaften, die für den charidschitischen Kalifen verlangt werden, sind seine persönlichen Tugenden und Verdienste, ob er Araber ist oder nicht, Freier oder Sohn eines Sklaven. Tatsächlich hat keiner ihrer Kalifen dem Stamm Quraischite angehört[38].
Die Fakten unterschieden sich indessen sehr von der Theorie. Nach der Zerstörung des abbasidischen Kalifats von Bagdad wurde der Titel des Kalifen von zahlreichen unabhängigen Herrschern persischer oder türkischer Herkunft angenommen. Die Tradition, die die quraischitische Herkunft als wesentliche Voraussetzung für die Zulassung zum Kalifat festlegte, blieb reine Theorie. Wie der Historiker Arnold Toynbee feststellt, war – abgesehen von den ersten vier Kalifen – der friedliche Zugang zum Kalifat selten und außergewöhnlich infolge der persönlichen Verdienste und weniger wegen der Zugehörigkeit zur Familie der Quraischiten[39].

F. Aufgaben und Vollmachten des Kalifen

Nach der klassischen Theorie sind alle Vollmachten beim Kalifen konzentriert, mit der einzigen Einschränkung seiner Unterordnung unter das göttliche Gesetz. Theoretisch ist der Kalif der Vertreter der „šarīᶜa" mit dem Auftrag, sie durchzusetzen und zu verteidigen, aber ohne irgendeine Macht, sie zu ändern oder abzuwandeln. In diesem Sinne können wir, wenn wir sie mit den modernen konstitutionellen Systemen vergleichen, sagen, daß der Kalif die exekutive und gerichtliche Gewalt, nicht aber die legislative innehat. Die Theorie verleiht dem Kalifen jedoch umfassende Vollmachten, um über die Fragen zu entscheiden, die durch den Koran oder die „sunna" nicht vorgesehen sind. In diesen Fällen ist nur der Kalif mit der Autorität ausgestattet, um allein nach seinem Gutdünken – obwohl die Rechtsgelehrten ihm die Pflicht auferlegten, mit den „ᶜulamā'" zu beraten – in Übereinstimmung mit der „šarīᶜa" Fragen zu entscheiden und Gesetze zu erlassen.
Nach dem Vorbild des Propheten kann der Kalif einige seiner Aufgaben auf andere Personen delegieren, aber keine Machtbefugnis ist ohne seine Autorisierung oder Delegierung gültig. So wird die Autorität der Richter und aller Regierungsbeamten direkt vom Kalifen abgeleitet, und ihre Handlungen sind ungültig und nichtig ohne eine solche Delegierung oder Autorisierung.
Die klassische orthodoxe Theorie, wie sie von al-Mawardī dargelegt wird, schreibt dem Kalifen Aufgaben religiöser, gerichtlicher, administrativer, finanzieller und militärischer Art zu, die zusammengefaßt werden können in der Verteidigung der Religion und ihrer Gewährleistung, der Verteidigung des Territoriums des Islam, der Aufrechterhaltung der öffentlichen Ordnung, der Entscheidung von Rechtsstreitigkeiten, der Erklärung des „Heiligen Krieges" gegen die Ungläubigen, die Erhebung und Organisie-

rung der Steuern, die Ernennung fähiger Beamter, die Zahlung der Gehälter und schließlich der persönlichen Betreuung und Überwachung der Regierungsgeschäfte[40]. Außerdem ist der Kalif, wie wir weiter unten sehen werden, die oberste Autorität, die über Krieg und Frieden sowie über Angelegenheiten von Verträgen entscheidet, stets das letzte Wort und das Recht hat, gegen jeden Vertrag sein Veto einzulegen, den er für die Interessen des Islam als schädlich ansieht[41].
Wie Rosenthal sagt, sind alle diese Pflichten und Aufgaben des Kalifen einander ergänzend und stammen aus der göttlichen Einsetzung des Kalifen in sein Amt. Sie zeigen mit aller Deutlichkeit die Einheit von Religion und Politik, des Vergänglichen und des Geistlichen oder der religiösen und weltlichen Aspekte eines auf Gott konzentrierten und von Ihm gelenkten Lebens[42]. Keine dieser Aufgaben verleiht dem Kalifen jedoch priesterlichen oder heiligen Charakter und demzufolge keine geistliche Macht, wie sie der Papst besitzt[43].
Während der Epoche des Verfalls des Kalifats, als die Kalifen von Bagdad und Kairo keinerlei Ansehen mehr genossen, erhielten die Rechtsgelehrten noch immer die These aufrecht, daß der Kalif die einzige Quelle der Macht sei, und daß die Regierungen – de facto unabhängig – legal seien, solange sie seine Autorität anerkannten. Um den Schein zu wahren und aus verschiedenen politischen und religiösen Gründen wurde eine Fiktion der – teilweisen oder vollständigen – Delegierung der Befugnisse seitens der Kalifen an die Emire und Sultane aufrechterhalten, die die tatsächlichen Inhaber der Macht waren.

G. Gehorsam und Widerstand gegenüber dem Kalifen

Die politische Theorie des Islam, so wie sie von den Rechtsgelehrten ausgearbeitet wurde, besagt, daß alle Macht und Autorität göttlichen Ursprungs ist, da alle Macht Gott gehört und er sie denen verleiht, die er liebt.
Der Kalif ist der Nachfolger des Propheten und der Stellvertreter Gottes auf Erden, und als solchem schulden ihm die Untertanen Gehorsam. Dieser Gehorsam wird mit dem Gehorsam gegenüber der „šarī^{c}a“ und folglich gegenüber Gott selbst identifiziert.
Als die Rechtsgelehrten den Muslimen die Pflicht des Gehorsams gegenüber dem Kalifen auferlegten, beriefen sie sich auf den Koran, der den Gehorsam gegenüber dem Propheten und denjenigen fordert, die die Gewalt ausüben[44]. Es wurden auch mehrere „ḥadīṯe“ angeführt, die einen vollständigen und absoluten Gehorsam gegenüber den Herrschenden aufzuerlegen schienen, seien diese nun gut oder böse. Die einzige Genugtuung, die die Gläubigen erhalten, war das Versprechen, daß die bösen Herrscher von Gott bestraft werden würden[45]. Ein „ḥadīṯ“ des Propheten lautet:

„Wer mir gehorcht, gehorcht Gott; und wer dem Herrscher gehorcht, gehorcht mir; und wer gegen den Herrscher rebelliert, rebelliert gegen mich."

Ein anderer „ḥadīṯ" besagt:

„Gehorcht Gott, auch wenn er über euch einen schwarzen Krüppel stellt."[46]

Tatsächlich taten die Rechtsgelehrten nichts anderes, als auf diese Verse und „ḥadīṯe" zu verweisen, die jedoch eines klaren vorausgesetzten Sinnes der Autorität als rechtmäßige Autorität entbehrten, und sie plädierten für die Pflicht des bedingungslosen Gehorsams gegenüber den Herrschern. So behauptet z. B. Abū Yūssuf, daß der Kalif mit der Macht, die Gott ihm verliehen hat, gerecht herrschen muß. Er macht aber darauf aufmerksam, daß der Gehorsam ihm gegenüber ein Gebot für die Muslime ist, auch wenn er sich im Irrtum befindet[47]. Al-Aš^{c}arī – vielleicht unter Berücksichtigung der Charidschiten – klagte den Irrtum jener an, die das Recht des Widerstandes gegen die Kalifen beanspruchten, selbst wenn diese sich von der Gerechtigkeit entfernt hätten[48]. Al-Mawardī lehnt nicht ausdrücklich das Recht der Untertanen ab, einem Imam wegen gewisser Gründe, die er aufzählt, den Gehorsam zu verweigern, wenn er auch nicht ausdrücklich erklärt, worin ein solcher Ungehorsam oder die Art besteht, gegebenenfalls einen Kalifen legal abzusetzen[49].

Im Prinzip ließen die orthodoxen Rechtsgelehrten den Grundsatz des „Ungehorsams in der Sünde" zu. Trotzdem plädierten sie nicht für die offene Revolution in irgendeinem Fall wegen ihrer offenkundigen Furcht vor der Anarchie und dem Bürgerkrieg. Traditionell wurde dies ausgedrückt, indem gesagt wurde, „in jedem Fall ist das geringere von den zwei Übeln zu wählen: der Bürgerkrieg oder das Ertragen eines ungerechten Kalifen"[50].

Der grundlegende Mangel hier und in jeder orthodoxen Verfassungstheorie besteht offenkundig im Fehlen zuständiger Verfassungsorgane und einer solchen unabhängigen Gewalt, die gewährleistet, daß der gewählte Kalif geeignet ist, und die gegebenenfalls zu entscheiden hat, ob der Kalif die „šarī^{c}a" nicht befolgt hat und demzufolge abgesetzt werden muß. Die Folge davon war, wie Professor Gibb zutreffend aufzeigte, daß die Theoretiker sich gegenüber der politischen Gewalt absolut zurückhielten und soweit gingen, einen totalen Gehorsam ihr gegenüber zu fordern, wodurch der Vertrag jeden Inhalts beraubt wurde[51]. Diese Haltung widerspiegelte sich in manchen von einigen Rechtsgelehrten verkündeten und verbreiteten Grundsätzen wie: „Die Diktatur ist der Anarchie vorzuziehen"; „Sechzig Jahre Tyrannei sind besser als eine Stunde Bürgerkrieg"[52].

Das so angelegte Kalifat wurde praktisch zu einer Gewaltherrschaft, die unbegrenzte Gewalt in die Hände der Herrscher legte und von den Untertanen Gehorsam verlangte[53]. Es wurde aufgezeigt, daß dieser autokratische Charakter des islamischen Kalifats dem Einfluß der alten politischen

Tradition Persiens geschuldet war, der unter den Abbasiden wiedererstand und das göttliche Recht der Könige in seiner absoluten Form verkündete[54]. Gibb nimmt an, daß die Unfähigkeit der muslimischen Rechtsgelehrten, eine Lehre der zivilen und politischen Rechte auf der Grundlage des „Gehorsams in der Sünde“ aufzubauen, nicht so sehr auf das persische Erbe, als vielmehr auf die extremen Ausschreitungen der Charidschiten in ihren andauernden Revolutionen zurückzuführen ist[55].
Tatsächlich waren die Charidschiten in der Frage des Kalifats sowie in ihrer praktischen Haltung mit ihren demokratischen Grundsätzen revolutionärer und konsequenter. Sie waren der Ansicht, daß der Kalif nicht nur vor Gott, sondern auch vor dem Volk verantwortlich sei. Wenn der Kalif seine Pflichten nicht erfüllt, hat das Volk das Recht, ihn auf jeden Fall, friedlich oder gewaltsam, abzusetzen[56]. Sie führen ihre Lehre sogar bis zur letzten Konsequenz, indem sie es als religiöse Pflicht erklären, die lokalen Herrscher abzusetzen, die nicht die „šarīʿa“ anwenden, und zwar zunächst durch Vorschlag an den Kalifen und später durch direkten Eingriff, falls der Kalif ihren Forderungen nicht entspricht[57].
Was die Schiiten betrifft, so kann es unter ihnen kein Recht des Widerstandes geben, da der Imam unfehlbar ist, nicht sündigen kann und unfähig ist, Irrtümer zu begehen[58].

Anmerkungen

[1] Der berühmte Rechtsgelehrte Abū Yūssuf (731–798), Großrichter von Bagdad, wandte sich an den Kalifen Hārūn ar-Rašīd mit diesen Worten: „Wahrhaftig, Gott in seiner Gnade, Milde und Langmut hat jene eingesetzt, die die Macht als Seine Stellvertreter ausüben über seine Erde." Vgl. „Kitāb al-ḫarāǧ", (Kairo, 1346 d. H.), S. 6. Trotzdem erachteten sowohl al-Mawardī als auch Ibn-Ḫaldūn die Bezeichnung „Nachfolger Gottes" für den Kalifen als gesetzwidrig und gottlos. Al-Mawardī weist darauf hin, daß Abū Bakr erklärt hatte, er sei nur Nachfolger des Propheten Gottes und nicht Nachfolger Gottes selbst. Vgl. Al-Mawardī, „Al-aḥkām as-sulṭānīya", (Kairo, 1966), 2. Ed., S. 15; Ibn Ḫaldūn, „Al-Muquaddima", a. a. O., Bd. II, S. 519.

[2] Der Ausdruck Imam wurde im Koran in diesem Zusammenhang verwandt, vgl. Koran XXI, 73; XXV, 74; XVII, 73.

[3] Vgl. Arnold, Thomas, „The Caliphates", a. a. O., S. 35–40.

[4] Die Schiiten behaupten, daß die beiden Titel – Imam und Kalif – insofern verschieden sind, als der Kalif Stellvertreter des Propheten in zeitlicher Hinsicht ist, während der Imam das zeitweilige geistliche Oberhaupt der Muslime ist. Die orthodoxen Sunniten behaupten dagegen, daß beide Titel Synonyme sind. Wir benutzen diese beiden Ausdrücke ohne Unterschied. Vgl. Ali Amir, „The Spirit of Islam". (London, 1955), S. 122–123; Toynbee, A., „Survey ...", a. a. O., S. 28–29.

[5] Vgl. Koran, VI, 165; XXIV, 55; VII, 74; II, 30.

[6] Vgl. Gibb, H., „Constitutional Organisation", in „Law in the Middle East", a. a. O., S. 5.

[7] Vgl. Al-Mawardī, „Al-aḥkām ...", a. a. O., S. 5.

[8] Vgl. Koran, XV, 121.

[9] Vgl. Al-Ǧāḥiẓ, „Rasà'il", (Kairo, 1933), S. 249–257.

[10] Vgl. Gibb, H., „Constitutional Organisation", in „Law in the Middle East", a. a. O., S. 4–5.

[11] Vgl. Al-Baġdādī, „'Usūl ad-dīn", (Istanbul, 1928), S. 270–275; über die Schule des al-Aš^carī, vgl. Cruz Hernandez, M., „La Filosofía Arabe", a. a. O., S. 26–30.

[12] Vgl. Al-Mawardī, „Al-aḥkām ...", a. a. O., S. 3.

[13] Vgl. Rosenthal, E., „El Pensamiento Político en el Islam Medieval", a. a. O., S. 46. Über die „Mutaziliten"-Philosophie vgl. Cruz Hernandez, M., „La Filosofía Arabe", a. a. O., S. 19–23.

[14] Vgl. Rosenthal, E., „El Pensamiento político ...", a. a. O., S. 130–132.

[15] Vgl. Fryzee, A., „Shi'i Legal Theories", in „Law in the Middle East", a. a. O., S. 122.

[16] Vgl. Ibn-Ḫaldūn, „Al-Ibar", 8 Bde. (Kairo, 1248 d. H.), Bd. I., S. 160.

[17] Vgl. An Nu^cmān, Abū Ḥanīfa, da^cā'im al-islām", (Kairo, 1951), Bd. I., S. 49.

[18] Theoretisch müssen die qualifizierten Wahlmänner bestimmte Bedingungen erfüllen, aber in der Praxis wurden sie mit den „^culamā" jeder Generation identifiziert, vgl. Al-Mawardī, „Al-aḥkām ...", a. a. O., S. 6–7.

[19] Wörtlich ist der „bai^ca" der Abschluß eines Kauf-Verkauf-Vertrages, symbolisiert mit einem Handschlag. Praktisch bedeutet er den Eid des Gehorsams gegenüber dem gewählten Kalifen. Vgl. Huart, Cl., Art. „Bai^ca", in „Encyclopedia ...", a. a. O., Bd. I, S. 588.

[20] Vgl. Al-Mawardī, „Al-aḥkām ...", a. a. O., S. 6–7.

[21] Vgl. ebenda, S. 10–15.

[22] Vgl. Al-Ġazzālī, „Iḥyā'", a. a. O., Bd. II., S. 124.

[23] Vgl. Salim, „Political Theory ...", a. a. O., S. 53.

[24] Vgl. Al-Mawardī, Al-aḥkām ...", a. a. O., S. 9.
[25] Vgl. Koran, XXI, 22.
[26] Die Omaijaden in Spanien seit 756 und die Agklabiden im Norden Afrikas vom Jahre 800 an u. a.
[27] Vgl. diese Arbeit, S. 98.
[28] Vgl. Al-Mawardī, „Al-aḥkām ...", a. a. O., S. 9.
[29] Vgl. Gibb, H., „Al-Mawardī's Theory of the Khilafah", in „Islamic Culture", Bd. XI. (Juli 1937), S. 291–302.
[30] Vgl. Al-Baġdādī, „Usūl al-Din", a. a. O., S. 274–275; vom gleichen Autor „Kitāb al-Farq Bayna al-Firaq", (Kairo, 1948), S. 24.
[31] Vgl. Ibn-Ḫaldūn, „Al-Muqaddima", a. a. O., Bd. II., S. 518.
[32] Vgl. Sahrastani, M., „Milal", a. a. O., S. 174.
[33] Vgl. Al-Mawardī, „Al-aḥkām ...", a. a. O., S. 15–16.
[34] Vgl. Rosenthal, E., „El Pensamiento Político ...", a. a. O., S. 56.
[35] Vgl. Ibn al Ǧauzī, „Talbīs Iblīs", (Kairo, 1340 d. H.), S. 102.
[36] Die „Šaibanīyya" – eine Gruppe der Charidschiten – Anhänger des Sāhib Ibn Yazīd – gestatteten einer Frau das Kalifat. Tatsächlich übernahm die Mutter des Sāhib den Titel des Imam nach dem Tode ihres Sohnes.
[37] Vgl. Muslim, „Sāhib", 18 Bde. (Kairo, 1929–1930) Bd. 12, S. 200–240; Ibn Ḫaldūn, ebendort, S. 523–527.
[38] Vgl. Salem, A., „Political Theory ...", a. a. O., S. 56.
[39] Vgl. Tonybee, A., „Survey ...", a. a. O., S. 52.
[40] Vgl. Al-Mawardī, „Al-aḥkām ...", a. a. O., S. 15–16; Rosenthal, E., „El Pensamiento Político ...", a. a. O., S. 52- -53.
[41] Vgl. Rosenthal, E., „El Pensamiento ...", a. a. O., S. 53.
[42] Zum Vergleich des islamischen Rechts mit dem kanonischen Recht, vgl. David, René, „Los Grandes Sistemas Jurídicos Contemporáneos", a. a. O., S. 362–363.
[43] Vgl. Koran, IV, 62.
[44] Vgl. Arnold, Thomas, „The Caliphate", a. a. O., S. 47–50.
[45] Vgl. Al-Buḫārī, „Kitāb al-Ǧami[c] as-Sahīh", 4 Bde. (Leiden, 1862–1908), Bd. 4., S. 384–385.
[46] Vgl. Abū Yūssuf, „Kitāb al-harāǧ", a. a. O., S. 9–10.
[47] Vgl. Al Aš[c]arī, „Kitāb al-Ibăna", a. a. O., S. 9.
[48] Nach Al-Mawardī wird das Recht auf das Kalifat aus drei Gründen verloren: der Verlust der Rechtschaffenheit wegen schlechten Verhaltens oder Ketzerei; geistige oder körperliche Störungen, die die Ausführung des Amtes unmöglich machen; Einkerkerung oder Verlust der Freiheit. Vgl. Al-Mawardī, „al-aḥkām ...", a. a. O., S. 17–20.
[49] Es fehlten jedoch nicht einige Rechtsgelehrte, die den Widerstand und den Tyrannenmord verteidigten, wie Ibn Sīnā – Avicenna –, der sagte, „der Tyrannenmord ist Allah sehr wohlgefällig, der den Tyrannenmörder Ihm nahebringt", vgl. Rosenthal, E., „El Pensamiento Político ...", a. a. O., S. 167.
[50] Vgl. die Erklärung des Rektors der Al-Azhar-Universität über die Frage des Kalifats, in Toynbee, A., „Survey ...", a. a. O., S. 576–578.
[51] Vgl. Gibb, H., „Constitutional Organisation" in „Law in the Middle East", a. a. O., S. 16.
[52] Vgl. Al-Aš[c]arī, „Ibāna", a. a. O., S. 9; Ibn Ǧama'a, „Tahrīr al-aḥkām fī Tadbīr ahl al-Islām", in „Islamica", Bd. VII (1943), S. 354 ff.
[53] Vgl. Abd ar-Rāziq, [c]Alī, „Al-Islām wa Usūl al hukm", a. a. O., S. 128–129.
[54] Vgl. Arnold, Thomas, „The Caliphate", a. a. O., S. 47–48.
[55] Vgl. Gibb, H., „Constitutional Organisation", in „Law in the Middle East", a. a. O., S. 14–15.

[56] Vgl. Al-Mubarrid, „Al-Kāmil“, (Kairo, 1325 d. H.), Bd. 3, S. 228.
[57] Vgl. Salem, Adib, „Political Theory ...“, a. a. O., S. 60 ff.
[58] Vgl. Fyzee, A., „Shi'i Legal Theories“, in „Law in the Middle East“, a. a. O., S. 122.

Kapitel VIII.
Der Islam und das Völkerrecht

A. Einleitung

Das Völkerrecht als Produkt der Kultur hat schon immer bestanden, allerdings entsprechend dem Entwicklungsstand der betreffenden Zivilisationen, die es hervorbrachten, in unterschiedlicher historischer Verkleidung. Paul Vinogradoff behauptet, man könne von ebenso vielen Arten von internationalen Gesellschaften und folglich des Völkerrechts sprechen, wie es Kulturkreise oder Bereiche der Zivilisation gibt, in denen entweder das eine oder andere entstanden wäre[1]. In diesem Sinne kann man von einer Gesamtheit von Normen und Gebräuchen internationalen Charakters sprechen, die im Schoße der Zivilisationen, sowohl des Altertums als auch des Mittelalters, entstanden sind, um ihre Beziehungen mit der äußeren Welt im Krieg und im Frieden zu regeln. Deshalb bestreitet Professor Truyol den Gedanken, daß das Völkerrecht eine moderne Schöpfung sei, die mit dem modernen System von Staaten entstanden ist und behauptet, daß in Wirklichkeit das, was mit ihnen entstanden ist, nur eine seiner historischen Formen wäre, und zwar die spezifisch moderne Form[2].

Das Völkerrecht als Recht zwischen souveränen und gleichen Staaten, gegründet auf der gemeinsamen Übereinstimmung dieser Staaten,[3] war jedoch bei den Völkern des Altertums aufgrund deren politischer und religiöser Ausschließlichkeit nicht bekannt. Das Völkerrecht des Altertums war im Gegensatz zum modernen Völkerrecht nicht von universellem, sondern eher von nationalem Charakter und von einer auf den kulturellen und geographischen Bereich begrenzten Gültigkeit.

Bei den Griechen entwickelten sich einige „interhellenistische" Gebräuche und Regeln, die ausschließlich auf die Beziehungen ihrer Stadtstaaten angewandt wurden. Ihre Beziehungen zu den anderen Völkern konnten sich nicht auf den Grundsatz der Gleichheit stützen, da diese Völker als Barbaren und Minderwertige angesehen wurden.

Bei den Römern machte sich ein gewisser Fortschritt auf dem Gebiet des Völkerrechts bemerkbar, aber gleichzeitig wurden ihre Beziehungen zu den anderen Völkern unter dem Gesichtspunkt grundsätzlicher Ungleichheit konzipiert, die nicht wie bei den Griechen gegenüber den Barbaren auf einem Gefühl der ethnisch-sprachlichen Unterschiedlichkeit und der kulturellen Überlegenheit beruhte, sondern in einer ausgesprochen juristischen Herabsetzung bestand[4].

Der Islam hat ebenfalls sein eigenes System internationaler Regeln und Institutionen geschaffen, um seine Beziehungen mit der Außenwelt zu ordnen. Im Unterschied zu den obengenannten Systemen hatte das Völkerrecht des Islam, das gleichfalls eine religiöse Grundlage besaß, nicht einen nationalen Charakter, was den Bereich seiner Anwendung anging, sondern es war im wesentlichen universell. Das war eine Frage der Universalität der islamischen Religion, von welcher das Recht einen untrennbaren Bestandteil bildet. Der Islam verkündete die Einheit des gesamten Menschengeschlechts, ohne irgendeine rassische oder kulturelle Diskriminierung zu begründen. Die einzige Linie, die die Menschen trennt, wird zwischen jenen gezogen, die den wahren Glauben annehmen und denjenigen, die im Unglauben verharren. Das einzige für die Muslime gültige Recht, sowohl im Inneren als auch nach außen, ist das islamische Recht, das auf der Überlegenheit und dem zwingenden Charakter seines göttlichen Ursprungs beruht. Es ist ein Recht der im wesentlichen einseitigen Anwendung wie jedes andere religiöse Gebot, das nicht von der Gegenseitigkeit oder der Zustimmung der anderen Seite abhängt.

Zahlreiche Handbücher des Völkerrechts pflegen mit einer Untersuchung der griechischen und römischen Institutionen zu beginnen, wobei sie kurz das europäische Mittelalter erwähnen. Sie unterlassen aber nahezu völlig die Behandlung der übrigen internationalen Systeme, die anderen Kulturen wie der islamischen eigen sind, und deren möglichen Beitrag zur Entwicklung jenes Rechts. Gegenwärtig wird jedoch die Notwendigkeit immer spürbarer, einen Überblick der Geschichte des Völkerrechts in seiner Gesamtheit mit dem Ziel zu geben, das moderne europäische Völkerrecht unter einem weltweiten Blickwinkel zu betrachten. Wie Professor Truyol schrieb, ist es notwendig, sich auf eine kopernikanische Betrachtungsweise zu erheben, die vor uns das breite und bunte Panorama anderer Kulturen entfaltet, die die Institutionen und Regeln auf ihre Weise geschaffen haben, die von unseren Ansichten nicht immer so weit entfernt sind, wie man glauben könnte[5].

Tatsächlich bestanden während des gesamten Mittelalters zwischen der islamischen Welt und der westlichen Christenheit ausgedehnte internationale Beziehungen, friedliche wie gewalttätige, deren Bedeutung nicht geringgeschätzt werden sollte. Wie Professor Poch aufzeigte, waren diese äußerst häufigen und andauernden christlich-muslimischen Beziehungen von einer anderen Art von Völkerrecht beherrscht, als das „Gentium Christianorum“, das sich durch die Kraft der Tatsachen insbesondere in Spanien und Italien seit dem 8. Jahrhundert sowie in Europa insgesamt nach den Kreuzzügen Bahn gebrochen hatte[6]. Dieses Recht war dadurch gekennzeichnet, daß es als Folge der darin vorherrschenden formaljuristischen Züge und der rein rationalen Grundsätze positiver und wirksamer war[7].
Diese ausgedehnten Beziehungen mit der gegenseitigen Beeinflussung zwischen zwei Welten von unterschiedlichem religiösem Glauben, ausgestattet

mit eigenem Völkerrecht, beide in verschiedenen Entwicklungsphasen, brachten einen Zusammenprall der Weltanschauungen selbst über das Völkerrecht mit sich[8]. Als Frucht dieser Kontakte, wie auch durch mehrere Autoren aufgezeigt wurde, beeinflußte das islamische Recht durchaus das europäische Kriegsrecht und die Normen, die den internationalen Handel beherrschen[9]. In Spanien bildete sich infolge der muslimischen Eroberung und des Prozesses der Rückgewinnung, wie Miaja de la Muela sagt, eine kleine islamisch-christliche spanische Welt mit intensiven friedlichen und kriegerischen Beziehungen heraus, die von Regeln beherrscht waren, die gewiß reicher waren, als die der christlichen Gemeinwesen. Derselbe Autor wies auf die Existenz eines islamischen Einflusses auf die internationalen Gepflogenheiten der christlichen Königreiche der Wiedereroberung hin, wie sie im System des Vasallentums, der militärischen Befehle und der besonderen Institution der „Alfaqueques" zum Ausdruck kommen[10].

Im Lichte dieser Überlegungen ist es angebracht, für das islamische Recht den Platz zu beanspruchen, der ihm in der Geschichte des Völkerrechts entsprechen würde. Andererseits wird dieses Recht in der Gegenwart als eines der hauptsächlichen juristischen Systeme der Welt im Sinne des Artikels 9 der Statuten des Ständigen Internationalen Gerichtshofs angesehen[11].

Was die Frage der Terminologie angeht, so scheint der Ausdruck „Internationales Recht" – „International Law" –, seit er durch Bentham eingeführt wurde, eine nahezu ausschließliche Popularität gewonnen zu haben. Trotzdem hat dieser Ausdruck, der sich aufgrund verschiedener Überlegungen durchsetzte, den älteren Begriff des „Völkerrechts" nicht ersetzen können, der die Übersetzung des römischen (lateinischen) „jus gentium" ist. Dieser Begriff umfaßte zu Anfang das allgemeine Recht der Völker des klassischen Altertums, weshalb er auch das internationale Recht im gegenwärtigen Sinne einschloß[12]. Obwohl die beiden Ausdrücke auf spanisch ohne Unterschied verwendet werden[13], scheint es, wie Nussbaum feststellte, daß der Ausdruck Völkerrecht weit genug gefaßt ist, um die historischen Typen zu umfassen[14], weswegen es zweckmäßig wäre, diesen hier in unserer Arbeit zu verwenden.

B. Völkerrecht des Islam

Der Koran betont in mehr als einem seiner Verse die Universalität des Islam und folglich der Sendung Mohammeds, der von Allah gesandt wurde, um alle lebenden Wesen zu warnen[15]. Von Anfang an und vor dem Beginn der Ausbreitung des Islam über die arabische Halbinsel hinaus sandte der Prophet selbst Botschaften an mehrere ausländische Herrscher und forderte sie auf, den Islam anzunehmen. Diese Tatsache beweist, daß

Mohammed sich bewußt war, daß die muslimische Religion nicht auf die Araber beschränkt bleiben durfte[16].
Grundsätzlich mußte die Verbreitung der neuen Religion mit friedlichen Mitteln durch die Überzeugung und die freiwillige Bekehrung erfolgen[17]. Später jedoch zog man aus verschiedenen Gründen in Betracht, daß der „ǧihād" – der „Heilige Krieg" – das Mittel zur Verbreitung des Islam wäre, dessen politische Herrschaft über die ganze Welt durchgesetzt werden müßte[18]. Diese Vorstellung sollte die Araber in weniger als einem Jahrhundert bis nach Spanien und Indien führen, wobei Völker verschiedener Rassen und Kulturen unter die Herrschaft des Islam gebracht wurden.
In dieser ersten expansionistischen Epoche ließen sich die Muslime vom Koran, den früheren Handlungen des Propheten und dem arabischen Gewohnheitsrecht leiten. Trotzdem war, wie es mit anderen Aspekten der „šarīᶜa" geschah, die Auslegung und die Erweiterung der durch die heiligen Texte in ihren allgemeinen Linien festgelegten Normen nötig, um das Verhalten des islamischen Staates gegenüber dem Ausland zu regeln und rechtliche Lösungen für die vielen neuen Probleme zu finden, die mit der Herausbildung eines so ausgedehnten Reiches entstanden. Andererseits war auch im Inneren die Ausarbeitung des gesetzlichen Status der neuen nicht muslimischen Untertanen des Kalifen nötig.
Tatsächlich war die Ausarbeitung eines Werkes von Rechtsnormen, die die internationalen Beziehungen des islamischen Staates bestimmen sollten, nicht nur ein praktisches Erfordernis, sondern auch eine religiöse Pflicht. Wie wir schon aufzeigten, ist der Islam nicht nur eine Religion, sondern gleichzeitig auch ein Moralkodex und ein Rechtssystem. Demzufolge umfaßt und bestimmt die „šarīᶜa" alle Aspekte des Lebens der Muslime, sowohl als Individuum wie auch als Gemeinschaft, angefangen von den einfachsten Handlungen bis zur Form der politischen und gesellschaftlichen Organisation[19].
Der „ǧihād" – der „Heilige Krieg" – wird als religiöse Pflicht betrachtet, weswegen es durch die „šarīᶜa" bis in seine kleinsten Einzelheiten ebenso geregelt sein muß wie jeder andere Akt der religiösen Handlungen. Im Islam ist der „ǧihād" ein „Heiliger Krieg", weil es sich um einen Akt bei der Erfüllung einer religiösen Anordnung handelt, was besagt, daß jeder andere, weltliche Krieg verboten ist. Folglich können seine Handlungen nicht zufällig sein oder auf beliebige Weise erfolgen, sondern sie müssen strengen und konkreten Regeln folgen, die man, wie Kruse sagt, „die Rituale des Krieges" nennen könnte. Die Übertretung dieser Rechtsnormen würde diesem Akt seinen religiösen Charakter nehmen, sein bedeutendes Verdienst und seinen Wert für die Beteiligten verringern[20].
Ebenso und auf dieselbe Weise, wie die Rechtsgelehrten, ausgehend von den grundlegenden Quellen, die Normen des Gebets, des Fastens usw. festlegten, wurden von ihnen auch die Regeln des Krieges und des Friedens mit den Nicht-Muslimen präzisiert. Obwohl der beherrschende Gedanke in ih-

ren Arbeiten der „ǧihād“ war, hatten sie trotzdem mehrere damit zusammenhängende und sich daraus ergebende Themen zu behandeln, wie u. a. den Abschluß von Verträgen, den Handel mit dem Feind und das Schicksal der Gefangenen und der eroberten Territorien.

Diese Themen des Völkerrechts wurden in die Bücher des „fiqh“ einbezogen und unter mehreren Überschriften wie „ǧihād“, „Beute“, den „amān“ usw. abgehandelt[21]. Später erkannte man die Beziehung, die alle miteinander verband, und es wurde begonnen, sie systematisch in speziellen Kapiteln oder Teilen unter dem Titel „Kitāb al-ǧihād“ – Buch über den „Heiligen Krieg“[22] – oder „Kitāb as-siyar“ – Buch über das Verhalten oder Vorgehen – abzuhandeln. Der Ausdruck „siyar“ wurde später verallgemeinert und bezeichnete dann die Gesamtheit der Regeln, die die Haltung des islamischen Staates gegenüber allen Nicht-Muslimen bestimmen sollte. Al-Saraḫsī kommentiert, daß er das entsprechende Kapitel dieses Buches „al-mabsūt“[23] als „Kitāb as-siyar“ bezeichnet hat, weil in ihm die Haltung der Muslime gegenüber den Ungläubigen beschrieben wurde, sowohl gegenüber den Kriegführenden als auch denjenigen, mit denen ein dauerhafter oder zeitweiliger Friedensvertrag geschlossen worden war, gegenüber den Abtrünnigen und den Rebellen[24].

Wie wir sehen, war im Unterschied zum „jus gentium christianum“, das die Beziehungen der Staaten mit christlicher Zivilisation untereinander regelte, das Völkerrecht des Islam im wesentlichen angelegt, um die äußeren Angelegenheiten des Islam zu disziplinieren. Diese Beziehungen waren äußere in dem Sinne, daß sie mit Nicht-Muslimen hergestellt wurden – sowohl im Ausland als auch innerhalb seiner Grenzen, da der Gedanke der religiösen Identität dem gegenwärtigen Begriff der Nation gleichkam. Der Gedanke der „'umma“, von dem die Rechtsgelehrten ausgehen, setzt die politische Einheit aller Muslime in einem einzigen Staat unter der Herrschaft des Kalifen voraus[25]. Dies brachte die Rechtsgelehrten dazu, daß sie in ihren juristischen Werken die Normen vollkommen außer acht ließen, die die Beziehungen der verschiedenen, de facto unabhängigen islamischen Staaten regeln sollten. Deshalb mußte der Streit zwischen ᶜAlī und Muᶜāwīya über das Kalifat, der den ersten Bürgerkrieg im Islam verursacht hatte, nach altem arabischem Brauch einem Schiedsgericht unterbreitet werden. Auch die Perser und Türken – beide Muslime –, die einen Konflikt hatten, der bis zum Ende des 18. Jahrhunderts dauerte, beabsichtigten, eine politische Lösung auf weltliche Grundlagen zu stützen[26].

Die Normen des Völkerrechts des Islam sind anwendbar, wenn ein nichtmuslimisches Element – nicht unbedingt ein Staat – in Erscheinung tritt, das mit den Muslimen Beziehungen aufnimmt. Deshalb werden auf die Juden und Christen, die der politischen Macht des Islam unterworfen sind, „ḏimma“ angewandt[27]. Auf andere Gruppen, die im Prinzip Muslime sind, aber wegen ihrer Haltung eine Bedrohung für die Religion und die soziale Ordnung bedeuten, wie die Abtrünnigen, Rebellen, Banditen und Straßenräuber werden sie auch angewandt[28].

Die „siyar“ bilden einen Bestandteil der „šarīᶜa“ in ihrer Gesamtheit und sind keine selbständige und unabhängige Disziplin. Demzufolge werden ihre Regeln ebenfalls aus denselben Quellen abgeleitet: dem Koran, der „sunna“, dem „qiyās“ und dem „iğmāᶜ“, sowie aus den zweitrangigen Quellen[29]. Unter diesen letzteren gewinnt die Praxis der ersten Kalifen als Quellen des Völkerrechts eine besondere Bedeutung. Auf ihnen, in deren Epoche die Verwirklichung der ersten Eroberungen des Islam erfolgte, lastete die Verantwortung für die Organisierung des Reiches und für die Festlegung des Rechtsstatus der neuen Territorien und Untertanen. Die Rechtsgelehrten ließen sich in ihren späteren Ausarbeitungen zum großen Teil von diesen Rechtspraktiken leiten, wie sie in den von jenen abgeschlossenen Pakten und Verträgen sowie in ihren Befehlen an die Generale, Gouverneure und sonstige Beamte der Regierung zum Ausdruck kamen.

Deshalb tritt im islamischen System kein Konflikt des inneren Rechts und des Internationalen Rechts in Erscheinung, da es ein einziges Recht, die „šarīᶜa“ gibt, die das Leben der Muslime in seiner Gesamtheit beherrscht. Hier gewinnt der englische Aphorismus „das internationale Recht ist Teil des Landesrechts“ seinen höchsten wörtlichen Sinn. Andererseits wird auch nicht der zwingende Charakter der internationalen Normen des Islam bestritten, da sie, wie wir feststellten, ebenso wie das gesamte muslimische Recht eine religiöse Bekräftigung besitzt. In gleicher Weise werden die sogenannten „Rechtsstreite“, die Gegenstand des internationalen Privatrechts sind, gleichfalls durch die „siyar“ umfaßt und gründen sich ebenso auf dieselben Quellen.

Das Endziel der Muslime besteht darin, die ganze Welt für den Islam zu gewinnen, oder zumindest in einer ersten Phase einen universellen Staat zu errichten, der von der „šarīᶜa“ beherrscht wird. Das Völkerrecht, das durch das islamische Recht angewandt wird, wird als Ziel die Regelung der Arten und Methoden haben, mit denen dieses verfolgte Ideal auf den gerechtest möglichen Grundlagen verwirklicht wird. Die Gerechtigkeit und die Überlegenheit dieser Normen steht außer jedem Zweifel, da sie Teil der Religion selbst sind.

Die muslimischen Rechtsgelehrten sind von dem Begriff einer Zweiteilung der Welt ausgegangen, die in zwei große Sektoren gespalten ist: „dār al-islām“ – Territorium des Islam –, wo die „šarīᶜa“ vorherrscht, und „dār al-ḥarb“ – Territorium des Krieges, von den Ungläubigen bewohnt. Die Beziehungen zwischen diesen beiden Sektoren sind Beziehungen des ständigen Krieges und der Feindseligkeiten, bis der „dār al-ḥarb“ in „dār al-islām“ durch den „ğihād“ – den „Heiligen Krieg“ – umgewandelt ist.

Die Normen des Völkerrechts des Islam als untrennbarer Bestandteil der „šarīᶜa“ wurden von allen Rechtsgelehrten in ihren Werken des „fiqh“ behandelt. Trotzdem haben die Rechtsgelehrten der Hanafiten, Abū Yūssuf (gestorben 798), Verfasser eines wichtigen Buches über die Finanzen der Regierung[30], und aš-Šaibānī, der Hugo Grotius der Muslime (gestorben 804), Verfasser des berühmten „Kitāb al-Siyar al Kabir" – des Großen Buches der Siyar – besondere Bedeutung. Aš-Šaibānī war Schüler des Abū Hanīfa und wurde der Leiter der Schule nach dem Tode seines Meisters. Sein Buch genoß lange Zeit den höchsten Ruf in der gesamten islamischen Welt. Es wurde später ins Türkische übersetzt und als rechtliche Richtschnur bei den Kriegen der „Hohen Pforte" in Europa angesehen. Mitte des 19. Jahrhunderts wurde ein großer Teil ins Französische und kürzlich in andere Sprachen übersetzt, wobei es von verschiedenen Völkerrechtlern mit großer Achtung und Bewunderung kommentiert wurde[31]. Andere Rechtsgelehrte, die über das öffentliche Recht schrieben, sind Al-Mawardī (gestorben 450 d. H.), ein Rechtsgelehrter der Schafiiten, dessen Darlegung der Theorie des Kalifats weiter oben behandelt wurden[32], und der Rechtsgelehrte der Hanbaliten Ibn Taimīyya (gestorben 1328), dessen Werke als grundlegende Basis für ein internationales Schiedsgericht im kürzlichen Streit zwischen der Regierung von Saudi Arabien und der amerikanischen Erdölgesellschaft ARAMCO berücksichtigt wurden[33].

Im muslimischen Spanien ist der spanisch-muslimische Rechtsgelehrte Burhān aš-šarīᶜa al Maḫbū', Verfasser einer wichtigen Abhandlung des islamischen Völkerrechts, der „Vicaya", recht bekannt[34].

Dieser Vorläufer Vitorias, wie ihn Sánchez Albornoz bezeichnet, wurde von Muhammad II. von Granada beauftragt, die islamischen Lehren über das Kriegsrecht zu sammeln. In seiner „Vicaya" spricht er von den gerechten Ursachen der Kriege, ihrer Erklärung, der Beute, der Eroberung, der Abgaben, des Schmuggels und der Rechtslage des Schützlings und des Vasallen[35].

Ebenso wie wir es in den beiden ersten Teilen dieser Arbeit taten, werden wir uns nun – aus denselben Gründen – auf die Darlegung der orthodoxen – der sunnitischen – Lehre des Völkerrechts beschränken[36]. Außerdem werden wir den Äußerungen des islamischen Völkerrechts in Spanien besondere Aufmerksamkeit schenken.

Anmerkungen

[1] Vgl. Vinogradoff, Paul, „Historical Types of International Law", in Bibliotheca Visseriana, I. (Leiden, 1923), S. 1–70.

[2] Vgl. Truyol y Serra, Antonio, „Fundamentos de Derecho Internacional Público", a. a. O., S. 127.

[3] Vgl. Oppenheim, L., „International Law", I., 8. Ed. (London, 1955), zitiert in der spanischen Übersetzung mit dem Titel „Tratado de Derecho Internacional Público" von J. Lopez Oliván und J. M. Castro Rial, 2 Bde. (Barcelona, 1961), Bd. I., S. 77.

[4] Vgl. Truyol y Serra, A., „Fundamentos ...", a. a. O., S. 137.

[5] Vgl. ebenda S. 127–128.

[6] Vgl. Poch, Antonio, „Consideración Historica del Derecho Internacional", in „Estudios de Derecho Internacional" – Homenaje a Don Antonio de Luna, (Madrid, 1968), S. 407.

[7] Vgl. ebenda, S. 408.

[8] Vgl. Truyol y Serra, A., „Fundamentos ...", a. a. O., S. 145; vom gleichen Autor, „El Fundamento Filosófico del Derecho de Gentes a la Luz de algunos Documentos Medievales", in „Investigación y Progreso", XIV. (Madrid, 1949), S. 193–200; Miaja de la Muela, A., „Ensayo de un guión para la investigación del Derecho Internacional de la Edad Media", in R. E. D. I., II, (Madrid, 1949), S. 921–946.

[9] Vgl. Kruse, Hans, „The Foundation of Islamic International Jurisprudence", in „Journal of the Pakistan Historical Society", Bd. III, (Oktober 1955), S. 246–247; Kramers, J. H., „Geography and Commerce", in „The Legacy of Islam", a. a. O., S. 105–107; Armanazi, H., „Les Principes Islamiques et les Rapports Internationaux en temps de paix et de guerre", (Paris, 1929), zitiert nach der arabischen Ausgabe, (Damaskus, 1930), S. 44–57.

[10] „Alfaqueque" ist ein Ausdruck, der aus der arabischen Sprache ins Spanische übernommen wurde. Es handelt sich hierbei um Leute, deren Aufgabe darin bestand, beim Feind die Freilassung von Gefangenen zu erwirken. Vgl. Miaja de la Muela, A., „Ensayo ...", a. a. O., S. 932.

[11] Vgl. Mahmasani, Sobhi, „International Law ...", a. a. O., S. 210.

[12] Vgl. Verdross, Alfred, „Derecho Internacional Público", a. a. O., S. 3; zur Frage der Terminologie vgl. auch Truyol y Serra, A., „Fundamentos ...", a. a. O., S. 18–20.

[13] Vgl. Truyol y Serra, A., „Fundamentos ...", a. a. O., S. 18.

[14] Vgl. Nussbaum, A., „Historia del Derecho Internacional", a. a. O., S. XX der Einleitung.

[15] Vgl. Koran III, 144, VII, 158, XII, 49.

[16] Vgl. Arnold, Thomas, W., „The Preaching of Islam", (Lahore, 1956), S. 30. Über die Entsendung von Boten und Botschaften durch den Propheten zu den fremden Herrschern, vgl. Iqbāl, Afzal, „Diplomacy in Islam", 2. Ed. (Lahore, 1965), S. 83–92.

[17] Vgl. Koran II, 256; vgl. auch Mahmasani, „International Law ...", a. a. O., S. 245–246.

[18] Vgl. diese Arbeit, S. 145 ff.

[19] Vgl. diese Arbeit, S. 19–20.

[20] Vgl. Kruse, H., „The Foundations of Islamic Jurisprudence", a. a. O., S. 246–247.

[21] Der Ausdruck „amān" bedeutet wörtlich: Sicherheit, Unverletzlichkeit, freies Geleit. Über den „amān" als juristische Institution des Völkerrechts des Islam, vgl. diese Arbeit, S. 215–250.

[22] Vgl. z. B. Ibn Qudāma, „Kitāb al-muġnī", 9 Bde., (Kairo, 1367 d. H.), der Bd. VIII trägt den Titel „Kitāb al-ǧihād".

[23] Vgl. Al-Sarahsī, Šams ad-dīn, „Kitāb al-Mabsūt", 30 Bde. (Kairo, 1324 d. H.), der Band X. trägt den Titel „Kitāb al-siyar".

[24] Vgl. ebenda, Bd. X. S. 2.

[25] Über den Begriff des „'umma" vgl. diese Arbeit S. 78–81.

[26] Vgl. Alexandrowicz, C. H., „An Introduction to the History of the Law of Nations of the East Indias", (16., 17. und 18. Jahrhundert), (Oxford, 1967), S. 91 und Anmerkung F, S. 95.

[27] Über den Begriff des „ḏimma", vgl. diese Arbeit, S. 231ff.

[28] Vgl. Mawardī, „al-ahkām ...", a. a. O., S. 55; al-Saraḫsī, „al-mabsūt", a. a. O., S. 2.

[29] Vgl. „Quellen des islamischen Rechts", in dieser Arbeit, S. 33ff.

[30] Vgl. Abū Yūssuf, „Kitāb al-ḫarāǧ", a. a. O.; es gibt eine französische Übersetzung von S. Fagman mit dem Titel „Le Livre d'impôt foncier", (Algier, 1958).

[31] Über Leben und Werk des Aš-Šaibānī, vgl. Khadduri, Majid, „The Islamic Law of Nations: Shaybani's Siyat", (Baltimore, 1966), S. 22ff., und die umfangreiche von ihm angeführte Bibliographie; Kruse, H., „The Foundation ...", a. a. O., S. 238–245; vom gleichen Autor, „Al Shaibani on International Instruments" in „Journal of the Pakistan Historical Society", Bd. I., S. 90–100; Schacht, J., „Origins ...", a. a. O., S. 306–310; Heffening, W., „Al-Shaibani", in „Encyclopedia of Islam", a. a. O., Bd. IV. S. 271–272; Truyol y Serra, A., „Fundamentos ...", a. a. O., S. 172; Abū Zahra, M., in seiner Einleitung zum Werk aš-Šaibānī's „Kitāb as-Siyar al-Kabir", herausgegeben von ihm und Mustafa Zayd, (Kairo, 1958), Bd. I. S. 7–36; Al Munaǧǧid, Salāh ad-dīn, in seiner Einleitung zum Werk aš-Šaibānī's, herausgegeben von ihm, die Edition, auf die wir uns bei allen unseren Zitaten aus dem Werk aš-Šaibānī's bezogen haben, 3 Bde. (Kairo, 1957–1960), S. 7–12; nach Angaben des Herausgebers wurde als Zeugnis des wachsenden Interesses, das für aš-Šaibānī entstanden ist, in Göttingen, BRD, die Gesellschaft aš-Šaibānī für Internationales Recht gegründet mit der Beteiligung hervorragender Juristen mehrerer Länder.

[32] Vgl. Al-Mawardī, „Al-aḥkām ...", a. a. O. Es gibt eine französische Übersetzung dieses Werks von Fagman mit dem Titel „Les Statuts Gouvernamentaux", (Algier, 1915).

[33] Vgl. Habachy, Saba, in seiner Einleitung des Werks von J. N. D. Anderson, „Islamic Law in the Modern World", (New York, 1959), S. Xff.

[34] „Vicaya" ist eine verzerrte Wiedergabe des arabischen Wortes „hidāya", was leiten, erläutern, zeigen bedeutet. Fast ein Jahrhundert vor dem Erscheinen der „Vicaya" in Granada bestand bereits im muslimischen Orient das berühmte Buch mit dem Titel „al-ḥidāya" von al-Marġiānī, Burhān ad-dīn, 4 Bde. (Kairo, 1326–1327 d. H.). Nach Sánchez Albornoz genoß die „Vicaya" von Al-Maḫbū großes Ansehen in der gesamten muslimischen Welt. Maḥmūd al-Maḫbū überarbeitete und verbesserte in seiner „Vicaya" die in der östlichen „hidāya" dargelegte Lehre, und es wurde sein enormer Einfluß auf die späteren muslimischen Vertragsfachleute für öffentliches Recht deutlich. Der arabische Text mit seiner deutschen Übersetzung wurde von Haneberg als Anhang seines Buches „Das Muslimische Kriegsrecht" (München, 1870), veröffentlicht und später durch zahlreiche europäische Autoren aufgegriffen und vervollständigt. Vgl. Sánchez Albornoz, C., „Españoles ante la Historia", 2. Ed. (Buenos Aires, 1969), S. 137–141; García Arias, L., „Adiciones sobre la Historia de la Doctrina Hispana de Derecho Internacional", a. a. O., S. 344.

[35] Vgl. Sánchez Albornoz, C., in vorgenanntem Werk, im Kapitel, das al-Maḫbū gewidmet ist und lautet: „Un Precursor hispano-musulman de Francisco de Vitoria."

[36] Vgl. diese Arbeit, S. 89.

Das islamische Kriegsrecht
Kapitel IX.
Die Lehre des „ǧihād"

A. Allgemeine Begriffe

Ethymologisch ist der Ausdruck „ǧihād" von dem Wort „ǧahada" abgeleitet, welches Kampf oder äußerste Anstrengung bedeutet[1]. Im praktisch rechtlichen Sinne bedeutet der „ǧihād" den Kampf für die Sache Gottes mit allen Mitteln unter Einschluß des Wortes, des Eigentums und selbst des Lebens[2]. Das bedeutet den Kampf auf der Spur Allahs, um den religiösen Glauben an Ihn zu verbreiten und dafür zu wirken, daß sein Wille das Höchste auf dieser Welt sei.

Wie wir sagten, bedeutet der „ǧihād" im Prinzip nicht unbedingt den Krieg, soweit seine Ziele durch friedliche Mittel erreicht oder verwirklicht werden können[3]. In verschiedenen Versen des Koran wird der Ausdruck „ǧihād" in diesem Sinne ohne jede Beziehung auf den Krieg als solchen verwendet[4]. Wie jedoch Professor Khadduri aufzeigt, besteht kein Zweifel, daß in bestimmten Versen der Ausdruck als Synonym für Krieg und Schlacht verwendet wird[5]. Auf der anderen Seite benutzen ihn die Rechtsgelehrten im Sinne des „Heiligen Krieges" gegen die Ungläubigen.

Beim Islam ist die zwangsweise Bekehrung streng verboten, und es wird darauf bestanden, daß die Bekehrung frei, durch Überzeugung, fern jeder Gewalt erfolgen muß. Im Koran findet man keine Stelle, die die Anwendung der Gewalt als Instrument der Bekehrung gestattet, und außerdem wurde etwas Derartiges zu keiner Zeit der Geschichte des Islam praktiziert[6]. Im Koran wird festgelegt, „es sei kein Zwang im Glauben"[7], denn „wenn dein Herr gewollt hätte, so würden alle auf der Erde insgesamt gläubig werden. Willst du etwa die Leute zwingen, Gläubige zu werden? Und keine Seele kann gläubig werden ohne Allahs Erlaubnis."[8] Im Gegenteil wies Allah den Propheten an, er solle „zum Weg deines Herrn mit Weisheit und schöner Ermahnung" einladen „und mit ihnen in bester Weise streiten"[9].

Deshalb bestreiten zahlreiche moderne muslimische Autoren die Auslegung des „ǧihād" im Sinne eines „Heiligen Krieges", dessen Ziel die Verbreitung des Islam ist, und Mahmasani meint, daß eine solche Auslegung sich im Gegensatz zu den Lehren des Koran befindet[10]. Sogar einige der klassischen Rechtsgelehrten, wie aṯ-Taurī (gestorben 923), sind nicht der Ansicht, daß der „Heilige Krieg" gegen die Ungläubigen ein religiöses Gebot wäre, es sei denn, jene ergreifen die Initiative[11], und ein anderer, Ibn

Taimīyya, sagt, daß die Untreue keinen Grund zum Beginn des Krieges bedeutet, da der Krieg defensiv ist, die einzige im Islam erlaubte Form[12]. Nawāz unterstreicht, daß der „ğihād“ als Instrument der islamischen Expansion außerhalb der Grenzen Arabiens teilweise ein verweltlichter Begriff war, und daß hinter dieser Expansion politische und ökonomische Motive standen, die gemeinsam mit den religiösen Motiven wirkten[13]. Hitti seinerseits lehnt die rein religiöse Auslegung der arabischen Eroberungen ab und hebt die Bedeutung des ökonomischen Faktors in ihnen hervor sowie die Tatsache, daß der Beginn dieser Eroberungen nicht auf eine vorsätzliche Entscheidung zurückzuführen war, sondern eher auf die Logik der unmittelbaren Umstände[14]. Tatsächlich glauben wir, daß es unmöglich ist, den Umstand des ökonomischen Faktors von der Tatsache der islamischen Expansion zu trennen, ohne daß dies den Einfluß anderer Faktoren politischer und religiöser Natur einschränken würde.

In den Arbeiten der Rechtsgelehrten ist jedoch immer der Unterschied zwischen der zwangsweisen Verbreitung des religiösen Glaubens und der politischen Herrschaft des Islam gegenwärtig. Während niemand gezwungen werden darf, den Islam anzunehmen, muß doch die territoriale Souveränität desselben mit allen Mitteln ausgedehnt und aufrechterhalten werden. So ist, wie Alexandrowicz bemerkt, der „ğihād“ ein gerechter Krieg, ähnlich dem „bellum justum“ im internationalen europäischen Recht. Die Ähnlichkeit der kirchlichen Grundlage beider Begriffe ist offensichtlich, mit einem Unterschied: während die Klassiker der spanischen Schule das Recht der europäischen Mächte verfochten, den christlichen Glauben und die christliche Zivilisation zu verbreiten, verfochten die muslimischen Rechtsgelehrten den Gedanken eines universellen islamischen Staates[15].

Mehrere Autoren haben das Auftreten des Gedankens der Kreuzzüge unter den Christen dem islamischen Einfluß zugeschrieben. Américo Castro meint, daß der Krieg gegen die Muslime in Spanien und Palästina, abgesehen von der Unterschiedlichkeit seiner Ziele und Folgen, durch den islamischen „ğihād“ inspiriert war. Nach demselben Verfasser ist es unvorstellbar, daß die Päpste Leo IV im Jahre 848 und Urban II. im Jahre 1095 in ihren Aufforderungen zum Krieg gegen die Muslime das Wesen der islamischen Lehre des „ğihād“ übersehen haben sollten[16]. Der heilige Thomas, der mit den islamischen Gedanken vertraut war, hat im übrigen seine Theorie des gerechten Krieges in parallelen Linien zur islamischen Lehre des „ğihād“ formuliert[17]. Andererseits scheint es nach dem zuvor zitierten Alexandrowicz außer Zweifel, daß die Klassiker des Völkerrechts, wie Gentili und Freitas, Kenntnis vom islamischen Kriegsrecht besaßen. Der letztgenannte betrachtete den Krieg der christlichen Welt mit dem Islam in Asien als „bellum justissimum“ (äußerst gerechten Krieg), wobei sich in dem Superlativ zweifellos seine unausgesprochene Erwiderung auf die Lehre des „ğihād“ widerspiegelte[18].

Die Verpflichtung der Muslime, den „ǧihād" gegen die Ungläubigen zu führen, wird aus dem Koran abgeleitet:

„Kämpfet in Allahs Weg"[19]

„Erschlaget die Götzendiener, wo ihr sie findet"[20]

„Vorgeschrieben ist euch der Kampf, doch ist er euch ein Abscheu"[21]

„Eifert mit eurem Gut und Blut in Allahs Weg"[22] usw.

Der Prophet fordert in zahlreichen „ḥadīṯen" die Gläubigen auf, am „ǧihād" teilzunehmen, dessen weitreichender Wert höher ist als jede religiöse Handlung[23]. Nach dem Koran und der „sunna" ist derjenige, der im „ǧihād" stirbt, ein Märtyrer des Glaubens – „sahīd" –, und Allah wird ihm seine Sünden verzeihen und mit dem ewigen Leben in Edens Gärten belohnen[24]. In einem „ḥadīṯ" sagte der Prophet:

„Jede Nation hat ihre Hingabe, meine ist der ‚ǧihād'"[25],

und als man ihn fragte,

„Wer unter den Muslimen ist der Beste?"

antwortete der Prophet,

„Jener, der den ‚ǧihād' führt und sein Leben und seinen Reichtum aufs Spiel setzt"[26].

Die Teilnahme am „Heiligen Krieg" nur aus Gründen der Erlangung weltlicher Vorteile hat jedoch keinen Wert und wird von Allah nicht belohnt. Aber der Erwerb der Beute und von materiellen Vorteilen im allgemeinen ist rechtmäßig, vorausgesetzt, dies bedeutet nicht ein Ziel an sich[27].

Trotz der grundlegenden Bedeutung des „ǧihād" betrachtete ihn die orthodoxe Theorie – „sunna" –, wie wir schon bemerkten, nicht als eine der „Säulen des Islam". Während diese „Säulen" Aufgaben bedeuten, die persönlich auf jedem einzelnen der Muslime lasten, wird der „ǧihād" als eine gemeinschaftliche Pflicht angesehen, die die muslimische Gemeinschaft in ihrer Gesamtheit verpflichtet[28]. Wenn sie nicht von einer ausreichenden Zahl ihrer Mitglieder erfüllt wird, verwandelt sie sich in eine persönliche Aufgabe, die jeden muslimischen erwachsenen, freien, gesunden, körperlich und geistig fähigen Mann verpflichtet[29]. Rechtlich sind die Kinder, Frauen, Sklaven und die allgemein Behinderten dieser Pflicht entbunden, außer in Fällen äußerster Dringlichkeit, bei denen sie am „ǧihād" sogar ohne die rechtliche Zustimmung ihrer Eltern, Ehepartner oder Herren teilnehmen können[30]. Nach al-Saraḫsī ist die Betrachtung des „ǧihād" als kollektive und nicht individuelle Pflicht, wie es die Charidschiten tun[31], nicht auf den geringeren Rang gegenüber den anderen religiösen Handlungen zurückzuführen, sondern eher auf Überlegungen praktischer Natur. Wenn der „ǧihād" eine zeitlich nicht begrenzte Pflicht wäre, würde die gleichzeitige Teilnahme aller Muslime die übrigen Arbeiten und Ämter lahmlegen, die ihrerseits für seine Führung nötig und unerläßlich sind[32]. Tatsächlich wurde der „ǧihād" immer als die wichtigste der religiösen Handlungen angesehen.

Nach der klassischen Theorie mußte gegen die Ungläubigen ein wirkungsvoller „ğihād", wenn möglich ständig und wenigstens einmal im Jahr, geführt werden[33]. Nur im Fall der Schwäche oder äußerster Dringlichkeit ist es zulässig, ihn zeitweilig auszusetzen, wobei mit dem Feind ein Waffenstillstand oder Friedensvertrag zu schließen ist, wie wir weiter unten sehen werden[34]. Die Erklärung, Führung und Aufrechterhaltung des „ğihād" ist ausschließlich Sache des Kalifen, der diese Aufgaben – wie es zu geschehen pflegte – auf die örtlichen Herrscher und Militärbefehlshaber delegieren kann. Wenn der „ğihād" erst einmal erklärt ist, ist es Pflicht aller dazu fähigen Muslime, dem Ruf des Kalifen zu folgen – sei diese Aufforderung gerecht oder auch ungerecht – und ihm zu gehorchen entsprechend einem „ḥadīṯ", welcher besagt:

> „Führt den ‚ğihād' mit allen Fürsten, seien sie gerecht oder ungerecht[35]."

B. Arten des „ğihād"

Die Gesetzestheorie hat nicht nur den Krieg gegen die Ungläubigen des Auslands, sondern auch die möglichen Kriege als „ğihād" betrachtet, die im eigenen Land zur Verteidigung des Glaubens, der inneren Ordnung und der politischen und territorialen Integrität des Staates geführt werden.

Während der ersten Jahre seines Bestehens lernte der islamische Staat mehrere innere Kriege kennen, zuerst gegen die Abtrünnigen Arabiens, unmittelbar nach dem Tode des Propheten, und kurz darauf den Bürgerkrieg zwischen ᶜAlī und Muᶜāwīya sowie die endlosen von den Charidschiten gegen das Regime der Omaijaden entfesselten Kriege[36]. Der Krieg gegen die inneren Feinde der muslimischen Gemeinschaft ist auch eine religiöse Pflicht, da er zur Verteidigung der Religion selbst, der Einheit der „'umma", der rechtmäßig etablierten Macht und der Sicherheit der Muslime geführt wird. Außer den Ungläubigen im allgemeinen gibt es andere Gruppen, die als Objekte des inneren „ğihād" angesehen werden, wie die Abtrünnigen, die Rebellen, die Banditen und Wegelagerer[37].

Der Grund für diese Einteilung wurzelt jedoch darin, daß diese Gruppen im Prinzip Muslime sind, weswegen auf sie besondere Kriegsregeln angewandt werden, die sich im allgemeinen von jenen unterscheiden, die im Krieg gegen die Ungläubigen angewandt werden, gleichzeitig aber auch sich je nach der Gruppe unterscheiden. Während im Krieg gegen die Ungläubigen versucht wird, einen militärischen Sieg zu erringen, geht es im Krieg gegen die genannten Gruppen – mit Ausnahme des Falls der Banditen – nur darum, sie zu bestrafen und zu erreichen, daß sie ihre rebellischen Handlungen einstellen und sich wieder in die muslimische Gemeinschaft einordnen.

Andererseits kann man einen anderen, ausschließlich formalen Unterschied zwischen dem „ğihād" als offensiven oder defensiven Krieg feststellen sowie als Land- oder Seekrieg. Diese Unterscheidung birgt vom rechtlichen Standpunkt keine wesentliche Differenzierung in sich und entspricht nur der Forderung nach größerer erläuternder Klarheit.

1. Der „ǧihād“ gegen die Ungläubigen

In diesem „ǧihād“ wird aus rechtlichen Gründen zwischen zwei Arten von Ungläubigen unterschieden: den Polytheisten und den Völkern, die im Besitz von (heiligen) Schriften sind, die in der arabischen Terminologie die „ahl al-kitāb“ genannt werden. Anschließend werden wir die Regeln des Kriegsrechts untersuchen, die auf den betreffenden Fall angewandt werden.

a) der „ǧihād“ gegen die Polytheisten

Gegen die Polytheisten müssen die Muslime einen Krieg auf Leben und Tod führen, wobei sie ihnen die einzige Alternative anbieten, den Islam anzunehmen oder vernichtet zu werden. Dieser Grundsatz ist im Koran festgelegt:

> „Erschlaget die Götzendiener, wo ihr sie findet ...“, aber „so sie jedoch bereuen und das Gebet verrichten und die Armensteuer zahlen, so laßt sie ihres Weges ziehen“[38].

In der Praxis des Propheten und der Kalifen von Medina wurde dieser Grundsatz bezüglich der arabischen Heiden stets aufrechterhalten. Ein „ḥadīṯ“ des Propheten lautete:

> „Mir wurde befohlen, die Polytheisten zu bekämpfen, bis sie bekennen, daß es nur einen Gott gibt; wenn sie dies sagen sollten, dann sind sie unantastbar für mich“[39].

Der Ausdruck Polytheist wurde allgemein auf die arabischen Heiden angewandt, obwohl er durch die Rechtsgelehrten nicht exakt definiert wurde, aber es scheint, daß der Begriff des Polytheismus in engem Zusammenhang mit dem Heidentum gebraucht wurde, was die Abwesenheit jeglichen Gedankens an eine einzige oberste Gottheit einschließt[40].
Während die Rechtsgelehrten vollkommen darin übereinstimmen, den Grundsatz der Ausrottung der arabischen Heiden anzuwenden, die den Islam nicht annehmen, vertreten sie verschiedene Thesen hinsichtlich der nicht-arabischen Heiden[41]. Die hanafitischen und malikitischen Rechtsgelehrten beschränken die Anwendung dieser Regel auf die Araber, wobei sie die „ᶜaǧam“ – die Ausländer im allgemeinen – ausschließen, die ebenso behandelt werden müssen wie die Juden und Christen[42]. Das heißt, man muß ihnen eine dritte Alternative anbieten: einen persönlichen Tribut – „ǧizya“ – zu zahlen und sich der politischen Macht des Islam zu unterwer-

fen. Aš-Šāfi'ī dagegen macht keinen Unterschied zwischen den arabischen oder ausländischen Heiden, die in gleicher Weise behandelt werden müssen.[43]

Der Ursprung des Meinungsunterschieds zwischen den Rechtsgelehrten liegt in der Auslegung, die sie einem rechtlichen Präzedenzfall geben, der durch den Propheten festgelegt wurde, der die Zahlung des Tributs von einer Gruppe von Zoroastrianern – „maǧus" – angenommen hatte, von denen nicht bekannt war, daß sie eine (heilige) Schrift besaßen[44]. Die Mehrheit leitete von dieser Tatsache die Rechtmäßigkeit ab, alle übrigen nichtarabischen Völker in gleicher Weise zu behandeln, seien es nun Besitzer einer (heiligen) Schrift oder nicht. Aš-Šāfi'ī folgert daraus hingegen, daß der Prophet in dieser Weise handelte, weil er wußte, daß die Zoroastrianer keine (heilige) Schrift besaßen[45].

b) der „ǧihād" gegen die Besitzer einer (heiligen) Schrift

Nach der islamischen Terminologie sind die Christen, Juden und Sabier[46] als „ahl al-kitāb" bekannt, d. h. die Völker, die eine (heilige) Schrift besitzen. Diese Vorstellung stammt aus dem Koran, der die Haltung der Muslime festlegt, die diese jenen gegenüber einzunehmen haben:

> „Kämpfet wider jene, die nicht bekennen das Bekenntnis der Wahrheit unter denen, welchen die Schrift gegeben ward. Bekämpfet sie, bis sie den Tribut – „ǧizya" – aus der Hand gedemütigt entrichten"[47].

Die „ahl al-kitāb" werden nicht als wahrhaft Gläubige betrachtet, denn obgleich sie an Gott glauben, glauben sie weder an die Sendung Mohammeds noch an den Koran. Außerdem werden sie beschuldigt, die ursprünglichen Texte ihrer (heiligen) Schriften verfälscht zu haben[48].

Andererseits wird ihnen im Koran eine günstige Erwähnung zuteil:

> „Siehe sie, die da glauben, und die Juden und die Nazarener und die Sabier – wer immer an Allah glaubt und an den Jüngsten Tag und das Rechte tut, die haben ihren Lohn bei ihrem Herrn, und Furcht kommt nicht über sie, und nicht werden sie traurig sein"[49].

So wird ihnen wegen ihres Glaubens an Gott eine besondere Behandlung zuteil, wobei sie nicht gezwungen werden, den Islam anzunehmen. Ihnen wird ihre Sicherheit und Freiheit der Religionsausübung gewährleistet als Gegenleistung für die Zahlung einer Kopfsteuer, dem „ǧizya". Die Besitzer einer (heiligen) Schrift, die sich dem Islam unterwerfen, werden „ḏimmies" genannt, d. h. Nutznießer eines Vertrages – „ḏimma" – mit den Muslimen[50]. Der Rechtsstatus der „ḏimmies" wird weiter unten untersucht werden[51].

2. Der „ǧihād“ gegen die Abtrünnigen

Die Abtrünnigen sind jene Gläubigen, die dem Islam freiwillig abschwören, sowohl durch Worte als auch durch Handlungen[52]. Die Rechtsnorm, die in diesen Fällen angewandt werden muß, ist in einem „ḥadīṯ“ festgelegt, welcher lautet:

„Derjenige, der seine Religion wechselt, muß hingerichtet werden“[53].

Während des Kalifats von Abū Bakr (632–634) weigerten sich einige arabische Stämme, den „zakāt“ – die Steuer oder das obligatorische Almosen – zu entrichten, dessen Zahlung eine der fünf „Säulen des Islam“ darstellt[54]. Andere brachen vollständig mit dem Islam und folgten falschen Propheten. Der Kalif erklärte ihnen den Krieg, „ar-ridda“ – Abtrünnigkeit – genannt, der sehr grausam war und mit der vollständigen Vernichtung der Abtrünnigen und der endgültigen Durchsetzung des Islam in ganz Arabien endete[55].

Nach al-Mawardī müssen die Abtrünnigen nur in dem Fall mit der Waffe bekämpft werden, wenn sie eine zahlreiche Gruppe bilden und ein bestimmtes Territorium innehaben, wo sie sich befestigt haben[56]. In erster Linie muß versucht werden, sie durch die Zwiesprache und Überredung zu überzeugen, daß sie ihre Haltung aufgeben und zum Islam zurückkehren. Wenn diese friedlichen Mittel kein Ergebnis zeigen, muß ihnen der „ǧihād“ erklärt werden, wobei alle Regeln des Kriegsrechts mit bestimmten Ausnahmen angewandt werden[57]. Den schafiitischen Rechtsgelehrten zufolge dürfen sie nicht in die Sklaverei gebracht werden, weder sie selbst noch ihre Frauen und Kinder, und ihre Habe darf nicht unter den Kämpfenden verteilt werden – wie im Fall der Ungläubigen –, sondern sie fließt der öffentlichen Schatzkammer zu[58]. Die Hanafiten gewähren ihnen keine besondere Behandlung und betrachten sie als Ungläubige für alle Zwecke des Krieges[59]. Auf der anderen Seite und entgegen den Regeln des Krieges gegen die Ungläubigen wird von den Abtrünnigen die Annahme irgendeines Tributs als Gegenleistung für ihre Nichtbekämpfung ebensowenig zugelassen wie der Abschluß irgendeines Friedens- oder Waffenstillstandsvertrages[60].

Wenn jedoch die Abtrünnigen keine organisierte Gruppe bilden, sondern es sich um einige isolierte Individuen handelt, muß versucht werden, sie mit allen möglichen friedlichen Mitteln davon zu überzeugen, daß sie ihren Irrtümern abschwören, und in diesem Fall muß ihre Reue als gültig angenommen werden. Wenn sie aber auf ihrer Abtrünnigkeit beharren, müssen sie mit der Todesstrafe rechnen[61]. Die Rechtsgelehrten raten, daß man ihnen für die Hinrichtung eine Frist von drei Tagen gibt, als letzte Gelegenheit, um in den Schoß des Islam zurückzukehren[62]. Abū Hanīfa ist im Gegensatz zu anderen Rechtsgelehrten gegen die Hinrichtung abtrünniger Frauen[63].

3. Der „ǧihād“ gegen die Rebellen – „buġāt“

Wörtlich sind die „buġāt“ diejenigen, die den „al-baġī“ begehen, ein Ausdruck, der den Sinn von Unterdrückung, Ungerechtigkeit oder Zwist hat.[64] Praktisch werden die „buġāt“ als die Rebellen gegen die rechtmäßige Macht des Kalifen angesehen, die seine Autorität ablehnen und eine selbständige und getrennte politische Organisation errichten[65]. Auch in diesem Fall muß diesen Rebellen gegen die rechtmäßige Autorität der „ǧihād“ erklärt werden. Die Betrachtung und Definition der „buġāt“ im islamischen Recht ähnelt dem Begriff der Rebellen und Aufständischen im modernen internationalen Recht[66].
Die im Koran aufgestellte allgemeine Regel zur Lösung von Konfliktsituationen zwischen Gruppen von Gläubigen wird in den folgenden Versen wiedergegeben:

> „Wenn zwei Parteien der Gläubigen miteinander streiten, so stiftet Frieden unter ihnen; und wenn sich die eine Gruppe gegen die andere Gruppe vergeht, so kämpfet gegen die, welche sich verging, bis sie zu Allahs Befehl zurückkehrt. Und wenn sie zurückkehrt, so stiftet Frieden unter ihnen in Billigkeit und übt Gerechtigkeit. Siehe, Allah liebt die Gerechtigkeit Übenden.“[67]

Auf gleiche Weise wie im Fall der Abtrünnigen müssen die „buġāt“ zunächst aufgefordert werden, sich zu fügen, und nur wenn sie in ihrer rebellischen und sezessionistischen Haltung verharren, wird ihnen der „ǧihād“ erklärt[68]. Im Krieg gegen diese werden auch einige Ausnahmen von den auf die Ungläubigen anzuwendenden Regeln gemacht. Nach al-Mawardī handelt es sich hier um einen Krieg, der nur darauf gerichtet ist, die rebellische Gruppe zu zerschlagen, indem ihre Aktionsfähigkeit verhindert wird, weswegen eine unnötige Zerstörung zu vermeiden ist: die Deserteure auf dem Schlachtfeld dürfen nicht verfolgt, die Gefangenen nicht getötet, ihre Häuser nicht verbrannt, ihre Obstgärten nicht zerstört und ihre Habe nicht als Kriegsbeute genommen werden[69]. Demgegenüber meint aš-Šaibānī, daß alle Regeln des Krieges auf sie angewendet werden müssen mit Ausnahme derer, die gestatten, die Frauen und Kinder in die Sklaverei zu führen[70].

4. Der „ǧihād“ gegen die Banditen und Wegelagerer

Diese Gruppen sind in der Rechtssprache als „al-muḥāribūn“ bekannt, d. h. diejenigen, die kämpfen[71]. Eigentlich bildet dieses Thema einen Teil des Strafrechts und nicht des Völkerrechts. Trotzdem beruht die Erwägung des Krieges gegen diese Gruppen als „ǧihād“ auf der Möglichkeit, daß sie zahlreich werden und eine ausreichende Stärke erlangen können, um die öffentliche Sicherheit zu bedrohen[72]. In jedem Fall würde ihre Lage ähnlich derjenigen der Rebellen sein, aber mit einem wichtigen Unterschied: Während es sich im Krieg gegen diese letzteren nur darum handelt, sie zum Gehorsam zu zwingen, hat der Krieg gegen die Banditen einen wesentlichen strafenden Charakter[73].

Diese Gruppen müssen also ebenso wie die Rebellen bekämpft werden, aber unter Anwendung bestimmter Regeln, die unter Berücksichtigung des kriminellen Charakters ihrer Handlungen mit einer größeren Härte versehen sind. Es ist beispielsweise erlaubt, sie vorsätzlich zu töten, auch in dem Fall, daß sie vom Kriegsschauplatz fliehen[74]. Die Gefangenen dürfen eingekerkert und entsprechend der Größe ihrer Verbrechen bestraft werden. Diese Bestrafung ist im Koran festgelegt:

> „Siehe, der Lohn derer, welche Allah und seinen Gesandten befehden und Verderben auf der Erde betreiben, ist nur der, daß sie getötet oder gekreuzigt oder an Händen und Füßen wechselseitig verstümmelt oder aus dem Land vertrieben werden“[75].

Unter den Rechtsgelehrten besteht keine Übereinstimmung hinsichtlich der Auslegung dieses Verses, und folglich halten sie unterschiedliche Thesen bezüglich der konkreten Form der Anwendung dieser Strafen für die verübten Verbrechen aufrecht[76]. Sogar Abū Hanīfa meint, daß sie nur auf die Banditen angewandt werden sollen, die außerhalb der Städte auftreten, während die übrigen Rechtsgelehrten keine Unterscheidung vorsehen[77].

5. Der defensive „ǧihād“: der „ribāṭ“

Der Ausdruck „ribāṭ“ ist vom Verbum „rabaṭa“ abgeleitet, das binden, fesseln bedeutet. In Analogie zum Ort, an dem die Pferde der Krieger angebunden werden, insofern dies ein Zeichen der Vorbereitung auf den „Heiligen Krieg“ bedeutete, wurde er „ribāṭ“ genannt. Der Ausdruck in diesem Sinne stammt aus dem Koran:

> „So rüstet wider sie, was ihr vermögt an Kräften und Rossehaufen, damit in Schrecken zu setzen Allahs Feind und euren Feind“[78].

Im weiteren Sinne bedeutet der „ribāṭ“ den „Heiligen Krieg“, insbesondere den Verteidigungskrieg. Aš-Šaibānī z. B. definiert diese Art von „ǧihād“ als „das Verweilen in den Häfen und Grenzstädten mit dem Ziel, den Islam zu verteidigen und die Angriffe der Ungläubigen zurückzuweisen“[79]. Konkret waren die „ribāṭe“ Befestigungen oder Beobachtungspunkte, die an den Küsten oder den Grenzen der islamischen Länder errichtet waren, wo kriegerische Mönche wohnten, die den „Heiligen Krieg“ mit asketischen Übungen verbanden. Später, im 12. Jahrhundert, wurde der Begriff in Form des „rebato“ ins Spanische übernommen, im Sinne von „plötzlichem Angriff“ als Ausdruck der von der muslimischen Kavallerie benutzten Taktik[80].

Seit sehr frühen Zeiten wurden zahlreiche „ribāṭe“ errichtet, die sich über

die ganze islamische Welt von Syrien und Palästina bis nach Sizilien, Afrika und Spanien ausdehnten. Der erste, der in Nordafrika gebaut wurde, stammt aus dem Jahre 795, und in späteren Epochen dehnten sie sich sowohl dort als auch in Spanien aus[81]. Die Ausbreitung und Vielzahl dieser „ribāṭe" im islamischen Spanien wird durch die große Anzahl von Ortsnamen unterstrichen, die noch auf der Halbinsel in solchen Bezeichnungen wie „Rábida" oder „Rápita" bestehen[82]. Nach J. Oliver Asin stammen die Wörter „rebato" (plötzlicher Angriff" und „arrebatar" (entreißen) und das alte „arrobda" (Wachposten, Vorposten) ebenfalls von „ribāṭ)[83].
Im allgemeinen wurden sie vom Staat errichtet, aber viele von ihnen wurden durch private Spenden der Gläubigen subventioniert. Der Dienst auf ihnen hatte freiwilligen Charakter und oblag frommen Muslimen, die die Vorschrift, den „ǧihāz" zu führen, darin als beste Art empfanden, während einer gewissen Zeit oder für den Rest des Lebens in einem „ribāṭ" zu wohnen und den Islam zu verteidigen[84]. Ihr Leben hatte religiöse und militärische Aspekte, indem der „Heilige Krieg" mit den religiösen Handlungen in Einklang gebracht wurde. Von den kriegerischen Bewohnern dieser „ribāṭe", die in der afrikanischen Wüste angelegt waren, stammte im 11. Jahrhundert die Dynastie der „al-murābiṭūn", die auf spanisch unter einem daraus abgeleiteten Namen bekannt ist, nämlich „Almorávides" (deutsch: Almoraviden). Diese begannen ihre religiöse Bewegung in einigen „ribāṭen" im Sudan und entwickelten sich zu einer politischen Bewegung, die den Norden Afrikas (1055–1147) und das muslimische Spanien (1091–1146) beherrschten[85].
Der „ribāṭ" wird gesetzlich ebenso betrachtet wie eine Handlung des „ǧihād", und derjenige, der während seines dortigen Aufenthalts stirbt, wird von Gott als Märtyrer des Glaubens belohnt[86]. Sogar in mehreren „ḥadīṯen", die dem Propheten zugeschrieben werden, wird der „ribāṭ" auf besondere Weise hervorgehoben, wobei ihm gegenüber dem normalen „ǧihād" der Vorzug gegeben wird. In einem „ḥadīṯ" heißt es:

> „Der ‚ribāṭ' eines einzigen Tages ist besser als das Fasten und die Andacht eines ganzen Monats."

Und ein anderer lautet:

> „Das Verweilen in einem ‚ribāṭ' während einer Nacht ist besser als das Gebet während sechzig Jahren in der Wohnung der Familie"[87].

Die Existenz dieser und zahlreicher weiterer „ḥadīṯe", die den „ribāṭ" hervorheben, widerspiegelt ohne Zweifel die muslimische Sorge wegen der christlichen Angriffe auf islamisches Gebiet. In Spanien gewann der „ribāṭ" aufgrund des Fortschreitens der Wiedereroberung für die Muslime des Al-Andalus, für die Rechtsgelehrten und für die öffentliche Meinung große Bedeutung als wesentliche Pflicht der Gläubigen[88].
Die Bedeutung dieser islamischen Einrichtung liegt, wie Américo Castro aufgezeigt hat, in ihrem Einfluß auf die Verfassung und die militärischen Anordnungen der Christen, insbesondere in Spanien[89]. Der berühmte

Arabist Asín Palacios ist der Ansicht, daß der „ribāṭ“ das reine Muster der militärischen Anordnungen ist[90], und Professor Miaja de la Muela hat darauf hingewiesen, daß diese Einrichtung, die in Aragonien und Kastilien in Erscheinung trat, ihren eindeutig islamischen Ursprung in den Gruppierungen von Muslimen, zur Hälfte Mönche, zur Hälfte Krieger, hat, die die „rábidas“ oder „rápitas“ verteidigten[91].

6. Der „ǧihād“ zur See

Der Seekrieg ist eigentlich keine unterschiedliche Art gegenüber dem „ǧihād“ zu Lande, und die Rechtsgelehrten pflegten ihn nicht gesondert zu untersuchen, sondern auf ihn durch Analogie dieselben Kriegsregeln anzuwenden[92]. Zu Anfang waren die Araber mit der Schiffahrt und dem Seekrieg im allgemeinen nicht vertraut, aber bald sahen sie sich gezwungen, große Flotten zu bauen, um der byzantinischen Seestreitkraft entgegenzutreten[93]. Um die Moral der Muslime zu heben und sie auf diese Weise anzuregen, am Seekrieg teilzunehmen, wurde dieser auf besondere Weise verherrlicht[94]. Nach den „ḥadīṯen“ des Propheten und den Lehren der Rechtsgelehrten wird der „ǧihād“ zur See von Gott mit größerem Wohlgefallen angesehen und zweifach belohnt. Aš-Šaibānī fügt hinzu, daß, sobald ein Muslim seinen Fuß auf ein Schiff setzt, das an einer Kriegsfahrt teilnimmt, ihm alle Sünden vergeben werden, so als ob er neu geboren würde[95].
Schließlich möchten wir unterstreichen, daß sich die muslimischen Rechtsgelehrten in ihren Ausführungen über den „ǧihād“ mit einer Reihe von Themen befassen, die wir wegen ihres rein internen und technischen Charakters und ihres geringen öffentlichen Interesses nicht für nötig halten, hier zu untersuchen. Dies sind folgende Themen: Die Organisation des Heeres, die Methoden der Schlacht, die militärische Disziplin, die Kriegsvorbereitungen, die Fahnen, das Gebet während der Schlacht, genannt „Gebet der Furcht“, die Waffen, das Essen für die Ungläubigen und die Behandlung der Leichen der Märtyrer[96].
Im folgenden werden wir die wichtigsten Aspekte des islamischen Kriegsrechts untersuchen, nämlich: die Erklärung, die Führung und die Beendigung des Krieges und die Theorie der Beute, die auch die Gefangenen einschließt.

Anmerkungen

[1] Vgl. Hughes, Thomas, „Dictionary of Islam", (London, 1935), Art. „Djihad".

[2] Vgl. Kašānī, ᶜAlā' ad-dīn, „Badāi' as-sunna", 7 Bde. (Kairo, 1327–1328 d. H.), Bd. 7, S. 97.

[3] Andererseits wird in der Literatur der „ṣúfī" – einer mystischen islamischen Bewegung – zwischen zwei Arten von „ǧihād" unterschieden – „al-ǧihād al-akbar", dem eigentlichen Kampf gegen die Zügellosigkeit und die Habsucht jedes einzelnen, und dem geringeren „ǧihād" – „al-ǧihād al-aṣgar", dem Krieg gegen die Ungläubigen. Vgl. Hughes, Thomas, „Dictionary ...", a. a. O., Art. „Djihad". Über den „Sufismus", vgl. Gibb, H., „El Mahomatismo", a. a. O., S. 116–147; Hitti, Ph., „Islam, a way of Life", a. a. O., S. 54–69; Goldziher, I., „Vorlesungen ...", a. a. O., S. 119–166; Cahen, C., „El Islam", a. a. O., S. 210–213; Nicholson, R. A., „Studies in Islamic Mysticism", (Cambridge, 1921); Arberry, Arthur, J., „Sufism", (London, 1950).

[4] Vgl. Koran, VI, 108; XXII, 77.

[5] Vgl. Khadduri, M., „War and Peace ...", a. a. O., S. 56.

[6] Über die Ausbreitung des Islam im allgemeinen, vgl. das ausgezeichnete Buch von Arnold, T. W., „The Preaching of Islam", a. a. O.

[7] Vgl. Koran, II, 57.

[8] Vgl. Koran, X, 99–100.

[9] Vgl. Koran, XVI, 125.

[10] Vgl. Mahmasani, S., „International Law ...", a. a. O., S. 248–249; 277–280; Manṣūr, ᶜAlī, „aš-šarīᶜa al-islāmiya wa al-qānūn al-dauli al-cāmm" – (Die Šarīᶜa und das Internationale Völkerrecht), (Kairo, 1965), S. 237 ff.

[11] Vgl. Aš-Šaibānī, a. a. O., S. 187.

[12] Vgl. Ibn Taimīyya, „Qāᶜida fī qitāl al-kuffār", in „Maǧmūᶜat rasā'il", (Kairo, 1949), S. 118, 125–126.

[13] Vgl. Nawāz, M. K., „Indian Year Book of International Affairs, 1959", zitiert bei Alexandrowicz, C., „An Introduction ...", a. a. O., Anmerkung D. S. 95.

[14] Vgl. Hitti, Ph., „History of the Arabs", a. a. O., S. 143–145.

[15] Vgl. Alexandrowicz, C., „Treaty and Diplomatic Relations between European and South Asian Powers in the Seventeenth and Eighteenth Centuries", in R. d. C., 100, (1960, II), S. 236.

[16] Vgl. Castro, Américo, „La Realidad Histórica de España", 4. Ed. (Mexico, 1971), S. 419–429.

[17] Vgl. Khadduri, M., „War and Peace ...", a. a. O., S. 58, und die von ihm zitierte Bibliographie, Anmerkung 13.

[18] Vgl. Alexandrowicz, C., „An Introduction ...", a. a. O., S. 90–91.

[19] Vgl. Koran, II, 244.

[20] Vgl. Koran, IX, 5.

[21] Vgl. Koran, II, 216.

[22] Vgl. Koran, IX, 41.

[23] Vgl. Aš-Šaibānī, a. a. O., S. 6–37; Wensinck, A. J., „A Hand Book of Early Muhammadan Tradition", (Leiden, 1927), S. 246–248; al-Buḫarī, Sahīh, a. a. O., Bd. II., S. 198–270.

[24] Vgl. Koran, LXI, 11.

[25] Vgl. Aš-Šaibānī, a. a. O., S. 23.

[26] Vgl. Abū Dāūd, „Sunnan", (Kairo, 1935), S. 249.

[27] Vgl. Al-Mawardī, „al-aḥkām ...", a. a. O., S. 43–44; Aš-Šaibānī, a. a. O., S. 25–26.

[28] Vgl. Aš-Šaibānī, a. a. O., S. 188–189; Al-Saraḫsī, „al-Mabsūt", a. a. O., Bd. X., S. 3.

[29] Vgl. Ibn Qudāma, „al-muġnī", a. a. O., Bd. VIII, S. 347; Ibn Ǧuzī, „al qawānīn al fiqhīya", (Rabat, 1951), S. 106.
[30] Vgl. Koran, IX, 92; XXIV, 61; XLVIII, 17; Aš-Šaibānī, a. a. O., S. 199-200.
[31] Über die charidschitische Lehre des „ǧihād", vgl. Salem, A., a. a. O., S. 81ff.
[32] Vgl. Al-Saraḫsī, „al-mabsūt", a. a. O., Bd. X., S. 188–189.
[33] Vgl. Ibn Qudāma, a. a. O., Bd. III., S. 348.
[34] Vgl. diese Arbeit, S. 312–313.
[35] Vgl. Aš-Šaibānī, a. a. O., S. 56–61; Ibn Qudāma, a. a. O., S. 350–352; Al-Mawardī, a. a. O., S. 35–37.
[36] Über die sogenannten Abtrünnigkeitskriege, vgl. Hitti, Ph., „History ...", a. a. O., S. 140–142; Lewis, B., „Los Arabes en la Historia", a. a. O., S. 65–66; Balādūrī, „The Origins ...", a. a. O., S. 143–158.
[37] Vgl. Al-Mawardī, a. a. O., S. 55–61; At-Tabarī, „Kitāb al-ǧihād", d. i. ein Teil seines Werks „Kitāb 'iḫtilāf al-Fuqahā'", (Leiden, 1933), S. 242–259.
[38] Vgl. Koran, IX, 5; XLXII, 4; IX, 124.
[39] Vgl. Aš-Šaibānī, a. a. O., S. 16; Al-Mawardī, a. a. O., S. 49.
[40] Vgl. Khadduri, N., „War and Peace ...", a. a. O., S. 75.
[41] Über die diesbezügliche Einstellung der verschiedenen Schulen von Rechtsgelehrten, vgl. Aṭ-Ṭabarī, „Kitāb al-ǧihād", a. a. O., S. 199–203.
[42] Vgl. Ibn Rušd, „Bidayāt al-muǧtahid", (Kairo, 1950), S. 389; Aš-Šaibānī, a. a. O., S. 189–190; Ibn Qudāma, a. a. O., S. 363–364; Abū Yūssuf, a. a. O., S. 128–129.
[43] Vgl. Al-Mawardī, a. a. O., S. 143; At-Tabarī, „Kitāb al ǧihād", a. a. O., S. 201–203.
[44] Die Zoroastrianer, auch „maǧūs" genannt, die das Feuer anbeteten, wurden entsprechend der „sunna" des Propheten in die Kategorie der Besitzer einer (heiligen) Schrift einbezogen, obwohl sie im Koran nicht als solche erwähnt werden. Vgl. Abū Yūssuf, a. a. O., S. 130; Ibn Qudāma, a. a. O., S. 363; Al-Mawardī, a. a. O., S. 143; Aš-Šaibānī, a. a. O., S. 146.
[45] Vgl. At-Tabarī, „Kitāb al ǧihād", a. a. O., S. 199–203.
[46] Die im Koran erwähnten Sabier (II, 59; V, 73; XXII, 17) wurden mit den Mandäern identifiziert, die vom Heiligen Johannes dem Täufer als Christen bezeichnet wurden und sich gegenwärtig als kleine Minderheit im Irak befinden. Später hielt man eine heidnische Sekte in Ḥarrān für diese, die im 9. Jahrhundert angab, die im Koran erwähnten Sabier zu sein. Vgl. Hitti, Ph., „History ...", a. a. O., S. 233; Carra de Vaux, B., Art. „Sābi'a" in „Encyclopedia of Islam", a. a. O., Bd. IV., S. 21.
[47] Vgl. Koran, IX, 29.
[48] Vgl. Koran, II, 70; V, 14–19; III, 46; VI, 91.
[49] Vgl. Koran, II, 62.
[50] Im muslimischen Spanien wurde allgemein auf die Christen die Bezeichnung „al-muǧtahidūn" angewandt, d. h. diejenigen, die einen Vertrag – „'ahd" – mit den Muslimen haben, und die Bezeichnung „ḏimmies" auf die Juden. Dies bedeutete jedoch keineswegs einen Unterschied im Rechtsstatus beider Gruppen. Noch gebräuchlicher wurde der Name „mozárabes" – vom arabischen „musta^{c}rib", was arabisiert bedeutet –, um die Christen von al-Andalus zu kennzeichnen. Vgl. Levy-Provençal, W., „La España Musulmana", die Bde. IV und V. der „Historia de España", herausgegeben von Menendez Pidal, spanische Übersetzung von Emilio Gracía Gómez, 3. Ed. (Madrid, 1967), Bd. IV, S. 48.
[51] Vgl. diese Arbeit, S. 231–241.
[52] Vgl. Mahmaṣani, S., „International Law ...", a. a. O., S. 287.
[53] Vgl. Al-Mawardī, a. a. O., S. 55; Aš-Šaibānī, a. a. O., S. 140.
[54] Vgl. diese Arbeit, S. 24.
[55] Vgl. Balādūrī, „The Origins ...", a. a. O., S. 143–158; Hitti, Ph., „History ...", a. a. O., S. 140–142.

[56] Vgl. Al-Mawardī, a. a. O., S. 55–56.
[57] Vgl. Al-Mawardī, a. a. O., S. 55–58.
[58] Vgl. ebenda.
[59] Vgl. Abū Yūssuf, a. a. O., S. 179–180; Aš-Šaibānī, a. a. O., S. 370.
[60] Vgl. Al-Mawardī, a. a. O., S. 57.
[61] Vgl. Al-Saraḫsī, „Mabsūt“, a. a. O., Bd. X., S. 98; Al-Mawardī, a. a. O., S. 55–56.
[62] Vgl. Mālik B. Anas, „al-Muwaṭṭa'“, 2 Bde., (Kairo, 1951), Bd. II., S. 737; Aš-Šafi'ī, „Kitāb al-umm“, 7 Bde., (Kairo, 1904–1908), Bd. VI., S. 145, 156–157; Abū Yūssuf, a. a. O., S. 179–180.
[63] Vgl. Al-Saraḫsī, „Mabsūt“, a. a. O., Bd. X., S. 119–120; Kašānī, „Badāi'“, a. a. O., Bd VII., S. 137; Abū Yūssuf, a. a. O., S. 179–180.
[64] Vgl. Al-Saraḫsī, „Mabsūt“, a. a. O., Bd. X., S. 126; Abū Yūssuf, a. a. O., S. 214.
[65] Vgl. Al-Mawardī, a. a. O., S. 58–59.
[66] Nach modernem Internationalen Recht besteht Aufruhr oder Rebellion, wenn in einem Staat eine Rebellen-Organisation einen beträchtlichen Teil des Territoriums faktisch beherrscht und es ihr gelingt, ihre Position im Kampf gegen die Zentralregierung zu festigen. Vgl. Verdross, A., „Derecho Internacional Público“, a. a. O., S. 148.
[67] Vgl. Koran, XLIX, 9.
[68] Vgl. Aš-Šaif'ī, „Umm“, a. a. O., Bd. IV., S. 133–134; Al-Mawardī, a. a. O., S. 59.
[69] Vgl. Al-Mawardī, a. a. O., S. 60–61; Al-Saraḫsī, a. a. O., Bd. X., S. 127–128; Abū Yūssuf, a. a. O., S. 214–215.
[70] Vgl. Aš-Šaibānī, a. a. O., S. 370.
[71] Vgl. Aṭ-Ṭabarī, „Kitāb al-ğihād“, a. a. O., S. 242.
[72] Vgl. Al-Mawardī, a. a. O., S. 62–63; Al-Saraḫsī, a. a. O., S. 135–136; Abū Yūssuf, a. a. O., S. 76–78.
[73] Vgl. Al-Mawardī, a. a. O., S. 63–64.
[74] Vgl. Al-Mawardī, a. a. O., S. 63–64.
[75] Vgl. Koran, V, 37.
[76] Vgl. Aṭ-Ṭabarī, „Kitāb al-ğihād“, a. a. O., S. 242–259.
[77] Vgl. ebenda; Al-Mawardī, a. a. O., S. 64.
[78] Vgl. Koran, VIII, 62.
[79] Vgl. Aš-Šaibānī, a. a. O., S. 7.
[80] Vgl. Oliver Asín, J., „Origen árabe de ‚rebato' y ‚arrobda' y sus honónimis“, (Madrid, 1928).
[81] Vgl. Marçais, Georges, Art. „Ribat“, in „Encyclopedia of Islam“, a. a. O., Bd. III., S. 1150–1153.
[82] Vgl. Castro, Américo, „La Realidad Histórica de España“, a. a. O., S. 407 ff.; Cabanelas, D., Art. „Ribat“ in „Diccionario de la Historia de España“, 3 Bde., 2. Ed. (Madrid, 1968), Bd. III., S. 479–480.
[83] Vgl. Oliver Asín, J., „Origen ...“, a. a. O.
[84] Vgl. Marçais, Georges, Art. „Ribat“, in „Encyclopedia ...“, a. a. O.
[85] Über die Amoraviden-Bewegung, vgl. Bosch Villa, Jacinto, „Los Almorávides“, (Tetuán, 1956).
[86] Vgl. Aš-Šaibānī, a. a. O., S. 33.
[87] Vgl. ebenda, S. 6–10.
[88] Vgl. Khadduri, M., „War and Peace ...“, a. a. O., S. 81–82.
[89] Vgl. Castro, Américo, „La Realidas Histórica ...“, a. a. O., S. 407–419.
[90] Vgl. Asín Palacios, M., „El Islam Cristianizado“, (Madrid, 1931), Anmerkung 2, S. 138.
[91] Vgl. Miaja de la Muela, A., „Ensayo ...“, a. a. O., S. 933.
[92] Vgl. Khadduri, M., „War and Peace ...“, a. a. O., S. 109–117; Mahmasani, S., „Principles ...“, a. a. O., S. 292–293.

[93] Über die islamische Seemacht, vgl. Lewis, Bernard, „Los Arabes en la Historia“, a. a. O., S. 142ff.

[94] Vgl. Ibn Qudāma, a. a. O., Bd. VIII., S. 349–350.

[95] Vgl. Aš-Šaibānī, a. a. O., S. 6–37.

[96] Zu diesen Themen, vgl. Aš-Šaibānī, a. a. O., S. 71ff.

Kapitel X.
Beginn, Verlauf und Beendigung des Krieges

A. Kriegserklärung

Im islamischen Recht, ebenso wie im modernen Völkerrecht, ist die Kriegserklärung ein feierlicher Akt, der den hohen politischen Behörden, vertreten durch den Kalifen in seiner Eigenschaft als Staatsoberhaupt, vorbehalten ist. Dieser kann immer diese Befugnis vollständig oder teilweise auf die militärischen Befehlshaber oder die Provinzgouverneure übertragen, wie es in der Praxis zu geschehen pflegte[1]. Wie bereits gesagt, haben die Muslime, wenn der „ǧihād" von den zuständigen Behörden erklärt wurde, die Pflicht, sich unverzüglich zu stellen und sich in Erfüllung des im Koran festgelegten göttlichen Auftrags unter ihren Befehl zu begeben.

> „O ihr, die ihr glaubt, seid auf eurer Hut und rückt in Trupps aus oder rückt aus in Masse"[2].
>
> „Ziehet aus, leicht und schwer und eifert mit Gut und Blut in Allahs Weg"[3].

Im Fall eines feindlichen Angriffs jedoch besteht die Pflicht eines jeden, die Waffen zu ergreifen, ohne einen entsprechenden Aufruf abzuwarten.
Dem tatsächlichen Beginn der Feindseligkeiten muß eine an den Feind gerichtete Aufforderung – „daʿwa" – vorausgehen, den Islam anzunehmen oder, im Fall der Besitzer einer (heiligen) Schrift – den „ǧizya" zu zahlen. Diese Einschüchterung, die als Kriegserklärung diente, war eine wesentliche Voraussetzung, ohne die der Krieg nicht gerecht oder gesetzlich war[4]. Den Rechtsgelehrten zufolge hat der Prophet niemals jemanden angegriffen, ohne ihm zuvor eine Aufforderung zugestellt zu haben[5]. Aš-Šaibānī erklärt, daß diese Aufforderung nötig ist, weil es möglich ist, daß der Feind die authentischen Vorschläge der Muslime nicht kennt und sicher glauben könnte, sie würden den Krieg führen, um sich seiner Habe zu bemächtigen. Wenn sie aber wüßten, daß sie ihn (den Krieg) aus religiösen Gründen führen, würden sie vielleicht seine Bedingungen akzeptieren, ohne daß es nötig würde, zur Gewalt zu greifen. Dem Feind muß auch zur Kenntnis gegeben werden, weil er es vielleicht nicht weiß, daß die Muslime die Zahlung des „ǧizya" als Alternative zum Krieg oder zur Bekehrung akzeptieren[6]. Andererseits wurde diese Verpflichtung von den Rechtsgelehrten aus dem Koran selbst abgeleitet, wo Gott sagt:

> „Wir strafen nicht eher, als wir einen Gesandten schickten"[7].

Sogar nach der schafiitischen Schule sind die Muslime verpflichtet, einen

„dīya" – Blutzoll – zu zahlen für die dem Feind zugefügten Opfer in einem Krieg, dem nicht die gebührende Aufforderung vorausgegangen war[8]. Falls der Feind zu einer anderen Gelegenheit aufgefordert wurde oder zuvor Kenntnis des Islam haben sollte, ist eine solche Aufforderung nicht erforderlich[9], und es bleibt dem Ermessen des militärischen Befehlshabers des Heeres überlassen, die Aufforderung zu wiederholen oder nicht, je nachdem, was er nach Lage der Dinge für günstiger hält[10]. Verschiedene Rechtsgelehrte sind jedoch Befürworter der Wiederholung der Aufforderung in jedem Fall, wie es aus folgendem Abschnitt des spanisch-muslimischen Rechtsgelehrten Maḥmūd al-Maḫbū' hervorgeht:

> „Es ist nicht zulässig, einen Feind anzugreifen, ohne ihn zuvor aufzufordern, den Islam anzunehmen oder die persönliche Steuer zu entrichten. Die Aufforderung erfolgt mit Großzügigkeit und zum wiederholten Mal gegenüber demjenigen, der sie bereits erhalten haben sollte"[11].

In der Praxis wurde dieser Grundsatz stets vom Propheten und den ersten Kalifen beachtet und befolgt. In einem Brief des Kalifen ᶜUmar I an den Oberbefehlshaber des muslimischen Heeres im Irak befahl er ihm, drei Tage zu warten, nachdem die erforderliche Aufforderung dem Feind zugestellt sei, bevor er mit den Feindseligkeiten begänne[12]. Zur Durchführung der Aufforderung und während der Wartezeit wurden Botschaften ausgetauscht, und es pflegten über den Abschluß des Friedens Verhandlungen stattzufinden. Die arabischen Historiker haben uns mehrere Informationen über derartige Botschaften und Verhandlungen, insbesondere während der ersten Kriege mit den Persern und Byzantinern, hinterlassen[13]. Sicherlich wurde dieses Verhalten auch während der Eroberung Spaniens durch die Araber aufrechterhalten, wie die friedliche Kapitulation mehrerer spanischer Städte bezeugt[14]. Wir wissen, daß zu einem späteren Zeitpunkt, im Jahre 1086, vor der berühmten Schlacht von Zalaca, der almoravidische Führer Yūssuf Ibn Tašfīn an Alfons VI. einen Brief sandte, in dem er ihm die schon traditionellen Alternativen anbot: den Islam, den „ǧizya" oder den Krieg[15]. Nach Stadtmüller stammt von dieser islamischen Institution das „requerimiento" – dt. Aufforderung – des spanischen Internationalen Rechts, das die Spanier an die Eingeborenen in Amerika richteten, bevor sie die Feindseligkeiten aufnahmen, damit ein guter Teil sich taufen ließ und die spanische Oberhoheit annähme[16].

B. Die Kriegsführung

Das Verhalten der Muslime während des Krieges wird durch die Vorschriften des Koran, der „sunna" des Propheten und die Methoden und Anordnungen seiner ersten Nachfolger bestimmt. Auf dieser Grundlage haben die Rechtsgelehrten die Rechtsnormen ausgearbeitet, die die in den Schlachten zulässigen Handlungen, die militärische Disziplin und eine

ganze Reihe von Themen bestimmen, die mit der Führung des Krieges zusammenhängen.
Alle diese Regeln sind darauf gerichtet, den Krieg der Muslime in einen „ǧihād“ in Übereinstimmung mit den religiösen Geboten zu verwandeln. Das grundlegende Prinzip der Lehre von „ǧihād“ besteht darin, daß er ein religiöses Werkzeug ist, das auf korrekteste Weise anzuwenden ist und am besten der Ausbreitung des Glaubens dienen muß. Im Prinzip wird zugelassen, daß die Muslime innerhalb gewisser Grenzen alle notwendigen Mittel anwenden, um den Widerstand des Feindes zu brechen und den Sieg zu erlangen. Während der Schlachten ist es zulässig, jeden kämpfenden Feind zu töten[17]. Nichtsdestoweniger ist eine ständige Sorge seitens der Rechtsgelehrten festzustellen, die Gewaltakte zu beschränken, wobei sie den muslimischen Kämpfern raten, sich jedes für den Erfolg ihrer wesentlichen Ziele unnötigen Aktes zu enthalten.
Als allgemeine Regel wird eine Unterscheidung getroffen zwischen den kämpfenden und nicht kämpfenden Feinden, die direkt oder indirekt am Krieg teilnehmen oder körperlich oder geistig nicht dazu fähig sind. Der wichtigste Text, der als Verhaltenskodex für die muslimischen Heere betrachtet werden kann, besteht in den berühmten Anordnungen des ersten Kalifen Abū Bakr an die Heere und militärischen Führer, die sich an die syrische Front begaben[18]. Die Anordnungen bilden in ihrem Wesen eine Skizze der Lehre von der militärischen Notwendigkeit und widerspiegeln gleichzeitig einen sehr bedeutsamen humanitären Geist. Bei einer Gelegenheit inspizierte und verabschiedete dieser Kalif ein Herr unter dem Kommando von Yazīd, der sein Lager in der Nähe von Medina hatte, bevor er im Jahre 634 seinen Marsch auf Syrien antrat. Der Kalif wandte sich an Yazīd und gab ihm folgende Anweisungen:

> „O Yazīd! Bald wirst du in ein Land kommen, wo die Leute dir alle Arten von Speisen anbieten. Wenn du davon ißt, erwähne den Namen Gottes vorher und nachher. Außerdem wirst du Personen treffen, die sich in Klöster eingeschlossen haben. Lasse sie in Frieden und respektiere ihre Zurückgezogenheit. Töte keinen Greis, keine Frau, kein Kind, keine Kranken und keinen Mönch, und töte kein Tier, wenn es nicht zu einem nützlichen Zweck erfolgt. Verbrenne oder überschwemme keinen Palmenhain. Übe keinen Verrat, verstümmele niemanden, sei kein Feigling und kein Betrüger. Mit Gewißheit wird Gott jenen den Sieg schenken, die Seine Sache verteidigen und die Seines Propheten, denn Gott ist gewaltig und allmächtig. Ich verabschiede mich von dir und überlasse dich dem Schutz Gottes“[19].

Die späteren Rechtsgelehrten haben, obwohl sie den Geist dieser Normen aufrechterhielten, dieselben auf verschiedene Weise verändert, wobei sie sich auf ihre eigenen Auslegungen der heiligen Texte stützten. Grundsätzlich wird die Unantastbarkeit bestimmter Personen zugelassen, wie der Frauen, Kinder, Greise, Mönche und Eremiten, Blinden, Gelähmten und

Schwachsinnigen in Anbetracht ihrer Unfähigkeit, am Krieg teilzunehmen.[20] Der Prophet sagt in einem „ḥadīṯ“:

„Töte nicht die Leute der Klöster“[21],

und in anderen untersagt er, die Kinder, Frauen, Greise, Sklaven und Diener zu töten[22]. Einige Rechtsgelehrte haben diese „ḥadīṯr“ wörtlich interpretiert, während andere ihre Anwendung auf den Fall beschränkten, daß diese Leute tatsächlich nicht am Krieg teilnehmen würden[23].

Aš-Šāfiᶜī legt fest, daß der normale Zustand der Kinder und Frauen die Unantastbarkeit ist, aber daß sie diesen Zustand einbüßen, wenn sie Kämpfer sind. Auf jeden Fall dürfen sie nicht getötet werden, wenn sie fliehen, verwundet oder gefangen werden[24]. Selbst wenn der Feind seine Kinder und Frauen als Schild benutzt, muß mit allen Mitteln vermieden werden, sie zu töten[25]. Demgegenüber mißbilligen Aṯ-Ṯaurī und Malik ihre Tötung in jedem Fall, seien sie Kämpfer oder nicht[26]. Die hanafitischen Rechtsgelehrten gehen von der allgemeinen Regel der Zulässigkeit der Tötung aller Personen aus, die am Krieg teilnehmen, sei es persönlich oder durch ihre Ratschläge oder finanzielle Zuwendungen[27]. Einige Rechtsgelehrte billigen die Tötung der Mönche, und andere dehnen die Unantastbarkeit auf die Kaufleute, Handwerker, Bauern und Hirten aus, die keine Kämpfer sind[28]. Der malikitische Rechtsgelehrte Ḫalīl billigt nicht die Verwendung vergifteter Pfeile, und al-Hilli verbietet den Gebrauch von Gift in jeder Form gegen den Feind[29]. In jedem Fall wird verboten, die Feinde durch Verrat zu töten oder ihre Leichen zu verstümmeln, und es wird geraten, sie in der Tradition des Propheten zu beerdigen[30].

Was die Zerstörung der Habe des Feindes angeht, so vertreten die Rechtsgelehrten diesbezüglich verschiedene Meinungen. Al-Auzāᶜī bleibt auf der Linie des Abū Bakr und verbietet die unnötige Zerstörung der Habe des Feindes. Ihm zufolge wurde die unnötige Zerstörung dieser Habe von Abū Bakr verboten, der mehr als die übrigen Rechtsgelehrten befähigt ist, den Koran und die „sunna“ auszulegen. Andererseits bedeuten solche Akte ein Greuel, da nach dem Koran „Allah nicht das Verderben liebt“[31]. Demgegenüber führen aš-Šaibānī und die hanafitischen Rechtsgelehrten an, daß die Unantastbarkeit der Habe mit der Unantastbarkeit ihrer Eigentümer verknüpft ist, und daß, wenn diese nicht unantastbar wären, es ihre Habe auch nicht sein würde[32]. In diesem Sinne sagt al-Saraḫsī, daß es zulässig ist, Personen zu töten, um den Feind zu besiegen, was ein sehr ernster Akt ist. Jede andere Handlung, wie die Zerstörung von Gebäuden oder Saaten ist von geringerer Bedeutung und könne nicht verboten werden[33].

In Übereinstimmung mit der hanafitischen Lehre ist im Laufe des Krieges die Brandstiftung und Zerstörung des Eigentums des Feindes erlaubt, das die Häuser und Befestigungen, die Bäume, Pflanzen und Obstkulturen sowie das Abschlachten der Herden und des Viehs einschließt[34]. Die übrigen Rechtsgelehrten, die mit dieser These übereinstimmen, gestatten gewisse Ausnahmen auf der Grundlage von Überlegungen besonderer Art: Malik verbietet die Verbrennung von Palmenhainen und aš-Šāfiʿī mißbilligt die Zerstörung von Häusern und Bäumen, es sei denn, sie werden vom Feind als Befestigungen benutzt. Ibn Ḥazm ist gegen das Schlachten von Vieh, es sei denn, es ist durch Erfordernisse des Krieges begründet oder dient der Lebensmittelbeschaffung[35]. Wie Ibn Rušd sagt, liegen keine Kenntnisse darüber vor, daß der Prophet jemals ein Tier getötet hätte[36]. Andererseits mißbilligte der Prophet die Verwendung des Feuers gegen den Feind, weil Gott der einzige ist, der in dieser Form strafen darf[37].

Was den Zeitraum angeht, in dem es zulässig ist, den Krieg zu führen, so wurde zunächst im Koran der vorislamische Brauch bestätigt, der jeden Gewaltakt während der vier heiligen Monate untersagt[38]. Dann wurde diese Koranregel durch eine spätere aufgehoben, die die Zulässigkeit der Kriegsführung zu jeder Zeit bestätigte[39].

Nun war jedoch die Praxis nicht immer eine getreue Anwendung der Theorie und widersprach ihr in vielen Fällen. Aber dieser Umstand, normal im Verlauf der Geschichte, verringert nicht den hohen rechtlichen und moralischen Wert dieser theoretischen Ausarbeitung der muslimischen Rechtsgelehrten. Sowohl in den Anweisungen Abū Bakr's als auch in den Werken der Rechtsgelehrten ist ein humanitärer Geist und eine große repräsentative Toleranz zu spüren. In diesen und anderen Werken von muslimischen Rechtsgelehrten widerspiegelte sich die Sorge, die Akte der Gewalt zu begrenzen, die Übel des Krieges zu mildern und diesen so gerecht wie möglich zu führen. Dieser Umstand gibt, unter Berücksichtigung der Epoche, in der diese Lehren dargelegt wurden und der Grausamkeiten der damaligen Kriege und sogar auch späterer Methoden, dem islamischen Kriegsrecht einen Wert, der gerechterweise anerkannt werden muß. Professor Kruse erklärt, daß der Vergleich des Kriegsrechts, wie es von Aš-Šaibānī dargelegt wurde, mit den Bemerkungen von Hugo Grotius zum gleichen Thema, beweist, daß das positive Internationale Recht Europas, das einen Vorsprung von acht Jahrhunderten hatte, noch nicht den hohen Grad der Humanisierung erreicht hatte, den jenes besaß[40]. Von demselben Verfasser wurde wiederholt das hohe und wenig übliche Niveau des „temperamento belli“ des islamischen Rechts hervorgehoben, das vermutlich in entscheidendem Maße die Entwicklung des europäischen Kriegsrechts beeinflußt hat[41].

C. Die Spione und Gefangenen

Die Spionage ist eine sehr alte Gewohnheit, und logischerweise kamen die Muslime dahinter, welche Bedeutung die vorherige Information über den Feind hat. Aš-Šaibānī rät dem Oberbefehlshaber der Armee die Entsendung von Spionen mit dem Ziel, die Vorbereitungen und Absichten des Feindes zu erkunden, und er unterläßt nicht darauf hinzuweisen, daß er

sich mit diesen Spionen allein treffen soll, um das Heer nicht zu demoralisieren, falls die Nachrichten pessimistisch sein sollten[42]. Abū Yūssuf seinerseits rät dem Imam, er solle alle Maßnahmen der Gegenspionage ergreifen, indem er an den Grenzen spezielle Beamte mit dem Auftrag einsetzt, den Zugang von Waffen und Informationen für den Feind zu verhindern. Diese Beamten mußten die Reisenden registrieren und die Schriftstücke lesen, die sie bei sich führten[43]. Die ausländischen Spione müssen mit dem Tode bestraft werden – außer den Minderjährigen –, während die Muslime und die „ḏimmies", die zugunsten des Feindes spionieren, nur bestraft oder eingekerkert werden, bis sie bereuen[44].
Was die Kriegsgefangenen angeht, so behandeln die muslimischen Rechtsgelehrten das Thema – aus Gründen, die noch dargelegt werden – im Kapitel über die Kriegsbeute, weswegen es dort, im nachfolgenden Kapitel, untersucht wird[45].

D. Beendigung des Krieges

Nach der klassischen Theorie darf der „Heilige Krieg" nur auf drei Weisen beendet werden: die Annahme des Islam durch den Feind, den Sieg des muslimischen Heeres oder den Abschluß eines Waffenstillstands- oder eines Friedensvertrages. Die Möglichkeit einer Niederlage des muslimischen Heeres wurde allgemein ausgeschlossen, da es in einem solchen Fall immer seine Pflicht ist, den „ǧihād" wieder aufzunehmen, wenn die Umstände sich gewandelt haben. Das Siegesklima der ersten Zeiten des Islam beeinflußte entscheidend die Ausarbeitungen der Rechtsgelehrten, die mehr vom Zwang getrieben als um die konkrete Realität besorgt waren.
Die Annahme des Islam durch den Feind beendet alle Arten von Feindseligkeiten, und die konvertierten Muslime verwandeln sich von selbst in Bürger des islamischen Staates mit vollen Rechten und Pflichten[46].
Im Verlauf des Krieges müssen die Muslime stets auf Gott vertrauen, sich an seine Befehle halten und die Schlacht zu Ende führen, um den Sieg zu erringen, der ihnen von ihm versprochen wurde. Grundsätzlich ist den Muslimen die Fahnenflucht oder der Rückzug vom Schlachtfeld kraft eines göttlichen Befehls verboten.

> „O ihr, die ihr glaubt, so ihr auf schlachtbereite Ungläubige stoßet, so wendet ihnen nicht den Rücken"[47].

Die Fahnenflucht oder die Flucht vom Schlachtfeld werden verurteilt und als schwere Sünden betrachtet, die im anderen Leben bestraft werden. Allah sagt:

> „Wer ihnen an jenem Tag den Rücken kehrt, außer er wendet sich ab zum Kampf oder zum Anschluß zu einem Trupp, der hat sich den Zorn von Allah zugezogen, und seine Herberge ist die Hölle"[48].

Pflicht jedes Muslim ist, fest zu bleiben und alle Geduld und die notwendige

Beharrlichkeit zu zeigen, um den Feind zu besiegen, wie es der Koran verkündet:

„O ihr, die ihr glaubt, duldet und wetteifert in Geduld und haltet aus und fürchtet Allah; vielleicht geht es euch wohl“ [49].

Die zahlenmäßige Überlegenheit des Feindes darf nicht Anlaß sein, den Kampf aufzugeben, zumal Gott sagte, daß eine ständige kleine Gruppe von Muslimen eine größere Gruppe Ungläubiger besiegen kann[50]. Anfangs, als die Muslime noch wenig zahlreich waren, wurde im Koran festgelegt, daß

„wenn auch nur zwanzig Standhafte unter euch sind, zweihundert zu überwinden, so sind unter euch hundert zu überwinden tausend der Ungläubigen“[51].

Später, als sie zahlreicher wurden, wurde diese Regel durch eine andere aufgehoben, die ihnen die Pflicht zum Widerstand gegen einen Feind auferlegt, der die doppelte Kraft hatte:

„So unter euch hundert Standhafte sind, überwinden sie zweihundert; und so unter euch tausend sind, überwinden sie zweitausend mit Allahs Erlaubnis. Und Allah ist mit den Standhaften“,

sagt der Koran[52].

Die Rechtsgelehrten, die sich auf diese Verse stützen, sind zu verschiedenen Schlußfolgerungen bezüglich der Umstände gelangt, die den Rückzug der Muslime vom Schlachtfeld und die Einstellung der Kampfhandlungen gestatten. Einige haben sie im genauen Wortlaut ausgelegt, wonach ein solcher Rückzug nur in dem Fall statthaft ist, daß der Feind eine Kraft besitzt, die derjenigen der Muslime um das Zweifache überlegen ist. Die hanafitischen Rechtsgelehrten interpretieren sie auf breitere und flexiblere Weise, wobei sie einen solchen Rückzug für statthaft halten, wenn er notwendig sein sollte[53]. Andere dagegen, darunter Ibn Ḥazm, erlauben den Rückzug der Muslime in keiner Hinsicht und unter keinen Umständen, während das Verhältnis der Kräfte mit dem Feind die Hälfte beträgt, so wie es der heilige Text vorschreibt[54].

Im Falle eines Sieges der Muslime werden sowohl die Feinde als auch ihre Habe als Kriegsbeute betrachtet, die den entsprechenden Regeln unterworfen ist[55].

Der Krieg kann auch durch den Abschluß eines dauerhaften oder zeitweiligen Friedensvertrages beendet werden. Der erstere ist der Vertrag, der mit den Besitzern einer (heiligen) Schrift abgeschlossen wurde, die eine persönliche Abgabe – „ǧizya“ – und eine territoriale Abgabe – „ḫarāǧ“ – entrichten und sich der politischen Macht des Islam unterwerfen müssen.[56]

Der zweite ist das Waffenstillstandsabkommen oder der Friedensvertrag, der mit dem Feind abgeschlossen wird, um die Feindseligkeiten zeitweilig einzustellen und den Frieden herzustellen. Nur unter den Umständen von höherer Gewalt oder aufgrund einer Notwendigkeit, wie im Fall der Schwäche der Muslime, um einen Nutzen für den Islam zu erstreben, ist es zuläs-

sig, solche Verträge abzuschließen, die die Zahlung eines Tributs durch den Feind einschließen oder nicht[57]. Einige Rechtsgelehrte lassen die Möglichkeit der Zahlung eines Tributs seitens der Muslime als Gegenleistung für den Frieden zu, falls dies notwendig sein sollte. Der größte Teil der Rechtsgelehrten verurteilt jedoch eine solche Handlung, obwohl dies in der Praxis, insbesondere in Al-Andalus, sehr häufig war[58].
Ein anderes Mittel zur Beendigung des Krieges konnte die Vermittlung sein, eine im alten Arabien bekannte Methode, die vom Islam als Mittel zur friedlichen Regelung von Konflikten, sowohl öffentlicher als auch privater, anerkannt wurde. Selbst der Prophet hat bei einer bestimmten Gelegenheit als Schiedsrichter gewirkt, und bei einer anderen zugestimmt, den Konflikt mit einer Gruppe von Juden aus Medina einem Schiedsgericht zu unterbreiten[59]. Daraus wurde die Möglichkeit abgeleitet, auf dieses Mittel zurückzugreifen, einschließlich bei Konflikten zwischen Muslimen und Nicht-Muslimen, vorausgesetzt, die islamische Lehre wird nicht aufs Spiel gesetzt. Trotzdem bietet der Charakter des „ǧihād“ keinen breiten Raum für die Nutzung dieser Einrichtung, und während die Rechtsgelehrten sie als Mittel ablehnen, den Krieg zu beenden, kennen wir keinen weiteren historischen Präzedenzfall dieser Art nach dem des Propheten.
Es gibt jedoch in der Geschichte des Islam den berühmten Fall eines Schiedsverfahrens, allerdings zwischen zwei muslimischen Gruppen. Wir beziehen uns auf das Schiedsverfahren im Konflikt zwischen ᶜAlī und Muᶜāwīya, das im Jahre 659 stattfand[60]. Obwohl dieses Schiedsgericht mehr politischer als rechtlicher Art war, ist es doch in bezug auf das befolgte Verfahren nicht ohne Bedeutung. Jede Seite ernannte einen Vertreter, erteilte diesem durch ein schriftliches Dokument Vollmacht und ließ ihn von vierhundert Männern als Zeugen begleiten. Auch wurde vereinbart, daß der Koran und die „sunna“ des Propheten die rechtliche Grundlage für die Tätigkeit der Schiedsrichter sein müsse. Als Ort der Zusammenkünfte und Beratungen wurde ᶜAḏruḥ bestimmt, ein Ort in der Mitte zwischen Mekka und Damaskus, den Hauptstädten der beiden Parteien. Außerdem wurden den Schiedsrichtern, um ihnen eine größere Handlungsfreiheit zu gewährleisten und sie vor einem möglichen Druck zu bewahren, die erforderlichen Garantien für die Sicherheit ihrer Person, ihrer Angehörigen und ihrer Habe gegeben[61]. Tatsächlich fand die erste öffentliche Sitzung im Januar 659 statt, aber das Schiedsverfahren endete mit einem vollen Fehlschlag, und der Konflikt wurde bekanntlich durch die Waffen beendet.
Andererseits ist es statthaft, daß Muslime als Schiedsrichter in einem Konflikt zwischen zwei muslimischen Parteien wirken, die dies fordern, entsprechend den durch den Propheten gebotenen Präzedenzfall[62].

Anmerkungen

[1] Vgl. Abū Yūssuf, a. a. O., S. 199; Al-Mawardī, a. a. O., S. 30–33.
[2] Vgl. Koran, IV, 71.
[3] Vgl. Koran, IX, 41.
[4] Vgl. Aṭ-Ṭabarī, „Kitāb al-ǧihād", a. a. O., S. 23; Ibn Qudāma, a. a. O., S. 361–362, Bd. VIII; Aš-Šaibānī, a. a. O., S. 75–79; Al-Mawardī, a. a. O., S. 37–38.
[5] Vgl. Aṭ-Ṭabarī, a. a. O., S. 2; Aš-Šaibānī, a. a. O., S. 77–78; Abū Yūssuf, a. a. O., S. 23, 191.
[6] Vgl. Aš-Šaibānī, a. a. O., S. 77.
[7] Vgl. Koran, XVII, 15.
[8] Vgl. Al-Mawardī, a. a. O., S. 38; Aṭ-Ṭabarī, a. a. O., S. 3.
[9] Vgl. Ibn Qudāma, a. a. O., Bd. VII., S. 361–362.
[10] Vgl. Al-Mawardī, a. a. O., S. 37; Aš-Šaibānī, a. a. O., S. 77.
[11] Vgl. Stadtmüller, G., „Historia del Derecho Internacional", Übersetzung aus dem Deutschen von Francisco F. Jardón, Santa Eulalia, (Madrid, 1961), S. 58.
[12] Vgl. Ibn Adam, Yaḥyā, „Kitāb al Ḫarāǧ", (Leiden, 1899), S. 32.
[13] Vgl. Balādūrī, „The Origins ...", a. a. O., S. 411–412; Mansūr, ᶜAlī, a. a. O., S. 297–301.
[14] Vgl. diese Arbeit, S. 268ff.
[15] Vgl. Aschbach, Joseph, „Geschichte Spaniens und Portugals zur Zeit der Herrschaft der Almoraviden und Almodaden", (1833–1837), zitiert nach der arabischen Übersetzung von A. Anan, „Al-Andalus fī ᶜahd al-murabiṭīn wa al-muwaḥḥidīn", 2. Ed. (Kairo, 1958), S. 81.
[16] Vgl. Stadtmüller, G., a. a. O., S. 58, 127. Andererseits sagt Fray Matias de Paz (1468–1517) von der Spanischen Schule für Völkerrecht folgendes: „...Es ist in jedem Fall angebracht, daß, bevor ihnen der Krieg erklärt wird, man ihnen anbietet, den Glauben anzunehmen." Vgl. García Arias, „Adiciones ...", a. a. O., S. 368–369.
[17] Vgl. Aṭ-Ṭabarī, a. a. O., S. 403; Al-Mawardī, a. a. O., S. 41; Abū Yūssuf, a. a. O., S. 192–194.
[18] Um den Wortlaut der Anordnungen des Propheten und der ersten Kalifen kennenzulernen, vgl. Hamidullah, M., „Corpus de Traites et Lettres Diplomatiques de l'Islam a l'Epoque du Prophet et des Khalifes Ortodoxes", (Paris, 1935); Khadduri, M., „The Islamic Law of Nations"; Aš-Šaibānī, „Siyar", a. a. O., S. 75ff.
[19] Vgl. Aš-Šaibānī, a. a. O., S. 41–47; Muslim, Sahīh, a. a. O., S. 139–140, dem Text angepaßte englische Übersetzung, in Hamidullah, M., „Muslim Conduct of State", in „islamic Culture", (Juli, 1942), S. 320.
[20] Vgl. Abū Yūssuf, a. a. O., S. 195; Marġinānī, „Hidāya", a. a. O., S. 291–292; Al-Mawardī, a. a. O., S. 41; Ibn Rušd, a. a. O., S. 383–384.
[21] Vgl. Abū Yūssuf, a. a. O., S. 195; Ibn Rušd, a. a. O., S. 282; Al-Mawardī, a. a. O., S. 41.
[22] Vgl. Aš-Šaibānī, a. a. O., S. 42–43; Aṭ-Ṭabarī, a. a. O., S. 8–9; Al-Saraḫsī, a. a. O., S. 5.
[23] Zum Kennenlernen der Ansichten der Rechtsgelehrten der verschiedenen islamischen juristischen Schulen, vgl. Aṭ-Ṭabarī, a. a. O., S. 8–10.
[24] Vgl. Aṭ-Ṭabarī, a. a. O., S. 9; Al-Mawardī, a. a. O., S. 41.
[25] Vgl. Al-Mawardī, a. a. O., S. 41; Abū Yūssuf, a. a. O., S. 194.
[26] Vgl. Aṭ-Ṭabarī, a. a. O., S. 9; andererseits wird im islamischen Recht die Volljährigkeit durch die Pubertät mit 15 Jahren festgelegt.
[27] Vgl. Aṭ-Ṭabarī, a. a. O., S. 9–12; Abū Yūssuf, a. a. O., S. 194–195; Marġinānī, a. a. O., S. 290–292.
[28] Vgl. Ibn Rušd, a. a. O., S. 311; Ibn Adam, a. a. O., S. 32–34; Aṭ-Ṭabarī, a. a. O., S. 9–10.

[29] Vgl. Muhammad, al-Amīr, „Kitāb al-iklīl šarḥ muḫtasar ğalīl", (Kairo, 1224 d. H.), S. 160, Hilli, „Tabṣirat al muta ᶜallimīn", (Damaskus, 1342 d. H.), S. 103.

[30] Vgl. Al-Saraḫsī, a. a. O., S. 5; Al-Mawardī, a. a. O., S. 53; Abū Yūssuf, a. a. O., S. 194.

[31] Vgl. Aṭ-Ṭabarī, a. a. O., S. 103–104; Koran II, 205.

[32] Vgl. Aš-Šaibānī, a. a. O., S. 309, Armanazi, a. a. O., S. 82; Mahmasani, „International Law ...", a. a. O., S. 309.

[33] Vgl. Al-Saraḫsī, a. a. O., S. 6; in seinem Kommentar zum Werk Aš-Šaibānī's, a. a. O., S. 43.

[34] Vgl. Abū Yūssuf, a. a. O., S. 194; Aš-Šaibānī, a. a. O., S. 43–47.

[35] Vgl. Al-Mawardī, a. a. O., S. 52–53.

[36] Vgl. Ibn Ḥazm, „Al-Muhalla", a. a. O., Bd. VIII., S. 92; Ibn Rušd, a. a. O., S. 384.

[37] Vgl. Al-Mawardī, a. a. O., S. 53.

[38] Vgl. Koran, IX, 5; sowie diese Arbeit S. 12.

[39] Vgl. Koran, II, 214; Aš-Šaibānī, a. a. O., S. 93.

[40] Vgl. Kruse, H., „The Foundations ...", a. a. O., S. 247.

[41] Vgl. ebenda, S. 246.

[42] Vgl. Aš-Šaibānī, a. a. O., S. 49.

[43] Vgl. Abū Yūssuf, a. a. O., S. 190; Al-Mawardī, a. a. O., S. 43.

[44] Vgl. Aṭ-Ṭabarī, a. a. O., S. 58–60.

[45] Vgl. diese Arbeit, S. 197 ff.

[46] Vgl. Al-Mawardī, a. a. O., S. 49.

[47] Vgl. Koran, VIII, 15.

[48] Vgl. Koran, VIII, 16.

[49] Vgl. Koran, III, 200.

[50] Vgl. Koran, II, 249.

[51] Vgl. Koran, VIII, 65.

[52] Vgl. Koran, VIII, 66.

[53] Vgl. Al-Mawardī, a. a. O., S. 45; Aš-Šaibānī, a. a. O., S. 123–125; Ibn Rušd, a. a. O., S. 313.

[54] Vgl. Ibn Qudāma, a. a. O., Bd. VIII, S. 483–486; Ibn Ḥazm, a. a. O., „Al-Muhalla", Bd. VIII. S. 923.

[55] Vgl. diese Arbeit, S. 189 ff.

[56] Vgl. diese Arbeit, S. 261 ff.

[57] Vgl. Al-Mawardī, a. a. O., S. 49–52; diese Arbeit S. 312–313.

[58] Vgl. Aṭ-Ṭabarī, a. a. O., S. 17–19.

[59] Vgl. Iqbal, A., „Diplomacy in Islam", a. a. O., S. 3–5.

[60] Vgl. Manṣūr, A., a. a. O., S. 220–223; Khadduri, „War and Peace ...", a. a. O., S. 231–238; Armanazi, a. a. O., S. 90–95.

[61] Vgl. Hitti, Ph., „History ...", a. a. O., S. 180–182; Schacht, A., Art. „Adroh", in „Encyclopedia ...", Bd. I., S. 135–136; Mahmasani, „The Principles ...", a. a. O., S. 237.

[62] Vgl. Manṣūr, A., a. a. O., S. 210–211.

Kapitel XI.
Die Kriegsbeute

A. Einleitung

Die häufigen Kriege und Überfälle des Altertums und des Mittelalters waren durch ihre Ausschreitungen und Grausamkeiten gekennzeichnet und im allgemeinen von Plünderungen großen Umfangs begleitet. Im vorislamischen Arabien waren der Raub und die Plünderung das grundlegende Ziel der Überfälle und Kämpfe zwischen den Stämmen, weswegen eine herrschende Regel darin bestand, außer in Fällen äußerster Notwendigkeit, kein Blut zu vergießen[1]. Der Islam verbot diese Überfälle und inneren Streitigkeiten, und die gesamten Anstrengungen der Araber wurden auf den „ǧihād" gerichtet.
Nach den arabischen Bräuchen pflegte die eroberte Beute unter den Kriegern verteilt zu werden, wobei ein Viertel für das Stammesoberhaupt reserviert blieb[2]. Die Kriegsgefangenen wurden im allgemeinen hingerichtet, zusammen mit den Frauen und Kindern in die Sklaverei gebracht oder gegen ein Lösegeld freigelassen. Viele dieser Gebräuche und Sitten wurden vom Islam beibehalten, der sie nach den neuen religiösen Anschauungen abwandelte.
Im Grunde wurden diese Gebräuche bezüglich der Gefangenen und der Aneignung der Habe des Feindes als Kriegsbeute auch in anderen Teilen der Welt akzeptiert und aufrechterhalten. Während des Mittelalters wurden die Gefangenen und die Beute als persönliches Eigentum desjenigen angesehen, der sie eroberte, obwohl in dieser Epoche die moderne Anschauung aufkam, nach der sie den Militärbehörden zur Verfügung zu stellen sind[3].
Nach islamischem Recht war die Frage der Kriegsbeute von Anfang an einigen festen, durch den Koran und die Methoden des Propheten aufgestellten Regeln unterworfen, die von den ersten Kalifen und späteren Rechtsgelehrten in ihren kleinsten Einzelheiten vervollständigt und ausgearbeitet wurden.
Wie wir feststellten, hat der „ǧihād" der Muslime nicht den Fang der Beute zum Ziel, sondern die weltweite Ausbreitung des Isalm. Trotzdem wird die Zulässigkeit des Erwerbs von Beute anerkannt, die als eine weltliche Belohnung für die Beteiligung am „Heiligen Krieg" betrachtet wird, obwohl die Belohnung im anderen Leben die größere ist.[4] Auf der anderen Seite wird die Aneignung der Habe der Ungläubigen seitens der Muslime im Verlauf des Krieges als eine Strafe für diese betrachtet, weil sie sich wei-

gern, den Islam anzunehmen oder sich ihm zu unterwerfen und zur Gewalt greifen[5].

Die klassische Theorie unterscheidet für die Zwecke des Rechts zwischen zwei Arten von Gütern, die dem Feind weggenommen werden, wobei die Anwendung von Gewalt bei der Erbeutung das Unterscheidungsmerkmal ist. Die Beute im eigentlichen Sinne ist unter der Bezeichnung „ġanīma" bekannt, das ist die Gesamtheit aller vom Feind unter Anwendung von Gewalt und Zwang – „ᶜunwatan" – beschlagnahmten Güter. Der „ġanīma" umfaßt die bewegliche und unbewegliche Habe und die Gefangenen – Frauen und Kinder – die in die Sklaverei gebracht werden. Als „fai'" sind die vom Feind ohne Anwendung von Gewalt erbeuteten Güter bekannt, die das von ihm aufgegebene Eigentum und die persönlichen und territorialen Tribute, die von den Bewohnern unterworfenen Territorien freiwillig entrichtet werden, umfassen[6]. Der „fai'" wird nicht als Beute betrachtet und ist folglich nicht den entsprechenden Normen unterworfen und floß entsprechend der mehrheitlichen Meinung der Rechtsgelehrten im allgemeinen in seiner Gesamtheit in die Staatskasse[7].

B. Die Aufteilung der Beute

Der Koran enthält die rechtlichen Grundlagen für die Verteilung der durch Gewalt angeeigneten Beute in diesem Vers:

> „Und wisset, wenn ihr etwas erbeutet, so gehört der fünfte Teil davon Allah und dem Gesandten und seinen Verwandten und den Waisen und Armen und dem Sohn des Weges ...". [8]

Entsprechend diesem Text vertreten die Rechtsgelehrten einmütig – „iǧmāᶜ" – den Standpunkt, daß ein Fünftel der Beute den darin Erwähnten gehört. Der Rest, vier Fünftel, muß unter den am Feldzug beteiligten Kämpfern nach einem „ḥadīṯ" aufgeteilt werden, welcher lautet:

> „Die Beute gehört jenen, die an der Schlacht beteiligt waren" [9].

Diese Einmütigkeit besteht jedoch nicht im Hinblick auf die Einzelheiten der konkreten Anwendung der Verteilungsregeln der Beute. Während des Lebens des Propheten verfügte er über ein Fünftel, das er für öffentliche Ausgaben des Staates verwendete. Nach seinem Tode wurde das Problem aufgeworfen, wer der Inhaber des für Gott und seinen Gesandten bestimmten Anteils wäre.

Die hanafitischen Rechtsgelehrten standen auf dem Standpunkt, daß der Anspruch des Propheten und seiner Angehörigen mit dem Tode Mohammeds erloschen sei, und daß folglich das ganze Fünftel – „hums" – in folgende drei verbleibende Teile aufzuteilen sei: an die Waisen, die Armen und die Wanderer[10]. Demgegenüber geht aš-Šāfiᶜī von einer wörtlichen Auslegung des Korantextes aus und erklärt folglich, daß dieses Fünftel in die fünf darin erwähnten Kategorien aufgeteilt und der Teil des Propheten für Ausgaben des Staates verwendet werden muß[11]. Die malikitischen Rechtsgelehrten ihrerseits meinen, daß dieser Anteil vollständig in die Staatskasse fließen muß, um sie für die muslimische Gemeinschaft zu nutzen, wobei der Kalif nach seinem Gutdünken einen Teil davon den Angehörigen des Propheten zuweisen kann[12], wie es in der Praxis zu geschehen pflegte.

Durch den islamischen Einfluß gelangte diese Institution des muslimischen Rechts in die christlichen Staaten Spaniens, und die Beteiligung des Fürsten an der Kriegsbeute wurde auf ein Fünftel festgelegt[13]. Nach Ballesteros dauerte diese Methode in den spanischen Kriegsgewohnheiten bis ins 16. Jahrhundert fort, denn sie war die Regel für die Verteilung der Beute bei den amerikanischen Eroberungen[14]. Von Miaja de la Muela wurde auch aufgezeigt, daß eine Besonderheit des in Spanien während des Mittelalters geltenden Vasallentums darin bestand, daß die Vasallen – nicht im Sinne von Untertanen, sondern als persönliche Abhängige ihres höchsten Herren, dem sie Treue gelobten – die Pflicht hatten, ein Fünftel der Kriegsbeute für ihren Herrn zu reservieren[15].

Der Rest der Beute mußte zu gleichen Teilen unter die muslimischen Männer des Feldzuges, die Freie und Erwachsene waren, verteilt werden, auch wenn sie nicht tatsächlich gekämpft hatten, sowie an die Kranken und jene, die Dienste bei den rückwärtigen Verbindungen versahen[16]. Sogar derjenige, der während des Krieges starb, verlor nicht den Anspruch auf seinen Anteil an der Beute, der seinen Erben ausgehändigt werden mußte[17]. Die übrigen Personen, die nicht mit vollen Rechten ausgestattet sind, wie die Frauen, Kinder und Sklaven, sind den Rechtsgelehrten zufolge von der Verteilung der Beute ausgeschlossen, obwohl der Kalif ihnen einen geringeren Teil als den Kämpfern als Belohnung – „radj" – zugestehen kann[18]. Die Mehrzahl der Rechtsgelehrten schließen mit vollem Recht einen Teil der Beute für die Nicht-Muslime ein, die mit ihnen kämpften, während andere ein solches Recht bestreiten und ihnen nur eine Belohnung zugestehen[19].

Bei der Verteilung der vier Fünftel der Beute unter die Krieger, die darauf ein Anrecht haben, wird grundsätzlich zugestanden, daß den Reitern ein größerer Teil zusteht als dem Fußvolk. Malik und Abū Hanīfa meinen, daß diesen in Anbetracht der Unterhaltskosten für ihre Pferde der zweifache Teil jenes zusteht, während aš-Šāfiʿī und andere dieses Verhältnis auf das Dreifache erhöhen[20]. Andererseits wird eingeräumt, daß der Kalif das Recht hat, einem oder mehreren Kriegern einen zusätzlichen Anteil über seinen Anspruch hinaus – „tanfīl" – zu versprechen und auszuhändigen, wenn er dies für angebracht hält, um den Kampfgeist anzuregen und zu belohnen[21].

Die Truppen im allgemeinen können jegliche Sache, die für sie nötig ist, von der Gesamtheit der Beute vor der Verteilung nutzen und verbrauchen[22]. Auf alle Fälle wird festgelegt, daß eine solche Verteilung nicht erfolgen darf, bevor der Krieg zu Ende ist, um die Aufmerksamkeit des Heeres während der Schlacht nicht abzulenken. Abū Hanīfa und seine Anhänger

gestatten nicht, daß die Verteilung während des Aufenthalts der Muslime auf feindlichem Boden erfolgt, während aš-Šāfiᶜī es billigt, unter der Bedingung, daß diese Verteilung erst erfolgt, nachdem der vollständige Sieg errungen ist.[23]
Diese Regeln sind grundsätzlich auf alle Arten von gewaltsam erlangter Beute anzuwenden. Die unbewegliche Habe, Gefangene, Frauen, Kinder insbesondere, sind gewissen speziellen Regeln für jeden Fall unterworfen, wie wir im folgenden sehen werden.

C. Die Immobilien (unbewegliche Habe)

Wie wir sahen, legen die Rechtstexte keinerlei Unterscheidung zwischen beweglichen und unbeweglichen Gütern als Teilen der erworbenen Beute fest. Die Methode des Propheten bezüglich der unbeweglichen Habe – die nur den Boden umfaßt – wechselt zwischen der Verteilung wie die der beweglichen Beute und der Aneignung durch den Staat[24]. Während der ersten Zeit des Islam wurden viele eroberte Territorien auf derselben zuvor erwähnten rechtlichen Grundlage verteilt[25].
Im Grunde bot eine solche Aufteilung des Bodens, angesichts der geringen Ausdehnung der ersten islamischen Eroberungen, keine Schwierigkeiten. Später jedoch mit den großen Eroberungen in Syrien, Irak und Persien wurde man aufmerksam auf die Problematik der Verteilung derart ausgedehnter Territorien unter den Muslimen mit allen wirtschaftlichen, politischen und militärischen Rückwirkungen sowohl auf die Muslime als auch auf die einheimischen Eigentümer. Dieses Problem trat nach der Eroberung des Irak in Erscheinung, als die Truppen des Kalifen ᶜUmar I die Verteilung von vier Fünfteln der eroberten Ländereien forderten, die ihnen zu Recht zustanden. ᶜUmar entschied jedoch nach Beratung mit anderen Gefährten des Propheten mit der Gabe des großen Staatsmanns, die ihn kennzeichnete, sie nicht aufzuteilen, sondern in den Händen der früheren Eigentümer als „waqf" zu belassen, d. h. als Reserve zugunsten der gesamten islamischen Gemeinschaft, obwohl die Eigentümer fortfuhren, sie zu nutzen[26]. Diese mußten einen Territorial-Tribut, „harāǧ" genannt[27], entrichten außer der persönlichen Abgabe, „ǧizya", die sie in ihrer Eigenschaft als „ḏimmi" zahlten[28].
Zur Begründung dieser so wichtigen Reform führte ᶜUmar einen Korantext an, der alle muslimischen Generationen, sowohl gegenwärtige als auch künftige, zu Teilhabern am Nutzen des „fai'" – der friedlich erworbenen Beute – macht[29]. Er beschloß, zwischen friedlich oder gewaltsam eroberten Ländereien keinen Unterschied zu machen und folglich diese Ländereien nicht unter die Truppen aufzuteilen, die sie erobert hatten, mit dem Ziel, kommende Generationen nicht des Rechts ihrer Nutzung zu berauben[30]. Gleichzeitig war ᶜUmar aber durch politische und finanzielle Gründe ver-

anlaßt. Ihm zufolge benötigte der Staat ständig Mittel für seine riesigen öffentlichen Ausgaben, insbesondere auf militärischem Gebiet. Diese Mittel konnten in Form von Steuern auf die genannten Territorien bereitgestellt werden, womit regelmäßige, dauerhafte Einnahmen gesichert waren. Auch fürchtete er, daß die Beschäftigung der Araber mit der Landwirtschaft sie in ihren kriegerischen Eigenschaften beeinträchtigen könnte[31]. Dieses von ᶜUmar I eingeführte System wurde von den nachfolgenden Kalifen in ihrer Politik gegenüber den eroberten Territorien allgemein befolgt und beibehalten[32]. Ungeachtet dessen haben die verschiedenen juristischen Schulen unterschiedliche Meinungen bezüglich dieser Reform vertreten, wobei sie sich auf die eigenen Auslegungen der Rechtstexte stützten. Aš-Šāfiᶜī vertrat die gewöhnliche Regel, die die Pflicht auferlegte, die vier Fünftel der territorialen Beute, die gewaltsam erobert worden war, unter den Kämpfern aufzuteilen, die sie erobert hatten[33]. Die Hanafiten dagegen überließen die Frage der Entscheidung dem Kalifen, der die Ländereien aufteilen oder in den Händen der ehemaligen Eigentümer belassen konnte, wie es ᶜUmar I. tat[34]. Malik seinerseits ließ nicht zu, daß die Ländereien aufgeteilt werden und vertrat den Standpunkt, daß sie in ihrer Gesamtheit in das Vermögen des Staates eingehen müßten[35].

D. Die Gefangenen

In der Rechtsterminologie werden als „asrā" die volljährigen Männer bezeichnet, die als Gefangene genommen wurden, während die Frauen und Kinder als „ṣabī" bezeichnet werden, wobei die in jedem Fall angewandten Rechtsnormen unterschiedlich sind[36]. Wie wir bereits bemerkten, pflegt das Thema der Gefangenen von den muslimischen Rechtsgelehrten im allgemeinen in dem Kapitel behandelt zu werden, das der Kriegsbeute gewidmet ist, da sie versklavt werden konnten, wobei man sie – entweder sie selbst oder den Erlös – entsprechend den festgelegten Normen unter den Kriegern verkaufte oder verteilte.
Die Methode, die Kriegsgefangenen als Teil der Beute zu betrachten, ist sehr alt, und lange Zeit waren die Kriege die wichtigste Quelle für die Versorgung mit Sklaven. Diese Gewohnheit wurde in Europa auch im Mittelalter geduldet, und es wurde nur die Versklavung der Gefangenen im Laterankonzil des Jahres 1179 verboten[37]. Diese Methode wurde jedoch in bezug auf die Muslime fortgesetzt, und selbst Vitoria steht auf dem Standpunkt, daß „es zweifellos zulässig ist, Gefangene zu machen und die Kinder und Frauen der Sarazenen in die Knechtschaft zu führen"[38]. In Spanien, sagt Stadtmüller, wurden die Gefangenen der amerikanischen Eroberungen – ebenso wie in den Kriegen der Wiedereroberung gegen die Mauren – als Sklaven verkauft, und vom Erlös ihres Verkaufs erhielten die katholischen Könige – ebenso wie von der übrigen Kriegsbeute – das königliche

Fünftel[39]. Wesentlich später bei den Genfer Verhandlungen von 1929 und 1949 gelang es, eine humanitäre Gesetzgebung bezüglich der Kriegsgefangenen festzulegen[40].

Die Rechtsnormen, die die Behandlung und das Schicksal der Gefangenen bestimmen, sind dem Koran und den Methoden des Propheten entnommen. Im Koran sagt Allah:

> „Noch vermochte kein Prophet Gefangene zu machen, ehe nicht die Erde bedeckt ist mit den Leichen der Ungläubigen"[41].
>
> „Und wenn ihr die Ungläubigen trefft, dann herunter mit dem Haupt, bis ihr ein Gemetzel unter ihnen angerichtet habt; nehmt die übrigen gefangen und fesselt sie. Und dann entweder Gnade hernach oder Freilassung, bis der Krieg seine Lasten nieder gelegt hat."[42]

Die Rechtsgelehrten haben die Verse in unterschiedlicher Weise ausgelegt und sie durch die „sunna" vervollständigt und sind zu verschiedenen Schlußfolgerungen gelangt. Im Grunde genommen stimmen alle darin überein, daß dem Kalifen die endgültige Entscheidung über das Schicksal der Gefangenen vorbehalten bleibt. Gleichzeitig jedoch raten sie ihm die Annahme einer der folgenden Maßnahmen:

Erstens: die unverzügliche Exekution aller oder eines Teiles, solange sie in ihrem Unglauben beharren. Aš-Šāfiᶜī und Abū Yūssuf raten, daß eine solche Maßnahme nur ergriffen werden darf, wenn sie für den Islam vorteilhaft ist, und sofern sie dazu beiträgt, den Feind zu schwächen[43]. Abū Hanīfa verbietet die Hinrichtung der alten, blinden, invaliden und allgemein körperbehinderten Gefangenen, und ᶜAtā sowie Al-Ḥasan al-Basrī verbieten die Exekution der Gefangenen unter allen Umständen[44]. Jedenfalls ist die Gesamtheit der Rechtsgelehrten einig hinsichtlich der Unzulässigkeit der Tötung von gefangengenommenen Kindern und Frauen[45]. Der Übertritt zum Islam eines jeden Gefangenen verhindert seine Hinrichtung, aber nicht seine Versklavung, und wenn die Bekehrung vor seiner Gefangennahme erfolgt sein sollte, wird dies ihn in einen freien Menschen verwandeln, auch wenn er zuvor Sklave war[46].

Zweitens: sie zu befreien, ohne für einen Loskauf eine Entschädigung zu verlangen, wie es im Koran festgelegt ist. Einige Rechtsgelehrte sind gegen eine uneigennützige Freilassung der Gefangenen, und andere knüpfen daran die Bedingung, daß es eine für die Muslime vorteilhafte Maßnahme sein muß. In der Praxis wurden die Gefangenen im allgemeinen losgekauft, und das Lösegeld bildete einen Teil der Beute und unterlag ihren Regeln[47].

Drittens: sie zu versklaven, indem sie verkauft oder unter den Truppen des Feldzugs verteilt werden – sie selbst oder der Erlös ihres Verkaufs. Diese Maßnahme wurde normalerweise auf die Kinder und Frauen angewandt. In diesem Fall war die Trennung der Ehepaare oder der Kinder von ihren Eltern verboten[48]. ᶜUmar I., der gegen die Sklaverei im allgemeinen war, bestimmte, daß die Araber nicht in die Sklaverei gebracht werden durften, weil sie ihm zufolge „das Wesen des Islam sind“[49]. Seither war die Gewohnheit der Versklavung der Araber entgegengesetzt, obgleich einige Rechtsgelehrte sie billigen[50].

Viertens: sie in „ḏimmies“ zu verwandeln, und sie dann dem entsprechenden Status unterzuordnen[51]. Der Kalif kann nach seinem Gutdünken die Bevölkerung der durch Gewalt besetzten Territorien in die Sklaverei führen oder sie als „ḏimmies“ behandeln, wie es ᶜUmar I tat, und wie es tatsächlich in der Praxis vorkam[52].

Fünftens: sie mit den muslimischen Gefangenen austauschen, die sich in den Händen des Feindes befinden. In diesem Fall muß der Kalif diesen Verlust für diejenigen ausgleichen, die Recht auf Beute hatten, wobei er sie aus dem Anteil des Staates entschädigt[53].

Es ist Pflicht des Kalifen, mit allen möglichen Mitteln dafür zu sorgen, daß zuerst die muslimischen Gefangenen und später die gefangenen „ḏimmies“ befreit werden[54]. Abū Hanīfa zufolge muß die Zahlung des Lösegeldes zu Lasten der Gesamtheit der Beute vor deren Verteilung erfolgen[55]. Der Austausch und der Loskauf der Gefangenen waren unter den Muslimen und Byzantinern sehr häufig angewandte Methoden, die durch spezielle Verträge geregelt waren, die abgeschlossen wurden, um die Gefangenen zu befreien[56]. Der Loskauf der muslimischen Gefangenen wurde stets als eines der barmherzigen Werke angesehen, die von Gott belohnt würden. Der spanisch-muslimische Historiker Ibn al-Faradī spricht von einem Muslim aus Huesca, der im Jahre 919 starb, und der auf seine Kosten im Laufe seines Lebens mehr als 150 Kriegsgefangene losgekauft hatte[57]. Das Schicksal der vielen Kriegsgefangenen, sowohl Muslime als auch Christen, insbesondere in Spanien infolge der Kriege und der Seeräuberei, versetzte die Monarchen in Sorge, die stets ihren Loskauf zu erreichen suchten. Bei den Verhandlungen über den Abschluß von Waffenstillständen und Friedensverträgen zwischen muslimischen und christlichen Staaten waren die Befreiung von Gefangenen beider Seiten oder ihr Loskauf vorrangige Themen und wurden sogar in die Texte der Abkommen einbezogen[58]. Im Wortlaut eines Vertrages über Frieden und Freundschaft zwischen Alfons V. und dem Sultan von Ägypten, der im Jahre 1429 unterzeichnet wurde, lesen wir folgendes:

> „Wir, die Botschafter des Königs von Aragonien, erklären, daß hinsichtlich dessen, was zuvor angeführt und erwähnt wurde, dies der Freilassung der Personen untergeordnet bleibt, wie es gesagt wurde und nicht auf andere Weise“[59].

In einem anderen Vertrag, unterschrieben im Jahre 1292, zwischen Jaime II. von Aragonien und dem Sultan von Ägypten, wurde vereinbart, daß

> „wenn irgendein Muslim zu Lande oder zu Wasser, in irgendeinem beliebigen Land des Ostens oder Westens, nahe oder fern, nach dem Datum des Abschlusses dieses Vertrages in Kriegsgefangenschaft gerät und in

das Land des Königs D. Jaime oder in die Länder seiner Brüder oder Schwäger gebracht wird, um ihn in einem dieser Länder zu verkaufen, verpflichten sich die oben Genannten, ihn loszukaufen und in das Land des Königs al-Ašraf zurückzusenden“[60].

In Spanien entwickelte sich eine fortschrittliche und interessante juristische Institution von internationalem Charakter: die der „Alfaqueques“ – „fakkaki ...“ –, was wörtlich Retter bedeutet – und die von den Parteien wie folgt definiert wird:

„Alfaqueques bedeutet auf arabisch soviel wie Menschen guter Wahrheit, die eingesetzt sind, um Kriegsgefangene herauszuholen“[61].

Diese „Alfaqueques“ boten ihre Dienste den Familien an, die eines ihrer Mitglieder auf ungläubigem Territorium hatten, um mittels einer ordnungsgemäß beglaubigten Urkunde sich dorthin zu begeben und die Freilassung des Kriegsgefangenen zu erreichen und sein Lösegeld zu zahlen[62].

Diese juristische Institution, die unter den Muslimen seit dem 7. Jahrhundert bekannt war, wurde später von den Christen Spaniens übernommen, und wie Miaja de la Muela aufgezeigt hat, gab es im 13. Jahrhundert „Alfaqueques“ sowohl in den christlichen Reichen als auch in Granada, der letzten Zuflucht der Muslime[63]. Während der zweiten Hälfte des 14. Jahrhunderts gab es gleichzeitig „Alfaqueques“ und „frailes Mercenarios y Trinitarios“ mit dem Auftrag, Kriegsgefangene loszukaufen, wenn auch aus unterschiedlichen Motiven. Wie bereits Sanz Arizmendi sagte, wäre es interessant festzustellen, ob, wie man annehmen kann, Beziehungen und Einflüsse zwischen beiden Institutionen bestanden[64].

Um die humanitäre Arbeit der „Alfaqueques“ zu erleichtern, wurde in mehreren Verträgen zwischen Granada und Kastilien während des 15. Jahrhunderts vereinbart, ihnen vollständige Bewegungsfreiheit von einem Königreich in das andere ohne Notwendigkeit irgendwelcher vorheriger Genehmigungen zu gewähren[65].

Anmerkungen

[1] Vgl. Hitti, Ph., „History ...“, a. a. O., S. 25.

[2] Vgl. Mahmasani, S., „The Principles ...“, a. a. O., S. 312.

[3] Vgl. Nussbaum, A., a. a. O., S. 33.

[4] Vgl. Koran, XLVIII, 20; Al-Mawardī, a. a. O., S. 43.

[5] Vgl. Al-Mawardī, a. a. O., S. 126; Khadduri, „War and Peace ...“, a. a. O., S. 118–119; Armanazi, N., a. a. O., S. 126.

[6] Vgl. Al-Mawardī, a. a. O., S. 126; Abū Yūssuf, a. a. O., S. 2; Al-Saraḫsī, a. a. O., S. 7, Bd. X; Ibn Rušd, „Bidāyat ...“, a. a. O., S. 390–403.

[7] Vgl. Ibn Adam, a. a. O., S. 3; Ibn Rušd, a. a. O., S. 403.

[8] Vgl. Koran, VIII, 42.

[9] Vgl. Abū Yūssuf, a. a. O., S. 18; Al-Mawardī, a. a. O., S. 140; Aṭ-Ṭabarī, a. a. O., S. 68.

[10] Vgl. Abū Yūssuf, a. a. O., S. 19–21; Al-Saraḫsī, a. a. O., S. 8–10, während die Mehrzahl der Rechtsgelehrten der Ansicht waren, daß die Erwähnung des Namen Gottes mit den Personen, die Anspruch auf das Fünftel haben, einfach der Anfang für einen Vers ist; at-Tabarī, a. a. O., S. 137–138; Ibn Salām, „Kitāb al-amwāl“, (Kairo, 1303 d. H.), S. 23; andere deuteten es wörtlich und legten fest, daß der Teil Gottes für die Kosten der Kaaba von Mekka zu verwenden sei; vgl. Al-Mawardī, a. a. O., S. 139.

[11] Vgl. Aš-Šāfiʿī, „Kitāb al-umm“, a. a. O., Bd. IV, S. 64; Al-Mawardī, a. a. O., S. 139–140.

[12] Vgl. Aṭ-Ṭabarī, a. a. O., S. 133–134; Ibn Rušd, „Bidāyat ...“, a. a. O., S. 390–391.

[13] Vgl. García de Valdeavellano, L., „Curso de Historia de las Institucionen ...“, a. a. O., S. 609.

[14] Vgl. Ballesteros y Beretta, Antonio, „La Historia de España y su Influencia en la Historia Universal“, 2. Ed., (Madrid, 1962), Bd. II, S. 695.

[15] Vgl. Miaja de la Muela, „Ensayo ...“, a. a. O., S. 931.

[16] Vgl. Aṭ-Ṭabarī, a. a. O., S. 68–78; Ibn Rušd, „Bidāyat ...“, a. a. O., S. 391–395; Ibn Adam, a. a. O., S. 5–6.

[17] Vgl. Aṭ-Ṭabarī, a. a. O., S. 76–77; Ibn Qudāma, a. a. O., S. 409–410.

[18] Vgl. Ibn Rušd, „Bidāyat ...“, a. a. O., S. 392–393; Al-Saraḫsī, a. a. O., S. 16–17; Al-Mawardī, a. a. O., S. 140.

[19] Vgl. Mahmasani, S., „The Principles ...“, a. a. O., S. 315; Al-Saraḫsī, a. a. O., S. 23–24; Aš-Šaibānī, a. a. O., S. 680.

[20] Vgl. Abū Yūssuf, a. a. O., S. 18; Aš-Šaibānī, a. a. O., S. 885–890; Al-Mawardī, a. a. O., S. 140–141; Ibn Rušd, „Bidāyat ...“, a. a. O., S. 394–395; Ibn Qudāma, a. a. O., S. 404–405.

[21] Vgl. Aš-Šaibānī, a. a. O., S. 593 ff; Ibn Rušd, a. a. O., S. 395 ff; Ibn Qudāma, a. a. O., S. 378 ff.

[22] Vgl. Aš-Šaibānī, a. a. O., S. 1017 ff; Aṭ-Ṭabarī, a. a. O., S. 99–102.

[23] Vgl. Aš-Šaibānī, a. a. O., S. 1010–1011; Aṭ-Ṭabarī, a. a. O., S. 128–131; Al-Mawardī, a. a. O., S. 139.

[24] Vgl. Ibn Adam, „Kitāb al-harāǧ“, a. a. O., S. 22–25; Al-Mawardī, a. a. O., S. 137–138.

[25] Vgl. Mahmasani, S., „The Principles ...“, a. a. O., S. 317.

[26] Vgl. Abū Yūssuf, a. a. O., S. 23–27, Ibn Adam, a. a. O., S. 28–31; Ibn Rušd, a. a. O., S. 401–403; über den Begriff „waqf“, vgl. Cattan, Henry, „The Law of Wakf“, in „Law in the Middle East“, a. a. O., S. 203–234.

[27] Der Ausdruck „harāǧ“ stammt aus dem Griechischen „choregia“ oder aus dem Aramäischen „Keragga“ und wurde in der Verwaltungssprache von Byzanz in dem allgemeinen Sinn von Abgabe oder Steuer verwendet. In der islamischen juristischen Terminologie wird der Ausdruck ausschließlich gebraucht, um die Grundsteuer zu bezeichnen, während der

„ǧizya" ein Tribut von persönlichem Charakter ist. Der wesentliche Unterschied zwischen beiden besteht darin, daß, während der „harāǧ" auf die gewaltsam eroberten Territorien gelegt wurde, diese Territorien weiter belastet wurden, obwohl ihre Eigentümer sich zum Islam bekannten oder an einen Muslim verkauft wurden, der „ǧizya" erlosch, wenn der „ḏimmi" sich zum Islam bekannte. Die Höhe des „harāǧ" wechselte von einem Ort zum anderen und hing im allgemeinen von der Ergiebigkeit des Bodens ab. Unter dem omaijadischen Kalifen ᶜUmar II. – gestorben 720 – wurde ein einheitliches Regime entwickelt, das zur Grundlage der Formulierungen der Rechtsgelehrten zu dieser Frage wurde. Das bedeutendste Buch zu diesem Problem ist das „Kitāb al-harāǧ", das vom Großrichter von Bagdad Abū Yūssuf auf Verlangen des Kalifen Hārūn ar-Rašīd geschrieben wurde. Zu diesem Thema im allgemeinen, vgl. Ibn Adam, „Kitāb al-harāǧ", a. a. O.; Al-Mawardī, a. a. O., S. 142–156; Khadduri, M., „War and Peace ...", a. a. O., S. 187–190; Hitti, Oh., „History ...", a. a. O., S. 170–172; Lokkegaard, Frede, „Islamic Taxation in the Classic Period", (Kopenhagen, 1950). Bezüglich Spaniens, vgl. García Valdeavellano, L., „Historia de las Instituciones ...", a. a. O., S. 222; I. de las Gagigas, „Los Mozárabes", 2 Bde. (Madrid, 1947), S. 83–84.

28 Über den Begriff der „ḏimma", vgl. diese Arbeit S. 231–241.

29 Vgl. Koran, LIX, 7–9.

30 Über die Haltung von ᶜUmar I. bezüglich der Aufteilung der eroberten Ländereien, vgl. Abū Yūssuf, a. a. O., S. 23–27; Ibn Adam, a. a. O., S. 5, 12–14.

31 Vgl. Schacht, J., Art. „Fai'", in „Encyclopedia of Islam", a. a. O., Bd. II, S. 38–39; Abū Yūssuf, a. a. O., S. 24.

32 Vgl. Khadduri, M., „War and Peace ...", a. a. O., S. 195.

33 Vgl. Al-Mawardī, a. a. O., S. 137.

34 Vgl. Abū Yūssuf, a. a. O., S. 63.

35 Vgl. Ibn Rušd, a. a. O., S. 401.

36 Vgl. Al-Mawardī, a. a. O., S. 131.

37 Vgl. Nussbaum, A., a. a. O., S. 22–23.

38 Vgl. Vitoria, F., „De Jure Belli", (de Indes II), 42. Ed. in Teófilo Urdanor (Madrid, 1960), S. 846.

39 Vgl. Stadtmüller, G., a. a. O., S. 127.

40 Vgl. Verdross, A., a. a. O., S. 371–374.

41 Vgl. Koran, VIII, 68.

42 Vgl. Koran, XLVII, 4–5.

43 Vgl. Abū Yūssuf, a. a. O., S. 195–196; Aš-Šāfiᶜī, „al-umm", a. a. O., Bd. IV, S. 316.

44 Vgl. Aṭ-Ṭabarī, a. a. O., S. 114–115; Abū Yūssuf, a. a. O., S. 195.

45 Vgl. Al-Mawardī, a. a. O., S. 134; Ibn Qudāma, a. a. O., Bd. VIII, S. 372; Ibn Rušd, a. a. O., S. 383; Aš-Šaibānī, a. a. O., S. 1035–1036.

46 Vgl. Aš-Šaibānī, a. a. O., S. 341; Al-Mawardī, a. a. O., S. 131; Ibn Qudāma, a. a. O., S. 374–375; Aṭ-Ṭabarī, a. a. O., S. 142–144.

47 Vgl. Koran, XLVII, 4–5; Ibn Qudāma, a. a. O., S. 372–374; Al-Mawardī, a. a. O., S. 131–132.

48 Vgl. Aš-Šaibānī, a. a. O., S. 1040; Al-Mawardī, a. a. O., S. 134; Aṭ-Ṭabarī, a. a. O., S. 166.

49 Vgl. Ibn Adam, a. a. O., S. 31.

50 Vgl. Khadduri, M., „War and Peace ...", a. a. O., S. 131–132.

51 Vgl. Aš-Šaibānī, a. a. O., S. 1036; Ibn Rušd, a. a. O., S. 382; Ibn Qudāma, a. a. O., S. 375.

52 Vgl. Ibn Adam, a. a. O., S. 31; Al-Saraḫsī, a. a. O., S. 15.

53 Vgl. Al-Mawardī, a. a. O., S. 134.

54 Vgl. Ibn Qudāma, a. a. O., S. 445; Ibn Ǧuzī, a. a. O., S. 112.

[55] Vgl. Aṭ-Ṭabarī, a. a. O., S. 144–145.

[56] Vgl. diese Arbeit, S. 281.

[57] Vgl. Ibn al-Faradī, „Ta'riḫ ᶜulamā' al-Andalus", Ed. von Francisco Codera, Bibliotheca Ar. Hisp. Bde. VII u. VIII. No. 74 (Madrid, 1892).

[58] Vgl. z. B. Amador de los Rios, José, „Memoria Histórica sobre las treguas celebradas en 1439 entre los Reyes de Castilla y de Granada", (Madrid, 1871) S. 36ff.

[59] Vgl. „Los Documentos Arabe Diplomaticos del Archivo de la Corona de Aragón", traducidos y editados por Maximiliano A. Alarcón y Santón y Ramón Carcía de Linares, (Madrid, 1940) S. 389.

[60] Vgl. ebenda, S. 342.

[61] Vgl. „Las siete Partidas del Rey Sabio Don Alfonso el Nono", glosado por Gregorio López (Madrid, 1789), Título XXX, de la seguna Partida, zitiert von Miaja de la Muela, „Ensayo ...", a. a. O., S. 933.

[62] Vgl. Levi-Provençal, a. a. O., Bd. V., S. 60.

[63] Vgl. Miaja de la Muela, „Ensayo ...", a. a. O., S. 933.

[64] Vgl. Sanz Arizmendi, Claudio, „Un Contrato del Siglo XIII", Spanische Vereinigung für den Fortschritt der Wissenschaften, Kongreß von Sevilla, Bd. VIII, sechste Sektion: Historische, philosophische und philologische Wissenschaften, (Madrid, 1918) S. 52, zitiert von Miaja de la Muela, „Ensayo ...", a. a. O., S. 934.

[65] Vgl. diese Arbeit, S. 300.

Das islamische Friedensrecht
Kapitel XII.
Das Friedensrecht

A. Allgemeine Begriffe

Wie wir auf den vorhergehenden Seiten aufgezeigt haben, besteht der Ausgangspunkt der islamischen Rechtslehre über die internationalen Beziehungen in der Teilung der Welt in zwei Teile: „dār al-islām", der das Territorium ist, wo der Friede herrscht, und der alle Länder unter der Herrschaft der islamischen Staaten umfaßt, die von der „šarīᶜa" regiert werden,[1] und „dār al-ḥarb", der den Rest der Welt umfaßt, der von den Ungläubigen bewohnt wird[2]. Aš-Šafiᶜī und seine Anhänger nehmen noch eine dritte Unterteilung vor: „dār aṣ-ṣulḥ" oder „dār al-ᶜahd" – Territorium des Friedens oder der Vereinbarung, das die Gebiete oder Staaten einschließt, die eine Vasallenbeziehung mit den Muslimen auf der Grundlage einer Friedensvereinbarung oder eines Friedensvertrages eingehen, ohne jedoch der Rechtsprechung des islamischen Rechts unterworfen zu sein[3]. Die anderen juristischen Schulen und insbesondere die der Hanafiten lassen eine solche Klassifizierung nicht gelten, die die Möglichkeit der Existenz eines Territoriums bedeuten würden, das weder zum „dār al-ḥarb" noch zum „dār al-islām" gehört. Jedenfalls ist diese Auffassung der Schule der Schafiiten wenig begründet, und ihre praktische Anwendung war ziemlich selten und ungewöhnlich[4]. Es scheint, daß die Schafiiten eine solche Auffassung mit dem Ziel entwickelten, bestimmte Fälle anzupassen, die in der Geschichte des Islam bei der Anwendung der Grundsätze der „šarīᶜa"[5] auftraten. Theoretisch sind die Beziehungen zwischen den beiden Sektoren nicht von friedlichem Charakter, sondern, als Folge der Verpflichtung der Muslime, den „ǧihād" gegen die Ungläubigen aufzunehmen, feindselig und ständig offen oder latent kriegerisch. Trotzdem bedeutet diese theoretische Teilung der Welt nicht notwendigerweise das Bestehen eines tatsächlichen Kriegszustandes zwischen beiden Sektoren. Eher ist es, wie Khadduri – nach der westlichen Rechtsterminologie – aufzeigt, die Entsprechung einer Nichtanerkennung, d. h. der Unfähigkeit des „dār al-ḥarb", unter dem islamischen Recht eines Rechtsstatus zu erhalten, solange ihm die wesentliche doktrinäre Vorbedingung fehlt, d. i. der wahre Glaube. Diese Nichtanerkennung bedeutete nicht, wie im modernen Recht, die Unmöglichkeit, Verhandlungen aufzunehmen und Verträge abzuschließen, solange diese Akte nicht die Gleichheit zwischen den vertragschließenden Seiten bedeuten würde, und sie besaßen auch nicht notwendigerweise einen ständigen Charakter[6].

Die Existenz souveräner Staaten des „dār al-ḥarb" wird von der islamischen Rechtstheorie nur als eine „de-facto-Situation" angesehen, die keinerlei rechtliche Konsequenz hat, und die folglich die muslimische Gemeinschaft nicht verpflichtet. Die einzige Ausnahme ist vielleicht die Pflicht der Muslime, an sie die Aufforderung zu richten, den Islam anzunehmen oder den „ǧizya" zu zahlen, bevor gegen sie der „ǧihād" erklärt wird. Die internationalen Beziehungen des islamischen Staates werden von den Rechtsgelehrten einzig als Tätigkeit des „ǧihād" gesehen, der gegen die Gesamtheit der Ungläubigen des „dār al-ḥarb" zwangsläufig ist, seien es nun souveräne und unabhängige Staaten oder nicht. Andererseits wird die Existenz solcher Staaten außerhalb des „dār al-islām" als eine vorübergehende und zeitweilige Lage angesehen, die nur solange dauert, bis die Muslime sie haben verändern können, um die Welt in einen Staat des Friedens zu verwandeln, der vom göttlichen Gesetz beherrscht wird[7].

Das Friedensrecht erscheint so in den Ausarbeitungen der Rechtsgelehrten als eine Ableitung vom Kriegsrecht und ist nur in Situationen anwendbar, die die zeitweilige Einstellung des „ǧihād" gesetzlich rechtfertigen. Wie Professor Kruse schreibt, kann der Krieg nach der europäischen Vorstellung nur aufgenommen werden, wenn die Normen des internationalen Rechts es gestatten – bellum justum. Demgegenüber erlaubt die islamische Rechtstheorie die Herstellung friedlicher Beziehungen nur, wenn die Normen des Kriegsrechts nicht angewandt werden – pax justa –[8].

Verschiedene zeitgenössische muslimische Autoren weisen den Gedanken zurück, daß der Kriegszustand die normale Lage der Beziehungen des Islam mit der Außenwelt sei. Während Manṣūr meint, daß der Islam nur den Verteidigungskrieg zuläßt[9], behauptet Mahmasani, daß das islamische Recht den Frieden als den Normalzustand seiner Beziehungen mit den anderen Gemeinschaften betrachtet, wobei der Krieg eine Ausnahme ist, wie aus dem Koran selbst hervorgeht[10]. Es trifft zu, daß in vielen Versen für den Frieden eingetreten und geraten wird, mit jenen in Frieden zu leben, die die Muslime nicht verfolgen:

> „Sind sie aber zum Frieden geneigt, so sei auch du ihm geneigt"[11].
>
> „O ihr, die ihr glaubt, tretet ein in das Heil insgesamt und folget nicht den Fußstapfen des Satans; siehe, er ist euch ein offenkundiger Feind"[12].
>
> „Wenn sie von euch scheiden, ohne euch zu bekämpfen, und euch Frieden anbieten, so gibt euch Allah keinen Weg wider sie"[13].

Wir versuchen hier nicht, die islamische Kriegslehre wiedererstehen zu lassen, sondern wir beschränken uns darauf, diese Lehre zu erklären, wie sie von den klassischen Rechtsgelehrten ausgearbeitet und dargelegt wurde, die in ihrer großen Mehrheit stets davon ausgingen, daß die Beziehungen des islamischen Staates mit der Außenwelt im wesentlichen auf dem Gedanken des „ǧihād" beruhen.

In der Praxis, und wie es gar nicht anders geschehen konnte, sagt Professor Truyol, erzwang die Wirklichkeit Abschwächungen dieses Dualismus, wie

sie sie gleichfalls in umgekehrtem Sinne den Christen auferlegte[14]. Die ökonomisch-politischen Erfordernisse und die Anforderungen des menschlichen Zusammenlebens im allgemeinen führten zur immer stärkeren Zunahme der friedlichen Beziehungen zwischen „dār al-islām" und „dār al-ḥarb".
In der Tat hat die Einteilung der Welt in zwei einander entgegengesetzte Lager, wie sie von den muslimischen Rechtsgelehrten vorgenommen wird, keinerlei Grundlage, weder im Koran noch in der „sunna" des Propheten und wurde nachträglich aus der Lage der bereits bestehenden Dinge abgeleitet. Die muslimischen Rechtsgelehrten merkten jedoch die Unmöglichkeit, einen heißen Krieg gegen die Ungläubigen des „dār al-ḥarb" aufrechtzuerhalten und mußten zu einem Kompromiß zwischen der konkreten Realität und dem theoretischen Ideal gelangen.
So haben die Rechtsgelehrten die Möglichkeit eingeräumt, den „ǧihād" unter bestimmten Umständen auszusetzen, jedoch unter der Bedingung, daß diese Aussetzung durch eine äußerste Notwendigkeit oder deshalb erfolgt, weil sie einen vorteilhaften Umstand für den Islam darstellt. Aš-Šāfiᶜi drückt dies aus, indem er sagt, daß

> „die wesentliche Pflicht der Muslime darin besteht, die Ungläubigen zu bekämpfen, bis sie den Islam annehmen oder den „ǧizya" bezahlen. Wenn sich aber die Muslime in einer Lage der Unterlegenheit gegenüber dem Feind befinden oder danach streben, einen Vorteil für den Islam zu erlangen, dann ist es zulässig, mit den Ungläubigen einen Waffenstillstand oder Friedensvertrag mit oder ohne Zahlung eines Tributs abzuschließen"[15].

Al-Saraḫsī fügt hinzu, daß die Aussetzung des „ǧihād", wenn sie unvermeidlich sein sollte, auch eine Möglichkeit darstellt, ihn in negativem Sinne zu verwirklichen, da die erste Pflicht der Muslime darin besteht, ihre eigenen Kräfte zu erhalten, indem die Ungläubigen nur bekämpft werden, wenn geeignete Bedingungen dazu vorliegen[16]. Die Ursachen, die den Abschluß von Friedensverträgen mit den Ungläubigen und ihre Rechtsfolgen gesetzlich rechtfertigen können, werden weiter unten im einzelnen aufgezeigt werden[17].
Die wichtigste Auswirkung des Abschlusses eines Friedensvertrages mit einem Feind besteht in der Beendigung der Feindseligkeiten während seiner Gültigkeit und der Schaffung einer gesetzlichen Grundlage für den friedlichen Austausch zwischen dem „dār al-islām" und dem „dār al-ḥarb". Während dieses Zeitraumes genießt der Gegner einen „amān" – Sicherheit, Freies Geleit –, der ihm die Unantastbarkeit seiner Person und seiner Habe gewährleistet. Die Institution des „amān" bedeutet das grundlegende Instrument des islamischen Friedensrechts, da es sowohl der Gesamtheit der Einwohner eines Staates, als auch einer geringeren Gruppe oder einem einzelnen Individuum gewährt werden kann. Die Berechtigung, den „amān" zu gewähren, liegt nicht nur bei den politischen Behörden des isla-

mischen Staates, sondern ist auch Befugnis jedes beliebigen Muslim. Selbst die Rechtsgelehrten pflegen das Problem der Verträge des „ḏimma“ oder des Friedens im Rahmen des Themas des „amān“ zu untersuchen, weshalb wir es für erforderlich halten, zu einer detaillierteren Untersuchung dieser interessanten Institution überzugehen.

B. Der „amān“

Wörtlich bedeutet der Ausdruck „amān“ Sicherheit, Schutz, Unantastbarkeit und allgemein das Gegenteil von Furcht.[18] Gesetzlich ist der „amān“ das vom islamischen Staat oder von einem einzelnen Muslim individuell den Feinden des „dār al-ḥarb“ gewährte Versprechen absoluter Sicherheit[19].

Der „amān“ kann in behördlichen und nicht-behördlichen[20], in vertragsmäßigen und gewöhnlichen oder üblichen[21] eingeteilt werden. Der erstgenannte ist der vom Kalifen oder seinen Vertretern den Bewohnern eines Landes, einer Stadt oder einer größeren Gruppe Ungläubiger gewährte[22]. Die Art von „amān“ ergibt sich automatisch aus der Unterzeichnung eines Friedensvertrages – „muwādaᶜa“ – mit dem Feind. Als Folge der Gewährung des „amān“ können die Feinde mit aller Sicherheit in den „dār al-islām“ eintreten, wobei ihnen gestattet ist, mit seinen Bewohnern jede Art von bürgerlichen und Handelsbeziehungen innerhalb der Grenzen der „šarīᶜa“ aufzunehmen. Die als „ḥarbī“ – Angehörige des „dār al-ḥarb“ – bezeichneten Feinde verwandeln sich infolge der Gewährung des „amān“ in „musta’mine“ und genießen während ihres Aufenthalts auf islamischem Boden die Unantastbarkeit ihrer Person und Habe, wobei es verboten ist, sie in irgendeiner Weise zu belästigen, solange sie die Bestimmungen ihres Status erfüllen[23]. Der „musta’min“ kann im „dār al-islām“ nur für einen ununterbrochenen Zeitraum von weniger als einem Jahr wohnen. Während der Gültigkeit des Vertrages wird ihm die Ein- und Ausreise in das und aus dem islamischen Territorium ohne besondere Genehmigung gestattet, vorausgesetzt, daß sein Aufenthalt jedesmal weniger als ein Jahr dauert. Es wird ihm die Möglichkeit gegeben, für längere Zeit oder ständig im „dār al-islām“ zu wohnen, wenn er bereit ist, den „ğizya“ zu zahlen und sich an das Statut des „ḏimma“ zu halten[24].

Der muslimische Rechtsgelehrte Ibn Ǧuzī aus Granada schließt in diese Kategorie des „amān“ die „ḏimma“-Verträge mit dem „’ahl al-kitāb“ ein und bezeichnet den „amān“ als solchen auf Lebenszeit[25].

Andererseits haben uns die arabischen Chronisten von Al-Andalus den Text eines „amān“-Briefes – „Kitāb amān“ – hinterlassen, der von Abd ar-Raḥmān I im Jahre 759 der Bevölkerung von Katalonien für einen Zeitraum von fünf Jahren gewährt wurde. Sein Text hat folgenden Wortlaut:

„Im Namen Allahs, des Erbarmers, des Barmherzigen. Sicherheitsbrief–

„amān“ – gewährt vom edlen Emir und achtbaren König Abd ar-Raḥmān den Patriziern, Mönchen, Fürsten und der übrigen Bevölkerung von Kastilien und seinen abhängigen Gebieten. Ihnen wird Sicherheit und Frieden gewährt, wobei man sich verpflichtet, diesen Pakt nicht zu brechen, solange sie jährlich für den Zeitraum von fünf Jahren zehntausend Unzen Gold, zehntausend Pfund Silber, zehntausend der besten Pferde und ebenso viele Maultiere mit einigen tausend Rüstungen, tausend Eisenhelmen und ebenso viele Lanzen zahlen“[26]

Die zweite Art des „amān“, der nicht-behördliche, ist der einem einzelnen Individuum oder einer kleinen Gruppe von Ungläubigen, vom Kalifen oder von irgendeinem erwachsenen, gesunden Muslim gewährte[27]. Im Unterschied zu den Hanafiten verleihen die übrigen Rechtsgelehrten die Befugnis, den „amān“ zu gewähren, jedem Muslim, ob Mann oder Frau, Freier oder Sklave[28]. Indessen stimmen alle darin überein, dieses Recht den Nicht-Muslimen zu verweigern, die Untertanen des Kalifen sind – den „ḏimmies“[29].

Die rechtliche Grundlage der Institution des „amān“ ist aus dem Koran abgeleitet, wo Gott sagt:

„Und so einer der Götzendiener dich um Zuflucht angeht, so gewähre ihm Zuflucht, auf daß er Allahs Wort vernimmt. Alsdann laß ihn die Stätte seiner Sicherheit erreichen.“[30]

Die Erwägung, alle Muslime als befugt zu betrachten, den „amān“ zu gewähren, geht aus dem „ḥadīt“ des Propheten hervor, der besagt:

„Alle Muslime sind gleich – bezüglich des Preises ihres Blutes – und der geringste unter ihnen kann seinen Schutz vereinbaren“[31].

Der von irgendeinem Muslimen gewährte „amān“ ist gültig, und die Behörden sind verpflichtet, ihn zu respektieren[32]. Einige Rechtsgelehrte wie Aš-Šaibānī und Ibn Qudāma haben die Komplikationen erkannt, die aus dieser unbegrenzten Freiheit der Muslime entstehen können, dem Feind den „amān“ zu gewähren, weswegen sie dazu neigten, sie einzuschränken. So betrachtet Ibn Qudāma den von einem einzigen Individuum der Bevölkerung einer ganzen Stadt, einer Provinz oder einer zahlreichen Gruppe von Feinden gewährten „amān“ nicht für gültig, weil dies, ihm zufolge, zur Beeinträchtigung des „ǧihād“ führt und eine Benachteiligung der Autorität des Kalifen bedeutet[33]. Aš-Šaibānī seinerseits stellt fest, daß die Entscheidungen über die Angelegenheiten, die die Gesamtheit der Muslime berühren kann, wie der Krieg und der Frieden, dem Kalifen vorbehalten bleiben müssen. Deshalb sollen die Individuen davon absehen, den „amān“ einem ganzen Heer zu gewähren, und der Kalif hat die Befugnis, zu verbieten, daß die Muslime den „amān“ unter bestimmten Umständen verleihen. Wenn sie es jedoch tun, wäre der von ihm gewährte „amān“ gültig, obwohl sie dafür bestraft werden können, und der Kalif muß berücksichtigen, wenn die Feinde von einem solchen Verbot keine Kenntnis hatten, wobei er sie schützen muß, bis sie zu ihrer Zuflucht oder dem Ort ihrer Sicherheit zurückkehren, wo sie sich vor der Gewährung des „amān“ befunden haben[34]. Wie dem auch sei, es ist ausdrücklich untersagt, den „amān“ zu nutzen oder zu mißbrauchen, um den Feind zu verraten oder einen Vorteil über ihn zu erreichen. Aš-Šaibānī, der mehr als ein Viertel seines „Siyar“ der Untersuchung der Institution des „amān“ widmete, widerspiegelt zweifellos eine bewundernswerte moralische Sorge, die auf die treue Erfüllung des Versprechens des „amān“ und die Verhinderung jeder Form eines Betruges oder Verrats gerichtet ist[35].

Andererseits ist die Gewährung des „amān“ ein einfacher Vorgang, der keine spezielle Formalität oder Verfahren erfordert, wobei es in den Worten jeder beliebigen Sprache sowie durch jedes Zeichen oder jede Bewegung erfolgen kann, die der Feind als solches betrachtet[36].

Desgleichen pflegte das Thema der Immunität der Diplomaten, die vom islamischen Recht anerkannt wird, von den Rechtsgelehrten in dem „amān“ genannten Kapitel untersucht zu werden. Diese diplomatischen Emissäre und Gesandten genießen einen absoluten und automatischen „amān“, ohne daß er ihnen erst gewährt werden müßte[37]. Ibn Qudāma dehnt den „amān“ automatisch auch auf die Kaufleute aus, die den „dār al-islām“ zu eindeutig kommerziellen Zwecken betreten[38]. Die übrigen Feinde – „ḥarbī“ –, die in das islamische Gebiet ohne vorherigen „amān“ eindringen, müssen wie Kriegsgefangene behandelt werden, obwohl Aš-Šāfiᶜi rät, ihnen einen Zeitraum von vier Monaten einzuräumen, nach denen sie ausgewiesen werden, wenn sie nicht den Islam annehmen oder sich in „ḏimmies“ verwandeln[39].

Anmerkungen

[1] Vgl. Mahmasani, „The Prinicples ...", a. a. O., S. 250.

[2] Einigen Rechtsgelehrten zufolge ist Abessinien, entsprechend einem „ḥadīt" des Propheten, davon ausgeschlossen. Der „ḥadīt" lautet: „Laßt die Abessinier in Frieden, solange diese nicht die Initiative ergreifen", Abū Dāūd, „sunnan", (Kairo, 1935) Bd. IV, S. 112–114. Andererseits gibt es eine Erklärung in der wohlwollenden Haltung des Kaisers von Abessinien gegenüber den muslimischen Flüchtlingen, die von den Quraiš in der ersten Zeit des Islam – im Jahre 615 – verfolgt wurden, als er sich weigerte, ihrer Auslieferungsforderung zu entsprechen. Vgl. Ibn Hišām, „Sīra", a. a. O, Bd. 1, S. 208–221; Ibn Rušd, „Bidāyat ...", a. a. O., S. 381; zum rechtlichen Status Abessiniens an der islamischen Lehre, vgl. Khadduri, „War and Peace ...", a. a. O., S. 253–258.

[3] Vgl. Al-Mawardī, a. a. O., S. 138.

[4] Vgl. Macdonald, d. b., Art. „Dār aṣ-ṣulḥ" in „Encyclopedia of Islam", a. a. O., Bd. I, S. 919.

[5] Vgl. Khadduri, „War and Peace ...", a. a. O., S. 251–267.

[6] Vgl. Khaddur, ebenda, S. 144.

[7] Vgl. Kruse, H., „The Foundations of Islamic International Jurisprudence", a. a. O., S. 235–246.

[8] Vgl. ebenda, S. 246.

[9] Vgl. Manṣūr, A., „Aš-Šarīᶜa", a. a. O., S. 30–34 u. 237 ff. Unter den klassischen Rechtsgelehrten ist Ibn Taimīyya dieser Meinung und behauptet, daß die Untreue an sich keinen Grund dafür darstellt, daß die Muslime den Ungläubigen den Krieg erklären, zumal der Verteidigungskrieg der einzige im Islam zulässige Krieg ist. Vgl. Ibn-Taimīyya, „qāᶜida ...", a. a. O., S. 118–126.

[10] Vgl. Mahmasani, „The Principles ...", a. a. O., S. 249–250.

[11] Vgl. Koran, VIII, 61.

[12] Vgl. Koran, II, 208.

[13] Vgl. Koran, IV, 90.

[14] Vgl. Truyol y Serra, A., „Fundamentos ...", a. a. O., S. 145.

[15] Vgl. Aṭ-Ṭabarī, a. a. O., S. 14–17; Ibn Rušd, a. a. O., S. 387–388; Ibn Qudāma, a. a. O., S. 459 ff; Marġinānī, a. a. O., Bd. IV, S. 293–294.

[16] Vgl. As-Saraḫsī, „Mabsūt", a. a. O., Bd. X, S. 86–87.

[17] Vgl. diese Arbeit, S. 312 ff.

[18] Vgl. Juynboll, Th. W., Art „amān", in „Encyclopedia ...", Bd. I, S. 325.

[19] Vgl. Aš-Šaibānī, a. a. O., S. 252 ff, in der Übersetzung von Khadduri, „Shaybani's Siyar", a. a. O., S. 158 ff; Ibn Qudāma, a. a. O., S. 397–403.

[20] Vgl. Khadduri, „War and Peace ...", a. a. O., S. 164.

[21] Vgl. Mahmasani, „The Principles ...", a. a. O.

[22] Vgl. Ibn Qudāma, a. a. O., S. 398.

[23] Über den Status der „Mustamine", vgl. diese Arbeit S. 229–231; Khadduri, „Shaybani's Siyar", a. a. O., S. 160 ff.

[24] Vgl. Al-Mawardī, a. a. O., S. 146; Al-Saraḫsī, a. a. O., S. 89; Abū Yūssuf, a. a. O., S. 189.

[25] Vgl. Ibn Qudāma, a. a. O., S. 463; Ibn Ǧuzī, a. a. O., S. 113.

[26] Der Wortlaut dieses „amān"-Briefes befindet sich bei Levi-Provençal, „España Musulmana", a. a. O., Bd. IV, S. 76–77; Simonet, F. J., „Historia de los Mozárabes en España", (Madrid 1897–1903) S. 243–244. Nach Gasiri befindet sich dieser Text in einem Manuskript von Ibn al-Ḫatīb, aufbewahrt im Escorial und reproduziert in seiner „Biblioteca Arabico Hispana Escurialensis", (Madrid, 1760) II, S. 103–104.

[27] Vgl. Aš-Šaibānī, a. a. O., S. 225–227; Ibn Qudāma, a. a. O., S. 391–397; Ibn Rušd, a. a. O., S. 383.

[28] Vgl. Aš-Šaibānī, a. a. O., S. 252–254; As-Saraḫsī, a. a. O., S. 69–70; abū-Yūssuf, a. a. O., S. 204; Aṭ-Ṭabarī, a. a. O., S. 25–30.

[29] Vgl. Aṭ-Ṭabarī, a. a. O., S. 30; Ibn Qudāma, a. a. O., S. 398; Aš-Šaibānī, a. a. O., S. 257.

[30] Vgl. Koran, IX, 6.

[31] Vgl. Al-Mawardī, a. a. O., S. 52; Aš-Šaibānī, a. a. O., S. 252; Ibn Rušd, a. a. O., S. 383.

[32] Vgl. Aš-Šaibānī, a. a. O., S. 258 u. 361–364; Aṭ-Ṭabarī, a. a. O., S. 27–29.

[33] Vgl. Ibn Qudāma, a. a. O., S. 398.

[34] Vgl. Aš-Šaibānī, a. a. O., S. 576–579.

[35] Vgl. Aš-Šaibānī, a. a. O., S. 361–364 u. 583–585.

[36] Vgl. Aš-Šaibānī, a. a. O., S. 283–284; Abū Yūssuf, a. a. O., S. 204–205; Al-Saraḫsī, a. a. O., S. 130.

[37] Vgl. Aš-Šaibānī, a. a. O., S. 296, 515–520; Al-Saraḫsī, a. a. O., S. 92; Ibn Qudāma, a. a. O., S. 523.

[38] Vgl. Ibn Qudāma, a. a. O., S. 403 u. 523.

[39] Vgl. Aš-Šāfiʿī, „Kitāb al-umm“, a. a. O., Bd. IV, S. 201; Abū Yūssuf, a. a. O., S. 188; Ibn Qudāma, a. a. O., S. 403.

Kapitel XIII.
Wirkungsbereich des islamischen Rechts

Die Auffassung, daß das Recht eines Staates automatisch auf alle Personen anzuwenden ist, die sich auf seinem Territorium befinden, ist modernen Ursprungs. In Europa entstand sie mit der Renaissance und verbreitete sich erst nach der französischen Revolution[1].

Im Altertum herrschte das Personalprinzip vor, und folglich war der Rechtsstatus der Personen, in Abhängigkeit von ihrer Familien-, Stammes-, nationalen oder Religionszugehörigkeit, unterschiedlich. In Griechenland waren die Ausländer vom Recht, das auf die Bürger angewandt wurde, ausgeschlossen[2]. Auch die germanischen Völker richteten sich nach dem Personalprinzip der Gewohnheitsrechte. Auf jedes Individuum, unabhängig davon, wo es sich befand, wurden die Gewohnheitsrechte seiner ethnischen Gruppe angewandt[3]. Außerdem ist es hinreichend bekannt, daß bei den Römern das „jus civile" – Zivilrecht – wie jedes Personalprinzip nur für die Personen galt, die Glieder der römischen Gemeinschaft waren, auch wenn sie sich entfernt von ihrer Stadt befanden; und für den Fremden oder „peregrinus", auch wenn er sich in Rom befand, galt es nicht[4].

Das islamische Recht geht im wesentlichen vom Personalprinzip aus, das auf die muslimischen Individuen wirkt und nicht auf territoriale Gruppen. So richtet sich im Grunde jede Person nach ihrem Personalprinzip, auch wenn sie sich auf islamischem Territorium befindet, während die Muslime sich nach der „šarīᶜa" richten, wo immer sie sich aufhalten mögen[5]. Indessen wird zwischen religiöser und moralischer Pflicht für die Befolgung der „šarīᶜa" an jedem Ort und der Zuständigkeit der ausländischen und islamischen Gerichte für die Muslime, die sich außerhalb des „dār al-islām" befinden, unterschieden. Der Rechtsstatus der Nicht-Muslime, „kāfirūn" – Ungläubige – genannt, ist außerdem nicht einheitlich, sondern hängt in jedem Fall von der Art der Rechtsbeziehung ab, die zwischen ihnen und dem islamischen Staat hergestellt worden sein mag.

Andererseits ist das islamische Territorium zu gewissen juristischen Zwekken und als Folge bestimmter Rechtsnormen in drei Kategorien unterteilt. Die Normen berühren die Freiheit des Transits und des Wohnsitzes der Nicht-Muslime, die sich aus diesem oder jenem Grunde im „dār al-islām" befinden.

Im folgenden werden wir den Begriff der Rechtszuständigkeit im islamischen Recht, bezogen auf die Personen und das Territorium, untersuchen, deren Status in Übereinstimmung mit der Beziehung festgelegt ist, die sie mit den Muslimen hergestellt haben können.

I. Die Personen

A. Der Status der Muslime

1. Die Muslime im „dā al-islām“

Die Muslime werden als zugehörig zu einer einzigen Kategorie mit vollen Rechten und Pflichten angesehen, ohne eine politische, geographische, kulturelle oder rassische Unterteilung in Betracht zu ziehen[6]. Der Islam anerkennt nicht den Begriff der Nationalität, da für seine Angehörigen eine Religion gleichzeitig eine Nationalität ist.

Wenn die Muslime sich im „dār al-islām“ befinden oder dort wohnen, werden sie vollständig vom islamischen Recht beherrscht, ohne Ausnahme. In diesem Fall ist das Personalprinzip der Muslime, wie Mahmasani bemerkt, gleichbedeutend mit dem Territorialprinzip des „dār al-islām“[7]. Wie wir schon aufzeigten, müssen die Abtrünnigen mit dem Tode bestraft werden, und wenn sie oder die Rebellen eine zahlreiche Gruppe bilden, die die gesetzliche Autorität herausfordert, muß der Kalif nach den bereits erwähnten Regeln, den „ǧihād“ gegen sie aufnehmen[8].

2. Die Muslime im „dār al-ḥarb“

Die Muslime, die aufgrund einer allgemeinen oder besonderen Bescheinigung der dort etablierten Behörden in gesetzlicher Weise in den „dār al-ḥarb“ einreisen, haben die Verpflichtung, die Gesetze des Staates, in dem sie sich aufhalten, zu befolgen und in jedem Fall im Rahmen der Bestimmungen des gewährten „amān“ zu handeln[9]. Als Folge des islamischen Personalprinzips müssen sie aber auch die islamischen Gesetze, sowohl die der religiösen Handlungen als auch die vertragsmäßigen beachten. So müssen z. B. die täglichen Gebete, das Fasten, die Pflicht der treuen Erfüllung der Verträge, die Enthaltung von der Praxis der Verwendung oder des Kaufs/Verkaufs von Schweinefleisch und Wein einhalten.

Die hanafitischen Rechtsgelehrten verfechten indessen den Begriff einer territorialen Zuständigkeit des Rechts, nach welchem sie jenen Muslim als nicht verantwortlich vor den islamischen Gerichten betrachten, der während seines Aufenthalts im Ausland ein Verbrechen begeht oder die „šarīᶜa“ verletzt, außer in den Fällen von Handlungen des Wuchers und der Schulden, die er machen sollte[10]. Aš-Šafiᶜī dagegen, der den Begriff des

Personalprinzips im strengen Sinne vertritt, begründet, daß jeder Muslim, der irgendwo gegen die „šarīᶜa" verstößt, mit den Strafen, die diese bestimmt, belegt werden muß, sobald er in den „dār al-islām" zurückkehrt[11].

Die Muslime, die sich im „dār al-ḥarb" befinden, müssen davon absehen, diesen auf irgendeine Weise zu stärken. Auch dürfen sie nicht an der Seite seiner Bewohner kämpfen, es sei denn, es geschieht aus Gründen der Selbstverteidigung[12]. Den muslimischen Gefangenen in den Händen des Feindes ist es erlaubt, zu fliehen, wozu sie alle ihnen verfügbaren Mitteln anwenden und dem Feind jeden möglichen Schaden zufügen dürfen[13]. Wenn der Feind aber einen muslimischen Gefangenen gegen sein Versprechen, nicht zu fliehen, freiläßt, muß der letztere sein Versprechen einhalten. Die Bedeutung, die der Pflicht beigemessen wird, sein gegebenes Wort einzuhalten, geht sogar so weit, daß der Rechtsgelehrte al-Auzāᶜī, im Gegensatz zu anderen Rechtsgelehrten, behauptet, daß der Gefangene, der unter der Bedingung freigelassen wird, daß er sein Lösegeld schicken wird, dies tun oder sich erneut in die Hände des Feindes begeben muß, wenn er die Vereinbarung nicht einhalten kann[14].

B. Der Status der Nicht-Muslime

Das islamische System unterscheidet für die Zwecke des Rechts zwischen drei Kategorien von Nicht-Muslimen aufgrund des Wesens der mit ihnen hergestellten Beziehungen. Im Grunde genommen werden alle Nicht-Muslime als Feinde – „ḫarbīe" – behandelt, mit denen andere Beziehungen als die des Krieges nicht möglich sind. Die „ḥarbīe" verwandeln sich als Folge der Unterzeichnung eines Friedensvertrages oder der Gewährung eines „amān" zu ihren Gunsten in „musta'mine". Die dritte Kategorie von Nicht-Muslimen wird von den „ḏimmie" oder den Besitzern einer (heiligen) Schrift – „'ahl al-kitāb" – gebildet, die der politischen Macht des Islam unterworfen sind.

In der Tat ist der Status der nicht-muslimischen Ausländer, die zeitweilig oder ständig im „dār al-islām" wohnen, Gegenstand des inneren Rechts oder, wie wir heute sagen würden, des internationalen Privatrechts. Im islamischen System wird indessen, wie wir aufzeigten, zwischen internationalem und innerem Recht, öffentlichem und Privatrecht nicht unterschieden. Diese Themen werden durch die „siyar" in gleicher Weise behandelt und beruhen auf denselben Quellen[15]. Im folgenden werden wir den Rechtsstatus einer jeden dieser Kategorien untersuchen.

1. Die „ḥarbīe"

Als „ḥarbīe" – wörtlich feindliche Krieger – sind die Nicht-Muslime bekannt, die im „dār al-ḥarb" oder außerhalb des islamischen Territoriums wohnen. Um es noch einmal zu wiederholen: theoretisch befindet sich der „dār al-islām" in ständigem Kriegszustand mit dem „dār al-ḥarb", weswegen die „ḥarbīe" als Feinde betrachtet werden, die keinerlei Rechtsschutz genießen. Sie befinden sich außerhalb der Zuständigkeit des islamischen Rechts, und auf sie wird ausschließlich das Kriegsrecht angewandt.
Die „ḥarbīe" – außer den Diplomaten – dürfen in den „dār al-islām" nicht einreisen oder mit ihm irgendwelche Rechtsbeziehungen aufnehmen, und die dort Aufgegriffenen können ausgewiesen, als Kriegsgefangene behandelt, hingerichtet oder in die Sklaverei geführt werden[16].

2. Die „musta'mine"

Der Abschluß eines Friedensvertrages mit den „ḥarbīe" oder die Gewährung eines allgemeinen oder einzelnen „amān" zu ihren Gunsten verwandelt sie in „musta'mine" – wörtlich sind es diejenigen, die im Genuß eines „amān" sind –, die in den „dār al-islām" einreisen, dort zeitweilig wohnen und friedlichen Handel mit den Einwohnern treiben dürfen.
Die Erlangung der Kategorie des „musta'mine" durch einen „ḥarbīe" unterstellt ihn einem besonderen Status, der ihm bestimmte Pflichten auferlegt, während sie ihm einige Rechte zubilligt. Er ist berechtigt, mit seiner Familie und seiner Habe in das islamische Territorium einzureisen, mit Ausnahme bestimmter Orte, und für einen Zeitraum von weniger als einem Jahr sogar dort zu wohnen[17]. Falls der „musta'min" während eines längeren Zeitraumes auf islamischem Boden wohnen oder verbleiben möchte, muß er sich nach dem Status der „ḏimma" richten und den „ǧizya" entrichten[18]. Während seines Aufenthaltes garantiert ihm der islamische Staat gemäß seinem Statut als „musta'min" die Sicherheit und den Schutz der Person, seiner Familie und seines Eigentums und gestattet ihm, mit Ausnahme der untersagten Gegenstände – Wein, Schweinefleisch – sowie der Methode des Wuchers und des Waffenhandels, den Handel auszuüben[19]. Es ist ihm auch erlaubt, eine Frau seiner Kategorie oder eine „ḏimmi" zu heiraten und in sein Land mitzunehmen[20]. Wenn er im „dār al-islām" stirbt, geht seine Habe auf seine rechtmäßigen Erben über, auch wenn sie im „dār al-ḥarb" wohnen[21].
Als Gegenleistung muß der „musta'min" die islamische Religion und das Recht achten und unterlassen, den Muslimen irgendeinen Schaden zuzufügen oder ihren Interessen im allgemeinen zuwiderzuhandeln. Für Spionage seinerseits wird er zur Verantwortung gezogen und kann dafür mit dem Tode bestraft werden[22].

Zur Tragweite und Anwendung des islamischen Rechts auf die „musta'mine“, die ein Verbrechen oder Vergehen verübt haben, nehmen die muslimischen Rechtsgelehrten verschiedene Haltungen ein[23]. Die Hanafiten behaupten im Grunde genommen, daß der „musta'min“ dem gesamten muslimischen Strafrecht unterworfen ist, mit Ausnahme der Strafen für Unzucht, Raub und Trunksucht. In diesem Fall werden sie bestraft und zur Rechenschaft gezogen für das, was sie begangen oder gestohlen haben, ohne ihnen jedoch die Strafen aufzuerlegen, die auf die Muslime angewandt werden, da diese Delikte eine Verletzung der sogenannten „Gottesgesetze“ bedeuten[24]. Die islamischen Gerichte sind nicht zuständig für die Konflikte der „musta'mine“ untereinander, die außerhalb des islamischen Territoriums begangen oder verursacht wurden[25].
Wenn jedoch „musta'mine“ vereinbaren, die Konflikte, die sie miteinander haben, einem islamischen Gericht zu unterbreiten, sind sie dazu berechtigt, und der muslimische Richter wendet die „šarīᶜa“ an[26].
Der Kalif muß die Muslime zwingen, ihre Verpflichtungen gegenüber den „musta'minen“ zu erfüllen und sie für jeden Schaden zu entschädigen, den sie durch Verursachung eines Muslim erleiden. Der Schutz, der ihnen das Strafrecht gewährt, ist jedoch nicht vollständig, da ein Muslim oder ein „ḏimmi“, der einen von ihnen tötet, nicht mit dem Tode bestraft wird, sondern nur eine Entschädigung zahlen muß[27].

3. Die „ḏimmie“[28]

Zu Lebzeiten des Propheten und nach der Eroberung von Mekka im Jahre 630 wurden mehrere Friedensverträge zwischen ihm und einigen christlichen und jüdischen Gemeinschaften Arabiens und Syriens abgeschlossen. In diesen Abkommen wurde der Rechtsstatus der „ḏimmie“ und seine allgemeinen Linien festgelegt. Ihnen wurde auferlegt, anstelle ihrer Unterwerfung den „ǧizya“ zu zahlen, wofür ihnen die Sicherheit ihrer Person und ihrer Habe garantiert wurde. Entgegen den Methoden der Herrscher und der theoretischen Haltung späterer Rechtsgelehrter enthielten diese Abkommen keinerlei Bedingungen von diskriminierendem Charakter[29]. So lesen wir z. B. im Wortlaut des Briefes, den Mohammed zugunsten der Christen von Naǧrān – einer Provinz im Südwesten Arabiens – im Jahre 631 schrieb, und in dem er die Höhe des von ihnen zu zahlenden Tributs festlegte, folgendes:

> „... die Christen von Naǧrān werden den Schutz Allahs und das Versprechen Mohammeds, seines Gesandten haben, daß die Sicherheit ihres Lebens, Eigentums, Bodens, Glaubens, ihrer Kirchen und alles, was sie besitzen, garantiert wird, sowohl der Anwesenden als auch der Abwesenden. Kein Bischof oder Mönch wird gezwungen werden, sein priesterliches Leben aufzugeben. Keine Ungerechtigkeit wird ihnen aufer-

legt, und ihre Ländereien werden nicht von unserem Heer besetzt. Wer die Gerechtigkeit sucht, wird sie erhalten. Es wird weder Unterdrücker noch Unterdrückte geben. Meinen Schutz werden jene nicht haben, die Wucher betreiben. Niemanden wird man wegen der Fehler anderer für schuldig befinden ..."[30].

Später, insbesondere unter den ersten Kalifen, wurde diese Art von Verträgen vervielfacht, wobei zahlreiche von ihnen mit den Einwohnern Syriens, des Irak und Ägyptens unterzeichnet wurden[31].

Gestützt auf diese Texte und Dokumente und auf ihre eigenen Auslegungen erarbeiteten die Rechtsgelehrten einen Komplex von Regeln, um den Status der „ḏimmie" im islamischen Staat zu bestimmen[32]. Es wird davon ausgegangen, daß die wesentliche Pflicht der „ḏimmie" die Zahlung einer Kopfsteuer – des „ǧizya" – ist, nach einigen Rechtsgelehrten an sich ein erniedrigender Akt. Andere meinen jedoch, daß die Erniedrigung nicht erst äußerlich zum Ausdruck kommen muß, zumal für sie die Zahlung des „ǧizya" an sich eine erniedrigende Handlung darstellt[33]. Dabei wird berücksichtigt, daß der Ausdruck „ǧizya" selbst – wörtlich abgeleitet von „ǧazā'": Strafe – in sich birgt, daß seine Auferlegung für die „ḏimmie" eine Bestrafung für deren Beharren auf dem Unglauben bedeutet[34]. Diese Abgabe ist als Preis für den gewährten Schutz durch den islamischen Staat anzusehen, den dieser den „ḏimmie" gewährt, da diese vom Waffendienst befreit sind[35]. Al-Saraḫsī begründet dies, indem er sagt, daß es im Grunde genommen Pflicht aller Bewohner des „dār al-islām", sowohl Muslime als auch Nicht-Muslime ist, den Staat zu verteidigen. Aber die „ḏimmie" sind nicht befugt, dies zu tun, da sie sich logischerweise in Richtung ihrer Glaubensgenossen im „dār al-ḥarb" neigen und damit die Aufgabe der Muslime behindern würden. Darum wird ihnen die Pflicht auferlegt, finanziell zu den Unkosten des Krieges beizutragen, den die Muslime führen[36]. Andererseits entspricht demselben Rechtsgelehrten zufolge die Annahme des „ǧizya" der „ḏimmie" nicht finanziellen Beweggründen, sondern stellt eher eine milde Form der Aufforderung dar, den Islam anzunehmen, denn indem ihnen Gelegenheit gegeben wird, unter Muslimen zu leben, ist es sehr wahrscheinlich, daß sie sich von der Stichhaltigkeit des Islam überzeugen und ihn freiwillig annehmen[37].

Indem also der „ǧizya" ein Ersatz für den Militärdienst ist, wird er nur von jenen gefordert, die für einen solchen Dienst als geeignet angesehen werden, d. h. von den freien, erwachsenen und gesunden Männern[38]. Von der Zahlung des „ǧizya" befreit waren allgemein die Frauen, Kinder, Sklaven, Blinden, Kranken und Untauglichen sowie auch die Bettelmönche[39]. Bezüglich seiner Höhe vertreten die Rechtsgelehrten unterschiedliche Auffassungen, und praktisch war diese Höhe nicht immer gleich. Malik überläßt ihre Festlegung dem Kalifen oder Herrscher, während Aš-Šafiᶜī sie pro Kopf auf einen Dinar – in Gold – als jährliche Mindestforderung festlegt[40]. Abū Hanīfa und seine Anhänger legen, in Abhängigkeit von der wirtschaftlichen Lage des Steuerzahlers, drei Kategorien des „ǧizya“ fest: achtundvierzig „Dirham“ in Silber für die Reichen, vierundzwanzig für die Mittelschicht und zwölf für diejenigen, die von ihrer Arbeit leben[41]. Der „ǧizya“ wurde allgemein in bar bezahlt, obgleich er auch in Naturalien entrichtet werden konnte, logischerweise mit Ausnahme von Schweinefleisch und Wein. Im Unterschied vom territorialen Tribut – „harāǧ“ – mit dem die eroberten Ländereien belastet wurden, erlosch der „ǧizya“ mit der Bekehrung zum Islam[42].

Außer dieser wesentlichen Pflicht legten die Rechtsgelehrten eine Reihe von Aufgaben und Verpflichtungen unterschiedlicher Art fest, die gleichfalls von den „ḏimmie“ erfüllt werden mußten. Al-Mawardī zählt zwölf Pflichten auf und ordnet sie in zwei Kategorien: notwendige oder zwingende Pflichten und wünschenswerte oder übliche Pflichten. Ihm zufolge werden die Pflichten der ersten Kategorie automatisch aus dem eigenen Wesen der „ḏimma“ abgeleitet, wenn sie auch darin nicht wörtlich erwähnt werden. Die Verletzung oder Nichterfüllung dieser Pflichten bedeutete einen Bruch des Vertrages der „ḏimma“. Die übrigen Pflichten, die wünschenswerten, bilden keinen wesentlichen Bestandteil des Vertrages, sondern hängen von der gegenseitigen Übereinkunft der Partner ab und sind nur obligatorisch, wenn sie in dem Dokument ausdrücklich aufgeführt und erwähnt werden. Die Nichtbefolgung und Nichterfüllung der Pflichten dieser zweiten Kategorie wird nicht als Aufhebung des Vertrages betrachtet, wie es bei der ersten der Fall ist, sondern nur als strafwürdig angesehen[43].

Unter den Pflichten der ersten Kategorie befinden sich: der Verzicht auf Angriffe oder Beleidigungen des Koran, des Propheten und der islamischen Religion im allgemeinen; auf die Berührung oder Heirat einer muslimischen Frau; auf die Bedrohung des Lebens oder des Eigentums eines Muslimen, auf den Versuch, ihn von seinem Glauben abzubringen und schließlich der Verzicht auf jegliche Hilfe für die Feinde der Muslime[44].

Die zweitrangigen Pflichten beziehen sich auf die Verpflichtung der „ḏimmie“, bestimmte Formen ihrer Bekleidung zu beachten; das Verbot, neue Tempel und Kirchen zu bauen oder höhere Häuser zu errichten als die der Muslime und die Pflicht, sich des öffentlichen Genusses der verbotenen Produkte – Wein, Schweinefleisch – zu enthalten, sowie der Zurschaustellung ihrer Kreuze und des lauten Geläutes ihrer Kirchenglocken[45].

Der diskriminierende Charakter dieser letztgenannten, den „ḏimmie“ auferlegten Verpflichtungen ist unbestreitbar, weil sie sie in die Lage von Bürgern zweiter Klasse versetzte. Mahmasani hat jedoch deutlich gemacht, daß diese Verpflichtungen durch keinen heiligen Text auferlegt wurde, sondern die Frucht des Gewohnheitsrechts und der Verträge und folglich nicht repräsentativ für den wahren milden und toleranten islamischen Geist waren[46]. Andererseits waren die Methoden in den verschiedenen islamischen Staaten nicht einheitlich, sondern hingen vom Willen der Herrscher und den Umständen jeder Epoche und jedes Landes ab.

In Spanien beispielsweise war die Epoche des Kalifats im allgemeinen tolerant, und die Christen konnte ihre Kirchen benutzen, die in Städten wie Toledo und Sevilla relativ zahlreich waren und auch in Córdoba und ihren Vororten nicht fehlten. Wie Levi-Provençal sagt, ist es möglich, daß das Verbot des Glockenläutens aufgehoben wurde. Der berühmte Schriftsteller fährt fort, daß man auch nicht sagen könne, die Christen und Juden seien während dieser Epoche gezwungen gewesen, ein besonderes Abzeichen von erniedrigendem Charakter, eine Art Armbinde oder Gürtel von bestimmter Farbe zu tragen, um sie von den Muslimen zu unterscheiden[47]. Andererseits bestätigt unser Verfasser, daß die Unterdrückung der Mozaraber von Córdoba im 9. Jahrhundert eher auf ihre Stellung als politische Rebellen denn der von Ungläubigen zurückzuführen war[48]. Trotzdem verschlechterte sich die Lage der „ḏimmie" ebenso wie die einiger muslimischer Gruppen spürbar unter den Almoraviden und Almohaden aufgrund des religiösen Fanatismus und der Intoleranz beider.

Im Orient genossen die „ḏimmie" während des größten Teiles des Kalifats der Omaijaden von Damaskus eine weitgehende Toleranz, und in der Epoche der Abbasiden, als aus verschiedenen Gründen eine diskriminierende Gesetzgebung erlassen wurde, blieb diese, wie der bekannte Historiker Philipp Hitti sagt, „als toter Buchstabe" bestehen und wurde nicht rigoros angewandt[49]. Bei einigen Gelegenheiten wurden die „ḏimmie" verfolgt und mißhandelt, insbesondere unter dem fatimidischen Kalifat des al-Ḥakīm (996–1021), was uns jedoch, wenn man ihre Lage im allgemeinen und den Geist der Zeit in Rechnung stellt, nicht daran hindert, mit Goldziher zu vertreten, daß in der gesamten muslimischen Welt Toleranz geübt wurde[50].

Auf der anderen Seite bürdete der „ḏimma"-Vertrag den geduldeten Minderheiten nicht nur Aufgaben und Pflichten auf, sondern gewährte ihnen auch bestimmte Rechte und Privilegien, indem ihnen gestattet wurde, friedlich und dauerhaft auf islamischem Territorium zu wohnen, und sie gegen jegliche Aggression geschützt wurden. Den hanafitischen Rechtsgelehrten zufolge verpflichtet der „ḏimma"-Vertrag den islamischen Staat ständig, und weder eine Beleidigung oder ein Verbrechen gegenüber einem Muslim, noch der Mangel an Respekt gegenüber dem Propheten, noch die Nichterfüllung irgendeiner der zuvor genannten Pflichten, einschließlich der Zahlung der Kopfsteuer, werden als hinreichende Gründe zur Aufhebung des Vertrages mit ihnen angesehen. Dieser Pakt, so führen die Hanafiten an, wird durch die reine Tatsache der Zustimmung der „ḏimmie", und nicht durch die konkrete Erfüllung seiner Bestimmungen wirksam. Ein „ḏimma"-Vertrag kann nur als ausgelöst gelten, wenn die „ḏimmie" den Muslimen den Krieg erklären, oder wenn sie sich dem „dār al-ḥarb" eingliedern sollten[51].

Die schafiitischen Rechtsgelehrten, die die Nichtzahlung des „ǧizya" als einen Bruch des „ḏimma"-Vertrages ansehen, stimmen nicht der Beschlagnahme der Habe der „d̲immie" zu, sondern nur ihrer Ausweisung aus dem islamischen Territorium[52]. Keiner der Rechtsgelehrten heißt die Folter oder die Gewaltanwendung gegenüber den „d̲immi"-Untertanen gut, um sie zur Entrichtung des Tributs zu zwingen[53]. Im Gegenteil, es gibt viele „ḥadīte" des Propheten, die den Muslimen die Pflicht auferlegen, die „d̲immie" mit Wohlwollen zu behandeln. In einem sagt der Prophet:

> „Ich werde jedem Vorwürfe machen, der einen „d̲immi" beleidigt oder ihm eine größere Last aufbürdet, als er tragen kann"[54].

Nach den Lehren der Rechtsgelehrten ist es sogar Pflicht der Muslime, den „d̲immie" die erhobenen Tribute zurückzugeben, wenn die erstgenannten nicht in der Lage sind, ihnen den nötigen Schutz zu gewährleisten[55].

Desgleichen genossen die „d̲immie" religiöse und Kultfreiheit und konnten nicht gezwungen werden, die Religion zu wechseln. Professor Valdeavellano zufolge behielten die Christen von Al-Andalus nicht nur ihren religiösen Glauben bei, sondern auch die freie Ausübung ihres Kultes, und die katholische Kirche behielt ihre Einheit, liturgische Organisation und ihre Disziplin[56].

Die „d̲immie" genossen in der ganzen islamischen Welt eine bestimmte Autonomie ihrer religiösen, kulturellen und gesellschaftlichen Organisation. In Fragen des persönlichen Status waren sie ihren eigenen religiösen Gesetzen unterworfen und befanden sich unter der Zuständigkeit ihrer eigenen geistlichen Führer. In den Fällen jedoch, in denen sie gegen die öffentliche Ordnung verstießen, wie bei Mord, Raub, bewaffnetem Überfall, der von einem „d̲immi" gegenüber einem anderen auf islamischem Territorium begangen wurde, wurden ihm die im islamischen Recht festgelegten Strafen auferlegt[57]. Wie Cardahi aufzeigte, bedeutete dies in Wirklichkeit die Anwendung des Territorialprinzips des Strafrechts. Im islamischen Rechtssystem sind das Personalprinzip und das Territorialprinzip miteinander verbunden und kommen der modernen Auffassung der Strafgerichtsbarkeit sehr nahe[58]. Andererseits ist das muslimische Gericht unter Anwendung der „šarīᶜa" zuständig, wenn in einem Fall ein Muslim verwickelt ist, oder wenn es sich um Konflikte zwischen „d̲immie" verschiedener Religion handelt[59]. Im muslimischen Spanien wohnten die Christen und Juden in speziellen Wohnvierteln und organisierten sich nach einer eigenen autonomen Verwaltungsstruktur. Sie richteten sich nach dem westgotischen Recht und sie wählten ihre Obrigkeit und Gemeindevertreter selbst, die von den islamischen Behörden bestätigt werden mußten[60]. In jeder Stadt hatten sie einen staatlichen Vorgesetzten, „qummas" – Graf – genannt, der mit der Erhebung des „ǧizya" beauftragt war. Die Justizverwaltung unter ihnen befand sich in den Händen eines christlichen Richters, „Richter der ᶜaǧam" – Ausländer – oder „Richter der Naṣāra" – Christen – genannt, der seine Urteile nach dem „Liber Indicorum" oder „Forum Indicum", d. h. nach den westgotischen Gesetzen sprach[61]. Für die gemischten Fälle gab es einen anderen muslimischen Richter, anfangs „qāḍī al gund" – Richter des Militärbezirks – genannt, der aber später als „qāḍī al-ǧamāᶜa" – Richter der Gemeinschaft – bekannt wurde. Dem spanisch-muslimischen Historiker al-Jusani zufolge mußte dieser Richter die westgotischen Gesetze und das islamische Recht vollkommen beherrschen[62].

In Spanien wurde im Ergebnis des lang andauernden Zusammenlebens der drei Religionen, von einzelnen Ausnahmen abgesehen, bis gegen Ende des 15. Jahrhunderts auch die Toleranz in den christlichen Königreichen bezüglich der muslimischen und jüdischen Untertanen geübt[63]. Ebenso wie die „ḏimmie" den „ǧizya" an die Muslime zahlten, verwandelten diese sich als Untertanen der christlichen Könige der Wiedereroberung in eine Art von „ḏimmie" der Christen, die als „Mudejaren" bezeichnet wurden[64]. Die „Mudejaren" hatten eine ähnliche Lage inne wie die der „ḏimmie" in den islamischen Staaten und behielten ihre eigene Religion, ihre eigenen Gesetze und Gebräuche bei und genossen die Freiheit, ihr Handwerk und den Handel auszuüben. Sie wohnten in getrennten Vierteln, und jede Gemeinschaft hatte ein eigenes muslimisches Oberhaupt, obwohl man sie zuweilen nötigte, sich von den Christen in der Art ihrer Kleidung zu unterscheiden. Als Gegenleistung für diese Freiheiten und Vorrechte hatten sie, ebenso wie die „ḏimmie", eine besondere Kopfsteuer oder einen Tribut zu zahlen[65].

Es ist interessant aufzuzeigen, daß einige Aspekte des islamischen Begriffs des „ḏimma" in einer späteren Epoche außerhalb der muslimischen Welt angewandt wurde. So waren beispielsweise die Muslime des Kaukasus und von Zentralasien, die Untertanten des Zaren von Rußland waren, gegen Zahlung eines Sondertributs in der gleichen Weise vom Militärdienst befreit wie die christlichen Untertanen des ottomanischen Sultans, die den „ǧizya" zahlten[66].

Die „ḏimmie" waren nicht gesetzlich vom Recht ausgeschlossen, Posten in der öffentlichen Verwaltung einzunehmen, und in der Praxis hatten verschiedene „ḏimmie" Posten von Bedeutung in der öffentlichen Verwaltung verschiedener islamischer Staaten inne. Die Frau von Muᶜāwīya, des Begründers des Kalifats der Omaijaden von Damaskus, war Christin, wie es sein Poet, sein Arzt und sein Finanzsekretär waren[67]. Unter den Abbasiden hatten die Juden und Christen, die in den Städten lebten, in vielen Fällen bedeutende Finanz-, kirchliche und berufliche Positionen inne, und mehrere von ihnen gelangten bis zum Amt eines Ministers[68].

Trotzdem litten die „ḏimmie" unter bestimmten gesellschaftlichen Beschränkungen, und auf dem Gebiet der Eheschließung war es ihnen verboten, eine muslimische Frau zu heiraten, während es den Muslimen gestattet war, die Ehe mit christlichen oder jüdischen Frauen einzugehen[69]. Andererseits war es den „ḏimmie" verboten, in bestimmten Orten des „dār al-islām" zu wohnen, die einer besonderen Regelung durch die „šarīᶜa" unterlagen, wie wir im folgenden sehen werden.

II. Das Territorium

A. „Dār al-islām“ und „dār al-ḥarb“

Wie wir auf den vorangegangenen Seiten gesehen haben, ging die klassische Theorie von der Teilung der Welt in zwei große Sektoren aus: „dār al-islām“ und „dār al-ḥarb“[70].

Während der Rechtstheorie zufolge der „dār al-ḥarb“ eine einzige Kategorie bildete und keiner weiteren Unterteilung unterliegt, ist der „dār al-islām“ für bestimmte gesetzliche Zwecke in drei Kategorien unterteilt, wie wir im weiteren sehen werden.

Die Bedingungen, die die Zugehörigkeit eines Territoriums zum „dār al-islām“ oder zum „dār al-ḥarb“ oder sein Überwechseln von einem dieser Sektoren in den anderen bestimmen, sind von den Rechtsgelehrten breit diskutiert worden. Al-Baġdādī behauptet, daß jedes Territorium, wo der Islam von seinen Bewohnern angenommen wurde, die keinerlei Beschränkungen unterworfen sind, und wo die Autorität der Muslime über die „ḏimmie“ vorherrscht, „dār al-islām“ ist[71].

Andere Rechtsgelehrte behaupten, daß ein Territorium so zu betrachten ist, wenn die Muslime dort in aller Freiheit ihren religiösen Verpflichtungen nachkommen können[72]. Andererseits würde jeder Teil des „dār al-islām“ aufhören, ein solcher zu sein, wenn dort das Recht der Ungläubigen über das islamische Recht vorherrschen und weder die Muslime noch die „ḏimmie“ ausreichenden Schutz genießen würden[73]. Einigen Rechtsgelehrten zufolge müssen in diesem letzteren Fall die Muslime jenes Territorium verlassen[74].

Unter diesem Gesichtspunkt ist das Rechtsgutachten – „futwā“ –, das 1870 von den muslimischen Rechtsgelehrten Hindustans, das sich damals unter britischer Herrschaft befand, von besonderem Interesse. Nach diesem „futwā“ war man der Auffassung, daß das Land weiterhin „dār al-islām“ sei, wobei dazu angeführt wurde, daß es nicht nötig sei, daß der Herrscher des Landes Muslim wäre, vorausgesetzt die „šarīᶜa“ oder ihr größter Teil würde eingehalten, die Richter seien Muslime, auch wenn sie von einem Nicht-Muslim eingesetzt wurden, und die Ernennung mit Zustimmung der Muslime erfolgt ist, und man feststellen könne, daß die liturgischen Praktiken erfüllt und die „šarīᶜa“ angewandt werden können[75].

Es ist nicht schwierig, sich den politischen Charakter einer solchen „futwā“ vorzustellen, die ganz klar den imperialistischen Interessen Großbritanniens auf der indischen Halbinsel entgegen den pan-islamischen Ansprüchen des türkischen Reiches in der Epoche von Abdul Ḥamīd diente[76]. Dieses Land als „dār al-islām“ zu betrachten bedeutete, daß seitens der Muslime nicht die Pflicht bestand, gegen die Engländer den „ǧihād“ zu führen.

B. Die territoriale Einteilung des „dār al-islām"

Die Rechtsgelehrten unterteilen den „dār al-islām" in drei Sektoren: die Heiligen Stätten („al-ḥaram", „al-hiǧāz") und das übrige islamische Territorium.

1. Die Heiligen Stätten – „al-ḥaram"

Diese umfassen die Städte Mekka und Medina, die außer Jerusalem als die heiligsten Stätten des Islam angesehen werden und als „al-ḥaramain aš-šarīfain" bekannt sind, d. h. die zwei heiligen und unantastbaren Stätten.[77] Der heilige und unantastbare Charakter dieser Stätten hat seinen Ursprung im Koran und in der „sunna" des Propheten[78].
Diese Heiligen Stätten unterliegen bestimmten Regelungen, die sie von allen übrigen Orten des „dār al-islām" unterscheiden: sie sind unantastbar, und deshalb ist es verboten, in ihnen Kriegshandlungen und Gewaltakte zu begehen, und außerdem wird jeder, der dort Zuflucht sucht, unantastbar. In ihnen ist es auch verboten, die von Menschen nicht kultivierten Pflanzen und Bäume zu beschneiden oder Nicht-Haustiere, außer den gefährlichen, zu töten, wie beispielsweise giftige Insekten und Löwen[79].
Den Nicht-Muslimen, sowohl „ḏimmie" als auch anderen, ist es nach der Meinung der Rechtsgelehrten verboten, dort zu wohnen, und Aš-Šafiᶜī verbietet ihnen auch das Recht des Transits durch sie[80].
In der Praxis war die Asylgewährung für diejenigen, die an bestimmten Orten Zuflucht suchten, ein sehr alter Brauch, der bei den Griechen und der Mehrzahl der Völker der Welt bekannt war, weshalb sie, wie Kruse sagt, als eine allgemeine menschliche Institution angesehen werden konnte[81].

2. „Al-hiǧās"

Für den Rest des Territoriums des „al-hiǧās" meinen alle Rechtsgelehrten mit Ausnahme von Abū Hanīfa, daß man dort das Wohnen der Nicht-Muslime verbieten muß, wobei ihnen nur der Transit und der Aufenthalt gestattet wird, der nicht länger als drei Tage am gleichen Ort dauert[82]. Diese besondere Überlegung hinsichtlich des „al-hiǧās" fußt auf einem „ḥadīṯ" des Propheten, welcher besagt: „Auf der arabischen Halbinsel dürfen zwei Religionen nicht zusammenleben"[83].

3. Die übrigen Territorien des „dār al-islām"

Die übrigen islamischen Territorien unterliegen keinerlei rechtlicher Unterteilung außer in Fragen fiskalischen Charakters, die für unsere Untersuchung ohne Interesse sind[84].

Anmerkungen

[1] Vgl. Keeton, G. W., „Extraterritoriality in International and Comparative Law“, in R. d. C., 72 (1948-I), S. 87.
[2] Vgl. ebenda, S. 289.
[3] Vgl. Miaja de la Muela, A., „Derecho Internacional Privado“, 5. Ed., Bd. I (Madrid, 1969), S. 76.
[4] Vgl. García Gallo, A., „Manual de Historia del Derecho Español“, 2 Bde., (Madrid, 1964), Bd. II, S. 169.
[5] Vgl. At.Tabarī, a. a. O., S. 61; Al-Sarahsī, a. a. O., Bd. X, S. 95.
[6] Die muslimischen Sklaven werden jedoch als Personen mit begrenzter Rechtsfähigkeit betrachtet. Zum Rechtsstatus der Sklaven im Islam, vgl. Levy, Reuben, „The Social Structure of Islam“, a. a. O., S. 73–89; López Ortiz, J., „Derecho Musulman“, a. a. O., S. 146–153; Juynboll, Th. W., Art. „Abd“, in „Encyclopedia of Islam“, Bd. I, S. 16–19.
[7] Vgl. Mahmasani, S., „International Law ...“, a. a. O., S. 253.
[8] Vgl. diese Arbeit, S. 156–158.
[9] Vgl. Aš-Šaibani, a. a. O., S. 507ff; Al-Sarahsī, a. a. O., S. 65–66; Ibn Qudāma, a. a. O., S. 458.
[10] Vgl. Al-Marġinānī, „Hidaya“, a. a. O., S. 350–351; Al-Sarahsī, a. a. O., S. 95; At-Tabarī, a. a. O., S. 61–63; Manṣūr, ᶜAlī, a. a. O., S. 128–129.
[11] Vgl. At-Tabarī, a. a. O., S. 62.
[12] Vgl. Al-Sarahsī, a. a. O., S. 97–98.
[13] Vgl. At-Tabarī, a. a. O., S. 186; Aš-Šaibānī, a. a. O., S. 547.
[14] Vgl. ebenda, S. 183, 184–187; Ibn Qudāma, a. a. O., S. 481–483.
[15] Vgl. diese Arbeit, S. 29.
[16] Vgl. Al-Sarahsī, a. a. O., S. 92–93; At-Tabarī, a. a. O., S. 32.
[17] Vgl. diese Arbeit, S. 243–244.
[18] Vgl. Al-Mawardī, a. a. O., S. 146; Al-Marġinānī, a. a. O., S. 351–352; Abū Yūssuf, a. a. O., S. 189.
[19] Vgl. At-Tabarī, a. a. O., S. 50–51; Abū Yūssuf, a. a. O., S. 188–189.
[20] Vgl. Al-Marġinānī, a. a. O., Bd. III, S. 131–132.
[21] Vgl. Al-Marġinānī, a. a. O., S. 352–353; At-Tabarī, a. a. O., S. 52–53; Al-Sarahsī, a. a. O., S. 91; Ibn Oudā ma, a. a. O., S. 400–401.
[22] Vgl. Abū Yūssuf, a. a. O., S. 188–189.
[23] Für eine detaillierte Darlegung der unterschiedlichen Meinungen der Rechtsgelehrten zum Thema, vgl. At-Tabarī, a. a. O., S. 54–57.
[24] Im islamischen Recht wird ein Unterschied zwischen den sogenannten „Gottesrechten“ und den „Privatrechten“ gemacht. Die Verletzungen der erstgenannten werden als Frevel nicht nur der Rechte des Opfers, sondern auch und gleichermaßen des göttlichen Rechts betrachtet. Diese Delikte sind: die Unzucht, die Verleumdung, der Diebstahl, das Räuberunwesen und die Trunksucht. Die Strafen müssen von der Obrigkeit verhängt werden. In jedem Fall sind sie im Koran festgelegt: XXIV, 1–5; V, 37–38; V, 42; V, 92–93. Dazu vgl. Carra de Vaux, B., Art „Hadd“ in „Encyclopedia of Islam“, Bd. II, S. 187–188; López Ortiz, „Derecho Musulman“, a. a. O., S. 91–99.
[25] Vgl. Aš-Šaibānī, a. a. O., S. 353–355; Al-Marġinānī, a. a. O., S. 349–351; Al-Sarahsī, a. a. O., S. 95–96.
[26] Vgl. At-Tabarī, a. a. O., S. 57; Al-Mawardī, a. a. O., S. 145–146.
[27] Vgl. Al-Sarahsī, a. a. O., S. 95; Al-Mawardī, a. a. O., S. 146.
[28] Zum Begriff der „ḏimma“, vgl. Khadduri, „War and Peace ...“, a. a. O., S. 175–201.
[29] Für die Texte dieser Verträge, vgl. Hamidullah, „Corpus ...“, a. a. O., S. 47ff; Ibn Hi-

sām, „Sira", a. a. O., Bd. II, S. 835ff; Al-Balādūrī, „The Origins ...", a. a. O., S. 22ff; Khadduri, „War and Peace ...", a. a. O., S. 177–182.

[30] Für den vollständigen Wortlaut dieses Vertrages, vgl. Abū Yūssuf, a. a. O., S. 72–73; Al-Balādūrī, „The Origins ...", a. a. O., S. 100–101; Khadduri, a. a. O., S. 179–180.

[31] Vgl. diese Arbeit, S. 261ff.

[32] Das wichtigste Dokument auf diesem Gebiet ist das sogenannte „Abkommen ᶜUmar II", dessen vollständiger Wortlaut auf englisch bei Khadduri, a. a. O., S. 193–194; auf spanisch bei Simonet, F., „Historia de los Mozárabes en España", (Madrid, 1897–1903), S. 802ff. befindet. Die Zuschreibung dieses Dokuments dem Kalifen ᶜUmar I. (634–644) wurde von der modernen Geschichtsforschung in Zweifel gezogen. Hitti, Ph., a. a. O., S. 433, glaubt, das Dokument entspricht der Epoche der Omaijaden und genau dem Kalifen ᶜUmar II. (717–720), den spätere Geschichtsschreiber mit dem ersten verwechselt haben. Vgl. außerdem, Isidro de las Gagigas, „Los Mozárabes", a. a. O., (Madrid, 1947), Anmerkung 55, S. 75.

[33] Vgl. Al-Mawardī, a. a. O., S. 142–143; Al-Sarahsī, a. a. O., S. 78.

[34] Vgl. Al-Marġinānī, a. a. O., S. 375.

[35] Vgl. Al-Marġinānī, a. a. O., S. 369–375; Al-Sarahsī, a. a. O., S. 77–78.

[36] Vgl. Al-Sarahsī, a. a. O., S. 76–77.

[37] Vgl. ebenda.

[38] Vgl. Al-Mawardī, a. a. O., S. 144; Abū Yūssuf, a. a. O., S. 122–123; Ibn Qudāma, a. a. O., S. 507–511; Ibn Rušd, a. a. O., S. 404–405.

[39] Vgl. At-Tabarī, a. a. O., S. 207; Ibn Adam, a. a. O., S. 144.

[40] Vgl. At-Tabarī, a. a. O., S. 208–211; Al-Mawardī, a. a. O., S. 144–145.

[41] Der Dirham war eine Silbermünze, die ein Zwölftel des Golddinar wert war.

[42] Vgl. Abū Yūssuf, a. a. O., S. 122–124; Al-Sarahsī, a. a. O., S. 78–79.

[43] Vgl. Al-Mawardī, a. a. O., S. 145; Ibn Qudāma, a. a. O., S. 524–526; Al-Sarahsī, a. a. O., S. 80–81.

[44] Vgl. Ibn Qudāma, a. a. O., S. 525–526; Abū Yūssuf, a. a. O., S. 127–128.

[45] Vgl. Al-Mawardī, a. a. O., S. 145; Al-Marġinānī, a. a. O., S. 377–380.

[46] Vgl. Mahmasani, „International Law ...", a. a. O., S. 260.

[47] Vgl. Levi-Provençal, „España Musulmana", a. a. O., Bd. V, S. 125; Gagigas, a. a. O., S. 56.

[48] Vgl. Levi-Provençal, „Histoire de L'espagne Musulmane", (Paris, 1950), I, S. 227, zitiert von Castro, Américo, „La realidad Histórica de España", a. a. O., S. 429, desgl. Lewis, Bernard, „Los Arabes en Historia", a. a. O., S. 152.

[49] Vgl. Hitti, Ph., „History ...", a. a. O., S. 233–234 und 252–255.

[50] Vgl. Goldziher, I., a. a. O., S. 37–39, sowie die Anmerkungen S. 277–281; zur Lage der „ḏimmie" im allgemeinen, vgl. Tritton, A. S., „The Caliphs and their Non Muslim Subjects" (London, 1930).

[51] Vgl. Al-Marġinānī, a. a. O., S. 381–382.

[52] Vgl. Al-Mawardī, a. a. O., S. 146.

[53] Vgl. Abū Yūssuf, a. a. O., S. 125–126; Ibn Adam, a. a. O., S. 53–56.

[54] Vgl. Aš-Šaibānī, a. a. O., S. 133; Ibn Adam, a. a. O., S. 54.

[55] Vgl. Manṣur, ᶜAlī, a. a. O., S. 359–360.

[56] Vgl. García de Valdeavellano, Luis, „Curso de Historia de las Instituciones Españolas" – Von den Ursprüngen bis zum Ende des Mittelalters – (Madrid, 1968), S. 642.

[57] Vgl. Cardahi, Choucri, „Conflict of Law", in „Law in the Middle East", a. a. O., S. 334–348.

[58] Vgl. ebenda.

[59] Vgl. Al-Mawardī, a. a. O., S. 145–146; Ibn Qudāma, a. a. O., S. 535.

[60] Vgl. García de Valdeavellano, Luis, „Curso de Historia ...", a. a.O., S. 642–643; Levi-Provençal, a. a. O., Bd. V, S. 118ff.

[61] Vgl. ebenda; García Gallo, a. a. O., S. 354–355.

[62] Vgl. An-Nubahi, Ibn al-Hasan, „Tārīḫ quḍāt al-Andalus“, herausgegeben von Levi-Provençal (Kairo, 1948), S. 21. Zur juristischen Organisation in al-Andalus im allgemeinen, vgl. Levi-Provençal, a. a. O., Bd. V, S. 67ff, sowie die ausführliche dort zitierte Bibliographie über das Thema, S. 67–69.

[63] Vgl. Castro, Américo, „La Realidad Histórica de España“, a. a. O., S. 429ff.

[64] Der Ausdruck „mudéjares“ – Mudejaren – ist vom arabischen „mudayyan“ abgeleitet, was wörtlich zahm oder gezähmt bedeutet und auf die Tribute zahlenden Muslime angewandt wurde, die weiterhin unter christlicher Herrschaft lebten.

[65] Über die Mudejaren, vgl. Watt, „Historia ...“, a. a. O., S. 167–168; Valdeavellano, „Curso de Historia ...“, a. a. O., S. 309–310, 414.

[66] Vgl. Toynbee, A., „Survey ...“, a. a. O., S. 42.

[67] Vgl. Hitti, Ph., a. a. O., S. 233–234; Manṣur, ᶜAlī, a. a. Ol, S. 316.

[68] Vgl. ebenda, S. 353.

[69] Vgl. Abū Yūssuf, „Al harāğ“, a. a. O., S. 122–125.

[70] Vgl. diese Arbeit, S. 210ff.

[71] Vgl. Al Baġdādī, „Usul ...“, a. a. O., S. 270.

[72] Vgl. Khadduri, „War and Peace ...“, a. a. O., S. 155.

[73] Vgl. Macdonald, D. B., Art. „Dār al-ḥarb“, in „Encyclopedia of Islam ...“, a. a. O., Bd. I, S. 917–918.

[74] Vgl. Armanazi, a. a. O., S. 52.

[75] Vgl. Toynbee, A., „Survey ...“, a. a. O., S. 41–42; Khadduri, a. a. O., „War and Peace ...“, S. 157.

[76] Vgl. Toynbee, A., ebenda, S. 40–43.

[77] Demzufolge trugen die ottomanischen Kalifen auch den Titel „Beschützer der zwei Heiligen Stätten“, d. h. „al-Ḥaramain aš-Šarīfain“.

[78] Vgl. Al-Mawardī, a. a. O., S. 157–168; Ibn Qudāma, a. a. O., S. 531–532.

[79] Vgl. Al-Mawardī, a. a. O., S. 157–166; Aš-Šaibānī, a. a. O., S. 366–370.

[80] Vgl. Al-Mawardī, a. a. O., S. 166–167; Ibn Qudāma, a. a. O., S. 531–532.

[81] Vgl. Kruse, H., „The Islamic Doctrine of International Treaties“, in „The Islamic Quarterly“, Bd. I (Oktober und Dezember 1954), S. 158.

[82] Vgl. Al-Mawardī, a. a. O., S. 167–168; Ibn Qudāma, a. a. O., S. 529–530.

[83] Vgl. ebenda.

[84] Vgl. Al-Mawardī, a. a. O., S. 172–176; Ibn Qudāma, a. a. O., S. 526–528.

Kapitel XIV.
Die Vertragstheorie

A. Allgemeine Begriffe

Die Verträge sind so alt wie die internationalen Beziehungen selbst, da von jeher die Staaten in ihren verschiedenen historischen Formen durch den Abschluß von vertraglichen Vereinbarungen und Abmachungen in gegenseitige Beziehungen getreten sind, die Verträge genannt werden. Von diesen ordnet sich der älteste, der uns zur Kenntnis gelangt ist, in das vierte Jahrtausend vor Christus ein[1]. Einige Autoren haben behauptet, daß in den internationalen Beziehungen die obligatorischen Sitten und Gebräuche den Verträgen vorausgegangen sind. Wie jedoch Nussbaum feststellt, gibt es keinen Beweis für eine solche Meinung, wenn wir in Betracht ziehen, wie früh die Verträge in Erscheinung getreten sind[2].
Im vorislamischen Arabien war die Methode der Verträge, vielfach in schriftlicher Form, sehr häufig. Die verschiedenen Stämme schlossen Frieden und Bündnisse und vereinbarten zum Zweck der Erleichterung des Handels und zur friedlichen Regelung von Konflikten Verträge untereinander. In jener Gesellschaft, wo der Krieg jedes gegen jeden herrschte, konnte nur das Vorhandensein eines Friedensvertrages dem tatsächlichen oder potentiellen Kriegszustand ein Ende setzen. Die Vertragstreue und die Achtung vor dem gegebenen Wort bedeuteten unter ihnen die besten Garantien für die Erfüllung der Pakte und Verträge[3]. Diese Institutionen wurden vom Islam beibehalten, der ihnen eine religiöse Gesetzeskraft gab. Gleichzeitig eröffneten die Errichtung des islamischen Staates und die große Ausbreitung, die ihr folgte, der Methode der internationalen Verträge eine neue Perspektive.
Andererseits hatten die Verträge auch eine grundlegende Funktion in der Geschichte und in der Gestaltung des Völkerrechts. Die Wiener Konvention über das Recht der Verträge vom 23. Mai 1969 hebt die immer größere Bedeutung derselben als Quelle des internationalen Rechts[4] und als Mittel zur Entwicklung der friedlichen Zusammenarbeit zwischen den Nationen hervor[5].
Im islamischen System nehmen die Verträge eine einzigartige Bedeutung ein, weil sie das gesetzliche Hauptinstrument für die Herstellung friedlicher Beziehungen mit der Außenwelt des „dār al-ḥarb“ sind. Diese mit Nicht-Muslimen abgeschlossenen Verträge, schreibt Professor Kruse, wie alle zwischen ideologisch entgegengesetzten Gemeinschaften, deren

grundlegende Beziehungen feindselig und solche der Nicht-Anerkennung sind, schaffen einen „Modus vivendi" zwischen den Parteien. Während ihrer Gültigkeit werden die Normen des gegenseitigen Verhaltens hergestellt, die von beiden Parteien akzeptiert werden und als rechtliche Grundlage für den friedlichen Austausch dienen. Das positive Internationale Recht ist in einer solchen Lage stets ein „lex contractos" – Vertragsrecht –[6].

Wie wir auf den vorangegangenen Seiten ausführten, läßt die Lehre des „ǧihād", wie sie von den Rechtsgelehrten dargelegt wurde, nicht viel Raum für die Herstellung und Entwicklung von friedlichen Beziehungen mit den Ungläubigen und folglich für den Abschluß von Friedensverträgen, mit Ausnahme der „ḏimma"-Verträge. Wie jedes Friedensrecht stellt das Thema der Verträge für die muslimischen Rechtsgelehrten kein unabhängiges Thema dar, sondern es ist eher eine Ableitung vom Kriegsrecht. Der Abschluß eines Friedensvertrages mit den ungläubigen Feinden – außer den „ḏimma"-Verträgen, die ihre Unterwerfung voraussetzen – wird von ihnen als eine außerordentliche Situation aufgefaßt, die es gestattet, den „ǧihād" zu einem gegebenen Moment und unter gegebenen Umständen auszusetzen.

Der „ǧihād" ist, um es ein weiteres Mal zu wiederholen, eine religiöse Aufgabe, die die Muslime verpflichtet. Der Abschluß eines Friedensvertrages setzt den Verzicht auf diese Pflicht voraus, eine Lage, die die Muslime nicht zugeben können. Bestimmte Umstände können sie jedoch z. B. wegen ihrer kriegerischen Unterlegenheit gegenüber dem Feind oder einfach aus praktischen Gründen, die für den Islam vorteilhaft sein können, dazu zwingen, den „ǧihād" auszusetzen. In solchen Situationen läßt die klassische Theorie die Möglichkeit zu, die Feindseligkeiten einzustellen und einen Friedensvertrag zu unterzeichnen, jedoch immer nur für einen begrenzten Zeitraum, und wenn die Notwendigkeiten – „ḍurūra" – dies erfordern. Wenn der Vertrag erst einmal abgeschlossen wurde, ist seine Achtung und die getreue Erfüllung seiner Bestimmungen eine religiöse Pflicht nach dem Grundsatz des „pacta sunt servanda" (Verträge sind einzuhalten), der im Islam das Wesen eines göttlichen Gebots trägt[7].

So hingen, ebenso wie im römischen Recht, die friedlichen Beziehungen der Muslime mit den ausländischen Staaten von der Existenz eines Waffenstillstands oder Friedensvertrages mit ihnen ab[8]. Die Rechtswirksamkeit der Existenz eines solchen Vertrages bestand darin, während seiner Gültigkeit die Feindseligkeiten einzustellen und dem feindlichen Vertragspartner einen „amān" zu gewähren. Wie wir aufzeigten, gestattet der „amān", der sich automatisch aus dem Abschluß eines Friedensvertrages ergibt, den Feinden die Einreise in den „dār al-islām" und die Durchführung von zivilrechtlichen und Handelstransaktionen mit seinen Einwohnern, sowohl Muslimen als auch „ḏimmie". Das Nichtvorhandensein eines Vertrages mit dem Feind vorenthält ihnen jedoch den rechtlichen Schutz durch den islamischen Staat, und sowohl seine Personen als auch sein Eigentum und seine Waren sind dem Kriegsrecht unterworfen[9].

Diese negative dogmatische Haltung gegenüber dem Abschluß von Verträgen mit den Ungläubigen hinderte allerdings in der Praxis, insbesondere im Verlauf des 11. bis 14. Jahrhunderts, nicht den Abschluß zahlreicher Angriffs-, Verteidigungs- und Handelsverträge zwischen den islamischen und christlichen Staaten des Mittelmeergebietes, wie wir weiter unten sehen werden[10].

Andererseits entsprach dieser Haltung der Muslime auf der christlichen Seite eine nicht weniger unnachgiebige Haltung, die jedes Abkommen mit den Muslimen als „impium foedum" bezeichneten. Sogar in einer späteren Epoche, im 17. Jahrhundert, war die Einstellung der Klassiker des Völkerrechts allgemein gegen den Abschluß von Verträgen mit den Muslimen, mit Ausnahme der Handelsverträge, gerichtet. Selbst Gentili erklärte, daß „wir mit den Sarazenen – Türken – einen unversöhnlichen Krieg haben"[11].

Auf beiden Seiten war die Praxis indessen nicht eine getreue Auslegung der Theorie, wie es die große Zahl von Verträgen beweist, die zwischen Muslimen und Christen gegen Ausgang des Mittelalters abgeschlossen wurden. Denn, wie Professor Poch sagte, wurden sie durch die kommerziellen Erfordernisse und die Bedürfnisse des geographischen Kontaktes aufrechterhalten und aufgezwungen, wobei das Vertragsrecht mit der gegenseitigen Anerkennung der Prinzipien des „pacta sunt servanda" (Verträge sind einzuhalten) und des „bona fides" (des guten Glaubens), die die Kenner des Kirchenrechts und die Ulemas (islamische Rechtsgelehrte) gleichermaßen befürworten, sich selbst aufbaut[12].

B. Die ersten Verträge des Islam

Die Zulässigkeit, mit den Ungläubigen Verträge abzuschließen, leitete sich aus dem Koran und der Praxis – „sunna" – des Propheten ab. Hier ist es interessant aufzuzeigen, daß im Unterschied zu dem, was durch die klassische Theorie zugegeben wurde, sich in diesen beiden grundlegenden Quellen des gesamten islamischen Systems kein Text findet, der die Freiheit des Abschlusses von Bündnissen und Verträgen mit der Welt der Ungläubigen verbieten oder einschränken würde. Der Koran selbst gebietet die Pflicht der treuen Erfüllung jeder Art von Bündnissen, einschließlich derjenigen, die mit den Ungläubigen abgeschlossen wurden:

> „Wie können aber die Götzendiener mit Allah und seinem Gesandten in ein Bündnis treten, außer jenen, mit denen ihr bei der heiligen Moschee einen Vertrag schlosset? Und solange sie euch treu bleiben, so haltet ihnen Treue."[13]

Der Prophet selbst hatte auch einige Vorbilder geschaffen, indem er mit

den Ungläubigen mehrere Friedensverträge abschloß, sowohl mit den Götzendienern von Mekka als auch mit den jüdischen und christlichen Gemeinschaften von Medina und Arabien[14]. Diese Verträge, in ihrer Eigenschaft der „sunna“[15], stellen eine Rechtsquelle für das Vertragsrecht im islamischen System dar. Während der Epoche der Kalifen von Medina wurden verschiedene Verträge mit den Bewohnern Syriens, des Irak und Ägyptens abgeschlossen, die die gesetzliche Grundlage für die Bestimmung des Statuts der „ḏimmie“ darstellten.
Die späteren Rechtsgelehrten haben, ausgehend von diesen Präzedenzfällen, eine Sammlung von Regeln erarbeitet, die das juristische System der Verträge im islamischen Recht darstellen. Dieses Thema wird im nachfolgenden Kapitel eingehend untersucht. Angesichts der Bedeutung einiger Verträge, die als Quelle des Rechts und als nachahmenswertes Beispiel angesehen wurden, halten wir es dennoch für erforderlich, anschließend eine Untersuchung über sie durchzuführen.

1. Der Vertrag von Hudaybiyya

Der erste Vertrag in der politischen Geschichte des Islam war der Vertrag von Medina, auf den wir uns auf vorangegangenen Seiten bezogen haben[16]. Der bedeutendste Vertrag in bezug auf die spätere Ausarbeitung des juristischen Systems der Verträge ist der im Jahre 628 abgeschlossene Vertrag zwischen dem Propheten und den Ungläubigen von Mekka, bekannt als der Vertrag von Hudaybiyya[17].
Während des Aufenthalts des Propheten in Medina beobachteten die Bewohner Mekkas mit Angst das immer stärkere Anwachsen seiner Macht und seines Ansehens in ganz Arabien. In der Tat gab es mehrere bewaffnete Zusammenstöße zwischen ihnen und den Muslimen, allerdings mit negativem Ergebnis für Mekka[18]. Im Jahre 628 brach der Prophet mit einigen hundert Muslimen in Richtung Mekka mit dem Ziel auf, die dort befindlichen Heiligtümer zu besuchen. Die Muslime wollten die heiligen Monate nutzen, um die Pilgerfahrt zu unternehmen, da, wie wir aufgezeigt hatten, die Araber eine vollständige Waffenruhe einzuhalten und sich in dieser Zeit jeglicher Gewaltanwendung zu enthalten pflegten[19]. Trotzdem und obwohl die Muslime beinahe unbewaffnet aufgebrochen waren, weigerten sich die Mekkaner, ihnen den Zugang zur Stadt zu erlauben. Nach dem Austausch mehrerer Botschaften wurden die Verhandlungen mit der Unterzeichnung des berühmten Vertrages von Hudaybiyya beendet, dessen Wortlaut der folgende ist[20]:

> „Muhammad ibn ᶜAbdallah und Suhail ibn ᶜAmr vereinbaren, daß ihre Bürger zehn Jahre lang den Frieden halten (andere Texte sprechen von vier oder zwei Jahren. Diese letzte Zahl war die der tatsächlichen Dauer)[21], während derer sie sicher und in gegenseitiger Achtung leben

werden, unter der Bedingung, daß, wenn ein Quraischite (aus Mekka) sich ohne Zustimmung seines Protektors – „wālin“ – Mohammed nähert, Mohammed ihn zurückschickt, aber wenn einer derer, die bei Mohammed sind, sich den Quraischiten nähert, diese ihn nicht zurückschicken. Zwischen uns ist die Gewalt und der Raub verboten. Jeder, der sich mit Mohammed verbünden und sich ihm anschließen will, kann das tun. Jeder, der sich mit den Quraischiten verbünden und sich ihnen anschließen will, kann das tun. Du – Mohammed – wirst darauf verzichten, in diesem Jahr in unsere Stadt zu kommen, und du wirst Mekka nicht gegen unseren Willen betreten; aber im nächsten Jahr werden wir fortgehen und dir den Ort überlassen, damit du mit deinen Gefährten eintreten kannst: du wirst drei Tage verweilen und die Waffen des Reisenden bei dir führen, den Säbel in der Scheide. Du wirst mit keiner anderen Waffe eintreten.“

Während der Verhandlungen weigerte sich der Gesandte Mekkas, Suhail ibn ᶜAmr, Mohammed als „Gesandten Gottes“ anzuerkennen. Als der Prophet diesen Titel in den Wortlaut des Vertrages aufnehmen wollte, sagte ihm Suhail:

„Wenn ich bezeuge, daß du der Gesandte Gottes bist, kann ich dich nicht wieder bekämpfen. Schreibe deinen Namen und den deines Vaters.“

Er weigerte sich auch, in den Wortlaut des Vertrages die „basmala“ aufzunehmen – im Namen Allahs, des Erbarmers, des Barmherzigen –, die die islamische Formel für den Beginn jedes schriftlichen Dokuments ist. Er erklärte sich nur bereit, den Vertrag mit der Formel „im Namen Allahs“ zu beginnen. Dieser letztere Ausdruck war unter den Arabern üblich, wobei sie dachten, daß die qualifizierenden Wendungen „Erbarmer“ und „Barmherziger“ Bezeichnungen von neuen Göttern seien, die Mohammed eingeführt hatte[22].

Diese Haltung des mekkanischen Verhandlungsführers schien für die Muslime sehr erniedrigend, und die Bedingungen des Vertrages bereitete ihnen großes Unbehagen. Mehrere Gefährten des Propheten protestierten gegen die Klauseln, die den Muslimen die einseitige Auslieferung jener Mekkaner auferlegte, die zum Islam übertreten könnten, indem sie sich auf die Seite Mohammeds begaben[23]. Die Rechtsgelehrten waren in ihren späteren Darlegungen immer bemüht festzustellen, daß eine solche Bedingung von den Muslimen, die nach dem Propheten, der durch göttliche Eingebung handelte, lebten, niemals hätte angenommen werden dürfen[24]. Alle Rechtsgelehrten ziehen jedoch die Schlußfolgerung der Zulässigkeit des Abschlusses von Verträgen mit den Ungläubigen unter bestimmten Umständen, wie wir im weiteren Verlauf sehen werden[25]. Aš-Šaibānī, der sich auf die Haltung des Propheten stützt, erklärt, daß „die Muslime zu gegebener Zeit bei dringender Notwendigkeit den Abschluß eines Vertrages mit dem Feind, der ihnen harte Bedingungen auferlegt, akzeptieren können“[26]. Gleichfalls gestützt auf dieses Beispiel haben die Rechtsgelehrten als Rechtsprinzip zugelassen, daß die mit den Ungläubigen abgeschlossenen Friedensverträge, die nicht ihre Unterwerfung unter die Souveränität des islamischen Staates bedeuten, zeitweiligen Charakter tragen müssen und nur für einen Zeitraum gelten dürfen, der den Vertrag von Hudaybiyya nicht überschreitet.

Trotz der von den Muslimen in diesem Vertrag gemachten Zugeständnisse haben verschiedene Autoren das diplomatische Geschick Mohammeds bei seiner Haltung gegenüber den Mekkanern hervorgehoben. Wie Professor Watt aufzeigte, bedeutete schon die Tatsache, daß der Prophet mit den Quraischiten als ihr ebenbürtiger Partner einen Vertrag unterzeichnete, für ihn einen Sieg, da er auf diese Weise von seinen Hauptfeinden als unabhängige Macht anerkannt wurde[27].

Die Bedeutung dieses Vertrages unter rechtstheoretischem Aspekt beruht darauf, daß er von den Rechtsgelehrten, was seine Bestimmungen und seine Dauer angeht, als von den Muslimen zu befolgendes Vorbild für ihre vertraglichen Beziehungen mit den Ungläubigen angesehen wurde. Diese Aspekte, die in die islamische Vertragstheorie eingingen, werden im nachfolgenden Kapitel behandelt[28].

Andererseits wurde dieser Vertrag in schriftlicher Form in zwei Exemplaren und mit der Einbeziehung der Namen der Zeugen abgefaßt, Formalitäten, die in die islamische Vertragspraxis eingegangen sind.

Später schloß der Prophet eine Reihe von Friedensverträgen mit den Juden und Christen Arabiens ab[29], die die gesetzlichen Vorbilder für den Abschluß der „ḏimma"-Verträge darstellen, die wir anschließend untersuchen werden.

2. Die „ḏimma"-Verträge

An anderer Stelle sprachen wir bereits vom Begriff des „ḏimma"[30]. Wie wir aufzeigten, erfolgte die Unterordnung der „'ahl al-kitāb" vielfach in Form des Abschlusses von Pakten besonderen Charakters, die von den muslimischen Rechtsgelehrten als „ḏimma"-Verträge bezeichnet wurden. In Wirklichkeit sind diese Pakte keine internationalen Verträge im modernen Sinn des Ausdrucks, weswegen sie gesondert untersucht werden müssen.

Die ersten Verträge dieser Art wurden vom Propheten abgeschlossen, und sie vervielfältigten sich unter seinen Nachfolgern, den Kalifen.

Zu Zeiten des Kalifen Abū Bakr (632–634) ergaben sich mehrere Städte Syriens friedlich den muslimischen Heeren und unterzeichneten Abkommen, die ihnen ihre Religionsfreiheit gegen ihre Unterwerfung und die Zahlung des „ǧizya" garantierten. Einer der ersten Verträge dieser Art wurde von dem muslimischen General Halid ibn al-Walīd mit den Bewohnern von Damaskus im Jahre 635 abgeschlossen. Diese Kapitulation diente als Vorbild für zahlreiche Kapitulationen der übrigen syrisch-palästinensischen Städte. Folgender ist der Wortlaut des Vertrages:

„Im Namen Allahs, des Erbarmers, des Barmherzigen. Dies ist, was Ḫalid ibn al-Walīd den Bewohnern von Damaskus als Schutz garantiert. Er verspricht ihnen die Sicherheit ihres Lebens, ihrer Habe und ihrer Kirchen. Die Mauern der Stadt werden nicht niedergerissen. Die Muslime verletzen nicht die Häuser der Einwohner. So, und zur Erfüllung des Paktes, geben wir ihnen die Garantie Allahs und den Schutz seines Propheten, der Kalifen und der Gläubigen, vorausgesetzt, sie zahlen den ‚ǧizya'. Ihnen wird nur Gutes widerfahren, solange sie den Pakt erfüllen und den ‚ǧizya' zahlen"[31].

Ein anderer berühmter Pakt dieser Art war der des Kalifen ᶜUmar I. und des Patriarchen von Jerusalem im Jahre 638 aus Anlaß der Kapitulation der Stadt unterzeichnete. Den arabischen Historikern zufolge forderte der Patriarch die Anwesenheit des Kalifen selbst für die Übergabe der Stadt. Tatsächlich begab ᶜUmar sich nach Jerusalem und gewährte ihren Bewohnern das folgende Schreiben:

„Im Namen Allahs, des Erbarmers, des Barmherzigen. Hier ist, was der Diener Gottes, ᶜUmar, Fürst der Gläubigen, den Einwohnern von Elia (Jerusalem) als Schutz gewährt:

Er gewährt ihnen den Schutz ihrer Person, ihrer Habe, ihrer Kirchen und ihrer Kreuze, ob sie sich in gutem oder schlechtem Zustand befinden, sowie ihres Kults im allgemeinen.

Ihre Kirchen werden weder zu Wohnungen bestimmt noch zerstört werden. Weder sie noch ihre Geschäfte, ihre Kreuze, oder was ihnen als Habe gehört, werden irgendeinen Schaden erleiden. In keiner Weise werden sie ihres Kultes wegen verfolgt, noch wird einem von ihnen ein Schaden zugefügt. Es wird kein Jude zugelassen, mit ihnen in Elia zu wohnen. Die Einwohner von Elia müssen den ‚ǧizya' in der Form zahlen, in der ihn auch die übrigen Städte zahlen. Sie können die Byzantiner und die Diebe ausweisen. Demjenigen, der fortgeht, wird die Sicherheit seiner Person und seiner Habe garantiert, bis er an sicherem Ort angelangt ist. Was den betrifft, der in Elia bleibt, so befindet er sich in Sicherheit und ist dem ‚ǧizya' ebenso unterworfen wie die Einwohner von Elia. Wenn außerdem einer der Einwohner mit seiner Habe mit den Byzantinern fortgehen möchte und so seine Kirchen und Kreuze verläßt, wird ihm der Schutz seiner Person, seiner Kirchen und seiner Kreuze garantiert, bis er eine Zuflucht erreicht hat. Was die Bauern anbelangt, die sich schon vor der Ermordung des ... in Elia befanden, so kann der, der es möchte, bleiben. Er wird aber dann Schuldner des ‚ǧizya' in gleicher Weise sein wie die Einwohner von Elia. Wer mit den Byzantinern fortgehen möchte, kann dies tun. Wer mit seiner Familie zurückkehren möchte, kann dies tun, und es wird bei ihm nichts kassiert werden, bis er seine Ernte eingebracht hat.

Die Verwirklichung dieses Schriftstücks garantieren: die Garantie Gottes und seines Gesandten, die der Kalifen und die der Gläubigen, unter der Bedingung, daß die Einwohner von Elia zahlen, was sie aufgrund des ‚ǧizya' schulden.

Als Zeugen für die Rechtskraft dienen: Ḫālid ibn al-Walīd, ^{c}Amru b. al-^{c}ās, Abd al-Rahmān b. auf und Mu^{c}āwīya b. Abī Sufyān, der es geschrieben hat im Jahre 15 d. H. (638 nach Chr.)"[32].

Während der Eroberung Ägyptens (640–642) und nach den anfänglichen Siegen des muslimischen Heeres unter dem Befehl von ^{C}Umar ibn al-^{c}ās trat der byzantinische Herrscher Cyrus – von den arabischen Chronisten al-Muqauqās genannt – mit ihnen in Verhandlung zur Unterzeichnung eines Friedensvertrages. Ihm wurden nach den islamischen Vorschriften die bekannten Alternativen angeboten: den Islam anzunehmen, sich zu unterwerfen und den „ǧizya" zu zahlen oder den Krieg fortzusetzen. Die Friedensvorschläge wurden dem byzantinischen Kaiser Heraclius überbracht, der sie zurückwies, und Cyrus, der des Verrats beschuldigt wurde, fiel in Ungnade. Wenig später, beim Tode des Kaisers im Jahre 641, als der Druck des muslimischen Heeres fortdauerte, wurde Cyrus rehabilitiert und kehrte nach Alexandria zurück, um den Frieden zu schließen. Ergebnis der Verhandlungen war die Unterzeichnung des Vertrages von Babylon – auch bekannt als der Vertrag von Heliopolis – in der Nähe des modernen Kairo und der Hitti zufolge von dem jungen und schwachen Kaiser Konstantin ratifiziert wurde, was die Übergabe einer der besten Provinzen des Reiches in arabische Hände bedeutete[33]. Der Wortlaut des Vertrages ist folgender:

„Im Namen Allahs, des Erbarmers, des Barmherzigen. Hier ist, was von ^{c}Umar ibn al-^{c}ās den Einwohnern Ägyptens als Schutz ihrer Person, ihres Kults, ihrer Habe, ihrer Kirchen, ihrer Kreuze, ihres Bodens und ihres Flusses gewährt wurde. Weder mehr noch weniger als dieses.

Die Nubier werden nicht mit ihnen wohnen. Die Einwohner Ägyptens, wenn sie mit diesen Vereinbarungen einverstanden sind und wenn das Hochwasser ihres Stromes zu Ende gegangen ist, müssen als ‚ǧizya' 50000 Dinare zahlen. Sie sind Schuldner der Gewinne ihrer Diebe. Wenn einer von ihnen sich weigert, diese Bedingungen zu erfüllen, dann werden sie – die Einwohner Ägyptens – proportional von dem ‚ǧizya' entlastet. Aber unser Schutz erlischt für denjenigen, der sich geweigert hat. Falls ihr Strom zur Zeit des Hochwassers nicht sein normales Niveau erreicht, erfolgt für sie eine proportionale Entlastung.

Wer von den Byzantinern oder Nubiern mit ihnen diese Bedingungen unterschreiben sollte, wird dieselben Rechte und die gleichen Pflichten haben wie sie. Derjenige, der sich weigert und vorzieht fortzugehen, wird den Schutz genießen, bis er sich an sicherem Ort befindet oder bis er den Bereich unserer Macht verlassen hat.

Was ihnen auferlegt wird, ist in Dritteln zu zahlen, jedes zu erhaltende Drittel bedeutet den dritten Teil des ‚ǧizya'.

Die Verwirklichung des Inhalts dieses Vertrages garantieren: die Garantie und Sicherheit Gottes, die Garantie seines Gesandten, die Garantie des Kalifen und die Garantie der Gläubigen.

Was die Nubier angeht, die unseren Schutz erbeten haben, so müssen sie die Abgabe von soundso vielen Köpfen – Sklaven – und soundso vielen Pferden anbieten. Sie werden in keiner Weise angegriffen und auch nicht daran gehindert, irgendwelche Einfuhr- oder Ausfuhrgeschäfte zu machen.

Zeugen: Al Zubair und seine Söhne ᶜAbd Allah und Muḥammed.

Geschrieben von Wardan"[34].

Wie wir sehen, stellten diese „ḏimma"-Pakte oder -Verträge nach dem modernen internationalen Recht einseitige Erklärungen des islamischen Staates zugunsten von geschützten Minderheiten dar, die Untertanen des Kalifen wurden. In vielen Fällen stellten die „ḏimmie", die Vertragspartner waren, keine Subjekte des internationalen Rechts dar, weil sie keine politisch unabhängige Körperschaft waren, sondern Einwohner von Städten oder Provinzen, die Teile des persischen und byzantinischen Reiches waren.

Obgleich diese Abkommen im allgemeinen mit einer mehr oder weniger zahlreichen Gruppe abgeschlossen wurden, trugen sie trotzdem einen im wesentlichen individuellen Charakter, da sie nur jene Personen der Gruppe verpflichteten, die sich ihnen freiwillig anschlossen. Außerdem war der zahlbare Tribut, der „ǧizya", von persönlichem Charakter – eine Kopfsteuer – und konnte nicht in kollektiver Weise auferlegt werden[35], wie es bei den Waffenstillstands- oder Friedensverträgen der Fall war, die den Feind zwangen, einen Tribut zu zahlen, ohne sich der Obrigkeit des Kalifen zu unterwerfen. Wie den zuvor angeführten Texten zu entnehmen ist, erscheint auch dieser individuelle Charakter der Akzeptierung des „ḏimmi"-Status klar in den Klauseln, die allen jenen erlauben, das Land zu verlassen, die sich den Bestimmungen des Vertrages nicht anschließen wollten.

Andererseits hatten die „ḏimmie", als Gruppe oder als Individuen, immer das Recht, einseitig vom Vertrag zurückzutreten und das islamische Territorium zu verlassen. Desgleichen konnte jeder Nicht-Muslim stets im „dār al-islām" wohnen, wenn er sich an den „ḏimmi"-Status hielt, auch wenn er nicht in ein vorheriges Abkommen einbezogen war.

Deshalb halten wir es für angebracht, wie es auch Khadduri tut, diese Verträge als konstitutionelle Garantien einzuordnen, die aus dem Willen des islamischen Staates erwachsen und den gesetzlichen Status der geschützten Minderheiten innerhalb des Territoriums des Islam regeln[36].

3. Die „dimma"-Verträge in Spanien

Diese Art von Verträgen mußte während der muslimischen Eroberung sehr zahlreich sein, da die Unterwerfung der hispanischen Goten unter die politische Macht des Islam im größten Teil des Landes durch den Abschluß von Freundschafts-Abkommen und Pakten mit den Muslimen und zuweilen durch den militärischen Sieg stattfand[37].
Im allgemeinen übergaben sich die meisten Städte des Nordens, wie Pamplona und Barcelona, durch Kapitulation, während der größte Teil des Südens durch Waffengewalt erobert wurde[38], und so sprechen die spanisch-muslimischen Historiker von der Unterzeichnung von Kapitulationsverträgen mit Städten, wie unter anderem von Sevilla, Mérida und Toledo[39]. Wie wir bereits wissen, hatte die Form, in der die Eroberung erfolgte, friedliche oder durch die Anwendung von Gewalt unterschiedliche gesetzliche Auswirkungen in bezug auf die Behandlung, die die Feinde und ihr Eigentum erfuhren[40]. Obgleich die arabischen Historiker die Texte dieser Kapitulationsverträge nicht wiedergeben, glauben wir trotzdem, daß sie in ihren wesentlichen Charakteristika im Vergleich zu den im Orient abgeschlossenen „dimma"-Verträgen unterschiedlich waren. Uns ist nur der Text des im Jahre 714 unterzeichneten Vertrages zugänglich, der von dem westgotischen Lehnsherrn Teodomiro[42] unterzeichnet wurde, der über die Region des Südostens – Murcia – als Vasall des Königreichs von Toledo herrschte. Der Wortlaut des Vertrages wurde von dem Historiker al-Dabbi – gestorben 599 d. H. – in einem Manuskript übermittelt, das im Escorial aufbewahrt wird und von Codera veröffentlicht wurde[43]. Die Echtheit des Dokuments scheint außer Zweifel zu stehen[44], und Levi-Provençal zufolge rührt seine Bedeutung daher, daß es das erste bezeugte diplomatische Instrument in den Annalen des islamischen Spanien ist[45], Sein Wortlaut ist folgender:

> „Im Namen Allahs, des Erbarmers, des Barmherzigen. Urkunde des ᶜAbd al-Azīz, Sohn des Mūzā, Sohn des Nusair an Teodomiro ben Abduš, mit dem der Friede vereinbart wird und dem wir den Pakt und die Garantie – ‚dimma' – Allahs und seines Propheten, den Allah segnen und retten möge, geben, daß seine Lage und die der Seinigen bezüglich der freien Verfügung über ihre Güter nicht verändert werden, daß sie weder getötet noch versklavt und nicht von ihren Frauen und Kindern getrennt werden und daß ihre Kirchen nicht in Brand gesetzt werden. Er wird nicht seiner Domäne beraubt werden, solange er treu und aufrichtig ist und die Lasten, die wir ihm auferlegen, sowie die Friedensbedingungen trägt, welche sind: ihre Kapitulation erstreckt sich auf die folgenden sieben Städte: Orihuela, Valentilla, Alicante, Mula, Lorca, Bigastro und Eyyo[46]. Er darf keinem Deserteur und keinem Feind von uns Asyl gewähren und niemanden einschüchtern, der unter unserem Schutz steht, und er wird uns keine Nachricht über unsere Feinde verheimlichen, die

ihm zur Kenntnis gelangt. Er und die Seinigen müssen einen persönlichen Tribut zahlen, bestehend aus einem Dinar, vier Almude Weizen und vier Almude Gerste, vier Maße – Azumbres – Essig, zwei Honig und zwei Öl. Dieser Satz wird für die Sklaven auf die Hälfte herabgesetzt.

Als Zeugen unterschreiben (fünf Namen von Männern). Ausgefertigt am 4. Rağab des Jahres 94 d. H. – 714 nach Christus – "[47].

Dieser Vertrag wurde von vielen spanischen Autoren übersetzt und kommentiert, die bezüglich seiner Auslegung verschiedene Meinungen vertraten. Einige glaubten, es sei der Ursprung eines unabhängigen Königreichs unter der Herrschaft von Teodomiro, jedoch als Vasallenstaat der Araber, gewesen[48]. Saavedra glaubt, es habe sich um eine Autonomie und eine unabsetzbare und erbliche Würde, aber der islamischen Souveränität untergeordnet, gehandelt[49].

Tatsächlich gründeten sich diese Meinungen auf die ersten, sehr fehlerhaften Übersetzungen und gleichzeitig auf die Unkenntnis des islamischen Rechts und seiner regulierenden Normen des Rechtsstatus der eroberten Territorien. Die korrekte Auslegung dieses Vertrages wird Gaspar y Remiro geschuldet, der behauptet, es sei eine Kapitulation oder ein „ḏimma"-Pakt gewesen, entsprechend dem islamischen Geist und seinen Methoden. Das heißt, daß es sich nicht um eine Autonomie im eigentlichen Sinn des Wortes handelte, sondern um die Gewährung religiöser und bürgerlicher Freiheiten, die im Islam erlaubt sind; und Teodomiro sei der „Comes" der Christen gewesen[50].

Diese Meinung wird im Lichte dessen bestätigt, was wir auf den vorhergehenden Seiten über die Lage der „ḏimmie" unter der islamischen Herrschaft dargelegt haben. Andererseits ist aber nach der islamischen Lehre die Gewährung einer Unabhängigkeit oder einer politischen Autonomie im gegenwärtigen Sinne der Begriffe unhaltbar. Die arabischen Historiker beziehen sich immer auf Tudmir als eine Zone, die friedlich erobert wurde – „sulḥān" – durch die Unterzeichnung einer Kapitulation; und sie machen deutlich, daß, wie üblich, eine Garnison des muslimischen Heeres in der Provinz errichtet wurde[51].

Außerdem pflegte man bei allen von den Muslimen durchgeführten Eroberungen die zuvor bestehende Regierung zu respektieren, und das Oberhaupt jeder Gemeinschaft blieb gegenüber der neuen Obrigkeit verantwortlich für das Eintreiben des „ǧizya" und anderer Steuern sowie für die Aufrechterhaltung der inneren Ordnung. Im Mittleren Osten war diese Person im allgemeinen das vorherige geistliche Oberhaupt der Gruppe, wie z. B. der Patriarch oder der Bischof. Es scheint, daß dies auch in Spanien die befolgte Richtschnur war[52].

Aus allem zuvor dargelegten, zusammen mit dem individuellen Charakter des durch diesen Vertrag festgelegten Tributs, können wir ableiten, daß nur ein typischer „ḏimma"-Pakt vorlag.

Anmerkungen

[1] Vgl. Nussbaum, A., a. a. O., S. 3.

[2] Vgl. ebenda, S. 6.

[3] Vgl. diese Arbeit, S. 10–11.

[4] Nach Artikel 38 der Statuten des Internationalen Gerichtshof in den Haag, der 1945 in die UNO eingegliedert wurde, stehen die Abkommen an erster Stelle der Aufzählung der Quellen des durch das Gericht anzuwendenden Rechts. Der Abschnitt 1. des genannten Artikels legt fest:

> „Der Gerichtshof, dessen Aufgabe es ist, die ihm unterbreiteten Fälle nach dem Völkerrecht zu entscheiden, wendet an:
>
> a) die internationalen Abkommen allgemeiner und besonderer Natur, die Normen enthalten, die von den im Streit befindlichen Staaten ausdrücklich anerkannt sind."

[5] Vgl. das Vorwort der Konvention.

[6] Vgl. Kruse, H., „The Foundation of Islamic International Jurisprudence", a. a. O.; vom gleichen Verfasser, „Islamic Doctrine of International Treaties", a. a. O.

[7] Vgl. diese Arbeit, Kapitel: „Das Vertragsrecht", S. 309 ff.

[8] Die Beziehungen Roms mit den ausländischen Staaten hingen vom Vorliegen eines Freundschaftsvertrages mit den genannten Staaten ab. Das Nichtvorhandensein eines Vertrages bedeutete die Abwesenheit jeglichen Rechtsschutzes der aus dem fremden Land stammenden Personen und Waren. Im entgegengesetzten Fall waren diese rechtlich geschützt. Vgl. Oppenheim, „Tratado de Derecho Internacional", a. a. O., Bd. I, S. 78–79.

[9] Vgl. diese Arbeit, S. 216.

[10] Vgl. diese Arbeit, S. 282 ff.

[11] Vgl. Alexandrowicz, Charles, „Treaty and Diplomatic Relations between European and South Asian Powers in the Seventeenth and Eighteenth Centuries", in R. d. C. 100 (1960–II), S. 231 ff.

[12] Vgl. Poch, A., „Consideración Histórica del Derecho Internacional", a. a. O., S. 407.

[13] Vgl. Koran, IX, 7.

[14] Zu den vom Propheten abgeschlossenen Verträgen, vgl. Hamidullah, M., „Corpus des Traités el Lettres Diplomatiques de l'Islam à l'époque du Prophet et des Khalifes Orthodoxes" (Paris, 1953), S. 19–22; Ibn Hišam, „Sira", a. a. O., Bd. II, S. 747 ff; Iqbal, A., „Diplomacy in Islam", a. a. O., S. 31 ff.

[15] Über den Begriff der „sunna", vgl. diese Arbeit, S. 36–39.

[16] Vgl. diese Arbeit, S. 78 ff.

[17] Hudaybiyya ist ein Ort nördlich von Mekka.

[18] Über die Kriege zwischen den Muslimen und den Ungläubigen von Mekka, vgl. Ibn Hišām, „Sira", a. a. O., Bd. II, S. 257 ff; Bd. III, S. 64 ff: Watt, M., „Muhammad at Medina", a. a. O., S. 5 ff.

[19] Vgl. diese Arbeit, S. 12.

[20] Der Wortlaut des Vertrages befindet sich in: Ibn Hišām, „Sira", a. a. O., Bd. III, S. 332. Überarbeitete Übersetzung von Juán Vernet in der Einführung seiner Koranübersetzung, a. a. O., X. XXII–XXVI.

[21] Diese Frage hatte große Bedeutung in bezug auf die Bestimmung der Dauer, für die ein mit den Ungläubigen abgeschlossener Vertrag vom rechtlichen Standpunkt gelten konnte. Die Rechtsgelehrten vertreten hierzu unterschiedliche Meinungen, wobei sie von der vereinbarten oder tatsächlichen Dauer ausgehen, die von einem Wortlaut zum anderen abweicht. Vgl. diese Arbeit, S. 22 ff; Aṭ-Ṭabarī, „Kitāb al ǧihād", a. a. O., S. 14; Ibn Rušd, „Bidayat ...", a. a. O., S. 387–388.

22 Vgl. Ibn Hišām, „Sira“, a. a. O., Bd. III, S. 331–332; Iqbal, A., „Diplomacy in Islam“, a. a. O., S. 25 u. 36.

23 Vgl. Ibn Hišām, ebenda, S. 331.

24 Vgl. Ibn Qudāma, a. a. O., S. 463–466.

25 Vgl. diese Arbeit, S. 312ff.

26 Vgl. Aš-Šaibānī, a. a. O., S. 190–191.

27 Vgl. Watt, M., „Muhammad“ in „The Cambridge History of Islam“, herausgegeben von P. M. Holt und anderen, 2 Bde. (Cambridge, 1970), Bd. I, S. 50.

28 Vgl. diese Arbeit, S. 309ff.

29 Diese Verträge wurden mit den Christen von Naǧrān – einer Provinz im Südosten Arabiens –, mit den Einwohnern von ᶜAḏruḥ und mit den Juden des Hafens von Maqna abgeschlossen. Vgl. diese Arbeit, Anmerkung 14, S. 274; Al-Balāḏūrī, „Origins ...“, a. a. O., S. 91–105

30 Vgl. diese Arbeit, S. 231ff.

31 Englischer Wortlaut des Vertrages in Hitti, Ph., „History ...“, a. a. O., S. 150.

32 Der Wortlaut des Vertrages befindet sich bei: Al-Balāḏūrī, „Kitāb Futuḥ al-Buldān“ (Leiden, 1866), S. 138–139; Aṭ-Ṭabarī, „Ta'rīḫ“ (Leiden, 1893), Serie I, Bd. V, S. 2405–2406. Für den französischen Text, vgl. Hamidullah, „Corpus ...“, a. a. O., S. 123–124; für den englischen Text, vgl. Khadduri, „War and Peace ...“, a. a. O., S. 214.

33 vgl. Hitti, Ph., „History ...“, a. a. O., S. 161–164.

34 Vgl. überarbeitete spanische Übersetzung von Hamidullah, „Corpus ...“, a. a. O., S. 126–127.

35 Vgl. Abū Yūssuf, a. a. O., S. 124.

36 Vgl. Khadduri, „War and Peace ...“, a. a. O., S. 220–223.

37 Vgl. Simonet, F. J., „Historia de los Mozárabes en España“, (Madrid, 1897–1903), S. 48; Ballesteros y Berreta, A., „Historis de España y su Influencia en la Historia Universal“, 2. Ed. (Barcelona, 1962), S. 148.

38 Vgl. Levi-Provençal, „España Musulmana“, a. a. O., Bd. IV, S. 13ff.

39 Vgl. Ibn Idāri al-Marrakuši, „Al-Bayān al-Muġrib“, Bd. I u. II, herausgegeben von Dozy (Leiden, 1848–1861), Bd. III, herausgegeben von Levi-Provençal (Paris, 1930), Bd. II, S. 20; „Aḫbār Maǧūᶜa“, anonyme Chronik des 11. Jahrhunderts, spanische Übersetzung von Emilio Lafuente y Alcántara (Madrid, 1867), S. 18.

40 Vgl. diese Arbeit, S. 90ff.

41 Zum genauen Datum dieses Vertrages, vgl. Gaspar y Remiro, M., „Historia de Murcia Musulmana“ (Zaragoza, 1905), S. 3ff; Levi-Provençal, „España Musulmana“, a. a. O., Bd. IV, S. 21.

42 Die arabischen Chronisten nennen ihn „Tudmir“, ein Name, der auch der Provinz Murcia gegeben wurde, was die Existenz dieses westgotischen Lehnsherrn bezeugt. Vgl. „Aḫbār Maǧmūᶜa“, a. a. O., S. 12–13.

43 Vgl. Al-Dabbi, „Buġyat al-Mutamis fīta'rīḫ riǧal ahl al-Andalus“, herausgegeben von F. Codera und J. Ribera, Bibl. Ar. Hisp., Bd. III (Madrid, 1885), S. 259.

44 Dieser selbe Vertrag mit geringfügigen Änderungen im Wortlaut befindet sich auch im Manuskript eines andalusischen Autors (478 d. H.), das im Institut für Manuskripte der Arabischen Liga in Kairo aufbewahrt wird und kürzlich veröffentlicht wurde. Vgl. al-ᶜUḏrī, Aḥmad ibn ᶜUmar ibn Anas, „Fragmentos Geográfico-Históricos sobre al-Andalus“ – in arabischer Sprache, kritische Ausgabe von ᶜAbd al-Azīz al-Ahwānī, veröffentlicht vom Institut für islamische Studien von Madrid (Madrid, 1965), S. 4–5.

45 Vgl. Levi-Provençal, „España Musulmana“, a. a. O., Bd. IV, S. 21.

46 Zur Exaktheit der Namen der im Vertrag erwähnten Städte, vgl. Gaspar Remiro a. a. O., S. 14.

47 Überarbeitete Übersetzung von Levi-Provençal mit gewissen Abänderungen entsprechend den arabischen Texten und besonders dem zuvor erwähnten von al-ᶜUḏrī.

[48] Vgl. Simonet, a. a. O., S. 54; Ballesteros, A., a. a. O., S. 184–185. Eine kritische Studie dieser Auslegung bei Gaspar Remiro, a. a.O., S. 11–27.

[49] Vgl. Saavedra, E., „Estudio sobre la invasión de los Arabes en España“ (Madrid, 1892), S. 130.

[50] Vgl. Gaspar Remiro, a. a. O., S. 13ff.

[51] Vgl. u. a. „Aḫbār Maǧmūᶜa“, a. a. O., S. 26; al-ᶜUḏrī, a. a. O., S. 4.

[52] Vgl. Watt, M., „Historia de la España Islámica“, a. a. O., S. 25.

Kapitel XV.
Die islamische Vertragspraxis

A. Die allgemeine Vertragspraxis

Wie wir sahen, waren die während der ersten Etappe des islamischen Staates abgeschlossenen Verträge allgemein von religiösem Charakter, und ihr Hauptziel bestand in der Kapitulation der Feinde und der Regelung des Status der neuen „ḏimmie"-Untertanen. Später jedoch, nach Beendigung der großen Ausbreitung des Islam, sahen sich die verschiedenen Staaten, aus denen sich die muslimische Welt zusammensetzte, gezwungen, Beziehungen verschiedenen Charakters mit der Außenwelt aufzunehmen.
Während des Kalifats von Medina (632–661) waren fast sämtliche vom islamischen Staat abgeschlossenen Verträge „ḏimma"-Pakte. Es verdient jedoch wegen seiner Eigentümlichkeit und seiner spezifischen Besonderheiten spezielle Erwähnung der Vertrag von 652 nach Christus, der während der Epoche des dritten Kalifen ᶜUtman (644–656) zwischen dem muslimischen Gouverneur von Ägypten, ᶜAbd Allah Saᶜd, und dem christlichen Reich der Nubier am oberen Nil abgeschlossen wurde[1]. Nach einigen fruchtlosen muslimischen Versuchen, Nubien zu erobern, wurde ein Friedensvertrag von unbeschränkter Dauer unterschrieben. Die Nubier verpflichteten sich, einen speziellen Tribut, „baqt"[2] genannt, zu zahlen, der nur in der Abgabe einer bestimmten Zahl von Sklaven bestand. Dieser Tribut hatte, im Unterschied zu dem, was die „ḏimmie" zahlten, kollektiven Charakter. Deshalb wurden die Nubier nicht als „ḏimmie" angesehen, die der Hoheit des Kalifen unterstanden, und ihr Territorium war kein Bestandteil des „där al-ḥarb". Der Vertrag enthielt eine einseitige Auslieferungsklausel, in der verfügt wurde, daß die Nubier verpflichtet sind, „jeden flüchtigen Sklaven, der in ihr Land kommt und den Muslimen gehört, in das Gebiet des Islam zurückzuschicken". Sie mußten auch „jeden Muslim zurückweisen, der die Muslime bekämpft hatte und in ihrem Land Zuflucht suchte, und ihn von dort in muslimisches Territorium zurückschicken, ohne in irgendeiner Weise für ihn Partei zu ergreifen und ihn zu verteidigen". Außer dieser und anderen, den Nubiern auferlegten Verpflichtungen legte der Vertrag die Freiheit der Untertanen beider Parteien fest, in ihre jeweiligen Territorien einzureisen, jedoch ohne das Recht, sich dort niederzulassen[3].
Dieser Vertrag, der fast sechshundert Jahre gültig war[4], bietet, wie Khadduri aufzeigte, ein Statusproblem unter dem islamischen Recht, da das nu-

bische Territorium in keinen der beiden Sektoren paßte, in die nach der klassischen Theorie die Welt aufgeteilt ist: „dār al-islām“ und „dār al-ḥarb“[5]. Einige Rechtsgelehrte ordnen es einer dritten Kategorie zu: „dār al-ᶜahd“ – Territorium der Vereinbarung –, über das wir auf vorangegangenen Seiten sprachen[6]. Die Rechtsgelehrten, die diese Einteilung nicht billigten, meinten dennoch, daß dieser Vertrag nur ein „hudna“ – Waffenstillstand – und ein Abkommen für den Warenaustausch sei[7].

Obwohl der Vertrag den Muslimen keinerlei Verpflichtung auferlegte, war der zu zahlende Tribut eher gegenseitig, da, wie Becker aufzeigte, zum Zeitpunkt seiner Übergabe eine zusätzliche Anzahl Sklaven und andere Geschenke für die offiziellen Mittelsleute einbezogen zu werden pflegte, und die Muslime eine bestimmte Menge Weizen, Gerste, Wein, Pferde, kostbare Kleider und andere Geschenke übergaben, deren Wert zuweilen höher war als der von den Nubiern bezahlte Tribut[8].

Während des Kalifats der Omaijaden von Damaskus führten die Araber mehrere Expeditionen gegen Konstantinopel durch, die fruchtlos blieben. Die Bürgerkriege und inneren Aufstände, die die ganze Periode der Omaijaden ausfüllten, zwangen sie, mit den Byzantinern zu paktieren, um im Inneren freie Hand zu haben. Es wurden mehrere Friedensverträge abgeschlossen, die den Muslimen die Zahlung eines Tributs an die ungläubigen Byzantiner auferlegte, eine Tatsache, die von nahezu allen Rechtsgelehrten angeprangert wurde, denn sie betrachteten dies als für den Islam gesetzwidrig und erniedrigend, obwohl der Rechtsgelehrte al-Auzāᶜī, der während dieser Epoche gelebt hatte, es billigte[9].

In den Beziehungen zwischen den Omaijaden und Byzantinern nahm der Konflikt der beiden Mittelmeermächte über Zypern einen hervorragenden Platz ein. Die Unfähigkeit beider Seiten, eine ausschließliche Herrschaft über die Insel zu errichten, führte zum Abschluß des Vertrages von 689, in dem die Teilung des Tributs Zyperns unter die beiden und die Erhaltung der Insel in einer neutralen Lage vereinbart wurde[10]. Auf diese Weise behielt Zypern seine Unabhängigkeit und Neutralität, die von den beiden streitenden Mächten anerkannt wurde, was der Insel gestattete, kommerzielle und freundschaftliche Aktivitäten mit ihnen zu entfalten.[11] Wie wir aufzeigten, paßt diese eigentümliche Lage Zyperns, ebenso wie die Nubiens, nicht in das klassische, von den Rechtsgelehrten ausgearbeitete Schema, was ihm eine Sonderstellung im islamischen Rechtssystem einräumte[12]. Indessen bedeutet die Neutralität Zyperns, die durch den Vertrag von 689 vereinbart wurde, einen interessanten historischen Präzedenzfall des Rechts der Neutralität.

Bei diesen beiden Fällen ist am Rande der dogmatischen Darlegung deutlich zu erkennen, daß der Abschluß und der Inhalt der von den muslimischen Herrschern abgeschlossenen Verträge den politischen Erfordernissen der Zeit entsprachen. In diesem Sinne verdient der im Jahre 635 unterzeichnete Vertrag zwischen dem Kalifen Muᶜāwīya und den Armeniern besondere Erwähnung. Der Vertrag befreite die letzteren von der Zahlung des „ǧizya" für drei Jahre, nach deren Ablauf sie den Betrag zu zahlen hatten, den sie wollten. Für dieses Vorrecht und die Aufrechterhaltung ihrer vollen politischen Unabhängigkeit wurden sie verpflichtet, auf ihre Kosten ein Heer, bestehend aus 15 000 Reitern, für ihre Verteidigung gegen Byzanz und zur Unterstützung der Muslime aufrechtzuerhalten, die ihrerseits versprachen, ihnen alle nötigen Verstärkungen zu senden[13].

Während des abbasidischen Kalifats von Bagdad trugen die muslimisch-byzantinischen Beziehungen einen allgemein kriegerischen Charakter. Als Folge davon wurden viele Verträge abgeschlossen, die die Byzantiner verpflichteten, jährliche Tribute an Bagdad zu zahlen[14]. Andererseits erhöhten die andauernden Kriege die Zahl der Gefangenen auf beiden Seiten, was den Abschluß besonderer Verträge, bekannt als „fid^{c}a" – Auslösung – verursachte[15]. Die diplomatischen Beziehungen der Abbasiden blieben jedoch nicht auf Byzanz beschränkt, sondern erweiterten sich beträchtlich, wie wir weiter unten sehen werden.[16]

Als Folge der Kreuzzüge und der Errichtung römischer Staaten auf dem Gebiet von Syrien und Palästina begann eine Epoche ausgedehnter Beziehungen aller Art zwischen Christen und Muslimen, die auf den Gebieten der Kultur und des Handels große Bedeutung erlangten[17]. Bald entstand in der Zone ein „Modus vivendi", der den politischen, kulturellen und kommerziellen Austausch zwischen beiden Parteien begünstigte. Wie Professor Truyol schrieb, scheint es außer Zweifel, daß die Kreuzzüge in der christlichen Welt und im Islam eine Übertragung der jeweiligen originären oder von anderen Kulturen auf dem Gebiet des Rechts empfangenen Begriffe mit sich bringen mußten, wie sie auch in anderen Bereichen der Kultur, insbesondere der Kunst, der Literatur und der Philosophie entstanden, wobei zu beobachten ist, daß der christliche Westen, dessen Kultur sich noch im Prozeß des Reifens befand, aufnahmefähiger war[18].

Unter den verschiedenen christlichen und islamischen Staaten der Region wurden Verträge aller Art abgeschlossen, deren Zweck in der Herstellung des Friedens, von offensiven oder defensiven Bündnissen und vor allem in der Ermöglichung und Regulierung des Personen- und Warenverkehrs bestand[19]. Diese Verträge waren in ihrem praktischen Aspekt ziemlich weitgehend, und einige darunter enthielten Klauseln bezüglich der Auslieferung von Flüchtlingen und Straftätern, der Unterdrückung der Piraterie und der Abschaffung des alten Rechts des Schiffbruchs, des Schutzes des Eigentums der Ausländer und ihrer Freiheit des Handels und der Regelung der Zollgebühren[20]. Wie Stadtmüller aufzeigte, entwickelte sich aus diesen kriegerischen und kommerziellen Kontakten zwischen den Muslimen und den christlichen Staaten der Kreuzzüge ein internationales Gewohnheitsrecht, das später durch die fränkisch-arabischen Verträge vervollkommnet wurde, woraus die Entwicklungslinie hervorging, die zum venezianischen Internationalen Recht führen sollte[21].

In diesem Sinne sind von besonderem Interesse die Handelsverträge, die als „Kapitulations"-Verträge bezeichnet werden und während des frühen Mittelalters zwischen Muslimen und Christen des Mittelmeerbeckens abgeschlossen wurden. Nach den Worten von Professor Truyol stellten sie „einen der interessantesten Aspekte des internationalen Lebens dieser Epoche dar"[22].

Der erste Vertrag dieser Art wurde zwischen Marokko und Pisa abgeschlossen, das wenig später einen anderen ähnlichen mit dem muslimischen Herrscher von Valencia – 1146 – und mit Ägypten – 1154 – unterzeichnete, wodurch es im Falle des letztgenannten die Unantastbarkeit seiner Untertanen, den Schutz seiner Waren sowie das Recht erwarb, Konsuln mit Rechtsbefugnissen zu unterhalten[23].

Der Abschluß von Verträgen dieser Art wurde verallgemeinert und dehnte sich auf andere am Mittelmeer gelegene Städte aus wie Genua, Venedig, Florenz und Barcelona, die ebenfalls Verträge mit Ägypten und den islamischen Staaten Nordafrikas abschlossen und die gleichen Rechte und Privilegien erlangten[24].

Diese Verträge sicherten hauptsächlich den christlichen Kaufleuten ein Geschäft mit Namen „funduq" – spanisch: alhóndiga; italienisch: fondaco –[25], die Freiheit des Warenverkehrs und des Handels, die Unverletzlichkeit der Wohnung und die Religionsfreiheit. Sie garantierten ihnen außerdem einige gerichtliche Privilegien, die durch die Immunität der Gerichtsbarkeit für bestimmte Rechtsstreite gekennzeichnet sind, wobei die ausschließliche Zuständigkeit des Konsulargerichts bei den Konflikten von Ausländern der gleichen Nationalität anerkannt wird.

Andererseits stellten die „Kapitulations"-Verträge ausgezeichnete gerichtliche Instrumente zur Regulierung und zum Schutz der kommerziellen Transaktionen dar, wobei sie gleichzeitig Klauseln zur Unterdrückung der Piraterie enthielten. Ihre Bedeutung für die Entwicklung gewisser Institutionen des Völkerrechts wurde von mehreren Autoren hervorgehoben, und Kramer zeigt auf, daß diese Verträge und die Errichtung konsularischer Vertretungen in den Häfen des Orients die Grundlagen für die Entwicklung der Vorschriften schufen, die den modernen internationalen Verkehr regeln[26].

Die „Kapitulations"-Verträge trugen im Grunde genommen für die orientalischen Staaten keinen erniedrigenden Charakter, da sie auf der Grundlage der Gleichheit der vertragschließenden Parteien vereinbart wurden. Und in dieser ersten Epoche bedeuteten sie auch keine Abschaffung der territorialen Souveränität jener Staaten. Alexandrowicz weist den von mehreren Autoren vertretenen Gedanken zurück, demzufolge die „Kapitulations"-Verträge die Unterlegenheit der Zivilisation der orientalischen Länder zum Ausdruck brachten, wobei er behauptete, daß dies eine sehr alte Methode bei jenen Ländern gewesen sei, da nach der asiatischen Tradition die Herrscher den ausländischen Kaufleuten die Errichtung von Geschäften auf ihrem Territorium erlaubten und daß sie sich nach ihrem eigenen Recht und ihrer eigenen Gerichtsbarkeit richten konnten[27]. In der Region des Mittelmeers waren diese Verträge keine eigentümliche Institution der islamischen Staaten, denn sowohl Byzanz als auch die Kreuzfahrer hatten „Kapitulations"-Verträge mit den italienischen Städten abgeschlossen, in denen die die Gerichtsbarkeit des „bailo" jeder Stadt über ihr Gemeinwesen anerkannten[28]. Außerdem zogen während des 13. und der ersten Hälfte des 14. Jahrhunderts die Mitglieder der italienischen Gemeinschaften in Frankreich Nutzen aus einem bevorrechtigten Personalstatus. In Flandern und Brügge hatten sie Konsuln, die eine Zivil- und Handelsgerichtsbarkeit über ihre Landsleute ausübten, ebenso wie in den Regionen des Mittelmeeres[29]. Darüber hinaus gibt es Beispiele der Gewährung von „Kapitulations"-Verträgen zugunsten orientalischer Kaufleute in Europa im 17. und 18. Jahrhundert. Der Vertrag von 1631 zwischen Persien und Holland beispielsweise gab den persischen Kaufleuten in Amsterdam ähnliche Vergünstigungen, wie sie die holländischen Kaufleute in Persien genossen[30].

Wie wir sahen, geht das muslimische Recht vom Personalprinzip aus und ist deshalb auf die Ausländer, d. h. die Nicht-Muslime, gleich welcher Nationalität, nicht anwendbar. Diese Eigenschaft bildet die rechtliche Grundlage für die Gewährung dieser extraterritorialen Rechte für die nicht-muslimischen Kaufleute. Die Einführung des Systems der „Kapitulations"-Verträge geht auf Gründe ökonomischer und juristischer Art zurück. Einerseits wurden sie durch die Gewohnheit begründet, die im Mittelalter die Handelsstädte des Mittelmeers erworben hatten, mit den muslimischen Herrschern besondere Statuten auszuhandeln, die ihnen die Freiheit des Handels, die Ernennung von Konsuln usw. zuerkannten, und andererseits gingen sie auf den Einfluß des Personalprinzips der Gesetze zurück, deren positiver Einfluß, wie Rousseau aufzeigte, gerade in den „Kapitulations"-Verträgen zum Ausdruck kam[31]. Der berühmte Vertrag von 1535 zwischen Francisco I. und Soleiman dem Mächtigen, der sich am Ursprung des Systems befindet, bedeutet nicht einen demütigenden Akt für die Türkei, wie Bernard Lewis zutreffend feststellte, da er kein Zugeständnis war, das einer schwachen orientalischen Macht entrissen wurde, sondern die entgegenkommende Gewährung der Rechte der „ḏimmie" in der islamischen Gesellschaft, erweitert durch den Geist des muslimischen Kodex gegenüber ausländischen Christen[32]. Diese Kapitulations-Verträge verwandelten sich jedoch später in ein Werkzeug der Kolonialherrschaft und wurden zu einer realen Einschränkung der territorialen Souveränität der orientalischen Länder. In einigen Ländern wie der Türkei, Ägypten und China behielten sie während langer Zeit ihre Gültigkeit. Im erstgenannten Land wurden sie im Jahre 1923 endgültig durch den Vertrag von Lausanne abgeschafft. In Ägypten wurde die Beseitigung der „Kapitulations"-Verträge durch das Abkommen von Montreaux von 1937 zwischen Ägypten und den Vertragsmächten, seinerzeit zwölf, abgeschlossen. In China erfolgte die Beseitigung wie in den beiden erstgenannten Ländern in aufeinanderfolgenden Etappen, um 1947 endgültig zu verschwinden[33].

Der Abschluß von Verträgen zwischen Muslimen und Christen war nicht auf die Mittelmeerländer der Levante beschränkt, sondern eine übliche Methode auch in anderen Teilen der Welt. Ein Beispiel haben wir in Ostindien, wo seit dem 16. Jahrhundert die muslimischen Herrscher der Region mit den europäischen Gesellschaften und Staaten in ausgedehnte Vertragsbeziehungen getreten waren. Die anfänglich feindselige Haltung, die dort während des islamisch-portugiesischen Kampfes in Erscheinung trat und den Abschluß von Abkommen zwischen beiden Parteien behinderte, nahm unter dem Einfluß der beiderseitigen kommerziellen Erfordernisse allmählich ab. Auch in diesem Fall verloren sowohl die Verbote des Koran als auch die kirchenrechtlichen viel von ihrer Bedeutung und verschwanden vollständig im 17. Jahrhundert mit der allgemeinen Verbreitung der Handelsverträge, einer Methode, die Alexandrowicz zufolge wesentlich zur Säkularisierung des internationalen Rechts beitrug. Diese Verträge in ihren verschiedenen Aspekten sind in einer ausgezeichneten Arbeit von Alexandrowicz untersucht und analysiert worden[34].

Anschließend werden wir eingehender die Vertragspraxis im muslimischen Spanien untersuchen, die dort sehr häufig angewandt wurde und einige Besonderheiten aufweist.

B. Die Vertragspraxis im muslimischen Spanien

Während der Epoche des Kalifats beherrschte Córdoba den größten Teil der entstehenden christlichen Königreiche des Nordens (929–1026). Die häufigen muslimischen Einfälle endeten im allgemeinen mit der Unterzeichnung eines Friedensvertrages, der die christlichen Staaten verpflichtete, einen jährlichen Tribut zu zahlen und in irgendeiner Weise die Souveränität des Kalifen anzuerkennen. Diese Anerkennung war, wie Watt aufzeigte, nicht rein formal, denn sie war von der Zahlung einer jährlichen Abgabe begleitet, obwohl die örtlichen Herrscher weiterhin Vasallen ihres Landesherrn blieben und sich nicht in Oberhäupter von „ḏimmi"-Gemeinschaften verwandelten[35]. Von 958 an verhandelte Sancho I. und Ordoño IV. von León, die in einen Kampf um die Macht verwickelt waren und die Hilfe von Córdoba suchten, persönlich und unterschrieben Verträge mit den Kalifen, in denen sie deren Herrschaft anerkannten und versprachen, bestimmte Festungen zu übergeben. Ordoño IV. verpflichtete sich, mit dem Kalifen in Frieden zu leben, sich nicht mit dem Grafen von Kastilien zu verbünden und seinen Sohn García als Garantie für die Erfüllung des Vertrages zu übergeben. Desgleichen verpflichtete er sich, bevor er irgendeine wichtige Entscheidung treffen würde, eine Art von Vormundschaftsrat zu konsultieren, der sich aus drei mozarabischen Würdenträgern zusammensetzte: dem Richter der Christen von Córdoba, seinem Bischof und dem Metropoliten von Sevilla, die ihn als Berater begleiten würden[36]. Wenn auch dieser Vertrag aufgrund des Todes von Ordoño IV. nicht erfüllt wurde, so ist er doch von beachtlicher theoretischer Bedeutung.

Später wurde durch islamischen Einfluß die Methode der Vasallen-Verträge seitens der christlichen Königreiche beibehalten, die die Könige der Teilreiche und später Granada verpflichteten, ihnen jährliche Abgaben, „parias", zu zahlen und ihr Oberhoheit anzuerkennen. Professor Miaja de la Muela zufolge war dieses System der „parias", das auf der Iberischen Halbinsel seit Mitte des 11. Jahrhunderts bestand, nichts anderes als ein Vasallentum zwischen Staaten und eine Einrichtung, deren Geschichte nicht bis zum Ursprung zurückverfolgt werden kann, ohne den islamischen Beitrag zu kennen[37]. In einigen Verträgen wandten die christlichen Herrscher eine den Arabern unbekannte Methode feudalen Ursprungs an, indem sie ihre muslimischen Vasallen verpflichteten, ihren Lehnsherrn im Krieg zu unterstützen und bei den Cortes zu erscheinen, wenn diese einberufen wurden[38].

Während dieser Epoche wurde aufgrund des Bestehens einer vielstaatlichen Gesellschaft auf der Iberischen Halbinsel die Methode der Verträge sehr häufig angewandt. Wie Professor García Arias sagt, machte die gegenseitige Durchdringung der Bevölkerung beider Spanien und das ständige, nicht notwendigerweise immer kriegerische Zusammenleben in Kontaktzonen den Abschluß von Verträgen zur Regelung der vielfältigen Probleme notwendig und unerläßlich, um auf diese Weise den friedlichen Verkehr und Handelsaustausch und die Lösung von Angelegenheiten sehr verschiedener Art zu erleichtern[39].

Es wurde darauf hingewiesen, daß die in Spanien während des Mittelalters in Kraft befindlichen Institutionen des Völkerrechts andere waren als auf der anderen Seite der Pyrenäen. Dies widerspiegelte sich beispielsweise in der sowohl von Muslimen als auch Christen geübten gegenseitigen Toleranz, in einer humaneren Kriegsführung und in einem weltlicheren Herangehen an die Vertragspraxis[40]. Es scheint, daß hier die Verbote des Koran und der Kirchengesetze, Verträge und Bündnisse mit den Ungläubigen abzuschließen, geringere Wirkung und Beachtung fanden als anderenorts. In vielen vom 13. Jahrhundert an abgeschlossenen Verträgen zwischen Aragonien, Kastilien und den islamischen Staaten von Granada, Ägypten und Nordafrika wurde in aller Klarheit festgelegt, daß es Abkommen des Bündnisses, der Freundschaft und des gegenseitigen Beistands gegen alle Feinde waren, unabhängig davon, ob es Christen oder Muslime sein sollten[41].

Die Rivalität zwischen diesen verschiedenen Staaten führte zur maximalen Anwendung des Gesetzes über das Bündnis mit dem Feind des Gegners, das in vielen Fällen den religiösen Gefühlen und Verboten widersprach. Papst Celestino III. mußte Sancho VIII. von Navarra wegen seines Bündnisses mit den Almohaden bestrafen und Alfons IX. von León, weil er gegen Alfons VIII. von Kastilien, den Bundesgenossen von Muslimen, gekämpft hatte[42]. In gleicher Weise wurden auf muslimischer Seite auch schon Könige von Teilreichen wegen ihrer Bündnisse mit christlichen Königen gegen ihre eigenen Glaubensgenossen bestraft. Im „futwā" – fetwa oder Rechtsgutachten –, das von muslimischen Rechtsgelehrten dem almoravidischen Oberhaupt Yūssuf Ibn Tašfin ausgestellt wurde, um seine Pläne zur Eroberung des muslimischen Spanien zu rechtfertigen, lesen wir folgendes: „Um ihren Anschlägen die Krone aufzusetzen, gingen die Könige der Teilreiche ein Bündnis mit dem König von Kastilien, dem unerbittlichen Feind des Islam ein, und demzufolge haben sie sich als unwürdig erwiesen, weiterhin über die Muslime zu herrschen" [43].

Während des 13. bis zum 15. Jahrhundert sah sich Granada, die letzte Bastion des Islam in Spanien, genötigt, die Karte des Bündnisses mit den islamischen und christlichen Mächten seiner Umgebung zu spielen, um seine Unabhängigkeit zu schützen und zu erhalten. Mit den Worten von Sánchez-Albornoz ausgedrückt, tat es dies einerseits, indem es sich den Kastiliern gegen die Marokkaner anschloß, und andererseits, indem es sich mit den Jaimes oder Pedros von Aragón gegen die Fernandos, Alfonsos oder Pedros von Kastilien verbündete[44]. Das Werkzeug, dessen sich die verschiedenen Parteien bedienten, um die Bündnispolitik durchzuführen, war normalerweise der Abschluß von Verträgen.

Außerdem führte die Politik des Prestiges und der kommerziellen Expansion, die vom Staate Aragonien befolgt wurde, zum Abschluß von Abkommen mit Ägypten und zur Ausdehnung seines Einflusses auf die Staaten Nordafrikas[45]. Mit Ägypten unterhielt Aragonien ausgedehnte diplomatische und kommerzielle Beziehungen, wie es durch die große Zahl von ausgetauschten Botschaften und abgeschlossenen Abkommen zwischen beiden Ländern bezeugt wird[46]. Die Abkommen waren im allgemeinen „Kapitulations"-Verträge und hatten zum Ziel, den Handel und die Aufgaben des aragonischen Konsulats in Alexandria, das dort seit 1272 bestand, sowie die Herstellung eines breiten Bündnisses zwischen beiden Parteien zu regeln. Diese Abkommen enthielten auch Klauseln zur Ermöglichung der Ankunft christlicher Pilger im Heiligen Land, über die Auslieferung von Verbrechern, Unterdrückung der Piraterie und über die Behandlung als meistbegünstigte Nation[47].

Demgegenüber hatten die von Aragonien mit den Staaten Nordafrikas geschlossenen Verträge einen anderen Charakter, da diese Staaten sich unter politischem Einfluß Aragoniens befanden und jährliche Abgaben zahlten. Ein Mittel zur Aufrechterhaltung dieses Einflusses waren die christlichen Milizen, die, vom Abschluß des Vertrages von 1285 zwischen Peter III. und dem Kalifen Abū Hafṣ an, sich in aragonesische Milizen verwandelten[48]. Durch diesen Vertrag erhielt Aragonien das Recht, den Oberbefehlshaber der besagten Truppen – bekannt unter der Bezeichnung „alcaide" – „qā^cid"

(Vorsteher) – zu ernennen, der gleichzeitig Konsul von Aragonien war. In einigen Fällen erstreckte sich seine Amtsgewalt auf die Christen, die keinen eigenen Konsul hatten, wie z. B. in Tunesien, wo nach einem Vertrag aus dem Jahre 1287: „alle Christen außer jenen, die einen eigenen Konsul haben, sich unter der Abhängigkeit und Amtsgewalt dieses ‚qā^c^id' befinden, der von Jaime von Aragonien und zu seinen Diensten eingesetzt wurde"[49].

Außer der Regelung des Status und der Funktionen des Vorstehers enthielten die von Aragonien mit den Staaten Nordafrikas unterschriebenen Abkommen einige Klauseln, die der Unterdrückung der Piraterie, der Regelung des Handels sowie dem Schutz der Personen und der Habe gewidmet waren. In einigen von ihnen erschienenen Bestimmungen, die dazu vorgesehen waren, den Umtausch des Geldes zu regeln, die doppelte Besteuerung zu verhindern, den Transit von Personen und Waren zu gestatten sowie den Verkauf von Wein an die christlichen Kaufleute zu regeln[50].

Die zwischen dem Königreich der Halbinsel und Granada abgeschlossenen Verträge wiesen angesichts der speziellen Lage dieses letztgenannten islamischen Reiches in Spanien einige besondere Eigenschaften auf. Diese Verträge pflegten eine Waffenruhe von kurzer Dauer und mit Einschränkungen des Handels, insbesondere für verbotene Waren, festzulegen, was den christlichen Wunsch widerspiegelt, die Wiedereroberung abzuschließen, was zu einem beinahe andauernden Kriegszustand zwischen beiden Parteien führte. Indessen waren die Verträge das einzig rechtmäßige Instrument, das einen „Modus vivendi" in Friedenszeiten herstellen konnte, und sie pflegten Klauseln zu enthalten, um den Handel zu regeln, die Höhe des zu entrichtenden Tributs festzulegen, die Gefangenen zu befreien, gemischte Schiedskommissionen zu bilden, die Auslieferung von Straftätern und andere Fragen unterschiedlicher Art zu vereinbaren[51]. Viele dieser Verträge trugen einen multilateralen Charakter, und die eventuelle Teilnahme dritter Länder an ihnen sowie die Bestätigung erfolgte durch Sonderdekrete, die innerhalb eines bestimmten Zeitraums von den betreffenden Herrschern erlassen werden mußten[52].

Die geographische Nachbarschaft, die das Aushandeln der Verträge und den Ausbruch von Feindseligkeiten erleichterte, zusammen mit den plötzlichen Veränderungen des Kriegs- oder Friedenszustands mit Granada, erforderten die Veröffentlichung und Verbreitung dieser Verträge, was gewöhnlich durch Rundschreiben erfolgte. Wir haben ein Beispiel im Brief, den Fernando I. von Aragonien im August 1413 an „alle Beamten des Königreichs, an die Kapitäne und Besitzer und Führer von Schiffen durch die Meere des Königreichs" richtete und in dem er ihnen von der Unterzeichnung eines Friedensvertrages mit Granada für die Dauer eines Jahres Mitteilung machte[53].

Das Schicksal der christlichen Gefangenen war immer ein Thema von besonderer Bedeutung bei den Verhandlungen über die Abkommen mit Gra-

nada, die langwierig und schwierig zu sein pflegten, wobei vielfach die Botschafter neue Instruktionen ihrer Monarchen anfordern und abwarten mußten. Bei den Verhandlungen zwischen Granada und Aragonien im Jahre 1413 wurde es notwendig, den bestehenden Waffenstillstand um fünfzig Tage zu verlängern, um der endgültigen Redaktion des Vertragstextes, der verhandelt wurde, Zeit einzuräumen[54].
Auf alle Fälle gestattet uns die Untersuchung dieser mit Granada während der zwei letzten Jahrhunderte seines Bestehens abgeschlossenen Verträge anzuerkennen, daß auf der Halbinsel die Grundsätze des internationalen Rechts sehr entwickelt waren. Anschließend werden wir, wenn auch nur kurz, einige Institutionen des Völkerrechts untersuchen, wie sie in den in dieser Epoche abgeschlossenen Verträgen zum Ausdruck kommen.

C. Spanisch-muslimische Institutionen des Völkerrechts

1. Die Nichteinmischung in die innneren Angelegenheiten

Seit sehr frühen Zeiten mischte Córdoba sich in die inneren Angelegenheiten der entstehenden christlichen Königreiche ein, indem es der einen Seite gegen die andere half, so wie es seine eigenen Interessen geraten erscheinen ließen. So schürte Almanzor den Aufstand Sanchos, Sohn des Grafen García Fernández von Kastilien, der dann im Juni 994 ausbrach[55]. Eine ähnliche Politik wurde von einigen christlichen Königen, wie Alfons III., dem Großen, von Asturien (866–910) betrieben, der die Linie verfolgte, mit den inneren Feinden des Emirats von Córdoba Beziehungen aufzunehmen[56].
Später, insbesondere während der Epoche der „Taifas“ (der Teilkönigreiche), halfen einige muslimische und christliche Könige einander gegen innere Revolten, oder sie mischten sich in dynastische und familiäre Zwistigkeiten, die auf beiden Seiten häufig waren, mit dem Ziel ein, irgendeinen eigenen Vorteil daraus zu ziehen. So kämpfte beispielsweise Muḥammad V. von Granada an der Seite von Pedro dem Grausamen von Andalusien, und dieser erwiderte den Gefallen und half ihm nach einer Palastrevolution, in der sein Vater Yūssuf I. ermordet wurde, seinen Thron wiederzuerobern[57]. Im Jahre 1264 stiftete der König von Granada, der Vasall von Kastilien war, mit Hilfe des Almohaden-Herrschers von Tunis eine allgemeine Erhebung der muslimischen Untertanen von Alfonso X., dem Weisen, an[58]. In gleicher Weise half Alfonso von Kastilien um das Jahr 1272 ebenfalls den muslimischen Herrschern von Málaga, Guadix und Umgebung, Rebellen gegen die Zentralgewalt von Granada[59].
Unsere Aufgabe besteht nicht in der Aufzählung aller Fälle dieser Art, sondern wir wollen klarstellen, daß die verschiedenen Herrscher der iberischen Halbinsel, sowohl Muslime als auch Christen, versuchten, sich in die

inneren Angelegenheiten ihrer Gegner einzumischen, wenn eine solche Einmischung für sie günstig ausgehen konnte. Um solchen Einmischungen ein Ende zu bereiten, legte der Vertrag zwischen Granada und Kastilien aus dem Jahre 1424 fest: „Keine gegenüber ihrem König aufständische Stadt, Ortschaft oder Festung darf während der Dauer ihres Aufstands mit Menschen, Waffen oder Proviant unterstützt werden.“ [60] Bekanntlich stellt dieser Grundsatz der Nichteinmischung in die inneren Angelegenheiten gegenwärtig eines der grundlegenden Prinzipien in den internationalen Beziehungen dar.

2. Auslieferung

In Spanien kam es seit sehr früher Zeit sehr häufig vor, daß die verfolgten Aufständischen und Unzufriedenen auf der anderen Seite – der christlichen oder muslimischen – Zuflucht suchten. Die Leichtigkeit der Grenzüberschreitung und die Rivalität zwischen den verschiedenen Staaten trugen dazu bei, daß diese Erscheinung häufig war, was andererseits logisch und verständlich ist.
Im Jahre 1272 flüchteten als Folge ihrer Unstimmigkeiten mit dem König einige vornehme Caballeros, unter ihnen der Bruder von Don Alfonso von Kastilien, nach Granada, wo sie vom Hofe gut aufgenommen wurden.[61]
Die Häufigkeit solcher Situationen warf zwischen den verschiedenen Staaten der Halbinsel das Problem der Auslieferung auf. Es scheint, daß hier ein Brauch begründet wurde, der darin bestand, daß die Seite, die einen politischen Straftäter auslieferte, zu seinen Gunsten intervenieren mußte, um ihm eine gute Behandlung zu sichern. Im Jahre 989 flüchtete der Sohn des Almanzor, der mit der Behandlung, die er durch seinen Vater erfuhr, unzufrieden war, auf die Seite von García Fernández. Als im folgenden Jahr der Friedensvertrag zwischen beiden Seiten unterschrieben wurde, forderte Almanzor die Auslieferung seines Sohnes, der gegen das Versprechen der Begnadigung übergeben wurde, das aber dann nicht eingehalten wurde[62].
Die Auslieferung von Straftätern und Flüchtlingen ist durch den Vertrag zwischen Granada und Kastilien aus dem Jahre 1424 geregelt, der, wie wir annehmen, nur die bereits geltenden Gebräuche und Methoden wiedergibt. Seine Bedeutung besteht jedoch darin, daß er stillschweigend das Verbot der Auslieferung politischer Delinquenten und ausdrücklich die der flüchtigen Gefangenen festlegt.
So müssen nach einer seiner Klauseln „die Verbrecher, die einer der beiden Seiten Schaden zugefügt haben und sich auf dem Boden beider Seiten befinden, getötet werden“[63].
In einer anderen Klausel wird das Recht anerkannt, die flüchtigen Gefangenen, sowohl Muslime als auch Christen, zu schützen und nicht zu überge-

ben, indem festgelegt wird, daß: „im Fall der Flucht eines von ihnen, ob er sich ergeben hat oder nicht, und wenn es dem Gefangenen gelingt, in sein Land zu gelangen, die Monarchen nicht verpflichtet sein würden, ihn zurückzugeben, aber sie müssen die Habe abliefern, die in seinem Besitz gefunden worden sein sollte"[64].

Der Vertrag fährt fort: „Wenn ein großer Herr oder Diener einer der beiden Seiten von einem Königreich in ein anderes flüchtet, muß der betreffende König dies den anderen wissen lassen und zu seinen Gunsten eingreifen, wenn die von ihm begangene Tat von solcher Art ist, daß sie das Eingreifen zuläßt." In diesem Fall „kehrt der Flüchtling in sein Land mit absoluter Sicherheit zurück", und wenn die begangene Tat ein solches Eingreifen zugunsten des Flüchtlings nicht zuläßt, „muß dieser aus dem Königreich oder Herrschaftsgebiet, wo er sich befindet, ausgewiesen werden"[65].

Das bedeutet in Wirklichkeit stillschweigend, daß diese Personen nicht ausgeliefert werden, sondern einfach nur ausgewiesen. Ihr gesellschaftlicher Stand, den der Vertrag bestimmt, führt uns entsprechend den Begriffen der Epoche zu dem Schluß, daß seine möglichen Delikte nur politischer Art gewesen sein können.

Auch in einigen, zwischen Muslimen und Kreuzfahrern abgeschlossenen Verträgen befinden sich Auslieferungsklauseln. In diesen Verträgen wurden jedoch zwischen dem einen oder anderen Flüchtling keine Unterscheidungen vorgenommen, da alle ausgeliefert werden mußten. Die Auslieferung wurde nur für den Fall verboten, daß einer von ihnen die andere Religion annehmen würde, und in diesem Fall bestand nur die Verpflichtung, die Güter zurückzugeben, die der betreffende mitgenommen haben sollte[66].

Eine ähnliche Klausel befindet sich in dem im Jahre 1292 unterschriebenen Vertrag zwischen Jaime II. von Aragonien und dem Sultan von Ägypten, in welchem vereinbart wurde, daß: „wenn irgendeine Person aus den Herrschaftsgebieten des Königs al-Ašraf, die im Rahmen des vorliegenden Vertrages erfaßt sind, in das Land des Königs Don Jaime ... fliehen oder mit Waren anderer das Land verlassen und sich in einem der genannten Länder niederlassen sollte, sind die bereits Genannten verpflichtet, den Flüchtling und seine Habe dem Land des Königs al-Ašraf auszuliefern, solange er Muslim bleibt, und seine Habe zurückzugeben, wenn er Christ geworden sein sollte. Diese gleiche Regel wird auf diejenigen angewandt, die aus dem Land des Königs Don Jaime oder den Ländern seiner Brüder oder Schwäger, die gleichfalls am Vertrag teilhaben, in das Land des Königs al-Ašraf entkommen"[67].

3. Der Handel

Während die Handelsbeziehungen zwischen Aragonien und den muslimischen Ländern, insbesondere Ägypten, ausgedehnt und dauerhaft waren, war der Handel mit Granada beschränkter und jeweils der politischen Lage des Augenblicks unterworfen. Im Jahre 1301 unterschrieb Granada einen Vertrag mit Aragonien, in welchem „ein fester Frieden und treue Freundschaft" festgelegt wurden, demzufolge beide Seiten erklärten, daß „wir gegenseitig damit einverstanden sind, daß in unser Land alle kommen, die mit irgendeiner Ware eines Landes, die sie für angebracht halten, handeln möchten[68]. Später jedoch wurde entsprechend dem Vertrag von 1367, der von Muḥammad V. und Pedro IV. unterschrieben wurde, „während Friedenszeiten der Export aller verbotenen Sachen" untersagt[69].
Dagegen wurde in nahezu allen zwischen Granada und Kastilien abgeschlossenen Verträgen auf dem Verbot des Handels mit verbotenen Waren bestanden, was den ständigen Kriegszustand zwischen ihnen widerspiegelte.
Unter diesen Handelsbeschränkungen befinden sich die Festlegung eines Limits für die Waren, die von den Granadern während der Waffenstillstände gekauft werden konnten, die Verpflichtung, eine bestimmte Heerstraße zu benutzen und die Errichtung einiger konkreter Orte für den Handelsaustausch. Der Vertrag von 1439 beispielsweise legte die Zahl von 21000 Jungrindern und 3000 Kühen fest, die die Granader während des dreijährigen Waffenstillstands kaufen konnten. Außerdem „durften die Mauren in das Territorium Kastiliens nur über die Heerstraße bis zum Hafen von Lope und nach Alcán vordringen, die vom König von Kastilien als freie und offene Häfen gekennzeichnet wurden, wo Mauren, Christen und Juden gemeinsam Handel treiben konnten"[70].

4. Gemischte Kommissionen

Die Nachbarschaft der Territorien von Granada und Kastilien und die Schwierigkeit, die jeweiligen Grenzen genau zu bestimmen, führte bei einer Gelegenheit zur Errichtung einer Art von „Niemandsland" mit dem Zweck, Zusammenstöße der Grenzbevölkerung zu verhindern. Nach dem Abschluß des Friedensvertrages von 1412 ereigneten sich einige Zusammenstöße zwischen Bauern und Hirten aus Granada und Kastilien aufgrund eines Streits über Viehtränken und die Nutzung von Weiden und Obstkulturen, die sich bis zu den Ortschaften erstreckten. Um das Problem zu lösen, wurde die Ernennung von zwei Richtern in Vertretung der Parteien mit dem Auftrag vereinbart, die Verantwortlichkeiten festzulegen. Diese gemischte Kommission mit der Aufgabe, die Wiederholung solcher Vorfälle in Zukunft zu verhindern, legte fest, daß im Bereich der Grenze

ein neutrales Gebiet bestimmt wird, wohin es weder der einen noch der anderen Seite gestattet ist, ihr Vieh zu treiben. Die Entscheidung wurde von beiden Seiten akzeptiert und eingehalten[71].
Es scheint, daß diese Methode der Bildung von gemischten Kommissionen als Mittel zur friedlichen Lösung von Konflikten zwischen Kastilien und Granada sehr häufig angewandt wurde. Der Vertrag von 1424 beispielsweise sah die „Ernennung treuer Richter beider Seiten zur Entscheidung der erwähnten Beschwerden zu ihrer Entlastung und Zahlung an die Beschwerdeführer“ vor. Desgleichen bestimmte der Vertrag das von den Richtern in ihrer Arbeit zu befolgende Verfahren und legte gleichzeitig das Recht der Beschwerde fest, wobei die Fälle bis vor die Könige selbst gebracht werden konnten, wenn die Richter ihre Aufgaben nicht erfüllen sollten[72].

5. Die „Alfaqueques“

Auf vorangegangenen Seiten haben wir bereits von der eigentümlichen Einrichtung der „Alfaqueques“ gesprochen, die auf der iberischen Halbinsel seit dem 11. Jahrhundert existierte[73].
Die Bedeutung, die von den Staaten diesen Rettern von Gefangenen beigemessen wurde, wird durch die Verträge bestätigt, die zwischen Granada und Kastilien im gesamten Verlauf des 15. Jahrhunderts unterzeichnet wurden. Während die übrigen Personen eine Erlaubnis benötigten, um in das andere Land einzureisen, verfügten die „Alfaqueques“ über die absolute Freiheit des Transits zur Erfüllung ihrer Aufgaben. In einem im Jahre 1439 unterschriebenen Vertrag wurde vereinbart, ihnen den freien Transit von einem Reich ins andere zu gewähren, damit sie sich mit jeder Art von Garantien ihrer humanitären Aufgabe bei der Suche von Gefangenen widmen konnten, mit dem Ziel, ihren Loskauf zu erreichen. Diese absolute Freiheit des Transits war ein besonderes Vorrecht, das nur die „Alfaqueques“ genossen, da entsprechend demselben Vertrag „niemand außer ihnen ohne den ordnungsgemäßen Auftrag und die Genehmigung des betreffenden Monarchen von einem Reich in das andere überwechseln darf“[74].

Anmerkungen

[1] Über die muslimischen Überfälle auf Nubien, vgl. Al-Balādūrī, „Origins ...", a. a. O., S. 379–382.

[2] Vgl. Hillelson, A., Art. „nuba", in „Encyclopedia ...", a. a. O., Bd. III, S. 942–946; Bekker, C. H., Art. „baqt", ebenda, Bd. I, S. 608–609.

[3] Der Text des Vertrages befindet sich bei Trimingham, J. S., „Islam in the Sudan" (London, 1949), S. 61–62.

[4] Vgl. Becker, C. H., Art. „baqt", a. a. O., S. 608–609.

[5] Vgl. Khadduri, „War and Peace ...", a. a. O., S. 261.

[6] Vgl. diese Arbeit, S. 210–211.

[7] Vgl. Macdonald, D. B., Art. „dār aṣ-ṣulḥ", in „Encyclopdia ...", a. a. O., Bd. I, S. 919.

[8] Vgl. Becker, C. H., Art. „baqt", a. a. O., S. 608–609.

[9] Über die Beziehungen der Omaijaden mit Byzanz, vgl. Lewis, Archibald, „Naval Power and Trade in the Mediterranean, A. D. 500–1100", (Princeton, 1951), zitiert in der arabischen Übersetzung von Aḥmād M. ᶜĪsā, (Kairo, 1960) S. 87–145; Hitti, Ph., „History ...", a. a. O., S. 199–205; Al-Balādūrī, „Origins ...", a. a. O., S. 235–245. Über die Haltung der Rechtsgelehrten, vgl. Aṭ-Ṭabarī, a. a. O., S. 17–20; Abū Yūssuf, a. a. O., S. 207.

[10] Über die Beziehungen der Muslime mit Zypern, vgl. Hill, George, „A History of Cyprus", (Cambridge, 1940); Lewis, Archibald, „Naval Power ...", a. a. O., S. 47ff; Khadduri, „War and Peace ...", a. a. O., S. 262–266; Al-Balādūrī, „Origins ...", a. a. O., S. 235–243.

[11] Vgl. Hartmann, R., Art. „Cyprus", in „Encyclopedia ...", Bd. I, S. 882–884.

[12] Vgl. Khadduri, „War and Peace ...", a. a. O., S. 262.

[13] Vgl. Armanazi, a. a. O., S. 95; Al-Balādūrī, „Origins ...", a. a. O., S. 305–332.

[14] Über die byzantinisch-abbasidischen Beziehungen, vgl. Vasilev, A. A., „Byzance et les Arabes", zitiert in der arabischen Übersetzung von Muḥamad A. Šuaira, „Al-ᶜarab wa al-rūm" (Kairo, 1934).

[15] Über die Loskaufverträge, die den arabischen Historikern zufolge recht zahlreich waren, vgl. Masᶜudī, „At-Tanbīh wa al-Išrāf" (Kairo, 1938), S. 160–166; vom gleichen Verfasser, „Muruǧ aḏ ḏahab" (Paris, 1877), Bd. X, S. 357; Vasilev, a. a. O., S. 175–180, 196–199.

[16] Vgl. diese Arbeit, S. 344–346.

[17] Über die Kreuzzüge im allgemeinen, vgl. Runciman, Steven, „A History of the Crusades", 3 Bde. (Cambridge, 1951–1954); Small, R. C., „Crusading Warfare" (Cambridge, 1956); über ihre kommerzielle und kulturelle Bedeutung, vgl. Barcker, E., „The Crusades", in „Legacy of Islam", a. a. O., S. 77–79; Lewis, Bernard, „Los Arabes en la Historia", a. a. O., S. 186–188.

[18] Vgl. Truyol y Serra, A., „Fundamentos ...", a. a. O., S. 145.

[19] Für die Texte einiger dieser Verträge, vgl. Al-Qalqašandī, „Kitāb ṣubḥ al-ᶜašā" (Beirut und Damaskus, 1967), Bd. XIII, S. 39–63; Stevenson, W. B., „The Crusades in the East", (Cambridge, 1907) S. 286–287.

[20] Vgl. Al-Qalqašandī, ebenda, S. 39–63.

[21] Vgl. Stadtmüller, G., a. a. O., S. 60.

[22] Vgl. Truyol y Serra, A., „L'Expansion de la Société Internationale au XX Siecle", in R. d. C., 116 (1965-III), S. 127–143.

[23] Vgl. Liebesny, Herbert, „The Development of Western Judicial Priviliges", in „Law in the Middel East", a. a. O., S. 309–333.

[24] Vgl. ebenda, S. 313ff; Ganshof, François, „La Edad Media", in „Historia de al Relaciones Internacionales", bearbeitet von Pierre Renouvin, spanische Übersetzung von J. L. F. de Castillejo (Madrid, 1960), Bd. I, S. 117–119.

[25] Über die „alhóndigas“, vgl. diese Arbeit, S. 369 und Anmerkung 21, S. 379.

[26] Vgl. Kramer, J. H., „Georgraphy and Commerce“, in „Legacy of Islam“, a. a. O., S. 105.

[27] Vgl. Alexandrowicz, C. H., „Treaty and Diplomatic Relations ...“, a. a. O., S. 251; vom gleichen Verfasser, „An Introduction ...“, a. a. O., S. 230–231.

[28] Vgl. Ganshof, F., „La Edad Media“, a. a. O., S. 64–65, 82.

[29] Vgl. ebenda, S. 242–243.

[30] Vgl. Alexandrowicz, C. H., „An Introduction ...“, a. a. O., S. 260–261.

[31] Vgl. Rousseau, Charles, „Derecho Internacional Público“, a. a. O., S. 203.

[32] Vgl. Lewis, Bernard, „Los Arabes en la Historia“, a. a. O., S. 203.

[33] Über die Unterdrückung der „Kapitulations“-Verträge in den verschiedenen Ländern, vgl. Rousseau, Ch., a. a. O., S. 234–236.

[34] Vgl. Alexandrowicz, C. H., „An Introduction ...“, a. a. O.

[35] Vgl. Watt, M., „Historia de la España Islámica“, a. a. O., S. 50–51.

[36] Vgl. Levi-Provençal, „España Musulmana“, a. a. O., Bd. IV, S. 378–380. Über die Aufnahme des Ordoño IV. durch Al-Hakam, vgl. Cordera, F., „Embajadas de Príncipes cristianos en Córdoba en los últimos años de Al-Hakam II“, in „Estudios Críticos de Historia Arabe Española“ (Madrid, 1917), 2. Serie, S. 181 ff; Sánchez Albornoz, C., „La España Musulmana“, a. a. O., Bd. I, S. 287–301.

[37] Vgl. Miaja de la Muela, A., „Ensayo ...“, a. a. O., S. 551.

[38] Im Vertrag von 1240, abgeschlossen zwischen Fernando III. von Kastilien und Muḥammad I. von Granada, erklärt dieser sich zum Vasallen des Kastiliers, der seinerseits dessen Herrschaft über seine Territorien durch Vasallentum anerkannte. Außerdem mußte der König von Granada jährliche Abgaben entrichten, Kastilien in seinen Kriegen eine bestimmte Anzahl von Reitern zur Verfügung stellen, wenn dies gefordert wurde und bei den Cortes erscheinen, wenn diese einberufen wurden. Vgl. Casciaro, José María, Art. „Muḥammad I.“, in „Diccionario de la Historia de España“, Bd. II, S. 114. Auch in den Verhandlungen zwischen Kastilien und Granada zur Unterzeichnung des Vertrages von 1424 wurde vom muslimischen König verlangt, er solle sich öffentlich zum Vasallen des Königs von Kastilien, Juán II., erklären, persönlich bei den Cortes erscheinen, wenn er gerufen wird oder sich durch einen vornehmen Caballero vertreten lassen. Vgl. Amador de los Rios, José, „Las Treguas ...“, a. a. O., S. 140.

[39] Vgl. García Arias, L., „Estudios ...“, a. a. O., S. 374.

[40] Vgl. Castro, Américo, „La Realidad Histórica de España“, a. a. O., S. 407–439; Miaja de la Muela, A., „Ensayo ...“, a. a. O.

[41] So lesen wir z. B. im Vertrag zwischen Ägypten und Aragonien aus dem Jahre 1292 folgendes: „Der König D. Jaime, seine Brüder und Schwäger unterhalten freundschaftliche Beziehungen mit den Freunden des Al-Malik al-Ašraf und seinen Söhnen, und sie werden Feinde der fränkischen Könige und derjenigen jedes Gebietes sein, die Feinde des al-Malik al-Ašraf und der Seinigen sind. Und wenn der Papst von Rom oder ein fränkischer gekrönter oder ungekrönter, großer oder kleiner König von Genua, Venedig oder irgendeiner der verschiedenen Nationen der Franken und Byzantiner, der militärischen Orden, Templer und Johanniter, griechischer oder anderer Nationalität der Christen es unternehmen sollten, dem König al-Malik al-Ašraf durch Krieg oder auf andere Weise Schaden zuzufügen, so werden der König D. Jaime, seine Brüder und Schwäger dies verhindern und jene dazu bringen, davon Abstand zu nehmen. Sie werden die Galeeren und Schiffe bewaffnen und sich zu dem Land begeben, um das es sich handelt und jene davon abbringen, gegen die Besitzungen, die bereits genannten oder nicht genannten Häfen, Küsten und Grenzen des al-Malik al-Ašraf zu marschieren, und sie werden sie zu Lande und zu Wasser mit ihren Galeeren, ihren Schiffen, ihren Reitern und ihren Truppen zu Pferde und zu Fuß angreifen“, vgl. Alarcón y Santón, M., „Los Documentos ...“, a. a. O., S. 341.

[42] Vgl. García Arias, L., „Estudios ...“, a. a. O., S. 374.

[43] Vgl. Dozy, R., „Historia de los Musulmanes Españoles", spanische Übersetzung von F. de Castro (Mardrid, Sevilla, 1877), S. 280–281.

[44] Vgl. Sánchez Albornoz, C., „La España Musulmana", a. a. O., S. 399.

[45] Zu diesen Beziehungen, vgl. Masía de Ros, A., „La Corona de Aragón y los Estados del Norte de Africa" (Barcelona, 1951), S. 151 ff.

[46] Vgl. ebenda, S. 201–224; Alarcón y Santón, M., „Los Documentos ...", a. a. O.

[47] Vgl. Alarcón y Santón, M., ebenda, S. 406 ff.

[48] Die christlichen Milizen waren eine reguläre Truppeneinheit im Dienste der islamischen Staaten von Nordafrika seit der Epoche der Almoraviden und wurden mit Genehmigung der christlichen Fürsten rekrutiert. Vgl. Masía de Ros, A., a. a. O., S. 158–159.

[49] Vgl. Masía de Ros, A., a. a. O., S. 157 ff; Alarcón y Santón, M., und García de Linares, R., „Los Documentos Arabes Diplomáticos del Archivo de la Corona de Aragón" (Madrid und Granada, 1940), S. 396–400.

[50] Vgl. ebenda, S. 249–253.

[51] Vgl. ebenda, S. 8–10.

[52] Vgl. ebenda, S. 195–196.

[53] Vgl. Arribas Palau, Mariano, „Las Treguas entre Castilla y Granada firmadas por Fernando I de Aragón" (Tetuán, 1956), S. 14–15, 57–58.

[54] Vgl. ebenda, S. 13.

[55] Vgl. Menendez Pidal, Ramón, „Idea Imperial de Carlos V.", 5. Ed. (Madrid, 1963), S. 56–57.

[56] Vgl. Levi-Provençal, a. a. O., S. 194–196, 206–211.

[57] Vgl. Sánchez Albornoz, C., „La España Musulmana", a. a. O., Bd. II, S. 418.

[58] Vgl. ebenda, Bd. II, S. 348 ff.

[59] Vgl. Lafuente Alcántara, Miguel, „Historia de Granada", 4 Bde. (Granada, 1843–1846), Bd. II, S. 327–328.

[60] Vgl. Arribas Palau, M., a. a. O., S. 98, 95–102.

[61] Vgl. Lafuente Alcántara, M., a. a. O., Bd. II, S. 328–329.

[62] Vgl. Menendez Pidal, R., „Idea ...", a. a. O., S. 56.

[63] Vgl. Arribas Palau, M., a. a. O., S. 95–102

[64] Vgl. ebenda, S. 95–102.

[65] Vgl. ebenda, S. 95–102.

[66] Vgl. Al-Qalqašandī, a. a. O., Bd. XIII, S. 38–39, 56–57.

[67] Vgl. Alarcón y Santón, M., „Los Documentos ...", a. a. O., S. 338–343.

[68] Vgl. ebenda, S. 8–10.

[69] Vgl. ebenda, S. 148.

[70] Vgl. Amador de los Rios, J. „Memoria ...", a. a. O., S. 133–137.

[71] Vgl. Lafuente Alcántara, a. a. O., Bd. III, S. 85–86.

[72] Vgl. Arribas Palau, M., a. a. O., S. 99–100; Amador de los Rios, José, a. a. O., S. 133–137, 95–102.

[73] Vgl. diese Arbeit, S. 202–203.

[74] Vgl. Arribas Palau, M., a. a. O., S. 95–102; Amador de los Rios, a. a. O., S. 25.

Kapitel XVI.
Das Vertragsrecht

A. Definition

Charles Rousseau stellt fest, daß der internationale Vertrag, welche auch immer seine Bezeichnung sein mag, „eine Vereinbarung zwischen Subjekten des Völkerrechts ist, die dazu bestimmt ist, gesetzliche Wirkungen zu erzielen“[1]. Die Wiener Konvention von 1969 über das Recht der Verträge, die der Konferenz von Havanna aus dem Jahre 1928 folgte, legt fest, daß diese Vereinbarungen der Schriftform bedürfen[2].

Der Begriff des internationalen Vertrages im islamischen Recht bietet gewisse Besonderheiten, da dieses Recht nicht zwischen Abkommen, Vertrag des öffentlichen Rechts oder des Verwaltungsrechts und Vertrag des Zivilrechts oder des kommerziellen Rechts unterscheidet[3].

Der muslimische Rechtsgelehrte Ibn Taimīyya beispielsweise erklärte, daß der Vertrag von Hudaybiyya, auf den wir uns weiter oben bezogen haben, ein ähnlicher Vertrag wie ein Ehevertrag oder ein Kaufvertrag sei[4]. Die muslimischen Rechtsgelehrten betrachten den internationalen Vertrag als eine Form des Vertrages – „ᶜaqd“ –, was wörtlich Bindung oder Verbindung bedeutet, die vom rechtlichen Standpunkt eine Übereinkunft über eine bestimmte Handlung darstellt, die die Schaffung gewisser rechtlicher Wirkungen zum Ziel hat[5].

Die wesentlichen Bestandteile, die nach islamischem Recht einen Vertrag bilden, sind drei an der Zahl: der Gegenstand, das Angebot – „iğāb“ – und die Annahme – „qabūl“[6]. Die Übereinstimmung von zwei Willen ist also ein äußerst wesentlicher Bestandteil in der islamischen Vertragstheorie. Für die Gültigkeit des Vertrages müssen die Parteien die geeignete Fähigkeit zum Abschluß desselben haben. Andererseits muß der Gegenstand des Vertrages zulässig sein und ein Objekt des Handels sein. Ibn Taimīyya zufolge werden alle Verträge in zwei Arten gruppiert: das Bündnis der Menschen mit Gott, wofür sie seine Befehle entgegennehmen und erfüllen mit dem Ziel, sich ihm zu nähern, und die Bündnisse, die die Menschen miteinander abschließen. Diese letzteren können Verträge verschiedener Art sein: zivile, kommerzielle oder politische, einschließlich der Verträge der Muslime mit den Ungläubigen[7]. Grundsätzlich unterliegt der Abschluß eines internationalen Abkommens denselben allgemeinen Bedingungen, die das Vertragsrecht beherrschen. Trotzdem sind die Abkommen aufgrund ihres eigenen Wesens als spezifischer Vertragstyp auch gewissen Rechtsgrundsätzen unterworfen[8].

Im islamischen Recht erhält das internationale Abkommen die Bezeichnung „muwādaᶜa“ oder „muhādana“[9], was rechtlich den Abschluß eines Vertrages oder Bündnisses mit den Ungläubigen des „dār al-ḥarb“ bedeutet mit dem Zweck, die Feindseligkeiten zwischen beiden Seiten während einer bestimmten Zeit zu unterdrücken, mit oder ohne Zahlung eines Tributs[10].

B. Grundlegende Prinzipien der Verträge

Die zwei grundlegenden Prinzipien des gesamten islamischen Vertragsrechts sind: das Prinzip der Vertragsfreiheit innerhalb der Grenzen der „šarīᶜa“ und das Prinzip der Achtung und Treue zum vertraglich Abgeschlossenen[11]. Nach einem „ḥadīt“ des Propheten „müssen die Muslime alle Bündnisse erfüllen, mit Ausnahme jener, die das durch die „šarīᶜa“ Verbotene gestatten oder das Erlaubte verbieten“[12]. Die Verbindlichkeit der Erfüllung der Verträge – und folglich der Abkommen –, die von Muslimen innerhalb der gesetzlichen Grenzen abgeschlossen werden, wird im Koran gutgeheißen:

> „Und haltet den Bund Allahs, so ihr ihn eingegangen seid, und brechet nicht eure Eide, nachdem ihr sie bekräftigt“[13].
>
> „Und haltet den Vertrag. Siehe, über Verträge werdet ihr zur Rechenschaft gezogen“[14].

Wie wir sehen, ist die Erfüllung aller Bündnisse und Verträge eine religiöse Pflicht, die stillschweigend den Grundsatz des guten Glaubens in sich birgt. Dieses Prinzip ist eine moralische und religiöse Vorschrift und muß jeder Handlung der Muslime zugrundeliegen, da Allah die Menschen nicht nach ihrem äußeren Verhalten beurteilt, sondern unter Berücksichtigung ihrer intimsten Gedanken und Absichten, die er genau kennt, ebenso wie er Zeuge für alles ist, was sie tun[15]. In einem „ḥadīt“ sagte der Prophet:

> „Wir beurteilen den Anschein, Gott beurteilt die intimsten Gedanken“[16].

Andererseits ergibt sich nach der islamischen Theorie die zwingende Kraft jeder Art von Vertrag nur aus der gegenseitigen Übereinkunft der vertragschließenden Seiten und nicht aus der Befolgung bestimmter Formen oder Verfahren[17].

Innerhalb dieser allgemeinen Grundsätze für alle Arten von Verträgen haben die muslimischen Rechtsgelehrten eine ganz juristische Ordnung der Abkommen als besondere Art von Verträgen erarbeitet, deren detaillierter Untersuchung wir dieses Kapitel widmen.

C. Wesentliche Bestandteile der Abkommen

Aufgrund des durch den Propheten in Hudaybiyya gesetzten Präzedenzfalles lassen die Rechtsgelehrten grundsätzlich die Rechtmäßigkeit des Abschlusses von Friedensverträgen mit den Ungläubigen zu. Diese Möglichkeit ist indessen nicht absolut, sondern muß durch eine gewisse Notwendigkeit, die ihr innewohnt, gerechtfertigt sein, wobei die Abkommen, um rechtmäßig zu sein, folgende bestimmte Elemente vereinen müssen:

1. Das Vorliegen einer Notwendigkeit

Obwohl, wie wir aufzeigten, weder im Koran noch in der „sunna" eine grundsätzliche Einschränkung für den Abschluß von Abkommen mit den Ungläubigen enthalten sind, hat die Lehre trotzdem die Rechtmäßigkeit einer solchen Tatsache eingeräumt, jedoch nur, wenn die Muslime sich in einer gegenüber dem Feind unterlegenen Situation befinden oder, wie die Rechtsgelehrten sich ausdrücken, wenn sie „durch eine Notwendigkeit aufgezwungen sein sollte"[18]. In gewissen Situationen jedoch und trotz einer muslimischen Überlegenheit könnte der Abschluß eines „muwāda^{c}a" mit den Ungläubigen für den Islam positiv und vorteilhaft sein, wenn der Kalif durch dieses Mittel den Feind zu bekehren oder ihn dem Islam zu unterwerfen versucht. In diesem Fall darf ein solches Abkommen nur ein Waffenstillstand sein, und seine Gültigkeit darf vier Monate nicht überschreiten[19].
Einige Rechtsgelehrte beharren nicht auf der Notwendigkeit – „ḍurūra" – als wesentlicher Voraussetzung für den Abschluß von Abkommen mit den Ungläubigen und lassen dem Kalifen die Freiheit, es zu tun, wann immer er es für günstig hält[20].

2. Vom Kalifen abgeschlossen oder bestätigt zu sein

Der Abschluß eines Friedensvertrages mit den Ungläubigen wird als in ausschließlicher Zuständigkeit des Kalifen in seiner Eigenschaft als der obersten politischen Autorität des Islam betrachtet, obwohl er diese Befugnis auf einen seiner Vertreter übertragen kann. In diesem Fall sind die so abgeschlossenen Verträge immer von der Zustimmung und Bestätigung des Kalifen abhängig[21].

3. Von bestimmter Dauer zu sein

Nach Meinung der Mehrheit der Rechtsgelehrten müssen die Abkommen eine bestimmte Dauer haben und dürfen in keinem Fall die Laufzeit des Vertrages von Hudaybiyya überschreiten. Wie wir sehen werden, sind sich die Rechtsgelehrten über die konkrete Dauer, die in diesem Vertrag vereinbart wurde, nicht einig, obwohl allgemein davon ausgegangen wird, daß es zehn Jahre waren[22].
Schließlich dürfen die Abkommen keinerlei Bestimmungen enthalten, die der „šarīᶜa" entgegenstehen oder nicht mit ihr übereinstimmen[23].

D. Der Grundsatz „Pacta sunt servanda" (Verträge müssen eingehalten werden)

Der Koran legt in zahlreichen Versen die bedingungslose Pflicht der Muslime fest, die Bündnisse, Abkommen und alle Arten von Verträgen zu respektieren und einzuhalten. Außer den bereits zitierten, erwähnen wir folgende:

„O ihr, die ihr glaubt, haltete eure Verträge"[24].

„Haltet den Vertrag bis zur bewilligten Frist"[25].

„Wenn sie von euch Hilfe fordern wegen der Religion, so müßt ihr ihnen Beistand leisten, es sei denn gegen Leute, mit denen ihr ein Bündnis habt"[26].

Auch der Prophet besteht in einem „ḥadīt" auf der „Pflicht der Muslime, die Verträge zu erfüllen und nicht zu brechen"[27], da nach dem Koran „Allah die Wortbrüchigen nicht liebt"[28].
Die Rechtsgelehrten ihrerseits bestehen in Übereinstimmung mit dem Koran und der „sunna" auf der Pflicht der strengen und treuen Einhaltung der Übereinkünfte und Abkommen, auch wenn sie mit den Ungläubigen abgeschlossen wurden[29]. Aš-Šaibānī z. B. widerspiegelt in seinem „Siyar" eine bewundernswerte moralische Sorge, die darauf gerichtet ist, jeden Akt des Verrats oder Betruges bei der Anwendung der Abkommen zu vermeiden[30]. Mit den Worten von Professor Kruse: „Ist für aš-Šaibānī die bedingungslose Treue gegenüber den gemachten Zusagen, sogar an die Ungläubigen, eine natürliche Forderung. Die Pflicht des Verzichts auf den Betrug und den Verrat, die durch das islamische Recht auferlegt ist, die dem römischen Grundsatz „pacta sunt servanda" (Verträge müssen eingehalten werden), steht hinter allen internationalen Abkommen und garantieren ihre Erfüllung"[31].
So müssen auch in Fällen, die eine Aufkündigung eines Vertrages rechtfertigen, die Muslime ihre Absichten ihren Feinden mitteilen, bevor sie die Feindseligkeiten wiederaufnehmen, um ihnen immer die Gelegenheit zu geben, ihre Stellungen einzunehmen, die sie vor der Unterzeichnung des Vertrages innehatten[32].

Das fundamentale Prinzip, das von allen Rechtsgelehrten in dieser Hinsicht vertreten wird, besteht darin, daß den Muslimen unter keinen Umständen gestattet ist, eine durch die Unterzeichnung eines Vertrages geschaffene Lage auszunutzen, indem sie manipuliert und aus ihr ein unzulässiger Vorteil gezogen wird.

Einige historische Fälle mögen die größte Sorge der Muslime für die getreue Erfüllung der Verträge illustrieren:

Gegen Mitte des 7. Jahrhunderts richteten die Omaijaden ihren ersten Angriff auf Zypern, das ein Vasallenstaat von Byzanz war. Dieser Versuch endete nicht mit der endgültigen Besetzung der Insel, sondern es wurde ein Vertrag zwischen beiden Seiten abgeschlossen. Diesem Vertrag zufolge hatten die Zyprioten die Pflicht, den Muslimen eine gleiche Abgabe zu entrichten wie den Byzantinern. Außerdem mußten sie sich enthalten, am Krieg zwischen beiden teilzunehmen, und sie mußten die Muslime über die byzantinischen Bewegungen informieren sowie ihr Territorium als Operationsbasis für die islamische Flotte zur Verfügung stellen[33]. Später wurde die Insel Gegenstand eines neuen muslimischen Angriffs als Folge der Verletzung des Vertrages von zyprischer Seite, ohne daß jener aufgehoben oder verändert wurde.

Im Jahre 689 wurde zwischen Damaskus und Konstantinopel ein Vertrag unterschrieben, durch den die Teilung des Tributs von Zypern zwischen beiden vereinbart wurde, und die Insel eine neutrale Haltung einnahm[34]. Trotzdem waren die Sympathien der Zyprioten auf ihre byzantinischen Glaubensgefährten gerichtet[35], und deshalb beabsichtigte während des abbasidischen Kalifats der muslimische Herrscher ᶜAbd al-Malik ibn Ṣāliḥ ibn ᶜAbbās (gestorben 812), die Insel endgültig zu annektieren. Er wandte sich an die Rechtsgelehrten und verlangte von ihnen ein Rechtsgutachten über die Zulässigkeit der Aufkündigung des alten Vertrages von Zypern. Die Antworten waren unterschiedlich und nicht alle bejahend[36]. Der berühmte Rechtsgelehrte Malik ibn Anas beispielsweise, der Begründer der juristischen Schule, die seinen Namen trägt, gab die folgende Antwort:

> „Ich halte es für besser, mit der Aufkündigung des Abkommens zu warten und diese ihnen mitzuteilen, bis die Offenkundigkeit ihres Verrats ganz sichergestellt ist, denn Allah sagt: ‚Haltet den Vertrag bis zur bewilligten Frist'. Wenn sie sich danach nicht verhalten, wie es nötig ist und ihre betrügerische Haltung nicht aufgeben und du von ihrer Treulosigkeit überzeugt bist, dann kannst du sie angreifen. In diesem Fall ist der Angriff berechtigt und wird vom Erfolg gekrönt sein, und sie werden durch Gottes Willen die Demütigung und Unheil erdulden"[37].

Ein anderer ähnlicher Fall ereignete sich bei der Eroberung von Sizilien durch die Muslime. Die ersten Aghlabiden[38] unter al-Qairawān in Tunis unterhielten diplomatische Beziehungen mit den Patriarchen, die die Insel regierten, und im Jahre 813 erfolgte der Abschluß eines Friedensvertrages zwischen beiden Parteien. Später erhob sich der alte griechische Gouverneur Eufemio, der sich durch eine kaiserliche Strafe bedroht sah, gegen den Kaiser und bemächtigte sich der Insel. Als er durch die kaiserlichen Streitkräfte besiegt wurde, floh er mit seinen Schiffen nach Tunis und suchte die Hilfe der Aghlabiden. Als Gegenleistung für diese Hilfe versprach er, ihre Oberhoheit anzuerkennen und einen Tribut zu zahlen unter der Voraussetzung, daß ihm gestattet würde, den Titel und die Ehrenzeichen des Kaisers zu tragen[39]. Die Angelegenheit wurde am Hof der Aghlabiden zur Diskussion gestellt, wo sie, Vasilev zufolge, eine Protestwelle auslöste, da die Mehrheit jegliche militärische Intervention als eine ungerechtfertigte Verletzung des Vertrages von 813 ansah, der mit den Sizilianern in Kraft war, obwohl eine Minderheit den Standpunkt vertrat, daß sie ihn schon verletzt hatten. Der Fall wurde der Entscheidung von zwei Richtern mit großem Ruf, Wissen und Einfluß in der aghlabidischen Hauptstadt unterbreitet. Diese Richter sprachen sich zugunsten der Rechtmäßigkeit der Eroberung der Insel aus, und einer von ihnen, Asad ibn al-Furāt, wurde sogar beauftragt, die Eroberung durchzuführen, und alle vertrauten seiner überlegenen Fähigkeit der Auslegung der „šarīᶜa"[40]. Die Muslime unter seinem Kommando landeten im Jahre 827, und Palermo wurde 831 besetzt. Zwischen 895 und 896 unterschrieben die Byzantiner mit den Aghlabiden einen Friedensvertrag, durch den sie de-facto auf Sizilien verzichteten[41].

E. Zuständigkeit für den Abschluß von Abkommen

Entsprechend der klassischen Theorie liegt der Abschluß von Abkommen in der Zuständigkeit der obersten Staatsmacht, beim Kalifen, dem Vertreter der gesamten muslimischen Gemeinschaft. Ibn Qudāma, der sich des öffentlichen Charakters dieser Verträge bewußt ist, erklärt, daß die Unterzeichnung der Friedensverträge oder der „ḏimma"-Verträge ausschließlich in die Zuständigkeit des Kalifen oder seines Vertreters fällt, weil es Abkommen mit einer zahlreichen Gruppe von Ungläubigen sind, die die Gesamtheit der muslimischen Gemeinschaft verpflichten. Deshalb, so fährt der genannte Rechtsgelehrte fort, macht der Tod oder die Absetzung eines Kalifen die von ihm unterzeichneten oder bestätigten Abkommen nicht ungültig, sondern sie müssen in Kraft bleiben und von seinem Nachfolger respektiert werden[42]. Andererseits kann der Kalif dieses Recht auf die Herrscher der Provinzen oder die militärischen Befehlshaber übertragen, wie es in der Praxis zu geschehen pflegte[43]. In diesem Fall sind die so unterzeichneten Verträge der nachträglichen Billigung oder Bestätigung durch den Kalifen unterworfen, der das Recht und die Pflicht hat, jene zurückzuweisen, die er für die Muslime als schädlich und nicht in Übereinstimmung mit der „šarīᶜa" ansieht.

Was den Partner des Vertrages angeht, so vertritt aš-Šaibānī den Standpunkt, daß, um den Rechtsstandpunkt eines bestimmten Territoriums zu beurteilen und festzulegen, nur der feindliche Herrscher in Betracht zu ziehen ist. Seine Untertanen sind durch seine Entscheidungen gebunden, sowohl bei der Unterschrift von Abkommen als auch im Krieg, weil er ihr Oberhaupt ist und sie mit seiner Autorität übereinstimmen[44].

F. Die Vollmachten

Normalerweise wurden die Verhandlungen und die Unterzeichnung von Abkommen durch Vertreter des Kalifen durchgeführt, die nach der islamischen Theorie dazu ausdrücklich bevollmächtigt sein müssen. Andererseits, und wie wir bereits sagten, liegt die Gewährung eines „amān", die praktisch den Abschluß eines Abkommens – „muwādaᶜa" – bedeutet, in der Zuständigkeit jedes Muslimen[45]. Trotzdem kann der Kalif oder der militärische Befehlshaber seine Gewährung verbieten, obwohl der auf diese Weise gewährte „amān" rechtmäßig und gültig bleibt. Außerdem kann der Kalif denjenigen bestrafen, der es gemacht hat und das Abkommen zurückweisen, nachdem er zuvor die andere Partei benachrichtigt hat[46].
Später setzte sich mit der diplomatischen Praxis die Notwendigkeit der Vorlage eines schriftlichen Dokuments durch, das die mit dem Abschluß der Abkommen beauftragten Personen bevollmächtigt. Al-Qalqašandī bezieht sich klar darauf und erklärt, daß „falls das Abkommen nicht durch die Herrscher selbst abgeschlossen würde, ihre Vertreter die notwendigen Beglaubigungsschreiben zum Nachweis ihrer Vollmachten bei sich führen müssen. Diese Schreiben müssen vom König selbst unterschrieben und mit seinem bekannten Siegel gesiegelt sein". Außerdem hält er es für obligatorisch, all dies im Wortlaut des Abkommens zu konstatieren[47].
In mehreren zwischen muslimischen und christlichen Staaten des späten Mittelalters abgeschlossenen Verträgen wurden häufig in der Präambel diese Vollmachten der Unterhändler erwähnt. In einem zwischen Ägypten und Aragonien im Jahre 1429 abgeschlossenen Abkommen konstatieren die Botschafter im Text desselben, daß „die Oberhäupter uns ausreichende Vollmachten verliehen haben, um einen Vertrag über Frieden und gute Freundschaft gemäß den Klauseln abzuschließen, die wir, ihre Botschafter, vereinbaren und entscheiden". Im Anschluß wird unterstrichen, daß die Vollmachten der aragonesischen Botschafter „in einem Dokument konstatiert werden, das in Barcelona ausgestellt und handschriftlich durch den König von Aragonien unterzeichnet und mit seinem ehrwürdigen Siegel seines mächtigen und geachteten Königreiches versehen wurde". Desgleichen hatten die muslimischen Botschafter alle Vollmachten, die aus „einer Kopie des Erlasses bestand, die ihnen zugestellt wurde und auf weißem Papier geschrieben war, mit breiten Zeilen und mit der erhabenen Unterschrift des Herrschers von Kairo, an seinem ehrwürdigen Hof"[48].

Im Archiv der Krone von Aragonien wird der Wortlaut eines Beglaubigungsschreibens aufbewahrt, das im Dezember 1344 von Yūssuf I von Granada für Abu-l-Haṣan ibn Humāsa als seinem Botschafter ausgestellt wurde, um einen Friedensvertrag zwischen Granada, Aragonien und Marokko zu verhandeln. In diesem Schreiben lesen wir folgendes: „Wir haben beschlossen, daß dem genannten Vogt das vorliegende Dokument auszustellen ist, um auf deutliche Weise zu konstatieren, daß wir alle von ihm getroffenen Abkommen unterschreiben werden und uns verpflichten, seine Bestimmungen zu erfüllen, wie auch aufgrund der Vollmacht, die wir dafür vom Sultan Abu-l-Haṣan haben, diejenigen verpflichtet sind, die uns beauftragt haben, dies zu tun." [49]

G. Form der Abkommen

Nach islamischem Recht erfordern die Abkommen, wie alle Arten von Verträgen – mit gewissen Ausnahmen – keine besondere Form [50]. Der Abschluß eines Abkommens ergibt sich aus dem gegenseitigen Einverständnis der Parteien und nicht aus der Beobachtung bestimmter Formen oder Verfahren. Trotzdem ist es notwendig, daß die Parteien eine klare und konkrete Erklärung ihrer Absicht zur Verpflichtung abgeben [51].

Rechtlich sind die Schriftform, die Zeugen usw. keine notwendigen Vorbedingungen für die Gültigkeit des Abkommens, sondern stellen eher Methoden zur Garantie und Authentizität des Textes dar.

Trotzdem wurden die vom Propheten und den ersten Kalifen vollzogenen Abkommen schriftlich, in zwei Exemplaren, mit Angabe des Datums und seiner Gültigkeitsdauer abgeschlossen, was die Rechtsgelehrten beizubehalten empfahlen [52].

Aš-Šaibānī zufolge ist dies vorzuziehen, weil es gestattet, im Fall von Meinungsverschiedenheiten die Bestimmungen des Abkommens zu überprüfen, das Datum der Fälligkeit genau zu kennen und das präzise Datum für die Erhebung der jährlichen Abgaben zu bestimmen, falls das Abkommen dies festlegen sollte [53].

Die ersten Abkommen des Islam waren kurz und einfach, obwohl später mit dem Aufbau des Reiches und der Vervielfachung seiner internationalen Beziehungen ihr Inhalt eine immer größere Komplexität annahm. Andererseits entwickelte sich die bei der Redaktion ihrer Texte angewandte juristische Technik immer weiter und wurde formaler.

Die späteren Publizisten erarbeiteten Modelle von Abkommen und anderen diplomatischen Instrumenten, die die rechtlichen und durch die Praxis bereits erprobten Bestandteile aufnahmen. Dem schon mehrfach zitierten Al-Qalqašandī zufolge müssen die zwischen Muslimen und Ungläubigen abgeschlossenen Abkommen sich an die folgende Form halten: Sie müssen stets mit der „basmala" – „Im Namen Allahs, des Erbarmers, des Barmherzigen“ – beginnen und aus drei Teilen bestehen: einer Präambel, den Bestimmungen und dem Abschluß. In der Präambel müssen die Motive der Übereinkunft niedergelegt, die vertragschließenden Seiten mit ihren vollständigen Titeln erwähnt, und es muß auf die Vollmachten der Verhandlungsführer hingewiesen werden. Im Teil der Bestimmungen darf keine der „šarīᶜa“ entgegengesetzte Bedingung enthalten sein. Es sind klare und konkrete Ausdrücke zu verwenden, und es ist der Zeitraum der Dauer anzugeben. Schließlich müssen das Datum des Abschlusses nach den beiden Kalendern der Parteien sowie die Namen der Zeugen erscheinen. Es müssen mehrere Kopien angefertigt werden, um eine der anderen Seite zu belassen und die anderen, entsprechend der Gewohnheit, dem Archiv des Sultans zu übergeben[54].

H. Dauer der Abkommen

Wie wir bereits sagten, bedeutet der Abschluß eines Friedensvertrages mit den Ungläubigen im wesentlichen die Aussetzung des „ǧihād“ – des „Heiligen Krieges“ – gegen sie. Da diese Aussetzung rechtlich nicht für eine unbegrenzte Frist zugelassen oder aufrechterhalten werden darf, kann von den Muslimen auch die unbegrenzte Dauer der Verträge, die stillschweigend eine solche Aussetzung beinhalten, nicht zugelassen werden[55].

Der Abschluß eines Friedensvertrages mit den Ungläubigen wird von der Rechtslehre als anormale Situation betrachtet, die durch eine stärkere Kraft, eine äußerste Notwendigkeit oder durch eine bestimmte Zweckmäßigkeit für den Islam bewirkt wird. Deshalb muß die Dauer der Abkommen im allgemeinen in Abhängigkeit von der Lage der muslimischen Kräfte betrachtet werden, wie wir im Anschluß sehen werden.

Wenn das Abkommen von Hudaybiyya als rechtlicher Präzedenzfall genommen wird, so begrenzen die meisten Rechtsgelehrten die maximale Dauer eines Friedensvertrages, der mit einem den muslimischen Kräften überlegenen Feind abgeschlossen wird, auf zehn Jahre. Aš-Šafiᶜī rät, zur Erneuerung der Abkommen von zehn Jahren, falls dies erforderlich werden sollte, aber er läßt eine unbegrenzte Dauer oder eine solche von mehr als zehn Jahren nicht zu[56]. Einige Rechtsgelehrte fügen hinzu, daß das Abkommen von Hudaybiyya tatsächlich keine zehn Jahre währte, und folglich gestatten sie nicht den Abschluß von Abkommen für eine Zeit von mehr als drei oder vier Jahren[57]. Demgegenüber erlauben die hanafitischen Rechtsgelehrten den Abschluß für einen längeren Zeitraum, und die Malikiten überlassen die ganze Frage dem Willen des Kalifen[58]. Der Rechtsgelehrte Ibn Taimīyya seinerseits, der den Frieden als den Normalzustand der Beziehungen der Muslime mit der Außenwelt betrachtet, stellt keinerlei Begrenzung für die Dauer der Abkommen auf, indem er an-

führt, daß der Vertrag von Medina, der erste vom Propheten abgeschlossene, von unbegrenzter Dauer war[59].
Was die „dimma"-Verträge angeht, auf die wir bereits eingingen, so sind diese als von andauerndem Charakter anzusehen, da die Unterwerfung der „dimmie" unter die politische Macht des Islam sie außerhalb der Wirkungskraft des „ǧihād" beläßt, solange sie die Vereinbarungen erfüllen[60].
In der Praxis war es während des gesamten Mittelalters eine fast allgemeine Norm, daß die zwischen Muslimen und Ungläubigen geschlossenen Abkommen eine Dauer von zehn Jahren hatten. Um diesen Rechtsgrundsatz zu bewahren, beinhalteten in vielen Fällen die mit den Kreuzfahrern abgeschlossenen Abkommen den Formalismus der Festlegung ihrer Dauer auf zehn Jahre, zehn Monate, zehn Tage und zehn Stunden, womit vermieden wurde, daß es elf Jahre waren[61].
Trotzdem wurde dieser Grundsatz nicht immer beachtet, denn es fehlt nicht an Beispielen für Abkommen von islamischen Staaten Ägyptens und von Nordafrika, deren Dauer zehn Jahre überschritt. In einem Abkommen, das im Jahre 1292 zwischen Ṣalaḥ ad-din Qalāwūn, Sultan von Ägypten, und Jaime I von Aragonien abgeschlossen wurde, wurde folgendes bestimmt: „Die Freundschaft und das gute Einvernehmen zwischen den verschiedenen Staaten, die daran entsprechend den oben aufgeführten Bedingungen für unbestimmte Zeit teilnehmen, bleiben gesichert . . . und werden nicht durch den Tod oder die Absetzung eines Herrschers und die Einsetzung eines anderen unterbrochen"[62]. In einem anderen Abkommen, das 1287 zwischen ᶜAbd al-Walīd von Tunis und Alfonso III von Aragonien unterzeichnet wurde, wurde Frieden, Bündnis und Eintracht von da an für die Zukunft vereinbart, solange beide leben würden[63].
In dieser Hinsicht sind diese Abkommen älter als das berühmte und bekannte Abkommen von 1535, das von dem türkischen Sultan Soleiman und Francisco I von Frankreich abgeschlossen wurde und zwischen ihnen einen sicheren und dauerhaften Frieden während ihres Lebens festlegte[64].

I. Geltungsbereich der Abkommen

Der islamischen Theorie zufolge erstreckt sich der Geltungsbereich der Friedensverträge sowohl auf das feindliche Territorium als auch auf seine Bewohner, einschließlich derer, die sich außerhalb ihres Landes befinden. So befindet sich eine Person, die einer Gruppe oder einem Staat angehört, mit dem die Muslime einen Friedensvertrag abgeschlossen haben, weiterhin unter dem Schutz desselben, wo immer sie sich befinden mag, solange sie nicht an einem Krieg gegen die Muslime teilnimmt[65]. Das ist in der Tat die Anwendung des Prinzips der Nicht-Territorialität der Feindseligkeiten, das vom islamischen Recht anerkannt wird. Andererseits pflegten einige Abkommen darauf Bezug zu nehmen, daß ihr Geltungsbereich sich auf alle

Territorien der Parteien erstreckte, sowohl auf diejenigen, die zur Zeit der Unterzeichnung des Abkommens unter ihrer Herrschaft standen, als auch auf diejenigen, die später erobert oder annektiert werden sollten. So wurde beispielsweise in einem Abkommen, das im Jahre 701 d. H. zwischen Tunis und Aragonien unterzeichnet wurde, festgelegt, daß das Abkommen die Territorien einschließt, die sich gegenwärtig im Besitz der Parteien befinden und die später, im Zeitraum der Gültigkeit des Abkommens zum Bereich ihrer Macht und ihrer Unterordnung hinzukommen[66]. Außerdem war es bei den Abkommen, die im Mittelalter zwischen Muslimen und Christen abgeschlossen wurden, üblich, daß sie „die Territorien, die Personen und alle Arten von Gütern zu Lande und zu Wasser" einschlossen[67]. Trotzdem war es in Spanien schwierig, das Personalprinzip der Feindseligkeiten aufrechtzuerhalten, angesichts der eigentümlichen Situation hinsichtlich der geographischen Nähe der Staaten, der Existenz einer multistaatlichen Gesellschaft, die Beziehungen verschiedener Art unterhielt und der Schwierigkeit, die Nationalität der Personen festzustellen, da das religiöse Kriterium allein nicht ausreichte. In einem Brief von Isma^{c}īl I von Granada an Jaime II von Aragonien aus dem Jahre 1342 zeigt sich der erstgenannte für die allein territoriale Anwendung der Abkommen geneigt. In Beantwortung bestimmter aragonesischer Forderungen, erwiderte Isam^{c}īl I folgendes: „Du sagst, daß auf dem Boden von Cartagena zwei Christen festgenommen wurden, die aus eurem Land stammen. Du weißt, daß, was die Christen angeht, man nicht weiß, wer von ihnen Ländern des Friedens und wer Ländern des Krieges angehört, und es gibt kein anderes Kriterium, sie zu unterscheiden, als sich an den Ort zu halten, wo sie sich befinden. Folglich werden diejenigen, die in Ländern des Friedens aufgegriffen werden, entsprechend den Regeln behandelt, die für die Länder gelten, mit denen Frieden besteht, und auf den, der in einem Land des Krieges aufgegriffen wird, wird das für die Länder des Krieges geltende Recht angewandt, wo immer das sei, denn es gibt keinen Beweis, um diesen Umstand zu verbürgen"[68].

J. Interpretation der Abkommen

„Al-Maǧalla" nennt einige der Normen, die die Interpretation der Abkommen im allgemeinen regeln, indem er feststellt: „Die Wirkung der Verträge ergibt sich aus der Absicht und dem Sinn und nicht aus Worten und Sätzen"[69]. Eine andere grundlegende Norm in diesem Sinne besteht darin, daß die Interpretation der Abkommen und jedes Vertrages stets auf der Grundlage der „šarī^{c}a" beruhen muß. In Übereinstimmung damit legt Aṭ-Ṭabarī fest, daß bei der Interpretation eines Abkommens einige Gesichtspunkte für die Muslime als gegeben angenommen werden, obwohl sie im Text nicht ausdrücklich erwähnt werden[70]. Demgegenüber müssen solche

Fälle, bei denen die „šarīᶜa“ es dem Willen der Muslime und demzufolge der gegenseitigen Übereinkunft der Parteien überläßt, ausdrücklich festgelegt werden. Ein Abkommen darf beispielsweise weder verbotene Methoden noch Erzeugnisse – Wein, Schweinefleisch, Wucher usw. – einbeziehen, auch wenn dies im Text nicht erwähnt ist. Ein anderes klassisches Beispiel kann uns auch von Nutzen sein. Wenn im Rahmen eines Abkommens die andere Seite den Muslimen einen menschlichen Tribut – Sklaven – entrichten muß, so können darunter nicht die Frauen und Kinder des Feindes akzeptiert werden, weil nach islamischem Recht diese Personen, die ursprünglich Freie waren, infolge des „amān“, der sich aus dem Abschluß des Abkommens ergab, unantastbar wurden, durch die Muslime in die Sklaverei gebracht zu werden[71]. Wenn der Feind nicht in der Lage ist, den Tribut auf eine in der „šarīᶜa“ zugelassene Weise zu entrichten, muß der Kalif das Abkommen für beendet erklären und von neuem die Feindseligkeiten beginnen, nachdem er dies zuvor der anderen Seite mitgeteilt hat[71].

Um Widersprüche in der Auslegung zu vermeiden, rät al-Qalqašandī, daß die Abkommen klar redigiert werden und vage oder abstrakte Begriffe vermieden werden, die Anlaß zu unterschiedlichen Interpretationen geben, und daß diese Begriffe auf eine Weise präzisiert werden, die Widersprüche nicht zuläßt[73].

In der Praxis pflegten die von den islamischen Staaten im späten Mittelalter abgeschlossenen Abkommen in zwei oder mehr Exemplaren und in den jeweiligen Sprachen der Seiten ausgefertigt zu werden. In einem im Jahre 1424 zwischen Jaime II von Kastilien und Muḥammad VIII von Granada abgeschlossenen Abkommen lesen wir folgendes: „damit dieses sicher und fest und gültig sei, lassen wir es in zwei Briefen in einer Weise und einer Absicht schreiben, jeden davon in spanisch und arabisch ... und damit dies sicher und fest und gültig sei, wird in eurem Besitz ein Vertrag auf spanisch sein und auf arabisch der andere in eurem Besitz“[74].

K. Garantien der Abkommen: die Geiseln

Die Übergabe oder der Austausch von Geiseln als Mittel der Gewährleistung der Achtung und Erfüllung der Abkommen war eine bekannte Methode zwischen den Völkern des Altertums. Dieser Brauch hielt sich in Europa während des Mittelalters, und es wurde zur allgemein zugelassenen Regel, daß im Fall der Nichterfüllung der verpflichteten Seite die Geisel nicht zum Tode verurteilt, aber doch in seiner Lage für längere Zeit gehalten werden durfte[75].

Die Rechtsgelehrten sind gegen die Übergabe von Muslimen als Geiseln an den Feind, außer wenn es unvermeidlich sein sollte[76].

Die vom Feind übergebenen Geiseln gelten als unantastbar, auch in Fällen der Verletzung oder Nichterfüllung des Abkommens durch die andere Seite, entsprechend einem „ḥadīt" des Propheten, welcher lautet:

„Tut eure Pflicht gegenüber denen, die euch vertrauen, und verachtet nicht jene, die euch verraten"[77].

Al-Mawardī zufolge müssen die Muslime im Fall der Kriegserklärung die zuvor von der anderen Seite übergebenen Geiseln freilassen und bis in ihr eigenes Territorium geleiten und sie bis zu ihren Familien gelangen lassen, wenn es sich um Frauen oder Kinder handelt[78].

In Spanien war der Austausch von Geiseln und die Übergabe von Heerlagern und Festungen als Garantie der Abkommen eine häufige Methode zwischen Muslimen und Christen, wie das Vorhandensein der arabischen Vokabel „rahā'in" – im gegenwärtigen Spanisch: „rehén" (Geisel) – bezeugt. Diese Methode war auch während der Kreuzzüge[79] in Ostindien bekannt, wo sie bis zum Ende des 18. Jahrhunderts fortbestand[80].

L. Beendigung der Abkommen

Wie wir gesehen haben, sind die Abkommen nach dem islamischen Recht ihrem eigenen Wesen nach von begrenzter Dauer, und nach der am meisten verbreiteten Meinung der Rechtsgelehrten müssen sie in jedem Fall nach zehn Jahren beendet werden, auch wenn dies nicht ausdrücklich in ihrem Text festgelegt sein sollte.

Den schafiitischen Rechtsgelehrten zufolge ist das für länger als zehn Jahre abgeschlossene Abkommen nichtig in bezug auf die überschüssige Zeit[81]. Außerdem müssen die Abkommen mit der „šarīᶜa" und mit dem öffentlichen Interesse des Islam übereinstimmen, weil sie im entgegengesetzten Fall als regelwidrig – „fāsid" – oder verderblich – „bāṭil" – anzusehen sind. In diesen letzteren Fällen müssen solche Abkommen korrigiert oder beendet werden[82]. Die Waffenstillstandsabkommen, die nicht durch eine Notwendigkeit begründet sind, wie z. B., wenn die Muslime dem Feind überlegen sind, dürfen vier Monate nicht überschreiten und sind nichtig in bezug auf die überschüssige Zeit[83].

Der Kalif kann ein Abkommen auch zurückweisen, wenn er einen Verrat oder eine Nichterfüllung durch die andere Seite befürchtet[84].

In jedem Fall bewirkt die Beendigung eines Abkommens durch die Muslime Rechtsfolgen nur, wenn sie der anderen Seite nach dem göttlichen Befehl mitgeteilt wird:

„Und so du Verräterei von deinem Volk befürchtest, erweise ihm das gleiche. Siehe, Allah liebt nicht die Verräter"[85].

Aš-Šaibānī und anderen Rechtsgelehrten zufolge bedeutet dies, daß es nicht zulässig ist, die Feindseligkeiten mit dem Feind zu beginnen, mit dem ein Abkommen vorhanden ist, bis dieser sich auf sein Territorium oder an einen sicheren Ort zurückgezogen hat[86], was bedeutet, wie Kruse anmerkt, daß das auf diese Weise beendete Abkommen gültig bleibt, bis der Rückzug stattgefunden hat[87]. Eine solche Mitteilung muß gegenüber dem Herrscher erfolgen, wobei ihm die erforderliche Zeit zu geben ist, um dies alle seine Untertanen wissen zu lassen. Auf keinen Fall dürfen die Muslime Feinde angreifen, wenn sie erfahren, daß diese innerhalb einer vernünftigen Frist von der Beendigung des Abkommens noch nicht informiert wurden[88].

In vielen mit den Kreuzfahrern abgeschlossenen Abkommen pflegte eine Frist von vierzig Tagen für den Fall der Beendigung vereinbart zu werden, damit die Leute auf beiden Seiten in aller Sicherheit auf ihre jeweiligen Territorien zurückkehren konnten[89].

Wenn der Feind andererseits in Erfüllung eines später durch die Muslime vor seinem Ablauf gebrochenen Abkommens eine Abgabe entrichtet haben sollte, ist die Rückgabe der genannten Abgabe oder eines Teiles entsprechend der tatsächlichen Dauer des Abkommens zwangsläufig[90].

Die klassische Lehre führte aus, daß es nicht zulässig ist, in ein Abkommen eine Klausel einzufügen, durch welche das besagte Abkommen einseitig gebrochen werden kann, auch wenn dieses Vorrecht den Muslimen eingeräumt würde[91].

Dagegen sind, wie wir aufgezeigt haben, die „ḏimma"-Verträge von dauerhaftem Charakter, und die Muslime dürfen unter keinen Umständen die Initiative zu ihrer Beendigung ergreifen. Die hanafitischen Rechtsgelehrten betrachten sogar die Nichtzahlung des „ǧizya" nicht als eine Rechtfertigung, um den „ḏimma"-Vertrag als beendet zu erklären, wie wir bereits an anderer Stelle sagten[92]. Die einzig zulässige Ursache, die den Muslimen gestattet, den „ḏimma"-Vertrag für beendet zu erklären, wäre ihre Unfähigkeit, den „ḏimmie" ausreichenden Schutz zu gewährleisten. Auch in diesem Fall sind die Muslime verpflichtet, den Tribut zurückzuzahlen, den die „ḏimmie" entrichtet haben sollten.

Anmerkungen

[1] Vgl. Rousseau, Charles, „Derecho Internacional Público“, spanische Übersetzung von Fernando Giménez Artigues, 3. Ed., (Barcelona, 1966), S. 23.

[2] Vgl. Wiener Konvention über das Recht der Verträge, Teil I, Art 2, Paragraph 2; Verdross, A., „Derecho Internacional Público“, a. a. O., S. 105.

[3] Vgl. Anderson. J. N. D., „Islamic Law in the Modern World“, (New York, 1959), S. XV.

[4] Vgl. Ibn Taimīyya, „Naẓariyāt al-ᶜaqd“ – Theorie des Vertrages – (Kairo, 1949), S. 65.

[5] Vgl. As-Sanḥurī, ᶜAbd al-Razzāq, „Al-Wasīṭ fi Maṣādir al-iltizām“, (Kairo, ohne Datum), S. 624.

[6] Vgl. „Mağallat aḥkām ᶜadlīya“, Kodex des muslimischen Rechts, (Istanbul, 1870–1877), Art. 103; Über al-Magalla vgl. Onar, S. S., „The Majalla“, in „Law in the Middle East“, a. a. O., S. 292–308.

[7] Vgl. Ibn Taimīyya, „Naẓariyāt ...“, a. a. O., S. 95–96.

[8] Über die allgemeine Vertragstheorie im islamischen Recht, vgl. Mahmasani, S., „Transactions in the Shariᶜa“, in „Law in the Middle East“, a. a. O., S. 179–201; vom gleichen Verfasser, „An-naẓariya al-ᶜ-amma li al-Muğībāt wa al-ᶜuqūd fi l'qānūn al-islāmī“, – Die allgemeine Theorie der Verpflichtungen und Verträge im islamischen Recht –, 2 Bde., (Beirut, 1948); López Ortiz, J., „Derecho Musulman“, a. a. O., S. 196ff.

[9] Wörtlich bedeutet „muwāda'a“ die beiderseitige Aufgabe der Schlacht und wird allgemein auf den Abschluß eines Friedensvertrages angewandt. Demgegenüber ist „muhādana“ vom Wort „hādana“ – ruhig sein – abgeleitet und wird auf den Abschluß von Feuerpausen oder Waffenstillständen angewandt. Trotzdem wenden die Rechtsgelehrten die beiden Ausdrücke ohne Unterschied im Sinne des Abschlusses eines Friedensvertrages an.

[10] Vgl. Ibn Qudāma, a. a. O., Bd. VIII, S. 459.

[11] Vgl. Anderson, J. N. D., „Islamic Law ...“, a. a. O., S. XIV–XV.

[12] Vgl. Aš-Šaibānī, a. a. O., S. 278; Ibn Taimīyya, a. a. O., S. 15.

[13] Vgl. Koran, XVI, 91.

[14] Vgl. ebenda, XVII, 34.

[15] Vgl. ebenda XVI, 91.

[16] Vgl. Al-Amīdī, „Al Iḥkām fī usūl al-aḥkām“, 3 Bde. (Kairo, 1347 d. H.), Bd. III, S. 91.

[17] Später wurde eine Ausnahme von dieser Regel gemacht bezüglich der Eheverträge und der „waqf“-Verträge (Immobilien-Verträge). Darüber und über den Begriff des „waqf“, vgl. Mahmasani, „Transacitons in the Shari'a“, in „Law in the Middle East“, a. a. O., S. 179–201; Cattan, Henry, „The Law of Wakf“, ebenda, S. 203–222.

[18] Vgl. Al-Saraḫsī, a. a. O., S. 86–87; Abū Yūssuf, a. a. O., S. 207; Ibn Rušd, a. a. O., S. 387–388.

[19] Vgl. Aṭ-Ṭabarī, a. a. O., S. 16–17; Al-Mawardī, a. a. O., S. 52; Ibn Rušd, a. a. O., S. 387.

[20] Vgl. Abū Yūssuf, a. a. O., S. 207; Ibn Qudāma, a. a. O., S. 460; Ibn Ğuzī, a. a. O., S. 114; Ibn Rušd, a. a. O., S. 387–388.

[21] Vgl. Ibn Qudāma, a. a. O., S. 461–462, Aṭ-Ṭabarī, a. a. O., S. 14.

[22] Vgl. diese Arbeit, S. 322–324.

[23] Vgl. Ibn Taimīyya, a. a. O., S. 14–16; Al-Qalqašandī, „Kitāb ṣubḥ al-aᶜ šā fi ṣināᶜ at al-inšāᶜ, (Kairo, 1331–1338 d. H.), Bd. 14, S. 13; Al-Saraḫsī, a. a. O., S. 85–88; Ibn Qudāma, a. a. O., S. 466.

[24] Vgl. Koran, V, 1.

[25] Vgl. ebenda, IX, 4.

[26] Vgl. ebenda, VIII, 172.

[27] Vgl. Aš-Šaibānī, a. a. O., S. 265ff.; Ibn Qudāma, a. a. O., S. 462–463; Al-Marğinānī, a. a. O., S. 294.

[28] Vgl. Koran, IX, 4.

[29] Vgl. Aš-Šaibānī, a. a. O., S. 283ff.; Ibn Qudāma, a. a. O., S. 462–463.

[30] Vgl. Aš-Šaibānī, a. a. O., S. 258ff.

[31] Vgl. Kruse, H., „The Foundations of Islamic International Jurisprudence", in „Journal of the Pakistan Historical Society", a. a. O., S. 284.

[32] Vgl. ebenda, S. 253–255; Aš-Šaibānī, a. a. O., S. 264–265.

[33] Vgl. Hill, George, „A History ov Cyprus", (Cambridge, 1940), Bd. I, S. 285–287; Lewis, Archibald, „Naval Power and Trade in the Mediterranean A. D. 500–1100", (Princeton, 1951),zitiert aus der arabischen Übersetzung von Aḥmad M.ᶜĪsā, (Kairo, 1960), S. 62–63; Al-Balādūrī, „Origins ...", a. a. O., S. 235–243; vgl. auch diese Arbeit, S. 280–281.

[34] vgl. ebenda

[35] Vgl. Hartmann, R., Art. „Cyprus", in „Encyclopedia of Islam", a. a. O., Bd. I, S. 882–884.

[37] Für die Texte vgl. Al-Balādūrī, „Origins ...", a. a. O., S. 239–243; Khadduri, „War and Peace ...", a. a. O., S. 263–264.

[37] Vgl. Al-Balādūrī, ebenda, S. 239–240; Khadduri, ebenda S. 264–265.

[38] Die Dynastie der Aghlabiden wurde durch Ibrāhīm Ibn al-Aġlab begründet, der während des Kalifats des Hārūn ar-Rašīd in Bagdad im Jahre 800 zum Gouverneur der Provinz „Ifrīqīya" – Tunis und die östliche Region des modernen Algerien – als erbliche Gegenleistung für die Anerkennung des Kalifen und die Zahlung eines jährlichen Tributs Bagdads ernannt wurde.

[39] Über die Eroberung Siziliens durch die Araber, vgl. Vasilev, Al., „Byzance et les Arabes", a. a. O., S. 62–88; Lewis, Bernard, „Los Arabes en la Historia", a. a. O., S. 144–148.

[40] Vgl. Vasilev, Al, a. a. O., S. 71.

[41] Vgl. Lewis, Bernard, a. a. O., S. 144.

[42] Vgl. Ibn Qudāma, a. a. O., S. 462.

[43] Vgl. Aṭ-Ṭabarī, a. a. O., S. 66–67.

[44] Vgl. Aš-Šaibānī, a. a. O., S. 191.

[45] Über den „amān", vgl. diese Arbeit, S. 215–220; Aš-Šaibānī, a. a. O., S. 252ff.

[46] Vgl. Aš-Šaibānī, a. a. O., S. 361–362, 576–577; Ibn Qudāma, a. a. O., S. 396–398.

[47] Vgl. Al-Qalqašandī, Abu l-ᶜAbbās Aḥmad, „Ṣubḥ al-aᶜšā", a. a. O., Bd. VI. S. 14.

[48] Vgl. Alarcón y Santón, M., „Los Documentos ...", a. a. O., S. 378.

[49] Vgl. ebenda, S. 110–111, 195–196.

[50] Vgl. Mahmasani, „The Principles of International Law ...", a. a. O., S. 204; vom gleichen Verfasser, „Transactions ...", a. a. O., S. 198.

[51] Vgl. Khadduri, „War and Peace ...", a. a. O., S. 203–204.

[52] Vgl. ebenda, S. 203.

[53] Vgl. Aš-Šaibānī, a. a. O., S. 185–186.

[54] Vgl. Al-Qalqašandī, a. a. O., Bd. 14, S. 7–13.

[55] Vgl. Aṭ-Ṭabarī, a. a. O., S. 14–15; Abū Yūssuf, a. a. O., S. 207ff.; Aš-Šafiᶜī, „Umm", a. a. O., Bd. IV, S. 109ff; Ibn Rušd, a. a. O., S. 287–288.

[56] Vgl. Aṭ-Ṭabarī, a. a. O., S. 15–17; Aš-Šafiᶜī, ebenda, S. 109–110; Ibn Qudāma, a. a. O., S. 459–460.

[57] Vgl. Ibn Rušd, a. a. O., S. 388.

[58] Vgl. Al-Marġīnānaī, a. a. O., S. 293–294; Ibn Qudāma, a. a. O., S. 459–460; Abū Yūssuf, a. a. O., 207–212.

[59] Vgl. Ibn Taimīyya, „Naẓariyāt ...", a. a. O., S. 63–64, 219.

[60] Vgl. Ibn Qudāma, a. a. O., S. 463; Khadduri, „Shaibani's Siyar", a. a. O., S. 218–224.

[61] Vgl. Al-Qalqašandī, a. a. O., Bd. 14, S. 51–52.

[62] Vgl. Alarcón y Santón, M., „Los Documentos ...", a. a. O., S. 338–343.

[63] Vgl. ebenda, S. 396–400.

[64] Vgl. Khadduri, „War and Peace ...“, a. a. O., S. 272 ff.
[65] Vgl. Armanazi, N., a. a. O., S. 114.
[66] Vgl. Alarcón y Santón, M., „Los Documentos ...“, a. a. O., S. 249–253.
[67] Vgl. ebenda, S. 338–343.
[68] Vgl. ebenda, S. 18.
[69] Vgl. „Maǧallat“ ..., a. a. O., Art. 3.
[70] Vgl. Aṭ-Ṭabarī, a. a. O., S. 20.
[71] Vgl. Al-Saraḫsī, „Al-mabsūt“, a. a. O., S. 87.
[72] Vgl. ebenda.
[73] Vgl. Al-Qalqašandī, „Ṣubḥ“, a. a. O., Bd. 14, S. 13.
[74] Vgl. Arribas Palau, M., „Las Treguas entre Castilla y Granada Firmadas por Fernando I de Aragon“, (Tetuán, 1956), S. 95–102.
[75] Vgl. Nussbaum, A., „Historia del Derecho Internacional“, a. a. O., S. 26.
[76] Vgl. Aṭ-Ṭabarī, a. a. O., S. 56.
[77] Vgl. Al-Mawardī, „Aḥkām“, a. a. O., S. 51.
[78] Vgl. ebenda, S. 51–52.
[79] Vgl. Stevenson, W. B., „The Crusades in the East“, (Cambridge, 1907), S. 210.
[80] Vgl. Alexandrowicz, H. C., „An Introduction ...“, a. a. O., S. 166–168.
[81] Vgl. Al-Mawardī, a. a. O., S. 49; Aṭ-Ṭabarī, a. a. O., S. 15–17; Aš-Šafiʿī, „Umm“, Bd. IV, S. 109 ff.
[82] Vgl. Ibn Qudāma, „Al-Muġnī“, a. a. O., Bd. III, S. 466.
[83] Vgl. Al-Mawardī, „Aḥkām“, a. a. O., S. 49, Aṭ-Ṭabarī, a. a. O., S. 15–17.
[84] Vgl. Aš-Šaibānī, a. a. O., S. 264, Ibn Qudāma, a. a. O., Bd. VIII, S. 463.
[85] Vgl. Koran, VIII, 58.
[86] Vgl. Aš-Šaibānī, a. a. O., S. 264.
[87] Vgl. Kruse, H. „The Foundations ...“, a. a. O., S. 254.
[88] Vgl. Al-Marġinānī, a. a. O., S. 294.
[89] Vgl. Al-Qalqašandī, „Ṣubḥ“, a. a. O., Bd. 14, S. 42.
[90] Vgl. Aš-Šaibānī, a. a. O., S. 178.
[91] Vgl. Ibn Qudāma, a. a. O.
[92] Vgl. diese Arbeit, S. 231 ff.
[93] Vgl. Manṣūr, A., a. a. O., S. 359–360.

Kapitel XVII.
Die Diplomatie

A. Allgemeine Begriffe

Die Diplomatie ist so alt wie die Menschheit selbst, da sie eine Tätigkeit ist, die im Charakter des Menschen als gesellschaftliches Wesen begründet ist. Im Altertum wurde sie auf sporadische Weise durch spezielle Gesandte – ad hoc – betrieben. Aber später, als Instrument der internationalen Beziehungen, wurde die Diplomatie immer häufiger und notwendiger. Trotzdem trat die ständige Diplomatie erst gegen Ende des 15. Jahrhunderts in Erscheinung.

Die Wiener Konvention von 1961 über das diplomatische und Konsularrecht stellt fest: „Seit den ältesten Zeiten haben die Völker aller Nationalitäten den Status diplomatischer Vertreter anerkannt“[1].

Die Araber in der vorislamischen Epoche unterhielten politische und kommerzielle Beziehungen mit den verschiedenen Völkern ihrer Umgebung und tauschten mit ihnen und untereinander mit großer Häufigkeit Abgesandte und Botschaften aus. Wie es auch an anderen Orten der Welt der Fall war, betrachteten die Araber den Gesandten – „rasūl“ – als unantastbar[2]. In der Stadt Mekka, wo eine Art von Stadtregierung bestand, war die Wahrnehmung der auswärtigen Beziehungen in der Sippe von ᶜUmar I, dem zweiten Kalifen des islamischen Staates, erblich. Sogar er selbst hatte vor seinem Übertritt zum Islam den Posten des Botschafters – „safīr“ – und Wortführers der Mekkaner bekleidet[3]. Die letzte diplomatische Tätigkeit der Araber in dieser vorislamischen Epoche war die Botschaft der Quraischiten im Jahre 615 zum Negus von Abessinien, die ihm geschickt wurde, um von ihm die Auslieferung der zum Islam Übergetretenen zu fordern, die in seinem Land Zuflucht gesucht hatten, wenn auch diese Mission keinen Erfolg hatte[4].

Mit dem Aufkommen des Islam gewann die Diplomatie eine neue Bedeutung, indem sie sich in ein Instrument zur Verbreitung der neuen Religion verwandelte. Der Prophet empfing in Mekka und Medina zahlreiche Delegationen der arabischen Stämme, ebenso wie er verschiedene seiner Abgesandten zu den Herrschern und Gouverneuren von Persien, Byzanz, Jemen und Ägypten schickte mit dem Ziel, sie zum Beitritt zum Islam aufzufordern[5].

Später, als die islamische Expansionsbewegung einsetzte, gewann die Diplomatie einen neuen Sinn, indem sie mit dem Begriff des „ǧihād“ selbst in

Verbindung gebracht wurde. Wie wir aufgezeigt hatten, bringt die muslimische Lehre die Pflicht mit sich, die Ungläubigen aufzufordern, den Islam anzunehmen, bevor ihnen der Krieg erklärt wird. Logischerweise konnte eine solche Aufforderung nur über die Diplomatie erfolgen[6]. In diesem Sinne stellt Aš-Šaibānī fest, daß die Ziele beider Seiten – Muslime und Ungläubige – inbezug auf den Krieg und den Frieden nicht anders in Erfahrung gebracht werden können als vermittels der Gesandten, die unantastbar sein mußten, um ihre Mission in aller Sicherheit durchführen zu können[7].

Folglich stimmen alle Rechtsgelehrten darin überein – was der Existenz eines „iǧmā^{c}" oder Konsens gleichkommt –, die Unverletzlichkeit der diplomatischen Vertreter anzuerkennen[8]. Dieser Grundsatz wurde nicht nur wegen seiner praktischen Nützlichkeit konzipiert und akzeptiert, sondern auch weil der Prophet ihn ausdrücklich aufgestellt hat. In einer bestimmten Situation, als er die Abgesandten eines falschen Propheten mit Namen Musaylama – bekannt als der Betrüger – empfing, sagte er ihnen: „Wenn die Abgesandten nicht unverletzlich sein würden, hätte ich euch sofort hinrichten lassen"[9]. Beinahe die gleichen Worte sollten mehr als dreihundert Jahre später vom Kalifen Al-Ḥakam von Al-Andalus (961–976) wiederholt werden. Bei einem Empfang in Córdoba für einige christliche Botschafter im Jahre 973 ließ sie der Kalif, der durch bestimmte Umstände verstimmt war, wissen, daß, falls sie nicht die Immunität besitzen würden, die ihnen ihr Charakter verlieh, er sie unverzüglich bestraft hätte[10].

Wenn auch diese Regel nicht immer respektiert wurde[11], so wurde trotz der vorgekommenen Verletzungen und Belästigungen, wie Professor Arias feststellt, die Person des Botschafters als unverletzbar und unantastbar sowohl bei den muslimischen Völkern als auch zwischen den Christen angesehen[12].

Andererseits verlieh das islamische Recht den diplomatischen Vertretern bestimmte Privilegien, indem ihnen gestattet wurde, in den „dār al-islām" einzureisen, ohne vorher eine Erlaubnis – „amān" zu bekommen, da das Wesen ihrer Mission selbst automatisch die Gewährung eines „amān" zu ihren Gunsten einschloß[13]. Sie waren auch von der Zahlung von Steuern (Zöllen) auf ihre persönlichen Gegenstände befreit, und nur die Waren, die sie mit sich führten, wurden belastet[14]. Man mußte sie gut behandeln und durfte ihnen keine Angelegenheit im Zusammenhang mit ihrer Mission zur Last legen, denn nach dem Koran: „obliegt dem Gesandten nur die deutliche Predigt"[15]. Während ihres Aufenthalts auf islamischem Boden genossen sie die Freiheit der Religionsausübung und hatten die Pflicht, sich aller Akte der Spionage zu enthalten. Auch war es ihnen nicht erlaubt, Kriegsmaterial zu kaufen, und es ins „dār al-ḥarb" mitzunehmen[16].

Während des ausgehenden Mittelalters, als der Grundsatz des „ǧihād" sich lockerte und die politischen und kommerziellen Erfordernisse der verschiedenen Völker sich erweiterten, erlangte die Diplomatie eine herausragende Rolle. Die Botschafter wurden damals mit unterschiedlichen Aufgaben entsandt und ausgetauscht: Bündnis- und Friedensverträge abzuschließen, den Handel zu fördern, Gefangene auszulösen, Geschenke mitzunehmen, Hochzeiten auszuhandeln, oder einfach freundschaftliche Beziehungen zwischen den Monarchen herzustellen. Die Ausdehnung der auswärtigen Angelegenheiten der abbasidischen Kalifen von Bagdad veranlaßte sie zur Schaffung einer besonderen Abteilung mit Namen „diwān ar-rasā'il" – Verbindungsbüro –, dessen Hauptaufgabe in der Pflege der Beziehungen mit dem Ausland bestand[17]. Auch während der Herrschaft der Mameluken in Ägypten gab es einen speziellen Verwaltungsbeamten, der mit den Angelegenheiten der diplomatischen Missionen betraut war, die nach Kairo kamen. Dieser Beamte hatte über die Unterbringung und Verpflegung der Diplomaten, die auf Staatskosten gingen, zu wachen sowie stets dafür zu sorgen, daß sie sich nicht unter die Bevölkerung mischten, um die Spionage zu verhindern, eine Vorstellung, die lange Zeit danach noch andauerte[18].

Die Diplomatie der Muslime wurde in ihren Formen und Methoden in starkem Maße von den byzantinischen und teilweise auch von den sassanidischen Traditionen aus Persien beeinflußt. Die Bedeutung, die der Diplomatie in der muslimischen Welt beigemessen wurde, wird während des 11. und 12. Jahrhunderts in der Veröffentlichung mehrerer Abhandlungen muslimischer Verfasser deutlich, die der Untersuchung der Diplomatie in ihren praktischen Aspekten gewidmet waren, und die zuvor aufgezeigten Einflüsse widerspiegelten[19]. Unter ihnen verdient besondere Beachtung die Ausarbeitung des Muslimen aus Córdoba Ibn al-Farrā', die auf das 12. Jahrhundert zurückgeht und kürzlich veröffentlicht wurde[20].

Das Buch beginnt mit einigen Zitaten aus dem Koran, die sich auf die Propheten – „rusūl" – beziehen[21], die von Gott als seine Abgesandten zu den betreffenden Völkern geschickt wurden, und indem eine Parallelität hergestellt wird, leitet es daraus ab, daß die Botschafter ein notwendiges Medium zur Verbindung zwischen den Völkern darstellen[22]. Er stellt verschiedene Bezüge zu Aristoteles, den persischen Weisen, den Gesetzestexten und den diplomatischen Methoden der früheren Kalifen her, was der Arbeit einen großen Wert verleiht, weil sie dadurch eine Synthese der herrschenden Gedanken jener Epoche über die Diplomatie sind, die sowohl aus dem Islam als auch aus den alten Zivilisationen stammen.

Der Verfasser ist der Ansicht, daß die Persönlichkeit des Botschafters ein wesentliches Element für den Erfolg seiner Mission darstellt. Er spricht von den physischen und moralischen Eigenschaften, die er vereinen muß und nennt einige Methoden, die die Perser anwandten, um die Fähigkeit und Treue ihrer Botschafter auf die Probe zu stellen[23]. Er stellt fest, daß der Botschafter ein Vertreter des Herrschers ist, der ihn entsandt hat, weswegen er von guter Erscheinung und gut gekleidet sein muß, weil die Leute nur auf den äußeren Schein achten[24]. Er rät dem Herrscher die Übermittlung eines Schreibens durch den Botschafter, das das Wesen seiner diplomatischen Mission festlegt und konkretisiert[25]. Indem er Fälle und Beispiele anführt, legt er Nachdruck darauf, daß der Botschafter streng im Rahmen der Anweisungen handeln muß, die ihm erteilt wurden, ohne daß es zulässig ist, diese auszuwechseln oder zu verändern, denn, so sagt der Verfasser, es ist besser, wenn auf diese Weise gehandelt wird, sich einmal zu irren, als nach eigener Meinung das Richtige zu treffen[26]. Er warnt die Botschafter vor der Gefahr des Trinkens und der Frauen bei der Erfüllung ihrer Aufgaben und erinnert daran, daß die Perser Frauen dazu nutzten, die ausländischen Botschafter auszuhorchen[27]. Um den Erfolg ihrer Mission zu erreichen, müssen die Botschafter die Sitten und Gebräuche der Länder kennen, in die sie entsandt werden, und gleichzeitig müssen sie immer vermeiden, sich in deren innere Angelegenheiten einzumischen[28]. Wie unser Verfasser zusammenfassend darlegt, hängt der ganze Erfolg der Missionen von der Persönlichkeit des Botschafters ab, weshalb dieser optimistisch, gebildet, intelligent und fähig sein muß, in jeder sich ergebenden Lage und in kritischen Momenten in geeigneter Weise zu handeln[29]. Da es in der Praxis schwierig ist, eine Person zu finden, die alle diese Tugenden und Eigenschaften in sich vereint, pflegten beispielsweise die mamelukkischen Sultane von Ägypten drei Personen zu benennen, die eine Mission bildeten, von denen einer ein gewandter Mensch sein mußte, ein zweiter unter den Weisen ausgewählt wurde, und der dritte als Sekretär der Mission fungierte[30].

B. Die islamische Diplomatie in der Praxis

Die Diplomatie des islamischen Staates in seinen ersten Jahren, während des Kalifats von Medina, war in seinen Zielen und Auswirkungen begrenzt. Die arabischen Historiker haben uns viele Erzählungen über die Missionen überliefert, die in Erfüllung der religiösen Pflicht nach Persien und Byzanz gesandt wurden, um die Ungläubigen aufzufordern, den Islam anzunehmen oder den „ǧizya“ zu zahlen, anstatt bekämpft zu werden[31].
Demgegenüber traten die omaijadischen Kalifen von Damaskus mit den Byzantinern zu politischen, kommerziellen und kulturellen Zwecken in ausgedehnte diplomatische Beziehungen. Es scheint, daß, abgesehen vom Krieg, die arabisch-byzantinischen Beziehungen nicht gänzlich feindselig, sondern eher freundschaftlich waren. Als Beweis dafür verfügte das von Konstantin aufgestellte Protokoll, daß: „die sarazenischen Freunde sich auf einen höheren Platz setzen als denjenigen, der den fränkischen Freunden zugewiesen wurde“[32]. Diese Herzlichkeit gestattete dem Kalifen al-Walīd (705–715), sich an den byzantinischen Kaiser zu wenden und technische Hilfe für den Bau der Moschee von Damaskus zu erbitten[33]. Professor Gibb zufolge besteht kein Zweifel, daß die Byzantiner dieser Forderung

entsprachen und einige Spezialisten mit dem bestellten Mosaik sandten[34]. Eine ähnliche Bitte wurde später von zwei omaijadischen Kalifen von Al-Andalus wiederholt: der Kalif an-Naṣir (912–962) forderte von den Byzantinern die Lieferung von Mosaik und Marmor, um in der Stadt az-Zahra als Ausschmückung verwendet zu werden. Desgleichen schrieb, dem spanisch-muslimischen Historiker Ibn Idāri zufolge, der Kalif al-Ḥakam II. (961–976), dem König der „rum" – Byzantiner – und bat ihn um die Entsendung eines Spezialisten zur Beaufsichtigung der Ausschmückung der Moschee von Córdoba[35]. Tatsächlich kam der angeforderte Spezialist in die omaijadische Hauptstadt mit einem Geschenk aus Mosaik und wurde dort herzlich aufgenommen. In Córdoba schien man diese künstlerische Abhängigkeit beenden zu wollen, und der Kalif befahl, einige seiner Untertanen dem byzantinischen Spezialisten als Lehrlinge an die Seite zu stellen[36].
Ergebnis dieser Beziehungen war der byzantinische Einfluß auf die Verwaltungs- und diplomatischen Methoden der Omaijaden von Damaskus, die später an den Hof von Córdoba mitgenommen wurden. Hier kamen sie in den prunkvollen Empfängen zum Ausdruck, die den christlichen Botschaften gegeben wurden, was Codera zufolge ein Symbol des byzantinischen Einflusses auf das westliche Kalifat darstellte[37]. Andererseits hinterließen diese Beziehungen ihren Einfluß auf dem Gebiet der Architektur, wo zum erstenmal in der Geschichte der islamisch-spanischen Kunst Zeugen eines unbestreitbar byzantinischen Einflusses in Erscheinung traten[38]. Trotzdem erschöpften sich die Ziele der islamischen Diplomatie mit Byzanz nicht im künstlerischen Gebiet, sondern waren auch auf andere Gebiete ausgedehnt, wie den Abschluß von Waffenstillstands- und Friedensverträgen, die Verhandlung über die Zahlung von Tributen und die Auslösung von Gefangenen.
Während des abbasidischen Kalifats von Bagdad erfuhr die islamische Zivilisation ihren höchsten Glanz, und die Beziehungen mit dem Ausland erlangten als Folge der Ausdehnung der kommerziellen Verbindungen und der Politik des Prestiges, die die Abbasiden betrieben, einen hervorragenden Platz in der Staatspolitik. Ihre Botschafter erreichten die entferntesten Länder der Welt, und in Bagdad wurden Abgesandte von Byzanz, Abessinien, Indien, al-Gazā'ir (Algerien) und China empfangen[39]. Trotzdem waren die islamischen Verbindungen mit Byzanz angesichts der geographischen Nähe und sowohl der kriegerischen als auch der friedlichen Beziehungen zwischen beiden Seiten reger. Auf dem Wege der Diplomatie wurden, ebenso wie in der Epoche der Omaijaden, der Frieden, die Zahlung von Tributen und die Auslösung und der Austausch der Gefangenen verhandelt.
Unter den Abbasiden wurden am Hof des Kalifen von Bagdad die Traditionen der Sassaniden wiederhergestellt, was auf verschiedenen Gebieten des öffentlichen Lebens und insbesondere bei den offiziellen Empfängen in Erscheinung trat, die immer feierlicher und prunkvoller wurden[40].

Die berühmtesten und gleichzeitig polemischsten diplomatischen Beziehungen dieser Epoche sind diejenigen, die zwischen dem Kalifen Hārūn ar-Rašīd (786–808) und Karl dem Großen bestanden. Das Ziel dieser fränkisch-arabischen Beziehungen scheint in der Errichtung einer politischen Allianz gegen ihre gemeinsamen Feinde bestanden zu haben: die Byzantiner im Osten und die Omaijaden von Al-Andalus im Westen.
Diese Beziehungen wurden im Jahre 765 mit der Entsendung einer Mission des karolingischen Königs Pippin an den abbasidischen Kalifen al-Manṣūr eingeleitet, die mit einer anderen muslimischen Botschaft zurückkehrte, die mehrere Geschenke für den fränkischen König mitbrachte[41]. Später, zwischen den Jahren 797 und 806 wurden, römischen Quellen zufolge, mehrmals Missionen und Geschenke zwischen Karl dem Großen und Hārūn ar-Rašīd ausgetauscht. Es ist sogar die Rede von der Übersendung eines Elefanten als Geschenk des Kalifen an den fränkischen Herrscher[43]. Dieselben Quellen sprechen auch vom Austausch von Botschaften zwischen Karl dem Großen und dem Patriarchen von Jerusalem, der ersterem im Jahre 800, dem Jahr seiner Krönung, eine Sondermission mit den Schlüsseln des Heiligen Grabes und der Kirche von Golgatha, zusammen mit einer Fahne, schickte. Diese angeblichen fränkisch-arabischen diplomatischen Beziehungen wurden von mehreren modernen Autoren untersucht und diskutiert, die unterschiedliche Meinungen und Schlußfolgerungen dazu aufrechterhalten[44].
Mit größerer Gewißheit können wir von den diplomatischen Beziehungen sprechen, die im Hinblick auf eine mögliche Allianz zwischen den Omaijaden von Al-Andalus und den Byzantinern hergestellt wurden, entweder als Gegengewicht zu den fränkisch-arabischen Beziehungen oder aus eigener Initiative.
In der Tat bestehen historische Grundlagen, die einen möglichen Versuch denkbar erscheinen lassen, eine Allianz zwischen Córdoba und Konstantinopel abzuschließen. Einerseits waren in jener Epoche die fränkisch-byzantinischen Beziehungen infolge ihrer religiösen Differenzen und des Kampfes, den sie um die Herrschaft über Italien führten, nicht herzlich[45]. Andererseits waren die Abbasiden die uralten Feinde der Dynastie der Omaijaden, auf deren Ruinen sie ihre Herrschaft im Osten errichtet hatten. Für sie war Al-Andalus eine sezessionistische und aufständische Provinz gegenüber der rechtmäßigen Macht von Bagdad, und folglich förderten sie von Anfang an die Schaffung einer für sie günstigen Partei, die dafür eintreten würde, das Regime von Córdoba zu stürzen. Tatsächlich versuchten die Anhänger Bagdads, in Spanien einen Aufstand auszulösen, ohne allerdings dabei Erfolg zu haben, und die Führer der Verschwörer mußten Zuflucht am Hofe Karls des Großen suchen, dem sie die Errichtung eines offensiven Bündnisses gegen den Emir von Córdoba vorschlugen[46]. Bekanntlich scheiterte Karl der Große im Jahre 778 bei seinem berühmten Heereszug gegen Saragossa, und vielleicht könnte man, wie Levi-Provençal

aufzeigte, argumentieren, daß gerade um die Omaijaden Spaniens zu beunruhigen, er wenig später freundschaftliche Beziehungen mit den Rivalen aus Bagdad aufnahm. Gleichzeitig schlugen die Versuche Karls des Großen fehl, die Reiche des Ostens und des Westens zu vereinigen, und die diplomatischen Beziehungen zwischen beiden Mächten blieben unterbrochen[47].

Dieselben Gründe veranlaßten die Byzantiner, freundschaftliche Beziehungen mit dem westlichen Kalifat in der Absicht herzustellen, die Feindschaft zwischen Córdoba und Bagdad auszunutzen. Mit diesen Beziehungen werden wir uns im folgenden noch eingehend beschäftigen.

Indessen möchten wir unterstreichen, daß das Verhalten jener großen Mächte sich nicht sehr von dem der Großmächte unserer Tage unterschied. Ebenso wie diese suchten jene, ihre eigenen Interessen zu fördern und zu schützen, indem sie sich zur Herstellung eines internationalen Gleichgewichts über die ideologischen Differenzen hinweg, die sie trennten, miteinander verbündeten.

Später unterhielten auch die fatimidischen Kalifen und die mamelukkischen Sultane Ägyptens infolge der Breite und der Ausdehnung der internationalen Handelsbeziehungen, die sie während des 13. und 14. Jahrhunderts aufrechterhielten, ausgedehnte Beziehungen mit Byzanz, den Kreuzfahrern und anderen Staaten Asiens und des Mittelmeerraumes. Der arabische Historiker al-Maqrīzī behauptet, daß sich bei einer bestimmten Gelegenheit in Kairo gleichzeitig vierzehn Botschafter verschiedener Nationen befanden[48]. Andererseits versichert Lane Poole, daß der an der Macht befindliche mamelukkische Sultan, wahrscheinlich im Jahre 1284, freundschaftliche Beziehungen mit den Mongolen, dem Kaiser von Byzanz, den Königen von Frankreich, Kastilien, Sizilien, mit der Republik Genua und dem Kaiser Rudolf von Habsburg unterhielt[49]. Außerdem haben wir Kenntnis von einem Austausch von Schreiben und Geschenken, gegen Ende des 11. Jahrhunderts, zwischen dem König von Mauretanien an-Naṣir und Papst Gregor VII.[50].

C. Die Diplomatie im muslimischen Spanien

Wie Professor Arias sagt, konnten die Christen und Muslime der iberischen Halbinsel nicht mit absoluter Permanenz und Dauer einen heißen Krieg aufrechterhalten, sondern häufig koexistierten Christenheit und Islam mehr oder weniger friedlich in einem kalten Krieg. Während dieser friedlichen Koexistenz wurden die diplomatischen Beziehungen, sei es aus politischem Opportunismus oder aus der reinen Notwendigkeit der Dinge aufgenommen[51].

In der Tat konnten die Erfordernisse der gegenseitigen Hilfe, die Errichtung von Bündnissen, die Verhandlung und Unterzeichnung von Abkommen, die Befreiung von Gefangenen und die Zahlung der Tribute der einen Seite an die andere nur auf dem Wege der Diplomatie verwirklicht werden. Die andauernden Beziehungen zwischen Muslimen und Christen in Spanien, sowohl die kriegerischen als auch die friedlichen, und die geographische Nachbarschaft der Staaten führten zur Herstellung von diplomatischen Beziehungen zwischen ihnen, die durch ihre Vielfalt gekennzeichnet waren sowie oftmals von den Herrschern selbst wahrgenommen wurden.

Im 10. Jahrhundert, während der Epoche der Kalifen, beherrschte Córdoba den größten Teil der entstehenden Staaten des Nordens. Der Hof des Kalifen ᶜAbd ar-Raḥmān III. und seines Sohnes und Nachfolgers al-Ḥakam II. empfing mit Pomp und Feierlichkeit zahlreiche christliche Missionen, die sich vielfach selbst aus Königen zusammensetzten. Diese, in dynastischen und familiären Kämpfen zerstritten, kamen nach Córdoba, um Erklärungen der Ehrerbietung und Freundschaft abzugeben oder Hilfe vom Kalifen zu erbitten. So kamen beispielsweise im Jahre 958 Doña Toda, regierende Königin von Navarra, ihr Sohn García und der entthronte König von León, Sancho I., der Dicke, nach Córdoba, um vom König dessen Hilfe zu erbitten, damit der Dicke seinen verlorenen Thron zurückgewinnen könnte. Ende des Jahres 970 wurde dort eine Mission des Grafen von Barcelona, Borrell I., empfangen, die dem Kalifen ein Geschenk überbrachte, das aus dreißig Sklaven bestand, und während des Kalifats des al-Ḥakam empfing dieser die Königin von Navarra, die die Absicht hatte, zwischen ihrem Sohn Rodrigo Velazquez, Graf von Galizien und dem Kalifen zu vermitteln. Nach Córdoba kam auch Ordoño IV., der kurz zuvor aus seinem Königreich vertrieben worden war, auf der Suche nach Hilfe für die Rückgewinnung seines verlorenen Thrones[52].

Die spanisch-muslimischen Historiker haben uns detaillierte Schilderungen der Empfänge dieser und anderer Missionen am Hofe des Kalifen hinterlassen, die in feierlichen Zeremonien mit allem offiziellen Pomp in Anwesenheit angesehener Persönlichkeiten des Staates und der mozarabischen Bischöfe abzulaufen pflegten, die zuweilen als Dolmetscher fungierten. Bei diesen öffentlichen Zeremonien pflegten die Schreiben und die Geschenke übergeben zu werden, die die Botschafter mitbrachten, wobei der Kalif gleichzeitig diese mit kostbaren Erinnerungsgeschenken gleichen Ranges bedachte[53].

In vielen Fällen pflegten die muslimischen Botschafter aus dem Norden Juden oder christliche Geistliche zu sein. So wurde der Jude Hasday – ein ebenso guter Diplomat wie Arzt – als Botschafter des Kalifen an-Naṣir zu Sancho I. entsandt. Dieser wurde von den Leuten aus León wegen seiner übermäßigen Fettsucht mißachtet, was ihn am reiten hinderte und zu seiner Entthronung im Jahre 958 führte. Um seinen Thron wiederzugewinnen, bat er Córdoba um Hilfe, und der Kalif sandte ihm den erwähnten Botschafter, der ihn heilen konnte und von ihm die Unterschrift unter einen für Córdoba günstigen Vertrag erhielt[54].

Außerhalb der iberischen Halbinsel hatte Córdoba ebenfalls Kontakte mit seinen europäischen Nachbarn, mit Byzanz und den islamischen Staaten Nordafrikas. Dort siegte im Jahre 909 die schiitische Bewegung, die im Maghreb ein neues, mit den Omaijaden nicht nur auf politischem, sondern auch auf religiösem Gebiet rivalisierendes Kalifat errichteten. Bei seinen Versuchen, dieser neuen Gefahr zu begegnen, beschränkten die Omaijaden sich nicht auf ihre militärischen Anstrengungen, sondern sie erklärten dem neuen schiitischen Staat einen ideologischen Krieg, indem sie in deren Gebiet einige malikitische Rechtsgelehrte entsandten, um die schiitische Lehre zu bekämpfen[55]. Diese Gefahr, die sowohl die Interessen Córdobas als auch die von Byzanz bedrohte, führte zu einer erneuten Annäherung zwischen den beiden Mächten. Die diplomatischen Beziehungen mit Byzanz gehen auf das Jahr 846 zurück, als erstmalig in die Hauptstadt der Omaijaden eine byzantinische Botschaft kam, die ᶜAbd ar-Raḥmān II. ein Schreiben des Kaisers Teófilo überbrachte. In seinem Schreiben schlug der Kaiser ᶜAbd ar-Raḥmān den Abschluß eines Freundschafts- und Friedensvertrages vor, wobei er ihn gleichzeitig aufforderte, das östliche Kalifat zurückzuerobern, das ihm seine omaijadischen Vorfahren entrissen hatten. Ein anderer Zweck der Mission bestand in der Forderung der Rückgabe der Insel Kreta, die von den andalusischen Muslimen besetzt war, die zuvor aus Córdoba anläßlich einer internen Revolte vertrieben worden waren[56].

Obwohl wir den Wortlaut des Schreibens des Kaisers nicht kennen, können wir ihn aus der Antwort von ᶜAbd ar-Raḥmān II. vollkommen ableiten, deren Inhalt uns vollständig überliefert ist[57]. Zusammenfassend und mit den Worten von Levi-Provençal war diese Antwort ein Meisterwerk der cordobesischen Diplomatie, die erst in ihren Anfängen steckte: viele schöne Worte und ein gönnerhafter, streng korrekter Ton, aber keinerlei Verpflichtung, weder für die Gegenwart noch für die Zukunft[58]. Das Kalifenschreiben wurde mit einer Sondermission, bestehend aus dem Dichter und Astrologen al-Ġazzāl und einem klugen Uhrmacher, übersandt, die gleichzeitig verschiedene Geschenke, darunter ein astronomisches Gerät mit sich führte[59].

Die diplomatischen Beziehungen zwischen Konstantinopel und Cordoba wurden nicht unterbrochen, sondern die arabischen Quellen berichten uns von der Ankunft anderer byzantinischer Missionen in al-Andalus während des 10. Jahrhunderts[60].

Der berühmte Historiker al-Maqqarī gibt eine interessante Beschreibung des vom Kalifen ᶜAbd ar-Raḥmān I. gegebenen Empfangs für eine dieser byzantinischen Missionen, die uns eine Vorstellung von den diplomatischen Gepflogenheiten Córdobas zu jener Zeit vermittelt.

Dem erwähnten Historiker zufolge befahl der Kalif, als er die Nachricht von der Ankunft der Botschafter erhielt, daß einige hervorragende Persönlichkeiten seines Hofes sie im Hafen von Pechina mit der Weisung empfangen sollten, sie so betreuen und für sie zu sorgen, daß es ihnen an nichts fehle. Bei ihrer Ankunft in Córdoba erschienen zu ihrem Empfang mehrere Generale, gefolgt von ihren Truppen, vollständig bewaffnet und ausgerüstet, als ob sie sich im Kriege befänden. Sie wurden in einem Palast, ein wenig abseits von der Stadt, untergebracht, und es wurde niemandem, weder Edelmann noch Plebejer, gestattet, sie zu besuchen oder mit ihnen irgendwelche Verbindungen aufzunehmen. Der Palast, in dem sie empfangen wurden, wurde auf eine besondere Weise geschmückt, und der Kalif befahl, daß an der Zeremonie die hohen Beamten des Staates und die Befehlshaber des Heeres teilnahmen. Außerdem waren beim Empfang anwesend die Söhne des Kalifen, die Wesire und andere hohe Persönlichkeiten, die Dichter und die Prediger, alle sitzend auf Befehl des Protokolls. Anschließend wurde das Schreiben verlesen, das sie überbracht hatten, und das u. a. eine Liste der Geschenke enthielt, die der Kaiser geschickt hatte. Während ihres Aufenthalts in Córdoba wurden die Botschafter zur Besichtigung der wichtigsten öffentlichen Zentren geführt, wie des „Dar aṣ-ṣinā[c]a" – Haus des Gewerbes und des Handwerks – und des „Dar as-sikka" – die Münze. Vor ihrer Abreise wurden sie durch den Kalifen in einer Sonderaudienz verabschiedet, sieben Monate nach ihrer Ankunft in Córdoba.[61]

Dieser Mission folgte eine andere im Jahre 948, die dem Kalifen mehrere Geschenke mitbrachte, unter denen sich zwei bedeutende Manuskripte befanden: ein Exemplar in griechischer Sprache der Abhandlung über Botanik von Dioscorides und ein Exemplar des Werkes des spanisch-römischen Historikers Paulo Orosio[62].

Die Bedeutung dieser Tatsache besteht darin, daß über die medizinische Abhandlung, die von einem Mönch ins Arabische übersetzt wurde, der auf Anforderung des Kalifen eigens dazu von Byzanz entsandt wurde, während des spanischen Mittelalters eine umfangreiche medizinische Literatur entstand. Robles zufolge wird gegenwärtig ein Exemplar dieser arabischen Übersetzung in der Nationalbibliothek von Madrid aufbewahrt[63]. Diese Tatsache zeigt, daß die diplomatischen Beziehungen auch als Mittel des kulturellen Austauschs zwischen den verschiedenen Völkern dienten. In diesem Sinne zeigte kürzlich ein polnischer Schriftsteller auf, daß die ersten schriftlichen Nachrichten, die über einige Städte des europäischen Ostens, besonders Polens und Rußlands, bekannt sind, von Schriftstellern und Botschaftern Córdobas stammen[64].

Eine andere byzantinische Mission kam im Jahre 972 nach Córdoba, und es scheint, daß die letzte dieser Serie von Missionen von [c]Abd al-Malik im Jahr 1006 empfangen wurde. Ihre Aufgabe bestand wahrscheinlich im Austausch von Gefangenen und der Forderung gegenüber den Behörden von Córdoba, daß sie ihren Untertanen in den Küstenregionen die Freibeuterei im Mittelmeer verbieten solle[65].

Die auswärtigen Beziehungen der omaijadischen Herrscher beschränkten

sich nicht auf die diplomatischen Beziehungen mit Byzanz, sondern die muslimischen Historiker sprechen von der Ankunft von Missionen in Córdoba aus Deutschland, von den fränkischen Königen und sogar vom „Herrn von Rom", der zu Zeiten des Kalifen an-Naṣir eine Mission nach Córdoba mit dem Ziel entsandte, einen Freundschaftsvertrag abzuschließen[66].
Uns liegen Kenntnisse über den Austausch von diplomatischen Missionen während der zweiten Hälfte des 10. Jahrhunderts zwischen Otto I. von Deutschland (938–973) und ᶜAbd ar-Raḥmān III. vor. Das Ziel der Mission Otto I. im Jahre 950 bestand darin, die Einstellung der kriegerischen Handlungen einer Gruppe andalusischer Muslime zu fordern, die ihre Operationsbasis in der Provence errichtet hatte und jahrelang die ganze Region bedrohte. Der Kalif entsprach dieser Botschaft, indem er eine andere entsandte, die unter der Leitung eines mozarabischen Bischofs stand, der ein Schreiben überbrachte, das, Levi-Provençal zufolge, recht ungewöhnlich war, wenn es auch nicht unterließ, Freundschaftsbeteuerungen zu machen[67]. Die Mission wurde drei Jahre lang in Deutschland festgehalten, an deren Ende der Kaiser eine neue Mission nach Córdoba schickte, die von dem Mönch Juán aus dem Kloster von Gorze geleitet wurde. Dieser kam im Jahre 954 an und überbrachte ein Schreiben und einige Geschenke, aber mit präzisen Anweisungen: „Er solle mit allen Mitteln versuchen, Frieden und Freundschaft zu vereinbaren, um zu erreichen, daß die Raubzüge der sarazenischen Piraten aufhörten"[68].
Der Kalif konnte den Inhalt des Schreibens in Erfahrung bringen, bevor er den Botschafter empfing, und es scheint, daß er der Ansicht war, daß einige seiner Punkte eine Beleidigung seiner Würde und des Islam darstellten. Demzufolge und als Vergeltung für das Festhalten seines vorherigen Botschafters während dreier Jahre am Hofe Ottos I. ließ der Kalif den Mönch von Gorze wissen, daß er ihn neun Jahre lang festhalten würde, bevor er ihn empfangen würde. Als Alternative bot er ihm an, falls er unverzüglich empfangen werden wolle, nur die Geschenke zu übergeben und die Botschaft nicht auszuhändigen. Der Mönch weigerte sich, so zu verfahren, und so ereignete sich eine der ältesten diplomatischen Krisen, die bekannt wurden. Professor Arias hat kürzlich in einer ausgezeichneten Arbeit die Geschichte dieser Mission in erschöpfender Weise untersucht und die Bedeutung unterstrichen, die sie für das Studium der diplomatischen Gepflogenheiten um die Mitte des Mittelalters, insbesondere zwischen christlichen und muslimischen Fürsten hatten[69].
Die Krise wurde auf ziemlich originelle Weise überwunden. Es wurde eine neue Mission nach Deutschland geschickt, um dem Kaiser die Lage zu schildern und von ihm neue Anweisungen für seinen Botschafter anzufordern. Tatsächlich wurde die Mission von Otto I. im Jahre 956 in Frankfurt empfangen und kehrte nach Córdoba in Begleitung eines neuen Botschafters zurück, der mit neuen Anweisungen versehen war. Die erste Botschaft wurde annuliert und, nachdem dieses Problem gelöst war, empfing der Ka-

lif mehrmals Juán aus Gorze, unterhielt sich lange mit ihm und behandelte ihn wegen seiner standhaften Haltung bei der Erfüllung seiner Pflicht mit Wertschätzung und Achtung [70].

Wie es scheint, wurden diese Beziehungen später von Otto II. wieder aufgenommen, der 974 ein Schreiben an den Kalifen al-Ḥakam II. sandte [71].

Andererseits erwähnen die spanisch-muslimischen Historiker den Austausch von Botschaften zwischen Córdoba und den nördlichen Ländern gegen Ende des 10. Jahrhunderts.

Bekanntlich griffen in dieser Epoche die Normannen die atlantischen Küsten Europas an, und die spanischen Küsten waren zwischen den Jahren 844 und 971 Gegenstand mehrerer Angriffe, die schwere Schäden und Verwüstungen in Sevilla, Cádiz und anderen andalusischen Orten hinterließen. Demzufolge entsandte ᶜAbd al-Raḥman II. eine Botschaft an den König der Normannen, die von den arabischen Chronisten die „maǧūs" genannt wurden [72], mit dem Ziel, mit ihnen Frieden zu schließen und zu erreichen, daß die Angriffe aufhörten [73].

Der Kalif wählte ein weiteres Mal als Botschafter den berühmten Poeten al-Ġazzāl aus, der schon zuvor in einer diplomatischen Mission nach Byzanz entsandt worden war und großen Erfolg errungen hatte. Der andalusische Historiker Ibn Dihya faßt für uns die Gründe, die die Wahl des Kalifen bestimmten, mit folgenden Worten zusammen: „Al-Ġazzāl wurde ausgewählt, weil er sich durch einen scharfsinnigen und leichten Verstand auszeichnete, die Fähigkeit zur klaren und überzeugenden Erwiderung hatte, weil er genügend Mut und Kühnheit besaß und durch alle Türen einzutreten und herauszukommen wußte" [74]. In der Tat widerspiegelte diese Meinung nur eine in jener Epoche akzeptierte Auffassung von einem idealen Diplomaten, und er ruft uns die Gedanken zum gleichen Thema in Erinnerung, die im oben erwähnten Werk von Ibn al-Farrá' enthalten sind [75].

Al-Ḥāǧǧ berichtet in einer sehr interessanten Monographie über diese Mission, daß der Ort, wohin al-Ġazzāl gelangte, gerade Dänemark war, wo er vom König Horic (844–854) empfangen wurde [76]. Levi-Provençal dagegen hat eine solche Mission in Zweifel gezogen und behauptet, daß seine Erzählung nichts anderes sei als eine volkstümliche Romanze [77].

Wie dem auch sei, auch wenn es nur eine reine Wiederholung der Erzählung über die Mission des al-Ġazzāl nach Konstantinopel sein sollte, wie derselbe Levi-Provençal und andere Verfasser meinen, so ist es doch nicht ohne Interesse hinsichtlich der Angaben, die es über die diplomatischen Gedanken und Methoden jener Epoche offenbart.

Später zahlten die meisten Reiche der Taifas Tribut an Kastilien. Die Botschafter und zuweilen selbst die Herrscher überschritten häufig die Grenzen, oder sie begaben sich auf den Boden eines anderen Monarchen, um, neben anderen Angelegenheiten verschiedener Art, die Unterschrift von

Abkommen auszuhandeln, den Frieden und die Zahlung von Tributen abzustimmen[78].

Außerhalb der iberischen Halbinsel unterhielten sowohl Kastilien als auch Aragonien ausgedehnte diplomatische und Handelsbeziehungen mit den islamischen Staaten Nordafrikas und mit Ägypten. Obwohl die Handelsbeziehungen den hervorragendsten Platz einnahmen, beschränkte sich die Diplomatie nicht auf diese, sondern dehnte sich auf das politische und religiöse Gebiet aus. So entsandte Aragonien beispielsweise zwischen 1303 und 1314 mehrere Missionen nach Ägypten, um vom mamelukkischen Sultan die Öffnung der geschlossenen Kirchen in Kairo und in Babylonien zu fordern und zu bitten, daß er den Christen unter seiner Herrschaft eine ähnliche Behandlung zuteil werden ließe wie die der Freiheit und Toleranz, die die muslimischen Untertanen Aragoniens genossen[79]. Im Jahre 1382 entsandte Juán I. von Kastilien eine Mission zum Sultan von Ägypten, um zugunsten des Königs von Armenien einzutreten, der sich als Gefangener in Kairo befand, und es scheint, daß diese Mission den erwarteten Erfolg hatte[80].

Später entwickelte sich um die Frage von Granada eine sehr lebhafte Aktivität, sowohl vor als auch nach seiner Eroberung durch die katholischen Könige. Die Leute aus Granada, die das Herannahen der Rückeroberung spürten, suchten Hilfe bei den islamischen Staaten. Die Mamelukken, die angesprochen wurden, um Hilfe zu leisten, nahmen eine negative Haltung ein mit der Begründung der großen Entfernung und ihres Mangels an der notwendigen Seestreitmacht[81]. Demgegenüber entsandte der türkische Sultan Bayaceto eine Mission nach Rom, bestehend aus zwei christlichen Ordensbrüdern, um dem Papst die Behandlung darzulegen, die die Mauren in Granada erfuhren, eine Behandlung, die er als ungerecht ansah, und er drohte, Vergeltungsmaßnahmen gegen die Christen unter seiner Herrschaft zu ergreifen[82]. Die katholischen Könige ihrerseits schickten im Jahre 1502 eine Mission nach Ägypten mit dem Ziel, dem Sultan zu versichern, daß, entgegen der allgemeinen Auffassung in der islamischen Welt, den Leuten aus Granada eine gerechte Behandlung zuteil werde[83].

Anmerkungen

[1] Vgl. die Präambel der Wiener Konvention von 1961 über diplomatische und konsularische Rechte.

[2] Vgl. Al-Saraḫsī, a. a. O., Bd. X, S. 92; Aš-Šaibānī, a. a. O., S. 296–297.

[3] Vgl. Ibn ᶜAbd Rabbihi, „Kitāb al-ᶜiqd al-Farīd“, 3 Bde. (Kairo, 1293 d. H.), Bd. II, S. 45; Wensinck, Art. „Mecca“, in „Encyclopedia ...“, a. a. O., Bd. III, S. 438.

[4] Über die Botschaft, vgl. Iqbal, Afzal, „Diplomacy in Islam“, a. a. O., S. 83–86; Ibn Hišām, „Sira“, a. a. O., Bd. I, S. 356–362; Thomas, Arnold, „The Preaching ...“, a. a. O., S. 16.

[5] Über die diplomatischen Aktivitäten des Propheten, vgl. Iqbal, Afzal, a. a. O., S. 62–92; Ibn Hišām, a. a. O., Bd. II, S. 62ff.; Thomas, Arnold, „The Preaching ...“, a. a. O., S. 20–26.

[6] Vgl. diese Arbeit, S. 170–172.

[7] Vgl. Aš-Šaibānī, a. a. O., S. 296–297.

[8] Vgl. Aṭ-Ṭabarī, a. a. O., S. 33; Abū Yūssuf, a. a. O., S. 187–189; Ibn Qudāma, a. a. O., S. 400.

[9] Vgl. Aš-Šaibānī, a. a. O., S. 296; Al-Saraḫsī, a. a. O., S. 92, Ibn Qudāma, a. a. O., S. 400.

[10] Vgl. Codera, Francisco, „Embajadas de Príncipes cristianos en Córdoba en los últimos años de Alhaquem II“, in „Estudios críticos de Historia Arabe-Española“, 2. Serie, Bd. IX, der „Colección de Estudios Arabes“, (Saragossa, 1903 und Madrid, 1917), S. 199.

[11] Vgl. z. B. Codera, Francisco, „Embajadores de Castilla encarcelados en Córdoba en los últimos años de Alhaquem II“, in ebenda, S. 207–222.

[12] Vgl. García Arias, Luis, „Estudios de Historia y Doctrina del Derecho Internacional“, a. a. O., S. 372ff.

[13] Vgl. Aš-Šaibānī, a. a. O., S. 471–480; Ibn Ǧuzī, a. a. O., S. 114; Al-Saraḫsī, a. a. O., S. 92–93.

[14] Vgl. Abū-Yūssuf, a. a. O., S. 188.

[15] Vgl. Koran, XXIV, 54.

[16] Vgl. Ibn al-Farrā', Abū ᶜAlī al-Ḥusain, „Kitāb rusul al-mulūk“, – Die Botschafter der Herrscher –, kritische Ausgabe von Ṣalāḥ ad-dīn al-Munağğid, (Kairo, 1947), S. 142.

[17] Vgl. Potemkin, V. P. und andere, „Historia de la Diplomacia“, 3 Bde., spanische Übersetzung von José Laín, Bd. I, (Mexiko, 1966–1968), S. 89.

[18] Vgl. Munağğid, S. „ar-rusūl wa as-sufarā' ind al-ᶜArab“, in „Kitāb rusul al-mulūk“, a. a. O., S. 120–121, 130.

[19] In diesem Zusammenhang muß das Werk von Niẓām al-Mulūk, Wesir im Reich der Seldschuken mit dem Titel „Siyāsat Nāmah“, Abhandlung über die Regierung, gegen Ende des 9. Jahrhunderts geschrieben, hervorgehoben werden. In dieser Abhandlung sind einige sehr interessante Kapitel der Untersuchung der Diplomatie gewidmet. Das Buch wurde herausgegeben von Ch. Schefer mit dem Titel „Niẓām al-mulūk“; vgl. Rosenthal, E., „El Pensamiento Político en el Islam Medieval“, a. a. O., S. 92–97; Potemkin, a. a. O., S. 89–90.

[20] Vgl. Ibn al-Farrā', „Kitāb rusul al-mulūk“, a. a. O., Über das Buch und seinen Verfasser, vgl. die Seiten Z–K der Einführung des Herausgebers.

[21] Der Ausdruck „rasūl“ – Plural „rusul“ – bedeutet wörtlich Bote, Gesandter oder Prophet, da dieser letztere ein Gesandter Gottes ist. Auf arabisch wird ein anderer Ausdruck als Synonym von „rasūl“ gebraucht: „safīr“ – Botschafter – das einzige gegenwärtig verwendete Wort, um die Botschafter zu bezeichnen. Vgl. Munağğid, „ar-rusul ...“, a. a. O., S. 107–110.

[22] Vgl. Ibn al-Farrā', „Rusul ...“, a. a. O., S. 2–5.

[23] Vgl. ebenda, S. 22–27.

[24] Vgl. ebenda, S. 10–16, 18–21.
[25] Vgl. ebenda, S. 7–8.
[26] Vgl. ebenda, S. 9–17.
[27] Vgl. ebenda, S. 25.
[28] Vgl. ebenda, S. 23–24.
[29] Vgl. ebenda, S. 10–12, 15–16.
[30] Vgl. Munağğid, „ar-rusul ...", a. a. O., S. 117.
[31] Vgl. Al-Qalqašandī, „Ṣubḥ ...", a. a. O., Bd. VI, S. 376–377; Al-Balādūrī, „Origins ...", a. a. O., S. 411–412; Yaᶜqubī, „Tarikh (tārīḫ), (Leiden, 1883), Bd. II, S. 83–84.
[32] Vgl. Vasilev, A., „Byzance et les Arabes", a. a. O., S. 18.
[33] Vgl. Hitti, Ph., „History ...", a. a. O., S. 265.
[34] Vgl. Gibb. H., „Las Relaciones Arábigo-Bizantinas durante el Califato Omeya", in „Estudios sobre la Civilización Islámica", arabische Übersetzung von Iḥsān ᶜAbbās und anderen, (Beirut, 1963), S. 61–81.
[35] Vgl. Ibn Idāri, „Bayān ...", a. a. O., Bd. II, S. 231.
[36] Vgl. ebenda, S. 231; Sánchez Albornoz, „La España Musulmana", a. a. O., Bd. 2, S. 295; Hitti, Ph., „History ...", a. a. O., S. 217–240.
[37] Vgl. Codera, P., „Embajadores de Príncipes Cristianos en Córdoba ...", a. a. O., S. 181; Dubler, César, „Sobre la Crónica Arábigo-Bizantina de 741 y la Influencia Bizantina en la Península Ibérica", in Al-Andalus, fasc. I, Bd. XI, (Madrid, 1946), S. 344–346.
[38] Vgl. Levi-Provençal, „España Musulmana", a. a. O., S. 348–349; Dubler, a. a. O., S. 283 ff.
[39] Vgl. Munağğid, S., „Ar-rusul ...", a. a. O., S. 31–38, 103–105; Hitti, Ph., a. a. O., S. 343–344; Armanazi, N., a. a. O., S. 162–163.
[40] Vgl. Munağğid, S., „Ar-rusul ...", a. a. O., S. 123–125; Vasilev, A., a. a. O., S. 175–183, 196–199.
[41] Vgl. Khadduri, „War and Peace ...", a. a. O., S. 247.
[42] Die arabischen Quellen erwähnen nicht diese Missionen, die nur durch die römischen Quellen bekanntgemacht wurden. Hierzu vgl. Khadduri, ebenda, S. 247, Anmerkung 18.
[43] Vgl. Hitti, Ph., „History ...", a. a. O., S. 298; Khadduri, ebenda, S. 246 ff.
[44] Aus diesen Beziehungen haben einige Verfasser den Schluß gezogen, daß Karl der Große bedeutende Privilegien im Osten genoß (Potemkin, a. a. O., S. 88), wobei er eine Art von Oberhoheit oder Protektorat über Jerusalem erlangte (Buckler, F. N., „Hārūn ar-Rašīd and Charles the Great", Cambridge, Mass, 1931, S. 26–29, 34–35). Der Historiker Philip Hitti („History ...", a. a. O., S. 298) bestreitet die Authentizität der Geschichte mit den Schlüsseln und Runciman („Charlemagne and Palestine" in „English Historical Review, Bd. I, 1935, S. 606 ff.) behauptet, daß dieses angebliche Protektorat nichts weiter ist als eine nachträglich erfundene Fabel. Professor Khadduri (a. a. O., S. 249) glaubt, daß diese Beziehungen mehr religiösen als politischen Charakter trugen. Außer den bereits zitierten über das Thema, vgl. Khadduri, M., „Las Relaciones Diplomáticas entre Hārūn ar-Rašīd y Carlomagno", in arabisch, (Bagdad, 1939).
[45] Vgl. Lewis, Archibald, „Naval Power ...", a. a. O., S. 172 ff.
[46] Vgl. Levi-Provençal, „España Musulmana", a. a. O., S. 79 ff.; Hitti, Ph., „History ...", a. a. O., S. 507–508.
[47] Vgl. Levi-Provençal, ebenda, S. 88.
[48] Vgl. Al-Maqrīzī, „Sulūk", 2 Bde. (Kairo, 1939–1946), Bd. II, S. 543; Al-Qalqašandī, „Ṣubḥ ...", a. a. O., Bd. VI, S. 382, 421, 443, 457, 463.
[49] Vgl. Lane Poole, S., „A History of Egipt in the Middle Ages" (London, 1936), S. 281; Munağğid, S., „Ar-rusul ...", a. a. O., S. 103–106.
[50] Vgl. Truyol y Serra, A., „El Fundamento filosófico del Derecho de Gentes a la luz de algunos

documentos medievales", in „Investigación y Progreso", (Madrid, Juli–August, 1943), S. 193–200.

[51] Vgl. García Arias, L., „Estudios ...", a. a. O., S. 373.

[52] Vgl. Levi-Provençal, „España Musulmana", a. a. O., Bd. IV, S. 378–384; Diese Missionen wurden dem spanisch-muslimischen Historiker Ibn Ḥayyān zufolge von Codera, F. untersucht: „Embajada de Príncipes Cristianos en Córdoba en los últimos años de Alhaquem II", a. a. O., S. 171–205.

[53] Eine Beschreibung nach dem spanisch-muslimischen Historiker Ibn Ḥayyān in Codera, F., „Embajadas ...", a. a. O., S. 182ff.; al-Maqqarī, „Analectes sur l'histoire el la Litterature des Arabes d'espagne", herausgegeben von Dozy und anderen, (Leiden, 1855–1861), I, S. 235–237.

[54] Vgl. Levi-Provençal, ebenda, a. a. O., Bd. IV, S. 292–300.

[55] Über die Beziehungen zwischen den omaijadischen und fatimidischen Kalifen, vgl. ebenda, S. 303–321, 385ff.

[56] Vgl. Levi-Provençal, ebenda, S. 345–352. Über die Besetzung Kretas durch einige aus Córdoba ausgewiesene Muslime, vgl. Gaspar Remiro, „Cordobeses musulmanes en Alejandría", in „Homenaje a D. Francisco Codera", (Saragossa, 1904), und Seybold, C. F., Art. „Abū Ḥafṣ al Balūṭī", in „Encyclopedia of Islam", Bd. I, S. 87; Giese, F., Art. „Crete", ebenda, Bd. I, S. 878–880.

[57] Für eine Übersetzung des Wortlauts dieses Schreibens, vgl. Sánchez Albornoz, „La España Musulmana", a. a. O., Bd. I, S. 135–138.

[58] Vgl. Levi-Provençal, a. a. O., Bd. IV, S. 162.

[59] Vgl. Dubler, C., „Sobre la crónica arábigo-bizantina ...", a. a. O., S. 342.

[60] Vgl. Ibn Idārī, „Bayān", a. a. O., S. 213, 215.

[61] Vgl. Al-Maqqarī, „Analectes ...", a. a. O., S. 235–237; reproduzierte Beschreibung bei Sánchez Albornoz, a. a. O., Bd. I, S. 263–265.

[62] Vgl. Levi-Provençal, a. a. O., Bd. IV, S. 350.

[63] Vgl. Robles, Guillermo, „Catálogo de los Manuscritos Arabes en la Biblioteca Nacional de Madrid", (Madrid, 1895), S. 61, Nummer XXV; vgl. auch Dubler, C., „Sobre la crónica arábigo-bizantina", a. a. O., S. 340–341.

[64] Vgl. Fuente, Rafael, „El Milenario de Abd ar-Raḥmān III a la luz de la Etica Occidental", Sonderdruck der Zeitschrift „Obras", No. 94, (Madrid, 1961), S. 5–6.

[65] Vgl. Levi-Provençal, a. a. O., Bd. IV, S. 383, 447.

[66] Vgl. Ibn Ḫaldūn, „ʿIbar", a. a. O., Bd. IV, S. 143.

[67] Über die Aktivitäten dieser Gruppe, vgl. Levi-Provençal, a. a. O., Bd. IV, S. 353–357.

[68] Die Erzählung dieser Botschaft wurde mehrfach veröffentlicht und ins Spanische übersetzt von A. Paz y Meliá, „Embajada del Emperador de Alemania Otto I al Califa de Córdoba Abderrahman III.", (Madrid, 1872). Sie wurde auch im „Boletín de la Academia de Ciencias, Bellas Letras y Nobles Artes de Córdoba", (Córdoba, 1931, No. 33, S. 123ff. abgedruckt).

[69] Vgl. García Arias, L., „Una embajada cristiana a un soberano Musulman hace 1000 años", in seinem „Estudio de Historia y Doctrina de Derecho Internacional", a. a. O., S. 371–402.

[70] Vgl. ebenda, S. 387; Paz y Meliá, a. a. O., S. 79–82.

[71] Levi-Provençal, a. a. O., Bd. IV, S. 383.

[72] Dieser Name – „mağus" – wurde auf die Wikinger angewandt, weil die Araber, die keine Kenntnis über ihren Ursprung und ihre Gewohnheiten hatten, als sie ihre massenweise Nutzung des Feuers bemerkten, sie mit den Zoroastrianern verwechselten, die auf arabisch „mağus" genannt werden, die das Feuer anbeteten. Über die Angriffe der Normannen, vgl. Ibn al Quṭīyya, „Tarīḫ"faṯḥ al-Andalus", (Madrid, 1868), span. Übersetzung von J. Ribera, (Madrid, 1926), S. 50–53.

[73] Vgl. Ibn Idāri, „Bayān ...", a. a. O., Bd. III, S. 120–130; Levi-Provençal, Art. „Al-Madjus", in „Encyclopedia ...", Bd. III, S. 101–102; Al Maqqarī, „Analectes ...", I, S. 22.

[74] Vgl. Ibn Diḥyạ", „Al-Muṭrib min Asar ahl al-Maġrib", (Kairo, 1954), S. 138–145. Eine spanische Übersetzung dieser Erzählung, in F. Pons Boignes, „Ensayo bio-bibliográfico sobre los Historiadores y Geógrafos Arábigo-Españoles", (Madrid, 1896), S. 38–45; abgedruckt bei Sánchez Albornoz, „La España Musulmana", a. a. O., Bd. I, S. 141–144.

[75] Vgl. diese Arbeit, S. 341–342.

[76] Vgl. Al-Hāǧǧ, A., „The Andalusian Diplomatic Relations with the Vikings during the umayyad period", (755–970), in „Hesperis Tamuda", No. 8, fasc. I, (Madrid, 1967), S. 67–116.

[77] Vgl. Levi-Provençal, a. a. O., Bd. II, S. 163.

[78] Vgl. Amador de los Rios, J., „Memoria ...", a. a. O.

[79] Vgl. Masiá de Ros, A., „La Corona de Aragón ...", a. a. O., S. 100ff.

[80] Über die diplomatischen Beziehungen Kastiliens mit Ägypten, vgl. die interessanten Arbeiten von Pedro Martínez Montavez, „Relaciones Castellano-Mamelucas, (Madrid, 1958); „Relaciones de Alfonso X de Castilla con el Sultán Mameluco Baybars y sus sucesores", in „Al-Andalus", Bd. 27, (Madrid, 1962), S. 343–376; Die diplomatischen Beziehungen zwischen Ägypten und Kastilien während des 13. Jahrhunderts" – auf arabisch – (Kairo, 1970), und die reichhaltige Bibliographie über die verschiedenen Aspekte dieser Beziehungen.

[81] Vgl. Al-Ahnānī, ᶜAbdul Azīz, „Safāra Siyasiya", (Kairo, 1954).

[82] Vgl. Gonzalez Palencia, A., „Historia de la España Musulmana", 4. Ed. (Madrid, 1945), S. 59–60.

[83] Über diese Botschaft, vgl. Auchiera, Perdo Martín, „Una Embajada de los Reyes Católicos a Egipto", nach der „Legation Babylónica" und dem „Opus Epistolarum", Übersetzung und Einleitung von Luis García y García, (Valladolid, 1947).

Kapitel XVIII.
Der Handel

A. Theorie und Praxis des Handels

Der Islam entstand bekanntlich in Mekka, einer Stadt, die seinerzeit dank ihrer geographischen Lage ein aktives und blühendes kommerzielles und finanzielles Zentrum war, das ihr gestattete, als nahezu ausschließlicher Vermittler zwischen den Ländern des Indischen Ozeans und des Mittelmeers zu wirken. Dem Koran zufolge pflegten die Mekkaner zu kommerziellen Zwecken zweimal jährlich Reisen zu unternehmen: eine im Sommer nach Syrien im Norden und die andere, im Winter, nach Jemen[1]. Seit sehr alten Zeiten begingen die Araber während der „Heiligen Monate" an einem „ᶜUkāz" genannten Ort und unter Beteiligung aller Stämme eine jährliche Messe, auf der sie den kommerziellen und kulturellen Austausch pflegten[2]. Selbst der Prophet Mohammed hatte vor Beginn seiner Sendung den Karawanenhandel mit Syrien ausgeübt.

Al-Ǧahīz, ein berühmter arabischer Autor des 9. Jahrhunderts, bemerkt in einer Abhandlung mit dem Titel „Zum Lob der Kaufleute und zum Tadel der Ämter", daß die Billigung Gottes für den Handel als Lebensunterhalt in der Wahl seines Propheten aus der Mitte der kaufmännischen Gemeinschaft der Quraischiten deutlich demonstriert wird[3]. Andererseits widerspiegelt sich dieses kommerzielle Panorama von Mekka im Koran, wo verschiedene kommerzielle Ausdrücke verwendet werden, um die neuen religiösen Gedanken jenen Menschen nahezubringen, die dem Handel ergeben sind[4].

Berühmt wurde der Satz von Renan: „Der Islam ist eine Religion der Männer"[5], in dem Sinne, daß es eine Religion ist, die das praktische Leben in allen seinen Aspekten begünstigte. Der „ḥadīt" des Propheten: „Kein klösterliches Leben im Islam"[6] bedeutet, wie Professor Gibb aufzeigte, nicht nur den Widerstand gegenüber einem berufsmäßigen Mönchsleben, sondern auch, daß im Islam der Schauplatz der religiösen Handlungen das Leben des Menschen im weitesten Sinne ist. Alle gesellschaftlichen Handlungen müssen in ihren Wirkungsbereich einbezogen werden und von ihrem Geist durchdrungen sein.[7] Al-Ġazzālī zum Beispiel – auf spanisch Algacel – meint, daß der Markt für den Händler der Schauplatz seines „ǧihād" gegen seinen eigenen Egoismus im Austausch mit seinesgleichen darstellt[8].

Außerdem wird sowohl im Koran als auch in der „sunna" zur Praxis des Handels angeregt. Der erstere erwähnt gemeinsam in einem Vers diejeni-

gen, die „unterwegs sind, um ihren Lebensunterhalt mit Gottes Hilfe zu verdienen", und diejenigen, die „im Heiligen Krieg kämpfen"[9]. In der „sunna" finden wir einige „ḥadīṯe", die folgendes besagen: „Am Tage des Jüngsten Gerichts wird der ehrliche muslimische Händler in die Reihen der Märtyrer des Glaubens eingeordnet", und „der rechtschaffene Händler setzt sich in den Schatten Gottes"[10].
Trotzdem bestehen die Rechtsgelehrten darauf, daß im allgemeinen der Handel mit Gerechtigkeit in Übereinstimmung mit der „šarīᶜa" ausgeübt werden muß, ohne daß dies die Muslime zur Aufgabe ihrer religiösen Pflichten veranlassen sollte, wie der Koran sagt[11]. So sind zum Beispiel der Handel während der Zeit des öffentlichen Gebets am Freitag, die Methode des Wuchers, der Kauf oder Verkauf bestimmter Waren – wie Wein und Schweinefleisch – und jede Art von Betrug oder Täuschung verboten[12]. Die Traditionen des Propheten verurteilen auch die Spekulation mit Lebensmitteln, die Preissteigerungen und die Verfälschung der Waren[13].
In der Tat hatte die islamische Gesellschaft den Handel immer als eine der würdigsten Tätigkeiten des Menschen bewertet und anderen Beschäftigungen vorgezogen. Viele der ersten Muslime und Gefährten des Propheten übten ihn aus, und selbst der große Rechtsgelehrte Abū Ḥanīfa war ein Geschäftsmann.
Hinsichtlich des internationalen Handels der Muslime mit den übrigen, ungläubigen Völkern sind zahlreiche Rechtsgelehrte, insbesondere die Malikiten, gegen den Warenaustausch mit dem „dār al-ḥarb" und gegen die Ausreise der Muslime ins feindliche Territorium zu kommerziellen Zwekken[14]. Andere Schulen dagegen, insbesondere die Hanafiten, sind toleranter und billigen den Handel der Muslime mit den Ungläubigen innerhalb und außerhalb des „dār al-islām" mit den einzigen Einschränkungen, die die „šarīᶜa" auferlegt, wie der Verkauf von Kriegsmaterial an den Feind sowie im allgemeinen die Transaktionen mit verbotenen Waren[15].
Alle Rechtsgelehrte stimmen indessen darin überein, die Einreise ausländischer Kaufleute in das Territorium des Islam und den Handel mit seinen Bewohnern zuzulassen. Wie wir aufzeigten, wurde diesen ausländischen Kaufleuten ein „amān" – Passierschein – gewährt, der für vier Monate gültig und bis zu einem Jahr verlängerbar war, ohne daß dies die erworbenen Rechte beeinträchtigte[16]. Bei ihrer Einreise in das islamische Territorium wurde von ihnen eine Steuer im Gegenwert von einem Zehntel – „ᶜušr" – des Gesamtwertes der Waren erhoben, die sie mit sich führten, vorausgesetzt, er überstieg 200 Dirham[17]. Von der Steuer ausgenommen waren die persönlichen Gegenstände, und Aš-Šaibānī ampfiehlt den muslimischen Behörden, jenen Kaufleuten eine Behandlung auf Gegenseitigkeit zu gewähren, deren Regierungen die Waren der Muslime auch nicht mit Abgaben belasten[18].
Während ihres Aufenthalts im „dār al-islām" genossen die ausländischen Kaufleute Bewegungsfreiheit – mit Ausnahme der verbotenen Zonen[19] –

und waren dem Status der „musta'mine" unterworfen, der bereits in einem anderen Kapitel erläutert wurde[20]. Die Großhändler durften ihre Waren nicht direkt an die Verbraucher verkaufen, sondern mußten sie nach Zahlung der Steuern an den Staat an die ortsansässigen Händler veräußern. In den großen Städten gab es spezielle Einrichtungen – „alhóndigas" – vom arabischen „funduk" abgeleitet – bestehend aus Lagerräumen, um die Waren unterzubringen, und anderen Einrichtungen, die den Reisenden und Händlern als Herberge dienten. Die „alhóndigas" – oder alfondegas – müssen in den spanisch-christlichen Städten des Nordens um das 10. Jahrhundert unter islamischen Einfluß entstanden sein[21].
Innerhalb der Städte hatte jede Art von Kaufleuten seine eigene Zone „al-qaiṣarīya" oder „sūq" genannt – auf spanisch alcaicería oder zoco – und es gab handwerkliche Zünfte oder Verbände, die sorgfältig geregelt waren[22].
Die Kontrolle des ordnungsgemäßen Funktionierens der inneren Märkte oblag dem „al-muḥtasib" – auf spanisch: almotacín. Dieser städtische Angestellte unterstand der Aufsicht durch den Richter der Stadt – „qāḍī" – und hatte die Aufgabe, die Waren zu überwachen sowie die gute Qualität des Materials und der Verarbeitung, die Verwendung richtiger Gewichte und Maße zu gewährleisten und im allgemeinen die großen Betrügereien und alle Arten von gesetzwidrigen und unmoralischen Handlungen zu verhindern.[23]
Diese islamische Einrichtung entwickelte sich als ein Bestandteil der „šarīᶜa", und verschiedene Rechtsgelehrte, wie al-Mawardī beispielsweise, widmeten ein besonderes Kapitel ihrem Studium[24]. Dies entwickelte sich später – im 11. und 12. Jahrhundert – zu einem selbständigen Thema, allerdings innerhalb der „šarīᶜa" und wurde in mehreren spanischen oder syrisch-ägyptischen Handbüchern mit Namen „ḥisba" behandelt, die der Untersuchung und technischen Erläuterung der Aufgaben des „al-muḥtasib" gewidmet waren[25]. Die Einrichtung des „al-muḥtasib" erlangte eine gewisse Bedeutung im muslimischen Spanien, von wo aus sie in die christlichen Königreiche gelangte, wo nach islamischem Vorbild eingerichtet wurden: eine offizielle Überwachung der Märkte und eine Dienststelle unter der Verantwortung von Beamten, die den gleichen arabischen Namen trugen, um die Betrügereien zu unterdrücken[26].
Im Grunde genommen war während des Kalifats von Damaskus, als Folge von dessen Hingabe an das Vorhaben der Ausbreitung und der geringen Sympathie der Omaijaden für die Kaufleute, der Handel der Muslime mit dem Ausland begrenzt[27]. In dieser Epoche wurde der Handel von Byzanz mit Syrien und Ägypten nur in den sehr kurzen Zeiten tatsächlichen Krieges unterbrochen, obwohl sich die muslimischen Handelsbeziehungen im allgemeinen auf die islamische Welt beschränkten. Außerdem wurden in den Handelszentren der venezianischen Lagune während des 7. und 8. Jahrhunderts Sklaven an die Muslime verkauft[28].
Später machten die großen Dimensionen des islamischen Reiches und der

hohe Stand seiner Zivilisation einen ausgedehnten internationalen Handel erforderlich, der vom Ende des 9. Jahrhunderts an seine größte Entwicklung und Ausdehnung erreichte. Von damals an bereisten die muslimischen Kaufleute während zweier Jahrhunderte Indien, Ceylon, Ostindien und China und brachten sowohl Waren für den inneren Verbrauch als auch für den Export mit. Die Schiffe und die Karawanen der Muslime bewegten sich in zwei Richtungen: Mit Schwarzafrika unterhielten sie einen ausgedehnten Handel. Über die alten Landwege betrieben sie einen aktiven und gleichmäßigen Handel mit den asiatischen Ländern und entlang der Wolga. Zu den Landwegen kamen die Wasserwege hinzu, und vom Persischen Golf begaben sich die muslimischen Schiffe nach den Häfen Indiens, Ceylons und Chinas und fuhren bis nach Kanton. Im Mittelmeer waren Alexandria und Konstantinopel die beiden wichtigsten Häfen, und die Schiffahrt zwischen Ägypten, dem Maghreb, Spanien und Italien war sehr aktiv[29].
Die enorme Entwicklung des Handels und der Handelsfirmen führte während des 9. Jahrhunderts zur Entwicklung des Bankwesens, und der „ṣarrāf" – Geldwechsler – wurde zu einem wesentlichen Bestandteil auf dem ganzen muslimischen Markt und verwandelte sich später in einen echten Bankier. So werden Banken erwähnt, die ein Hauptbüro in Bagdad und Zweigstellen in den anderen großen Städten des Reiches sowie ein kompliziertes System von Schecks, Kreditbriefen usw. besaßen, das so entwickelt war, daß es möglich war, einen Scheck in Bagdad auszustellen, der in Marokko in bar kassiert wurde[30].
Die Bedeutung und die Ausdehnung des islamischen Handels mit dem Ausland wird durch zahlreiche arabische Münzfunde in Rußland, Schweden, Finnland und Norwegen bestätigt, ohne die vereinzelten auf den britischen Inseln und Island zu zählen, die vom Ende des 7. bis zum Beginn des 11. Jahrhunderts datiert sind[31]. Andererseits wird die Bedeutung des arabischen Handels mit Nordeuropa durch die Tatsache demonstriert, daß die erste schwedische Münze, die geprägt wurde, auf dem Gewicht des „Dirham" – der arabischen Währung – beruhte und mehrere arabische Wörter in der alten isländischen Literatur enthalten sind[32].
Diese Tatsachen und die Funde bestätigen die Zeugnisse der literarischen Quellen der Epoche hinsichtlich des ausgedehnten kommerziellen Austauschs des islamischen Reiches mit der damals bekannten übrigen Welt[33].
Um das Jahr 973 beschrieb der zu Otto von Deutschland entsandte andalusische Botschafter die Stadt Prag und berichtete über die dortige Ankunft von muslimischen Kaufleuten, und der berühmte Reisende aṭ-Ṭarṭūsī besuchte die Stadt Mainz im Jahre 1083 und fand dort islamische Münzen, die die Daten 301 und 302 d. H. – d. h. 913 bis 915 n. Chr. – trugen[34].
Das muslimische Spanien unterhielt seit jeher einen aktiven geregelten Handel mit der übrigen islamischen Welt und mit anderen europäischen Ländern[35]. Ein Zolldirektor aus Córdoba beschrieb im Jahre 961 den andalusischen Handel jener Zeit mit folgenden Worten: „Es kamen Händler aus

allen Enden der Welt, von den entferntesten Inseln, aus Ägypten, Mesopotamien, Chorassan, Indien und aus anderen entlegenen Reichen"[36]. Auf der iberischen Halbinsel selbst wurde der Handel von Juden und Mozarabern beherrscht, und der Norden importierte von den Muslimen Luxuswaren und andere Erzeugnisse aus Byzanz und dem Orient. Als Zeugnisse und Ergebnisse dieser Beziehungen haben wir die „alhóndigas" (öffentliche Kornspeicher), „alfalíes" sowie „alcaicerías" (bestimmte Formen von Märkten) und die „zocos" (Marktplätze) von Kastilien und León[37].
Die Handelsbeziehungen zwischen dem Islam und der westlichen Christenheit wurden anfangs sowohl von der einen wie von der anderen Seite behindert. Es ist bekannt, daß mehrere päpstliche Konzilsvorschriften und Verfügungen des 12. und 13. Jahrhunderts jedes Abkommen mit den Muslimen als „impium foedum" (von vornherein unmöglich) betrachteten und den Verkauf von Waffen, Schiffen, Eisen usw. verboten[38]. Obwohl die Verletzungen dieser Gebote als strafbar bezeichnet und mit der Exkommunizierung und Knechtschaft geahndet und als „contra bannum" (in religiöser Hinsicht gegen die Gemeinschaft gerichtet) betrachtet wurden[39], wurden sie in der Praxis nicht befolgt. Im Jahre 1183 schrieb der berühmte Saladin dem Kalifen von Bagdad einen Brief, in dem er die Erleichterungen, die er den europäischen Kaufleuten gewährte, mit folgenden Worten rechtfertigte: „Die Venezianer, die Genuesen und die Pisaner führen in Ägypten ausgewählte Erzeugnisse des Westens ein, insbesondere Waffen und Kriegsmaterial, was für den Islam von Vorteil ist"[40]. In dieser Hinsicht und was Spanien anbelangt, wird jeder Kenner seiner Geschichte, die so reich an Bündnissen von Christen mit Ungläubigen ist, die relative Unmöglichkeit begreifen – schreibt Miaja de la Muela – daß solche Verbote von den Christen – Königen und Privatpersonen – angegriffen wurden[41]. In der Tat waren die Handelsabkommen und -beziehungen von Aragonien mit Ägypten ausgedehnt und dauerhaft, was das Konzil von Montpellier aus dem Jahre 1195, das sich insbesondere auf die Untertanen der Krone von Aragonien bezog, veranlaßte, die zuvor genannten Vorschriften in Kraft zu setzen[42].
Mit dem Beginn der Kreuzzüge in den arabischen Orient hörte das Mittelmeer auf, unter ausschließlicher Herrschaft der Muslime zu stehen, und die großen italienischen Städte beeilten sich, gegen bestimmte Vorrechte in den Territorien, die ihnen vorenthalten worden waren, ihnen ihre Hilfe anzubieten. Als Folge wurden unter der Herrschaft der Kreuzfahrer mehrere Kolonien westlicher Kaufleute in den Häfen der Levante errichtet und gelangten zur Blüte, was zu einem großen Aufschwung des Handels mit Byzanz und dem muslimischen Orient, insbesondere mit Ägypten führte. Gleichzeitig wurde ein aktiver Handel mit den muslimischen und römischen Nachbarstaaten der Region aufrechterhalten. Der berühmte valenzianische Reisende Ibn Ǧubair, der zwischen 1183 und 1185 eine lange Reise von Granada bis nach Sizilien, Ägypten, Syrien, Iran und Mekka

unternommen hatte, besuchte im Jahre 1184 das Gebiet von Acre und beobachtete, daß die Karawanen, die aus Syrien und Ägypten kamen, weiterhin in das Gebiet der Kreuzfahrer gelangten[43].
Die Vertreibung der Kreuzfahrer aus dem Heiligen Land unterbrach zeitweilig den Handel zwischen der Levante und Europa, aber später wurde er wieder aufgenommen, und die Kolonien der westlichen Kaufleute fuhren fort, unter muslimischer Herrschaft zu wirken. Dieser Handel zwischen beiden Seiten wurde bis zum Ende des 15. Jahrhunderts aufrechterhalten, als neue Handelswege nach Indien entdeckt wurden.
Der internationale Handel des Mittelmeerbeckens war, wie wir an anderer Stelle zeigten, durch die Kapitulationsverträge geregelt[44], die, neben der konsularischen Vertretung, Etappen von großer Bedeutung in der Entwicklung des Handelsrechts gewesen sind.

B. Die Auswirkungen des Handels

Einigermaßen bekannt ist die These des belgischen Historikers Pirenne, derzufolge Karl der Große ohne Mohammed unvorstellbar wäre. Pirenne baut seine These auf der Annahme auf, daß die islamische Beherrschung des Mittelmeerraumes die Ursache für den Niedergang des Handels zwischen Westeuropa und dem Nahen Osten war, woraus unter den Karolingern in der Wirtschaftsstruktur Europas Veränderungen von großer Tragweite für die Epoche der Merowinger entstanden, die auf rein landwirtschaftlicher Grundlage und der Existenz der umgebenden Länder des Nordwestens reorganisiert werden mußte[45].
Einige Ökonomen haben indessen diese These von Pirenne kritisiert, und der Schwede Sture Bolin behauptet sogar, im Gegensatz zu Pirenne, daß ohne Mohammed Karl der Große nicht möglich gewesen wäre. Sowohl er als auch Maurice Lombard meinten, daß der Handel zwischen dem Osten und dem Westen, weit entfernt davon, in dieser Epoche unterbrochen worden zu sein, sich im Gegenteil im Weltmaßstab ausdehnte. Die Schaffung des islamischen Kalifats und die Beziehungen zwischen dem Islam und Europa waren hinreichend bedeutend und stellten positive Faktoren in der Wirtschaft der karolingischen Welt dar. Es war der Islam, dem diese Wirtschaft ihren Aufschwung verdankte, aufgrund des Zuflusses von Geld der muslimischen Welt nach Europa – im Austausch gegen Sklaven, Schwerter und andere Produkte – das als Schmiermittel für die schwache Wirtschaft gegen Ende der Zeit der Merowinger diente. Lombard zufolge führte das Geld, das aus den Ländern des Islam nach Westeuropa floß, die soziale und wirtschaftliche Entwicklung herbei, die seit den Zeiten der Karolinger in Erscheinung trat, und gleichzeitig machte es die Wiedergeburt möglich, die in jener Periode eintrat[46].
Andererseits hatten wir es um das Jahr 800, wie wir aufgezeigt hatten, mit

einem beständigen und regelmäßigen internationalen Handel zu tun, der viel ausgedehnter als zuvor war. Diese kommerziellen Aktivitäten hatten für die spätere Entwicklung der Institutionen des Völkerrechts große Bedeutung. Wie Professor Verdross sagt, erfordert der reguläre Handel wegen seines eigenen Charakters Normen, die ihn regeln, und die sich durch das Wirken der Gewohnheiten und Abkommen allmählich herausbilden. Diese Art von normalem internationalen Handelsverkehr ist der Ursprung zahlreicher Normen des internationalen Völkerrechts, insbesondere bezüglich des Status der Ausländer[47]. Außer diesem unbestreitbaren Einfluß des internationalen Handels war dieser einer der bedeutendsten Faktoren bei der Verbreitung der kulturellen Werte unter den verschiedenen Völkern. Der Handel wirkte in äußerst starkem Maße auf die Ausbreitung der islamischen Religion unter den Völkern Zentralasiens, Indiens, Südostasiens und Ost- sowie Äquatorialafrikas. So breitete sich der Islam viel mehr infolge des Handels und der kulturellen Kontakte aus als durch seine militärischen Eroberungen[48].

Die Muslime kannten und entwickelten einige Finanz- und Kreditinstrumente, die ihre kommerzielle Ausbreitung förderte und gleichzeitig die spätere europäische kommerzielle Entwicklung beeinflußte. Viele der gegenwärtigen kommerziellen Gepflogenheiten und Einrichtungen sind islamischen Ursprungs und über Spanien und Italien nach Mitteleuropa gelangt.

Dieses islamische Erbe wird durch das Fortbestehen verschiedener kommerzieller Grundausdrücke im europäischen Vokabular unserer Tage von zweifellos arabischem Ursprung bezeugt. Von diesen Ausdrücken erwähnen wir als Beispiele: den französischen und spanischen „aval“ vom arabischen „ḥawala“; den Ausdruck „Scheck“ vom arabischen „ṣakk“; die Ausdrücke „gensalis“, „gensale“ und „gensal“ vom arabischen „simsār“; den englischen Ausdruck „average“ vom arabischen „awariyah“; die französischen und spanischen Ausdrücke „corvette“ und „corbeta“ vom arabischen „ġurāb“; den englischen „admiral“ und den spanischen „almirante“ vom arabischen „amīr al-baḥr“; die Ausdrücke „aduana“, „douane“, „dogana“ vom arabischen „diwān“; und die spanischen Ausdrücke „tráfico“, „tarifa“, „almacén“ jeweils vom arabischen „taᶜrīf“, „tafriq“ und „al-maḫzan“. Als letztes die Synonyme im deutschen und holländischen „Wechsel“ und „Wissel“: sie stammen in gleicher Weise vom arabischen „waṣl“[49].

Anmerkungen

[1] Vgl. Koran, CVI, 2.

[2] Über die Messe von „ᶜUkāz", vgl. Hitti, Ph., „History ...", a. a. O., S. 93–94; González Palencia, A., „Historia de la España Musulmana", a. a. O., S. 220–221.

[3] Vgl. Lewis, Bernard, „Los Arabes en la Historia", a. a. O., S. 114–115.

[4] Vgl. Koran, VI, 153; XVII, 37; sowie Torrey, Charles, C., „Commercial, Theological Terms in the Koran", (Leiden, 1892).

[5] Zitiert von Santillana, D., „Law and Society", in „The Legacy of Islam", a. a. O., S. 289.

[6] In einem anderen „ḥadīṯ" sagte der Prophet: „Das Mönchstum meiner Gemeinschaft ist der ‚ǧihād'", vgl. Aš-Šaibānī, a. a. O., S. 33.

[7] Vgl. Gibb, H., „El Mahomatismo", a. a. O., S. 50.

[8] Vgl. Al-Ġazzālī, „İhyāᶜ ᶜulum ad-dīn", a. a. O., S. 48ff.

[9] Vgl. Koran, LXXII, 20.

[10] Vgl. Wensinck, A. J., „A Hand Book of Early Muhammadan Tradition", a. a. O., S. 30–33; Qardāwī, Yūssuf, „al-halāl wa l-ḥarām fi l-islām", (Beirut und Damaskus, 1967), S. 116.

[11] Vgl. Koran, VI, 153; VII, 83; IV, 6–8; IX, 24.

[12] Vgl. Koran, LXII, 9–11.

[13] Vgl. Heffening, Art. „Tidjara" (tiǧara), in „Encyclopedia ...", Bd. IV, S. 747–751; Wensinck, A. J., „A Hand Book ...", a. a. O., S. 30–33; Qardāwī, Y., a. a. O., S. 119–120.

[14] Vgl. Ibn Rušd, „Al-Muqaddima", (Kairo, 1325 d. H.), Bd. II, S. 285–287; Ibn Ḥazm, „Al-Mahalli", a. a. O., Bd. VII, S. 349; Saḥūn, „al-Mudawwana al-Kubrā", (Kairo, 1325 d. H.), Bd. X, S. 102; Ibn Ǧuzī, a. a. O., S. 214.

[15] Vgl. Aṭ-Ṭabarī, a. a. O., S. 50–51; Al-Saraḫsī, a. a. O., S. 88–91.

[16] Vgl. diese Arbeit, S. 229–230; Aṭ-Ṭabarī, a. a. O., S. 36; Ibn Qudāma, a. a. O., Bd. VIII, S. 531.

[17] Vgl. Abū Yūssuf, a. a. O., S. 132; Ibn Adam, a. a. O., S. 10–11, 126; andererseits war der „Dirham" eine islamische Silbermünze.

[18] Vgl. Abū Yūssuf, a. a. O., S. 132.

[19] Vgl. diese Arbeit, S. 243–244.

[20] Vgl. diese Arbeit, S. 229–231.

[21] Über die „alhóndigas" in Spanien und deren alte Form „alfóndegas", vgl. García de Valdeavellano, L., „Historia de España", a. a. O., I, S. 535; Torres Balbás, L., „Las Alhóndigas hispano-musulmanas y el Corral del Carbón de Granada", in „al-Andalus", XI, (1946), S. 447–480. Nach Levi-Provençal, „España Musulmana", a. a. O., Bd. V, S. 179, Anmerkung 189; das gleiche Wort wird auf portugiesisch in der Form von „alfandega" bewahrt, um den Zoll zu bezeichnen.

[22] Über die ökonomische Organisation und die städtischen Gewerbe im muslimischen Spanien, vgl. Levi-Provençal, „España Musulmana", a. a. O., Bd. V, S. 176–182; García de Valdeavellano, „Historia de las Instituciones ...", a. a. O., S. 645–651; Watt, M., „Historia de la España Islámica", a. a. O., S. 59; Torres Balbás, L., „Alcaicerías", in „al-Andalus", XIV, (1946), S. 431–455.

[23] Über diese interessante islamische Einrichtung, vgl. Cahen, Cl., „El Islam", a. a. O., S. 94–96, 157–159; Schacht, J., „Economy, Society and Institutions", in „Cambridge History of Islam", 2 Bde. (Cambridge, 1970), II, S. 522–528; Lewis, Bernard, a. a. O., S. 113; Zambaur, G. V., Art. „Hisba", in „Encyclopedia ..." a. a. O., Bd. II, S. 317.

[24] Vgl. Al-Mawardī, z. B., widmet das Kapitel X seines mehrfach erwähnten Werkes dem Studium des „ḥisba".

[25] Vgl. Sakati, „Un Manuel Hispanique de Hisba" – traité d'Abn Abd Allah Muhammad b. Abi Muhammad as-Sakati de Málaga, sur la surveillance des Corporations et la repression

des fraudes en Espagne musulmane, – arabischer Text, veröffentlicht mit einer Einführung und Anmerkungen von Colin, G. S. und Levi-Provençal, (Paris, 1945); García Gómez, Emilio, „Unas ordenanzas del zoco del siglo IX“, Übersetzung des ältesten Beispiels von „ḥisba“-Verträgen, von einem andalusischen Verfasser in al-Andalus, XXII, (1957), S. 253–316.

26 Vgl. García de Valdeavellano, L., „El mercado: Apuntes para su estudio en León y Castilla durante la Edad Media“, in „Anuario de Historia del Derecho Español“, VII, (1931), S. 201 ff.; „Historia ...“, a. a. O., S. 534; González Palencia, A., „Los Mozárabes de Toledo en los siglos XII y XIII“, 4 Bde., (Madrid, 1926–1930), S. 225 ff.; Sánchez Albornoz, Cl., „La España Musulmana“, a. a. O., Bd. II, S. 118–119.

27 Vgl. Mez, Adam, „The Renaissance of Islam“, Übersetzung aus dem Deutschen von Salahuddin Baksh und S. Margoliouth, (Patna, 1938), S. 470; es gibt eine spanische Übersetzung von S. Vila mit dem Titel „El Renacimiento del Islam“, (Madrid, Granada, 1936)

28 Vgl. Gibb, H., „Estudios sobre la Civilización Islámica“, a. a. O., S. 17; Cahen, Cl., „El Islam“, a. a. O., S. 167.

29 Über die Ausbreitung des muslimischen Handels dieser Epoche, vgl. Lewis, Bernard, „Los Arabes en la Historia“, a. a. O., S. 110–113; Cahen, Cl., „Economy ...“. in Cambridge History of Islam“, a. a. O., S. 521–530; Kramer, J. H., „Geography and Commerce“, in „Legacy of Islam“, a. a. O., S. 79 ff; Mez, A., a. a. O., S. 471–484; Cahen, Cl., „El Islam“, a. a. O., S. 166-168; über die von den Muslimen benutzten Handelswege, vgl. Cahen, ebenda, S. 168–173.

30 Vgl. Lewis, Bernard, a. a. O., S. 168–173

31 Vgl. Cahen, Cl., „Economy ...“, a. a. O., S. 523; Lewis, Bernard, a. a. O., S. 111; Mez, A., a. a. O., S. 470 ff; Adelson, Howard, „Medieval Commerce“, (Princeton, 1962), S. 51; Potemkin, V. P., a. a. O., S. 89.

32 Vgl. Lewis, Bernard, a. a. O., S. 112.

33 Zum Beispiel „Tausend und eine Nacht“ und die Erzählungen von „Sindbad dem Seefahrer“.

34 Vgl. Adelson, Howard, a. a. O., S. 163–164.

35 Über die Handelsbeziehungen des muslimischen Spanien in dieser Epoche, vgl. Levi-Provençal, „España Musulmana, a. a. O., S. 18 ff, Bd. V; García de Valdeavellano, L., „Historia de las Instituciones ...“, a. a. O., S. 645–652; Imamuddin, S. M., „Commercial Relations of Spain with Iraq, Persia, Khurasan, China and India in the Tenth Century A. C.“, in „Islamic Culture“, III, (Juli, 1961), S. 172–182; Hitti, Ph., „History ...“, a. a. O., S. 529.

36 Vgl. Lectura XXI bei Adelson, H., a. a. O., S. 139–141.

37 Vgl. García de Valdeavellano, L., „Historia de las Instituciones ...“, a. a. O., S. 534–535; Ballesteros y Berreta, A., „Historia ...“, a. a. O., S. 702–703; Levi-Provençal, a. a. O., Bd. V, S. 182 ff.

38 Diese Vorschriften wurden auf den folgenden Konzilen erlassen: die allgemeinen des III Laterankonzils zwischen 1177 und 1178; des von Montpellier im Jahre 1195; des Lateran von 1215 und des von Lyon im Jahre 1245; vgl. Masiá de Ros, Angeles, a. a. O., S. 32–64.

39 Vgl. Nussbaum, A., a. a. O., S. 23.

40 Vgl. Lewis, Bernard, a. a. O., S. 188.

41 Vgl. Miaja de la Muela, A., „Ensayo ...“, a. a. O., S. 938.

42 Vgl. Masiá de Ros, A., a. a. O., Anmerkung 10, S. 37.

43 Vgl. „Reise des Ibn Ğubair“ – in arabisch –, (Kairo, 1908) S. 268–269.

44 Vgl. diese Arbeit, S. 282–286.

45 Vgl. Pirenne, Henri, „Mohammed and Charlemagne“, 1. Ed. (London, 1939), insbesondere der zweite Teil, „Islam and the Carolingians“, S. 147–185.

46 Vgl. Adelson, H., „Medieval Commerce ...“, a. a. O., S. 39–42; Cahen, C., „El Islam“, a. a. O., S. 166–168.

[47] Vgl. Verdross, A., „Derecho Internacional Público, a. a. O., S. 12.

[48] Vgl. Khadduri, M., „War and Peace ...", a. a. O., S. 229; Arnold, Thomas, „Preaching of Islam", a. a. O., S. 254 ff.

[49] Vgl. Kramer, J. H., „Geography and Commerce", a. a. O., S. 105; Watt, M., „Historia ...", a. a. O., S. 60–61; Mahmasani, S., „The Principles ..." a. a. O., S. 271–272; Cahen, Cl., „Economy ...", in „Cambridge History ...", a. a. O.; Immamuddin, S. N., a. a. O., S. 181.

Schlußfolgerungen

Vom Islam kann man in dreierlei Hinsicht sprechen: als Religion, als politisches System und als Kultur. Diese drei Aspekte sind jedoch untrennbar miteinander verbunden und verflochten, da der Islam nicht einfach eine Sammlung bestimmter religiöser Glaubenssätze ist, sondern gleichzeitig eine Einheit von Gedanken, die die Schaffung einer unabhängigen Gemeinschaft mit einem System eigener Gesetze und Institutionen umfaßt. Mit anderen Worten: Der Islam ist eine Lebensform, die zugleich eine Religion, eine Ethik und ein Rechtssystem in sich einschließt.

Als Religion ist der Islam eine Gesamtheit von religiösen Dogmen und religiösen Handlungen, die von Gott seinem Propheten Mohammed verkündet und später durch dessen Tradition ausgelegt und vervollständigt wurden.

Als Staat ist der Islam eine politisch-religiöse Körperschaft, die auf dem Gedanken der „umma" oder Gemeinschaft der Gläubigen und dem göttlichen Ursprung der Macht gegründet ist. Aufgrund seines eigenen Wesens wurde der islamische Staat auf theokratischen Grundlagen organisiert; in ihm können die Politik und die Religion niemals voneinander getrennt werden. Seine letztliche Rechtfertigung besteht darin, ein Werkzeug zum Schutz und zur Verbreitung des Gesetzes Gottes zu sein.

Die islamische Zivilisation war eine Verschmelzung und eine Synthese mehrerer alter Kulturen, deren Gedanken und Institutionen der Islam übernommen und auf eigentümliche Weise verändert hat, ohne die eigene Identität zu verlieren. Diese Zivilisation, deren Kraft und Glanz unvergleichlich waren, trug in grundlegender Weise zur gesamten menschlichen Zivilisation bei.

Das Recht, oder die „šarīᶜa", ist angesichts seiner Ausdehnung und seiner engen Beziehung zur Religion der wichtigste Bestandteil des islamischen Systems, da es sowohl die Pflichten des Kultes als auch die gesellschaftlichen und politischen Verpflichtungen und Vorschriften einschließt.

Die Quellen des gesamten islamischen Systems als Moralkodex und als „corpus juris" (Sammlung juristischer Schriften) in allen seinen Zweigen, einschließlich des internationalen Rechts sind identisch: der Koran – das Wort Gottes –, die „sunna" oder die Tradition des Propheten, der „iǧmāᶜ" oder der Konsens und der „qiyās" oder die Ableitung durch Analogie.

Das islamische Recht wurde durch eine rationale Methode der Auslegung der heiligen Texte, und durch sekundäre Quellen, die auf den Gebräuchen und Grundsätzen der Gerechtigkeit und Rechtlichkeit fußten, mit Hilfe einer sehr entwickelten juristischen Technik ergänzt. Diese erläuternde Arbeit, die im Rahmen eines neuen sozial-politischen Zusammenhanges erfolgte, der durch die große Ausbreitungsbewegung des Islam hervorgerufen wurde, führte zur Herausbildung mehrerer islamischer juristischer Schulen. Die juristische Literatur dieser Schulen stellt ein wertvolles Erbe und einen Beitrag zur Geschichte des Rechts von nicht geringerer Bedeutung als die römische dar.
Das Völkerrecht in der islamischen Weltanschauung stellt kein selbständiges System dar, sondern ist jener Teil der „šarīᶜa", der zur Regelung der Beziehungen der Muslime mit den Nicht-Muslimen bestimmt ist. Folglich wird es aus denselben Quellen abgeleitet und durch die gleichen Strafen aufrechterhalten. Anfangs widmeten die muslimischen Rechtsgelehrten in ihren „corpus juris" (Sammlung juristischer Schriften) dem Studium dieses Themas ein besonderes Kapitel, das sie als „kitāb al-siyar" – Buch der Vorgehensweisen – oder „kitāb al-ǧihād" – Buch des Heiligen Krieges – bezeichneten. Später scheinen die hanafitischen Rechtsgelehrten die ersten gewesen zu sein, die die auswärtigen Angelegenheiten des Islam als ein geschlossenes System betrachteten und seine Probleme systematisch untersuchten, wobei sie von der rein beschreibenden Methode zur normativen übergingen. Die repräsentativste Arbeit auf diesem Gebiet ist die von aš-Šaibānī – des Hugo Grotius der Muslime –, und zwar das Buch „Siyar", das bedeutendste der gesamten islamischen juristischen Literatur.
Streng genommen stellen die „Siyar" nicht das internationale Recht im modernen Sinne dar, d. h. eine übergeordnete Rechtsordnung, die für die gegenseitigen Beziehungen der Staaten gültig ist. Vielmehr sind sie ein Komplex von inneren und einseitigen Normen, die nur gelten, um die Beziehungen des islamischen Staates mit den Nicht-Muslimen, sowohl Staaten als auch Individuen, zu regeln.
Das klassische islamische internationale Recht geht von der Annahme aus, daß die natürliche Beziehung zwischen Nationen von nicht zu vereinbarenden Ideologien die fortdauernde Feindseligkeit und gegenseitige Nichtanerkennung ist. Während also in einem ideologisch einheitlichen Bereich – wie die europäische Christenheit oder die islamischen Staaten – die Bande der gemeinsamen Gedanken eine Grundlage für den friedlichen Austausch sowohl zwischen den Staaten als auch zwischen den Individuen bieten, verschwinden diese Grundlagen bei Abwesenheit jener gemeinsamen Gedanken. Dies, gemeinsam mit dem Gedanken der „umma", die die politische Einheit aller Muslime in einem einzigen Staat voraussetzt, führte dazu, daß die muslimischen Rechtsgelehrten die Normen völlig ignorierten, die die Beziehungen zwischen verschiedenen de facto unabhängigen islamischen Staaten regeln müßten, im Gegensatz zur Lage in der mittelalterlichen

westlichen Christenheit, was den idealistischen Charakter der politischen Konstruktion der muslimischen Rechtsgelehrten demonstrierte.
Der Ausgangspunkt der „siyar" ist die Trennung des islamischen Territoriums – „dār al-islām" – von der übrigen Welt, Territorium des Krieges – „dār al-ḥarb" – genannte, und die religiöse Feindschaft zwischen diesen beiden Sektoren. Das Endziel des Islam im Rahmen seiner universellen Berufung war die Errichtung einer Weltordnung auf der Grundlage der „šarīᶜa", d. h. die Umwandlung des „dār al-ḥarb" in „dār al-islām". Das Werkzeug dieser Umwandlung war der „ǧihād" – der Heilige Krieg –, der als der „bellum justum" – der gerechte Krieg – des Islam betrachtet werden kann.
Demzufolge war der „ǧihād" eine Handlung von religiösem Charakter, weshalb er in seinen kleinsten Einzelheiten mittels der „šarīᶜa", wie jede andere religiöse Handlung, durch sehr strenge Normen geregelt werden mußte, um ihren geistlichen Wert zu erhalten. So mußte vor seinem Beginn der Feind aufgefordert werden, den Islam anzunehmen oder den „ǧizya" – Tribut – zu zahlen, wenn es sich um „ahl al-kitāb" – Besitzer einer (heiligen) Schrift – handelte, was einer Kriegserklärung gleichkam. In Anbetracht des religiösen Charakters seiner Ziele suchte der „ǧihād" nicht direkt die Vernichtung des Feindes, und deshalb mißbilligte die „šarīᶜa" die unnötigen Zerstörungen während der Feindseligkeiten sowie die Tötung von nicht kämpfenden Zivilpersonen: Kindern und Frauen, Mönchen und Eremiten, Bauern, Greisen, Invaliden und Kranken. Sie verbot auch die Tötung von Geiseln, die Verstümmelung, die verräterischen Angriffe und die Trennung der Kinder und Ehepartner von ihren Müttern und Gatten, die zu Gefangenen gemacht wurden. Ebenso mußte sich die muslimische Rechtswissenschaft mit Situationen auseinandersetzen, die aufgrund des Krieges entstanden waren, wie z. B. mit dem Status der Bewohner der besetzten Territorien und deren Habe. Dies brachte die Rechtsgelehrten dazu, die Fragen der Grenzen der Gültigkeit des Rechts, das Kollisionsrecht und andere Gebiete des internationalen Privatrechts zu erörtern.
Die Normen des islamischen Kriegsrechts drücken einen hohen humanitären Charakter aus und waren neuerdings Gegenstand der Forschung in der europäischen juristischen Literatur, wobei mehrere Autoren das hohe Niveau des „temperamento belli" des islamischen Rechts und seinen Einfluß auf die Humanisierung des Völkerrechts unterstrichen.
Dagegen machten es die politische Situation des islamischen Staates und die Unmöglichkeit, einen wirksamen und andauernden Krieg gegen den „dār al-ḥarb" zu führen, erforderlich, zu einem Kompromiß zwischen dem Grundsatz des „ǧihād" und den praktischen Erfordernissen zu gelangen. So mußte der Begriff der „siyar" oder des islamischen Völkerrechts notwendigerweise eine Erweiterung erfahren, um sowohl die friedlichen Beziehungen als auch die feindseligen zu erfassen, und es wurden Normen

und Methoden entwickelt, die die Aussetzung der Feindseligkeiten, den Abschluß von Verträgen und den Verkehr von Personen und Waren regeln.
Das islamische Völkerrecht schuf drei Institutionen, die die Nicht-Muslime, sowohl Individuen als auch die Staaten, vor den Kriegshandlungen der Muslime schützt: den „amān" oder Geleitbrief, der vom Staat oder jedem beliebigen Muslim ausgestellt werden konnte, den gegnerischen Nutznießern die Unantastbarkeit ihrer Person und Habe garantierte und eine gesetzliche Grundlage für den friedlichen Austausch zwischen ihnen und den Muslimen schuf; den „ḏimma"-Vertrag mit den „ahl al-kitāb" – den Besitzern einer (heiligen) Schrift –, die sich unter islamischer Souveränität befanden; und das internationale Abkommen oder „muwādaᶜa". Die Bedingungen, unter denen der „ǧihād" ausgesetzt oder ein Abkommen mit den Ungläubigen abgeschlossen werden konnte, sind in den „siyar" dargelegt.
Das Studium des Völkerrechts des Islam vermittelt eine klare Einsicht in die tiefe Verwurzelung des Grundsatzes „pacta sunt servanda" – Verträge müssen eingehalten werden –, der dort gegeben wird. Viele Gründe veranlassen uns anzunehmen, daß die Zunahme der Abkommen zwischen Staaten unterschiedlicher Religion und Kultur zur Säkularisierung des internationalen Rechts beigetragen hat.
Der Konflikt zwischen dem Islam und dem Christentum, der Jahrhunderte lang andauerte, zeigte beiden, daß eine Anpassung der Ideologie an die Realität nötig war. So folgte einem Zeitabschnitt anfänglicher Feindseligkeit eine Koexistenz, die allmählich die ausschließlichen Rechtsdoktrinen ersetzte. Das beste Instrument im Dienste dieser friedlichen Koexistenz waren die internationalen Abkommen, die einen „modus vivendi" – Übereinkunft über ein erträgliches Zusammenleben – durch die ausdrückliche Vereinbarung von gegenseitigen Verhaltensnormen festlegten, die als gesetzliche Grundlage für den friedlichen Austausch dienten.
Das moderne internationale Recht begann unter diesen Voraussetzungen ein europäisches und christliches Recht zu sein, bevor es sich in das Recht eines breiteren Kreises von weder christlichen noch europäischen Nationen verwandelte. Dieses Recht in einer internationalen Gesellschaft mit schnellem Wachstum wie der unseren hat ihre traditionellen Grenzen überschritten, was uns unausweichlich zu der Überzeugung führt, daß eine erneute Überprüfung seines Wirkungsbereichs und seiner Grundbegriffe nötig ist, wenn es wirklich den Anspruch erhebt, das Völkerrecht der Menschheit zu sein.
Dem gegenwärtigen internationalen Recht ging ein langer Prozeß der Vorbereitung voraus, den man in der Stunde seiner Umgestaltung in Betracht ziehen muß. Unglücklicherweise waren, von wenigen Ausnahmen abgesehen, die Untersuchungen der Geschichte des internationalen Rechts beinahe vollständig auf den Begriffen des internationalen Rechts des christli-

chen Westens gegründet. Die Erforschung der nicht-europäischen Systeme des Völkerrechts, die eine wesentliche Voraussetzung für die Erlangung einer universellen Sicht des internationalen Rechts darstellt, muß erst noch erfolgen. Die Werke und Lehren der muslimischen Rechtsgelehrten beispielsweise wurden bisher in einer Weise vorgestellt, die dem Völkerrechtler nur eine oberflächliche Kenntnis derselben gestatten.

Das Studium des islamischen Völkerrechts ist notwendig, um zur Bereicherung der allgemeinen Grundsätze des Rechts beizutragen und das Studium der Rechtsvergleichung anzuregen. Außerdem hat das islamische Recht, das als eines der hauptsächlichen juristischen Systeme der Gegenwart angesehen wird, das Kriegsrecht und die Regeln positiv beeinflußt, die den internationalen Handel beherrschen.

Die ausgedehnten muslimischen Erfahrungen, insbesondere in Spanien, wo während mehrerer Jahrhunderte internationale juristische Institutionen von originellem Charakter, ebenso wie die Systeme anderer Nationen, entwickelt wurden, verdienen ein eingehendes Studium, wenn wir das moderne internationale Recht aus einer wirklich universellen Perspektive betrachten wollen.

Bibliographie (Literaturverzeichnis)

ABD AR-RĀZIQ, [c]ALĪ, Al-islām wa uṣul al-ḥukm, Herausgeber: M. Amara, (Beirut, 1972).

ABŪ DĀŪD, SULAIMĀN B. AL'AS AT, Sunnan, 4 Bde., (Kairo, 1935).

ABŪ SANA, AḤMĀD, Al-[c]urf wa al-āda f. ra'y al-fuqahā', (Kairo, 1949).

ABŪ YŪSSUF, YA[c]QŪB IBN IBRĀHĪM, Kitab al-ḫarāğ, (Kairo, 1933). Es gibt eine französische Übersetzung von E. Fagnan: Le Livre de l'Impôt Foncier, (Paris, 1921).

ABŪ ZAHRA, MUḤAMMAD, Abu Hanīfa: Hayātuhu wa [c]aṣruhu arā'uhu wa fiqhuhu, (Kairo, 1947).

ADELSON, HOWARD, Medieval Commerce, (Princeton, 1962).

AḤMĀD, ILYĀS, The Social Contract and the Islamic State, (Allahabad, 1944).

AḪBĀR MAĞMŪ[c]A. Anonyme Chronik unter dem Titel „Aḫbār Mağmū[c]a" bekannt; ins Spanische übersetzt und herausgegeben von R. Lafuente y Alcántara, Aḫbār Mağmū[c]a, Crónica Anónima del Siglo XI, (Madrid, 1867).

AL-AHNĀNĪ, [c]ABDUL AZĪZ, Safāra Siyasīya, (Kairo, 1954).

ALARCON Y SANTON, M. und GARCIA DE LINARES, R., Los Documentos Arabes del Archivo de la Corona de Aragón, (Madrid und Granada, 1940).

ALEXANDROWICZ, CHARLES, An Introduction to the History of the Law of Nations in the East Indies, 16th, 17th, 18th Centuries, (Oxford, 1967).

–, Treaty and Diplomatic Relations Between European and South Asian Powers in the Seventeenth and Eighteenth Centuries, in R. d. C., 100 (1960 - II), S. 203–320.

[c]ALI AMIR, The Spirit of Islam, (London, 1955)

AMADOR DE LOS RIOS, JOSÉ, Memoria Histórico-Crítica sobre las Treguas celebradas en 1439 entre los Reyes de Castilla y de Granada, (Madrid, 1871).

AL-AMĪDĪ, SAIF AD-DĪN, Al iḥkām fi uṣūl al-aḥkām, 3 Bde., (Kairo, 1347 d. H.).

AMĪN, AḤMAD, Ḍuḥā al-islām, 3 Bde., (Kairo 1952).
AL-AMIR, MUḤAMMAD, Kitāb al-iklīl šarḥ muḫtaṣar ğalīl, (Kairo, 1224, d. H.).
ANCHIERA, PEDRO MARTIN, Una Embajada de los Reyes Católicos a Egipto – según la „Legatio Babylónica" y el „Opus Epistolarum", Übersetzung und Vorwort von Luis García y García, (Valladolid, 1947).
ANDERSON, J. N. D., Islamic Law in the Modern world, (New York, 1959).
–, Islamic Law in Africa, (London, 1954).
ARBERRY, A. J., The Koran Interpreted, (London, 1955).
ARMANAZI, NAĞIB, Les Principes Islamiques et les Rapports Internationaux en Temps de Paix et de Guerre, (Paris, 1929); arabische Ausgabe, (Damaskus, 1930).
ARNOLD, THOMAS, W., The Caliphate, (London, 1965).
–, The Preaching of Islam, (Lahore, 1956).
– und ALFRED GUILLAUME (Herausgeber), The Legacy of Islam, (Oxford, 1931).
ARRIBAS PALAU, MARIANO, Las Treguas entre Castilla y Granada firmadas por Fernando I de Aragón, (Tetuán, 1956).
ASIN PALACIOS, MIGUEL, Aben Hazam de Córdoba y su Historia de las Ideas Religiosas, Bd. I, (Madrid, 1927).
–, El Islam Cristianizado, (Madrid, 1931).
AL-BAĠDADI, ABŪ MANṢŪR ABD AL-QĀHIR IBN TAḤ RĪR, Kitāb uṣūl ad-dīn, (Istanbul, 1928).
–, Kitāb al-farq baina al-firaq, (Kairo, 1948).
AL-BALĀḎURĪ, ABU-L-ᶜABBĀS AḤMĀD IBN YAḤYA ĞABIR, Kitāb futūḥ al-buldān, (Leiden, 1866). Es gibt eine englische Übersetzung von Philip Hitti: Ursprünge des islamischen Staates, (New York, 1916; Beirut, 1966).
BALLESTEROS Y BERETTA, ANTONIO, Historia de España y su influencia en la Historia Universal, 2. Auflage, (Madrid, 1962).
BARCKER, E., The Crusades, in: The Legacy of Islam, (Oxford, 1931).
BAYLY, WINDER, Saudi Arabia in the Nineteenth Century, (New York und London, 1965).
BELL, RICHARD, The Origin of Islam in the Christian Environment, (London, 1926).
–, Introduction to the Quran, (Edinburg, 1953).
–, The Quran translated with a critical rearrangement of the Surahs, (Edinburg, 1937–1939).
BERNARD, LEWIS, Los Arabes en la Historia, spanische Übersetzung von Guillermo Sanz Huelin, (Madrid, 1956).
–, The Origins of Ismailism, (Cambridge, 1940).

BOSCH VILLA, JACINTO, Los Almorávides, (Tetuán, 1956).
BUCKLER, F. W., Harun al Rashid and Charles the Great, (Cambridge, Mass., 1931).
AL-BUḪĀRĪ, ABU ᶜABD-ALLAH MUḤAMMAD IBN ISMĀᶜĪL, Kitab al ǧāmiᶜ aṣ-ṣaḥīḥ, herausgeg. von M. Ludolf Krehl, 4 Bde., (Leiden, 1862–1908).
BURCKHARDT, J. L., Notes on the Bedouins and Wahabys, (London, 1931).
CAHEN, CLAUDE, El Islam, Bd. I – Desde los orígenes hasta el comienzo del Imperio Otomano – Bd. 14 de „Historia Universal", spanische Übersetzung von José María Palau, (Madrid, 1970).
–, Economy, Society and Institutions, in der „Cambridge History of Islam", Bd. I, (Cambridge, 1970), Kap. III, S. 513–538.
CARDAHI, CHOUCRI, Conflict of Law, in: Law in the Middle East, Herausgeber: Majid Khadduri und H. Liebesny, Bd. I, (Washington, 1955), S. 334–348.
CASTREJON CALDERON, RAFAEL, Los Juristas Hispano-Musulmanes, (Madrid, 1948).
CASTRO, AMERICO, La Realidád Histórica de España, 4. Auflage, (Mexiko, 1971).
CATTAN, HENRY, The Law of Wakf, in Law in the Middle East, Herausgeber: Majid Khadduri und H. Liebesny, Bd. I, (Washington, 1955), S. 203–234.
CODERA, FRANCISCO, Embajadores de Castilla encarcelados en Córdoba en los últimos años de Alhaquem II; Embajadas de Príncipes Christianos en los últimos años de Alhaquem II, in: Estudios Críticos de Historia Arabe-Española, 2. Reihe, (Madrid, 1917)
COULSON, N. J., A History of Islamic Law, (Edinburg, 1964).
CRUZ HERNANDEZ, M., La Filosofía Arabe, (Madrid, 1963).
DAVID, RENE, Los Grandes Sistemas Jurídicos Contemporáneos, spanische Übersetzung der 1. französischen Auflage von Pedro Bravo Gala, (Barcelona, 1969).
DE LAS GAGIGAS, ISIDRO, Los Mozárabes, 2 Bde., (Madrid, 1947)
DICCIONARIO DE HISTORIA DE ESPAÑA, bearbeitet von Germán Bleiberg, 2 Bde., 2. Auflage, (Madrid, 1968).
DONALDSON, D. M., The Shiite Religion, (London, 1933).
DOZY, REINHARDT, Histoire des Musulmans d'Espagne jusqu'à la conquète d'Andalusie par les Almoravides (711–1110), 4 Bde., (Leiden, 1861), spanische Übersetzung von F. de Castro, Historia de los Musulmanes Españoles, (Madrid, 1887).
DUBLER, CESAR, Sobre la Crónica Arábigo-Bizantina de 741 y la Influencia Bizantina en la Península Ibérica, in: Al-Andalus, fsc. I, Xi, (Madrid, 1946).

ENCYCLOPEDIA OF ISLAM, 4 Bde. und ein Ergänzungsband, englische Ausgabe, (Leiden und London, 1913–1938). Es gibt eine französische und eine deutsche Ausgabe.

FAYZEE, AZAF, A. A., Outlines of Muhammadan Law, 2. Auflage, (Oxford, 1956).

–, A Shiite Creed, (Oxford, 1942).

–, Shi'i Legal Theories, in: Law in the Middle East, (Washington, 1955), S.113–131.

FUENTE, RAFAEL, El Milenario de Abd al-Rahman III a la luz de la Etica Occidental, (Madrid, 1961).

GABRIELI, FRANCESCO, Muhammad and the Conquest of Islam, englische Übersetzung von Virginia Luling und Rosamund Linell, (London, 1968).

AL-ĞĀḤIẒ, ABŪ ᶜUṮMĀN, Rasā'il, (Kairo, 1933)

ĞALĀL AD-DĪN AL-MAHALLĪ und ĞALĀL AD-DĪN AS-SUYŪṬĪ, Tafsīr al-ğalālain, (Kairo, 1941).

AL-ĞALĀLAIN (MAHALLI Y SOUYUTI), Kommentare zum Koran, verschiedene Auflagen, in arabisch.

GALWASH, AḤMAD, The Religion of Islam, 2. Auflage, (Kairo, 1961).

GANSHOF, FRANCOIS, La Edad Media, in: Historia de las Relaciones Internacionales, herausgegeben von Pierre Renouvin, spanische Übersetzung von J. L. G. de Castillejo, Bd. I, (Madrid, 1960).

GARCIA ARIAS, LUIS, Historia de la Doctrina Hispánica de Derecho Internacional, Anfügungen zur: Historia del Derecho Internacional von A. Nussbaum, (Madrid, 1949).

–, Estudios de Historia y Doctrina del Derecho Internacional, (Madrid, 1964).

GARCIA DE VALDEAVELLANO, LUIS, Curso de Historia de las Instituciones Españolas. De los Orígenes al Final de la Edad Media, 2. Auflage, (Madrid, 1968).

–, El Mercado: Apuntes para su Estudio en León y Castilla durante la Edad Media, in: Anuario de Historia del Derecho Español, VII, (1931).

GARCIA GALLO A., Manual de Historia del Derecho Español, 2 Bde., (Madrid, 1964).

GARCIA GOMEZ, EMILIO, Unas Ordenanzas del Zoco del Siglo IX, Übersetzung des ältesten Präzedenzfalls der „Hisba"-Verträge von einem andalusischen Verfasser, in Al-Andalus, XXII, (1957), S. 253–316.

AL-ĠAZZĀLĪ, ABŪ ḤĀMID, Iḥyā' ᶜulūm ad-dīn, 4 Bde, (Kairo, 1933)

–, Al-Mustafṣā fī uṣūl al-fiqh, (Kairo, 1937).

GANDEFRY DEMOMBINES, MAURICE, Muslim Institutions, englische Übersetzung von J. Mcgregor, (London, 1951).

GASPAR REMIRO, MARIANO, Historia de Murcia Musulmana, (Saragossa, 1905).
–, Cordobeses Musulmanes en Alejandría, in: Homenaje a D. Francisco de Codera, (Saragossa, 1904), S. 217–228.
GIBB, HAMILTON, A. R., El Mahometismo, spanische Übersetzung von M. Villegas de Robles, 2. Auflage, (Mexiko u. Buenos Aires, 1966).
–, Modern Trends in Islam, (Chicago, 1947).
–, Las Relaciones Arábigo-Bizantinas durante el Califato Omeya, in „Estudios sobre la Civilización Islámica, arabische Übersetzung von Iḥsān ᶜAbbās und anderen, (Beirut, 1963).
–, Constitutional Organisation, in: „Law in the Middle East“, (Washington, 1955), S. 3–28.
–, Al-Mawardi's Theory of the Khalifah, in: Islamic Culture, XI, (1937), S. 291–302.
–, The Islamic Congress at Jerusalem in December 1931, in: Toynbee, A., Survey of International Affairs, 1934, (London, 1959).
GOLDZIHER, IGNAZ, Vorlesungen über den Islam, arabische Übersetzung von Muhammad Musa und anderen (Kairo, 1946). Es gibt auch eine französische Übersetzung: Le Dogme et la Loi de l'Islam, (Paris, 1920).
–, Muslim Studies, Übersetzung aus dem Deutschen von C. R. Barber und S. M. Stern, Bd. I, (London, 1967).
GONZALEZ PALENCIA, ANGEL, Historia de la España Musulmana, 3. Auflage, (Barcelona, 1932).
–, Los Mozárabes de Toledo en los Siglos XII y XIII, 4 Bde., (Madrid, 1926–1930).
HAIM, SILVIA, The Abolition of the Caliphate, in: Thomas Arnold, The Caliphate, (London, 1965).
ḪALAF, ᶜABD AL-WAHĀB, Uṣūl al-fiqh, (Kairo, 1952).
HAMIDULIAH, MUHAMMAD, Muslim Conduct of State, in: Islamic Culture, (April, 1937).
–, Corpus des Traités et Lettres Diplomatiques de l'Islam à l'Epoque du Prophète et des Khalifs Orthodoxes, (Paris, 1953).
HILL, CHARLES, Mufaddaliyat – Anthology of Ancient Arabian Odes, (Oxford, 1918).
HILL, GEORGE, A History of Cyprus, 2. Auflage, (Cambridge, 1940).
HITTI, PHILIP, History of the Arabs, 5. Auflage, (London, 1951).
–, Islam, A Way of Life, (Princeton, 1969).
HOLLISTER, JOHN NORMAN, The Shi'a of India, (London, 1953)
HUGUES, THOMAS, Dictonary of Islam, (London, 1935).
IBN ᶜABD RABBIHI, Kitāb al-ᶜiqd al-farīd, 3 Bde., (Kairo, 1293 d. H.).

IBN ĀDAM, YAḤYĀ, Kitāb al ḫarāǧ, (Leiden, 1899).

IBN AL-FARAḌĪ, ABDALLAH IBN MUḤAMMAD IBN YŪSSUF, Tārīh [c]ulamā' al-andalus, herausgegeben von F. Codera, Biblioteca ar. Hisp. Bde. VII u. VIII, (Madrid, 1892).

IBN AL-FARRĀ', ABŪ [c]ALĪ AL-ḤUSAIN, Kitāb rusul al-mulūk, herausgegeben von Ṣalaḥ ad-dīn al-Munaǧǧid, (Kairo, 1947).

IBN AL-QŪṬĪYA, ABŪ BAKR MUḤAMMAD IBN [c]UMAR, Tarīh fatḥ al-andalus, herausgegeben von P. de Gayangos und anderen, (Madrid, 1868). Es gibt eine spanische Übersetzung von J. Ribera, (Madrid, 1926).

IBN DIḤYA, Al-muṭrib min asar ahl al-maġrib, (Kairo, 1954)

IBN ĞAMĀ'A, BADR AD-DĪN, Taḥrīr al-aḥkām fītadbīr ahl al-islām, in: Islamica IV (1934), S. 352–359.

IBN AL ĞAUZĪ, Talbīs iblīs, (Kairo, 1340 d. H.)

IBN ĞŪZĪ, Al-qawānīn al-fiqhīya, (Rabat, 1951).

IBN ĞUBAIR, MUḤAMMAD IBN AḤMAD, Riḥlat ibn Ğubair, (Kairo, 1908).

IBN ḤANBAL, AḤMAD, Al-Musnad, 15 Bde., (Kairo, 1886).

IBN ḤAYYAN, ABŪ MARWĀN, Kitāb al-muqtabis fī ta'rīh riǧāl al-andalus, Teilausgabe von Melchor M. Antuña, (Paris, 1937).

IBN ḪALDŪN, ABD AR-RAḤMĀN, Kitāb al-[c]ibar, 7 Bde., (Kairo, 1284 d. H.).

–, Al-Muqaddima, herausgegeben von [c]Alī Wafi, 3 Bde., (Kairo, 1960). Es gibt eine von M. de Slane kommentierte Übersetzung, Les Prolegomines d'Ibn Khaldoun, (Paris, 1934–1938). Englische Übersetzung von F. Rosenthal, (London, 1958).

IBN ḤAZM, Al-muhalla, 11 Bde., (Kairo, 1347–1352 d. H.).

IBN HIŠĀM, ABŪ MUḤAMMAD ABD AL-MALIK, Kitāb sīrat rasūl allāh, Herausgeber: F. Wüstenfeld, (Göttingen, 1858–1860). Es gibt eine englische Übersetzung von A. Guillaume, The Life of Muhammad, (London, 1955).

IBN IDĀRI AL-MARRAKUŠI, AḤMAD IBN MUḤAMMAD, Kitāb al-bayān al-muġrib fī aḫbār mulūk al-andalus wa al-maġrib, Bde. I und II, herausgegeben von Dozy, (Leiden, 1848–1851); Bd. III herausgegeben von Levi-Provençal, (Paris, 1930).

IBN QUDĀMA, ABŪ MUḤAMMAD ABD ALLAH, Kitāb al muġni, 9 Bde., (Kairo, 1367 d. H.).

IBN RUŠD, MUḤAMMAD IBN AḤMAD, Bidāyat al-muǧtahid wa nihāyat al-muqtaṣid, (Kairo, 1950).

–, Kitāb al-muqaddimāt al-mumahhidāt, (Kairo, 1325 d. H.).

IBN SA[c]D, MUḤAMMAD, Kitāb aṭ-ṭabaqāt al-kabīr, 9 Bde., (Beirut, 1957–1958).

IBN SALĀM, ABŪ UBAYD AL-QASIM, Kitāb al-amwāl (Kairo, 1954)

IBN TAIMIYA, TAQĪ AD-DĪN, Kitāb as-šariyāsa aš-šar^{c}īya, (Kairo, 1951). Es gibt eine französische Übersetzung von Henri Laoust, Le Traité de Droit Public d'Ibn Taymiyya, (Beirut, 1948).
–, Naẓariyāt al-^{c}aqd, (Kairo, 1949).
–, Qā^{c}ida fī qitāl al-kuffār, in: Maǧmū^{c}at rasā^{c}il, (Kairo, 1949).
IMAMUDDIN, S. N., Commercial Relations of Spain with Iraq, Persia, Khurasan, China and India in the 10th Century, in: Islamic Culture, (35, 1961).
IQBĀL, AFZAL, Diplomacy in Islam, (Lahore, 1965).
IVANOW, W., Creed of the Fatimids, (Bombay, 1936)
JEFFRY, ARTHUR, Materials for the Text of the Quran, (Leiden, 1937).
KHADDURI, MAJID, War and Peace in the Law of Islam, 2. Auflage, (Baltimore, 1955).
–, Herausgeber mit H. J. Liebesny, Law in the Middle East, Bd. I, (Washington, 1955).
–, Die diplomatischen Beziehungen zwischen Hārūn ar-Rašīd und Karl dem Großen, in arabisch, (Bagdad, 1939).
KAŠĀNĪ, ^{c}ALĀ' AD-DĪN ABŪ BAKR IBN MAS UD, Kitāb badāi^{c} as-sunna, 7 Bde., (Kairo, 1327–1328 d. H.).
KAWAR, IRFAN, The Arabs in the Peace Treaty of A. D. 561, in: Arabica, III, (1956).
–,Events in Arabia in the IV Century, in: Bulletin of the School of Oriental and African Studies, XVI, (1954).
KEETON, G. W., Extraterritoriality in International and Comparative Law, in: R. d. C., 72, (1948–II).
DER KORAN, Übersetzung aus dem Arabischen von Max Henning, Herausgeber: Reclams Universal-Bibliothek, (Leipzig, 1968).
KRAMER, J. H., Geography and Commerce, in: The Legacy of Islam, (Oxford, 1931).
KRUSE, HANS, The Foundation of Islamic International Jusisprudence, in: Journal of the Pakistan Historical Society, III, (1955), S. 231–267.
–, The Islamic Doctrine of International Treaties, in: Islamic Quarterly, I, (1954), S. 153–158.
–, Al-Shaybani on International Instruments, in: Journal of the Pakistan Historical Society, I, (1953), S. 90–100.
LAFUENTE ALCANATARA, MIGUEL, Historia de Granada, 4 Bde. (Granada, 1843–1846).
LAOUST, HENRI, Doctrines Sociales et Politiques d'Ibn Taimiyya, (Kairo, 1939).
LANE-POOLE, S., A History of Egypt in the Middle Ages, (London, 1936).
LEVI DELLA VIDA, G., Pre-Islamic Arabia, in: Nabih Faris, The Arab Heritage, (Princeton, 1944).

LEVI-PROVENÇAL, EVARISTE, España Musulmana, hasta la Caida del Caliato de Córdoba 711–1031 d. J. C., Bde. IV und V der Historia de España, herausgegeben von Ramón Menéndez Pidal, spanische Übersetzung von Emilio García Gómez, Bd. IV, 3. Auflage, (Madrid, 1967), Bd. V, 2. Auflage, (Madrid, 1965).

LEVI, REUBEN, The Social Structure of Islam, d. i. die 2. Auflage von The Sociology of Islam, (Cambridge, 1957).

LEWIS, ARCHIBALD, Naval Power and Trade in the Mediterranean, A. D. 500–1000, (Princeton, 1951).

LEWIS, BERNARD, Los Arabes en la Historia, spanische Übersetzung von Guillermo Sans Huelín, (Madrid, 1956).

LIEBESNY, HERBERT, The Development of Western Judicial Privileges, in: Law in the Middle East, (Washington, 1955), S. 309–333.

LOKKEGAARD, FREDE, Islamic Taxation in the Classic Period, (Kopenhagen, 1950)

LOPEZ ORTIZ, JOSE, Derecho Musulman (Barcelona, 1932).

–, La Recepción de la Escuela Malequí en España, in: Anuario de Historia del Derecho Español, VII, (1930), S. 1–167.

LYALL, CHARLES C., Translations of Ancient Arabian Poetry, (New York, 1930)

MACDONALD, D. B., Development of Muslim Theology, Jurisprudence and Constitucional Theory, (New York, 1926).

MAĞALLAT AḤKĀM ᶜADLĪYA, Muslimischer Rechtskodex, (Istanbul, 1870–1877).

MAHMASANI, SOBHI, Philosophy of Jurisprudence in Islam, (Leiden, 1961).

–, The Principles of International Law in the Light of Islamic Doctrines, in: R. d. C. 117 (1966 - I), S. 205–328.

–, Translations in the Shariᶜa, in: Law in the Middle East, (Washington, 1955), S. 179–201.

–, An-naẓarīya al-ᶜāmma li al-muğībāt wa al-ᶜuqūd fi l-qānūn al-islāmī, 2 Bde., (Beirut, 1948).

MANṢŪR, ᶜALĪ, A., Aš-šarīᶜa al-islāmīya wa-l-qānūn ad-daulī al-ᶜamm, (Kairo, 1965).

AL-MAQQARĪ, SIHAB AD-DĪN AḤMĀD IBN MUḤAMMAD, Analectes sur l'Histoire et la Litterature des Arabes d'Espagne, 3 Bde. und 2 Ergänzungsbände, Herausgeber: Dozy und andere, (Leiden, 1855).

AL-MAQRĪZĪ, TAQI AD-DĪN AḤMĀD IBN ᶜALĪ, Kitāb al-ğitat, 4 Bücher in 2 Bänden, (Kairo, 1322–1325 d. H.).

–, Kitāb as-sulūk, 2 Bde., (Kairo, 1939–1946).

AL-MARĠINĀNĪ, BURHĀN AD-DĪN, Al-hidāya, 8 Bde., (Kairo, 1326 d. H.).

AL-MARRAGI, MUSTAFA, Al-iğtihād fi l-islām (Kairo, 1949).

MARTINEZ MONTALVEZ, PEDRO, Relaciones Castellano-Mamelucas, (Madrid, 1958).
–, Relaciones de Alfonso X de Castilla con el Sultán Mameluco Baybars y sus Sucesores, in: Al-Andalus, 27 (1962), S. 343–376.
–, Las Relaciones Diplomáticas entre Egipto y Castilla durante el Siglo XIII, auf arabisch, (Kairo, 1970).
MASIA DE ROS, ANGELES, La Corona de Aragón y los Estados del Norte de Africa, (Barcelona, 1951).
MASSE, HENRI, Islam, englische Übersetzung aus dem Französischen von Halide Edib, (Beirut, 1966).
AL-MAS[c]ŪDI, ABŪ-L-ḤASAN [c]ALĪ IBN AL-ḤUSAIN, At-tanbīh wa al-išrāf, (Leiden, 1894).
–, Muruğ aḏ-ḏahab, (Paris, 1877).
AL-MAWARDĪ, ABŪ AL'HASAN B. MUḤAMMAD B. HABIB, Al-aḥkām as-sultānīya, (Kairo, 1966) Es gibt eine französische Übersetzung der Ausgabe von M. Enger, (Bonn, 1855) von E. Fagmann: Les Status Gouvernamentaux, (Algier, 1915).
MAYDANI, RIYAD, Uqubat: Penal Law, in: Law in the Middle East, (Washington, 1955), S. 223–235.
MENENDEZ PIDAL, RAMON, Idea Imperial de Carlos V, (Madrid, 1963), 5. Auflage.
MEZ, ADAM, The Renaissance of Islam, Übersetzung aus dem Deutschen von Salahuddin Khuda Baksh und D. S. Margoliouth, (Patna, 1938). Es gibt eine spanische Übersetzung von S. Vila: El Renacimiento del Islam, (Madrid und Granada, 1936).
MIAJA DE LA MUELA, ADOLFO, Ensayo de un Guión para la investigación del Derecho Internacional en la Edad Media, in: Revista Española de Derecho Internacional, II (1949), S. 921–946.
–, Derecho Internacional Privado, 2 Bde., 5. Auflage, (Madrid, 1969).
MITWALI, ABDUL ḤAMĪD, Fuentes de Derecho Constitucional en la Sarī[c]a, auf arabisch, in der Zeitschrift der Juristischen Fakultät von Alexandria, I und II (1963).
AL-MUBARRAD, IBN YAZID, Al-kāmil, (Kairo, 1325 d. H.)
AL-MUNAĞĞID, ṢALĀḤ AD-DĪN, Ar rusul wa as-sufarā' inda-al-[c]arab, Ergänzung zum: Kitāb rusul al-mulūk, von Ibn al-Farrā', (Kairo, 1947).
MŪSĀ, MUḤAMMAD, Al-madhal li dirāsat al-fiqh al-islāmi, (Kairo, 1961).
MUSLIM, ABŪ AL-ḤUSAIN B. AL HAĞĞAĞ, Sahīh, 18 Bde., (Kairo, 1929–1930).
AN-NABAHI, IBN AL-ḤASAN, Ta'rīh quḍāt al-andalus, herausgegeben von Levi-Provençal, (Kairo, 1948).
NICHOLSON, REYNOLD, A., Literary History of the Arabs, (Cambridge, 1953).

NIẒĀM, AL MULŪK, Siyāsat Nāmah, Abhandlung über die Regierung, übersetzt und herausgegeben von C. Schefer, (Paris, 1891).
AN-NUᶜMĀN, QĀḌĪ ABŪ ḤANĪFA, Daᶜā'im al-islām, herausgegeben von Fyzee, (Kairo, 1951).
NUSSBAUM, ARTHUR, Historia del Derecho Internacional. spanische Übersetzung von F. J. Osset, (Madrid, 1949).
OLIVER ASIN, JAĪMÉ, Origen Arabe de „rebato", „arrobda" y sus Homónimos", (Madrid, 1928).
ONAR, S. S., The Magalla, in: Law in the Middle East, (Washington, 1955), S. 292–308.
OPPENHEIM, L., Tratado de Derecho Internacional, spanische Übersetzung der 8. Auflage, I (London, 1955), von López Oliván und J. M. Castro Rial, 2 Bde., (Barcelona, 1961).
PAZ Y MELIA, A., Embajada del Embajador de Alemania Otón I al Califa de Córdoba Abderrahman III, (Madrid, 1872).
PIRENNE, HENRI, Mohammad and Charlemagne, (London, 1939).
POCH G. DE CAVIEDES, ANTONIO, Consideración Histórica del Derecho Internacional, in: Estudios de Derecho Internacional, Homenaje a D. Antonio de Luna, (Madrid, 1898).
PONS BOIGUES, FRANCISCO, Ensayo Bio-Bibliográfico sobre los Historiadores y Geógrafos Arábigo-Españoles, (Madrid, 1898).
POTEMKIN, V. P., UND ANDERE, Historia de la Diplomacia, Bd. I, spanische Übersetzung der 2. russischen Auflage von José Laín (Mexiko, 1966).
AL-QALQAŠANDĪ, ABŪ-L-ᶜABBĀS AḤMĀD, Kitāb ṣubḥ al-aᶜšā, 14 Bde., (Kairo, 1914–1919).
QARDĀWĪ, YŪSSUF, Al-halāl wa al-ḥarām fi l-islām, (Beirut und Damaskus, 1967).
RADBRUCH, GUSTAV, Introducción a la Filosofía del Derecho, spanische Übersetzung von Wenceslao Roces, (Madrid, 1965).
AR-RĀZĪ, FAHR AD-DĪN, Mafātīḥ al gāib, 8 Bde. (Kairo, 1325 d. H.)
ROSENTHAL, ERWIN, El Pensamiento Político en el Islam Medieval, spanische Übersetzung von Carmen Castro, (Madrid, 1967).
ROUSSEAU, CHARLES, Derecho Internacional Público, spanische Übersetzung von Fernando Giménez Artíguez, 3. Auflage, (Barcelona, 1960).
RUNCIMAN, STEVEN, A History of the Crusades, 3 Bde. (Cambridge, 1951).
–, Charlemagne and Palestine, in: English Historical Review, I, (1935).
SAAVEDRA, EDUARDO, Estudios sobre la Invasión de los Arabes en España, (Madrid, 1892).
AŠ-ŠĀFIᶜĪ, MUḤAMMAD IBN IDRĪS, Kitāb al-umm, (Kairo 1904–1908).

–, Kitāb ar-risāla, (Kairo, 1938). Es gibt eine englische Übersetzung mit einer Einleitung und Anmerkungen von M. Khadduri, Islamic Jurisprudence Shafiᶜi's Risala, (Baltimore, 1961).
SAḤNŪN, IBN SAᶜĪD AT-TANŪSĪ, Al mudawwana al-kubrā, 16 Bde., Kairo, 1323 d. H.).
AŠ-ŠAHRASTĀNĪ, MUḤAMMAD IBN ᶜABD AL-KARĪM, Kitāb al-milal wa an-niḥal, (Kairo, 1317 d. H.)
AŠ-ŠAIBĀNĪ, MUḤAMMAD IBN AL-HASAN, Kitāb al-siyar al-kabir, mit Komentar von Al-Saraḫsi, herausgegeben von Salah ad-dīn al-Munağğid, 3 Bde., (Kairo, 1957–1960). Es gibt eine Übersetzung und Anmerkung von M. Khadduri, The Islamic Law of Nations: Shaibani's Siyar, (Baltimore, 1966).
SALĪM, ADIB, Political Theory and Institutions of the Khawarij, (Baltimore, 1956).
SALṬŪṬ, MAḤMŪD, Al-islām ᶜaqīda wa šarīᶜa, (Kairo, 1947).
SANCHEZ ALBORNOZ, CLAUDIO, La España Musulmana, 2 Bde., 2. Auflage, (Buenos Aires, 1969).
SANTILLANA, DAVID, Law and Society, in: The Legacy of Islam, (Oxford, 1931).
AS-SARAḪSĪ, SAMS AD-DĪN MUḤAMMAD IBN SAHL, Kitāb al-mabsūṭ, 30 Bde., (Kairo, 1324–1330 d. H.)
–, Šarh kitāb al-siyar al-kabir li aš-Šaibānī, herausgegeben von S. Al-Munağğid, 3 Bde., (Kairo 1957–1960).
SAYYID AL-AHL, ABD AL-AZĪZ, Šaiḫ al-umma: Aḥmad ibn Ḥanbal, (Beirut, 1972).
SCHACHT, JOSEPH, The Origins of Muhammad Jurisprudence, (Oxford, 1950).
–, An Introduction to Islamic Law, (Oxford, 1946).
–, Pre-Islamic Back Ground, in: Law in the Middle East, (Washington, 1955), S. 28–56.
–, The Schools of Law and Later Development of Jurisprudence, in: Law in the Middle East, (Washington, 1955, S. 57–84).
AS-SIBĀᶜĪ, MUḤAMMAD, Al-ḥadīṯ wa al-muḥaddiṯūn, (Damaskus, 1966).
SIMONET, FRANCISCO, Historia de los Mozárabes de España, (Madrid, 1897–1903).
SOUSA, NAIM, The Capitulatory Regime in Turkey, (Baltimore, 1933).
STADTMÜLLER, GEORG, Historia del Derecho Internacional Público, Übersetzung aus dem Deutschen von Francisco F. Jardon Santa Eulalia, (Madrid, 1961).
AT-TABARĪ, MUḤAMMAD IBN ĞARĪR, Kitāb al-ğihād wa kitāb al-yitya wa aḥkām al-muḥāribūn, herausgegeben von J. Schacht, (Leiden, 1933).

–, Ta'rīḫ al-umam wa al-mulūk, 15 Bde., (Leiden, 1879–1901).
–, Ǧami[c] al-bayān fī tafsīr al-qur'ān, 30 Bde., (Kairo, 1321 d. H.).
TORRES BALBAS, L., Las Alhóndigas Hispano-Musulmanas y el Corral del Carbón de Granada, in: Al-Andalus, XI, (1946), S. 447–480.
–, Alcaicerías, in: Al-Andalus, XIV, (1946), S. 431–455.
TORREY, CHARLES, C., Commercial Theological Terms in the Koran, (Leiden, 1892).
TOYNBEE, ARNOLD, Estudios de la Historia, Bd. 3, spanische Übersetzung von Vicente Fatone, (Buenos Aires, 1966).
–, Survey of International Affairs, 1925, (London, 1927).
TRIMINGHAM, J. S., Islam in the Sudan, (London, 1949).
TRITTON, A. S., The Caliphs and their Non-Muslim Subjects, (Oxford, 1930).
–, Islam, 2. Auflage, (London, 1968).
TRUYOL Y SERRA, ANTONIO, Fundamentos de Derecho Internacional Público, 3. Auflage, (Madrid, 1970).
–, Historia de la Filosofía del Derecho y del Estado, I, – de los Orígenes a la Baja Edad Media –, 4. Auflage, (Madrid, 1970).
–, El Fundamento Filosófico del Derecho de Gentes a la Luz de Algunos Documentos Medievales, in: Investigación y Progreso, XIV, (1943), S. 193–200.
–, L'Expansion de la Societé Internationale aux XIX et XX Siècles, in: R. d. C., 116 (1965 – III), S. 95–179.
–, Genèse et Structure de la Societé Internationale, in: R. d. C., 96, (1959–I), S. 553–640.
AL-[c]UḎRĪ, AḤMAD IBN [c]UMAR IBN ANAS, Fragmentos Geográfico-Históricos sobre al-Andalus – in arabisch – kritische Ausgabe von [c]Abd al-azīz al-ahwānī, veröffentlicht vom Instituto de Estudios Islámicos de Madrid, (Madrid, 1965).
[c]UMAR, ABDULLAH, La Costumbre en el Derecho Islámico, (Der Brauch im islamischen Recht), auf arabisch, in der Zeitschrift der Juristischen Fakultät von Alexandria, (Jan. – März 1951), S. 31–35.
VASILEV, A., Byzance el les Arabes, arabische Übersetzung von Muḥammad Šuaira, (Kairo, 1934).
VERNET, JUAN, Traducción de el Corán, (Barcelona, 1967).
VERDROSS, ALFRED, Derecho Internacional Público, spanische Übersetzung mit zusätzlichen bibliographischen Anmerkungen von Antonio Truyol y Serra, (Madrid, 1967).
VESEY-FITZGERALD, S. G., Nature and Sources of the Shari[c]a, in: Law in the Middle East, (Washington, 1955).
VINOGRADOFF, PAUL, Historical Types of International Law, in: Biblioteca Visseriana, I (Leiden, 1923), S. 1–70.
VITORIA, FRANCISCO DE, De Jure Belli – de Indes II –, 42, Ausgabe von Teófilo Urdano, (Madrid, 1960).

WATT, MONTGOMERY, Muhammad at Mecca, (Oxford, 1956).
–, Muhammad at Medina, (Oxford, 1956).
–, Muhammad, Prophet and Statesman, (Oxford, 1961).
–, Islamic Political Thought, (Edinburgh, 1968).
–, Historia de la España Islámica, spanische Übersetzung von José Elizalde, (Madrid, 1970).
–, Economic and Social Aspects of the Origin of Islam, in: Islamic Quarterly, I (1954).
WELLHAUSEN, J., The Arab Kingdom and its Fall, Übersetzung aus dem Deutschen von Margaret Graham Weir, (Kalkutta, 1927).
WENSINCK, A. J., A Hand Book of Early Muhammadan Tradition, (Leiden, 1927).
AZ-ZAMAḪŠARĪ, Al-Kaššāf ᶜan haqāᶜiq at-tanzīl, 4 Bde., (Kairo, 1325 d. H.)
ZWEMER, SAMUEL, The Law of Apostaty in Islam, (London, 1924).

Eberhard Schmitt (Hrsg.)

TÜRKEI

Politik - Ökonomie - Kultur

EXpress Edition

Das unerläßliche Länderhandbuch:

Band 1	Politik, Ökonomie, Kultur	DM 19,80	ISBN 3-88548-307-6
Band 2	Ein Reisehandbuch	DM 29,80	ISBN 3-88548-308-4
Band 1 + 2 komplett		DM 39,80	ISBN 3-88548-313-0